国家示范性高等职业教育规划教材

会计电算化实训教程

主　编　吉　珠
副主编　李　迎　杨亚静
主　审　郭崇罡

北京理工大学出版社
BEIJING INSTITUTE OF TECHNOLOGY PRESS

图书在版编目（CIP）数据

会计电算化实训教程/吉珠主编．—北京：北京理工大学出版社，2013.8
ISBN 978－7－5640－8205－5

Ⅰ.①会…　Ⅱ.①吉…　Ⅲ.①会计电算化－教材　Ⅳ.①F232

中国版本图书馆 CIP 数据核字（2013）第 193113 号

出版发行／北京理工大学出版社有限责任公司
社　　址／北京市海淀区中关村南大街 5 号
邮　　编／100081
电　　话／(010) 68914775（办公室）
　　　　　82562903（教材售后服务热线）
　　　　　68948351（其他图书服务热线）
网　　址／http：//www. bitpress. com. cn
经　　销／全国各地新华书店
印　　刷／北京富达印务有限公司
开　　本／710 毫米×1000 毫米　1/16
印　　张／21.5
字　　数／403 千字
版　　次／2013 年 8 月第 1 版　2013 年 8 月第 1 次印刷
定　　价／39.00 元

责任编辑／陈　竑
文案编辑／胡卫民
责任校对／周瑞红
责任印制／吴皓云

前　言

为了满足高职高专院校会计电算化课程实践教学的需要，我们特以实际工作中应用较为广泛的用友 ERP-U8. 72 财务软件为例组织编写了本书。

本书在编写过程中，由于编者做了充分的准备，收集了大量的资料及案例，精心编排教学内容，所以是多位教师在多年教学工作中教学经验的总结及升华。本书立足于高职高专教育的特点，从企业应用的实际出发，遵循由浅入深、循序渐进的原则，突出会计软件应用能力的培养，力求通俗易懂，便于操作。学生可通过每个实训项目亲身体验 ERP 财务管理系统的功能，掌握其功能特点及应用方式，提高信息化环境下的业务处理能力。

本书是以用友 ERP-U8. 72 财务软件为实训平台，分别介绍了 ERP 财务管理系统中最基础和最核心的总账、报表、薪资管理、固定资产四个子系统的功能及应用，共分十六个实训项目来完成，同时结合会计电算化课程的实际教学需要，还配有一套完整的期末集中实训资料。每个实训项目都从实训目标、实训内容、实训资料、实训指导和实训结果五方面来安排，讲解仔细，还配有直观生动的软件画面、清晰的指导步骤，从而使教材具有较强的易读性和可操作性，以便指导学生在理解的基础上完成学习任务。

本书由陕西财经职业技术学院吉珠副教授担任主编，李迎、杨亚静老师担任副主编，阎栋、钟齐整老师参加了编写。具体分工如下：吉珠负责设计全书的总体结构和总纂，并编写实训项目八、项目九、项目十五和项目十六，李迎编写实训项目一至项目七和附录一、附录二，杨亚静编写实训项目十一至项目十四，阎栋编写实训项目十，钟齐整编写附录三，最后由郭崇罡教授审阅了全书，并提出一些宝贵的修改建议。在编写过程中，还参阅了许多专家和学者的相关论著、教材和其他资料，在此一并深表谢意。由于编写人员水平有限，书中疏漏和不妥在所难免，敬请广大读者批评指正。

本书主要适用于高职高专院校会计、会计电算化及财务管理等相关财经类专业教学使用，也可作为会计电算化上岗培训、社会培训教材，同时也适合会计电算化爱好者自学使用。

编　者

目　录

实训项目一

用友财务软件的安装与卸载

一、实训目标

通过本次实训，要求学生了解用友 ERP-U8 财务软件的安装与卸载方法，熟悉 U8 软件产品的基本模块及功能；对软件的操作界面有所认识。

二、实训内容

★ 软件产品介绍　　★ 软件的安装

★ 软件的卸载　　★ 软件的启动

三、实训资料

（一）用友 ERP-U8 财务软件产品介绍

用友 ERP-U8 是一套企业级的解决方案，是满足不同的竞争环境下，不同的制造、商务模式下以及不同的运营模式下的企业经营，实现从企业日常运营、人力资源管理到办公事务处理等全方位的产品解决方案。用友 ERP-U8 是以集成的信息管理为基础，以规范企业运营、改善经营成果为目标，帮助企业“优化资源，提升管理”，实现面向市场的营利性增长。

“用友 ERP-U8 V8.72”系统为 2008 年 3 月发布的产品“用友 ERP-U8 V8.71”的升级版本，包括以下产品：企业门户、财务管理、管理会计、客户关系管理、供应链管理、生产制造、分销管理、零售管理、决策支持、人力资源、办公自动化、集团应用、企业应用集成等，如图 1－1 所示。该版本主要是提高系统运行效率、改进产品易用性。另外，还推出了面向中高层管理人员以及专业分析人员进行全面的企业财务、业务的综合查询、实时监控和分析决策的商业智能平台。

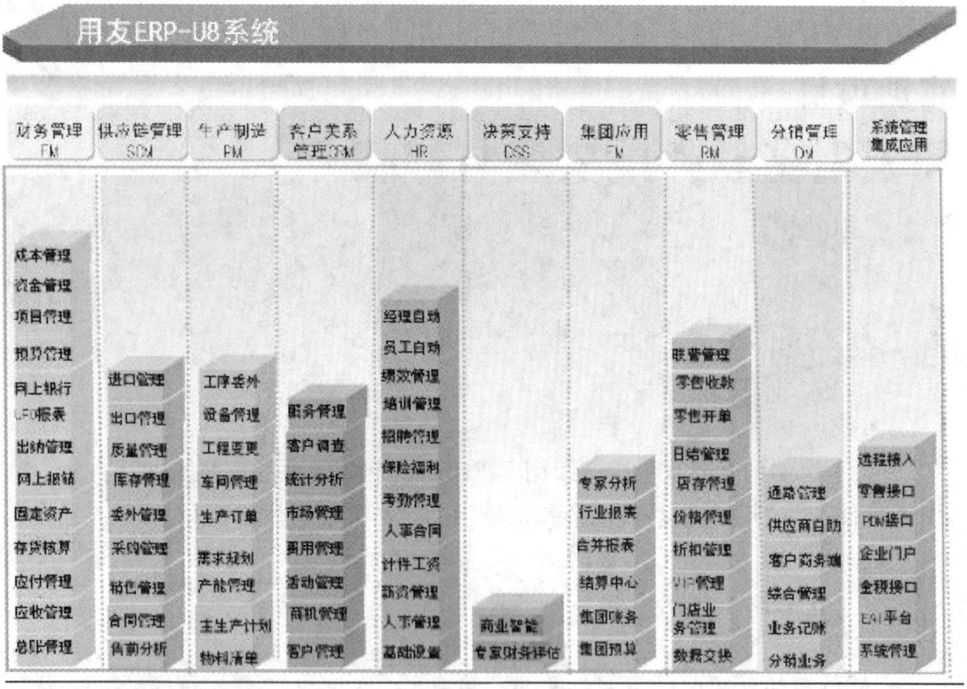

图1-1 用友ERP-U8系统功能

（二）软件安装环境

1. 操作系统

安装操作系统的关键补丁：Win 2000-SP4、Win XP-SP2、Win 2003-SP2；Win 7-SP1（旗舰版）。

2. 数据库

数据库版本：SQL2000（包括 MSDE）［SP4 及以上版本补丁］、SQL2005（包括 EXPRESS）［SP2 及以上版本补丁］。

3. 浏览器

支持微软 IE 浏览器 IE6.0＋SP1 或以上版本（如 IE7）、使用 U872 的 WEB 产品。

4. Windows 系统 IIS 版本

必须准备操作系统对应版本的 IIS 软件，如 Wiondws XP 安装 IIS5.0 以上版本，Win 7 安装 IIS7.0。

（三）安装注意事项

（1）关闭计算机防火墙以及系统已安装的安全防护类软件。

（2）检查计算机名（不要包含#￥—%等特殊字符）。

（3）意外情况导致ERP-U8安装中断。如果中途网络中断，安装程序将回滚，请耐心等待回滚结束后再次重新安装产品，或者手动结束安装进程后重新安装产品（环境清理功能有可能提示重新启动机器）。

（四）用友EPR-U8V8.12主要模块功能

用友ERP-U8 V8.72（简称U872），涵盖财务管理、供应链管理、生产制造、管理会计、人力资源、集团应用、决策支持、OA、网络分销、连锁零售和企业应用集成等部分。

下面简单介绍其部分功能模块：

1. 财务管理

财务管理模块主要包括总账、应收款管理、应付款管理、固定资产管理、UFO报表、网上报销、网上银行、WEB财务、现金流量表、报账中心等模块。这些模块从不同的角度，实现了从核算到报表分析的财务管理全过程。

2. 供应链管理

供应链管理模块主要包括合同管理、采购管理、销售管理、库存管理、存货核算、质量管理、WEB购销存、GSP质量管理等模块，主要功能在于增加预测的准确性，减少库存，提高发货供货能力；减少工作流程周期，提高生产效率，降低供应链成本；减少总体采购成本，缩短生产周期，加快市场响应速度。

3. 生产制造

生产制造模块主要包括物料清单、主生产计划、产能管理、需求规划、生产订单、车间管理、工程变更、设备管理等模块，主要功能在于增强面向订单生产的适应能力，提高计划前产能平衡的准确度，同时降低生产成本与生产管理的复杂度，提高工厂的制造柔性，加快生产周转速度，更好地适应市场敏捷性需求。

4. 管理会计

管理会计模块包括预算管理、成本管理、项目管理与资金管理四个模块。管理会计以预算管理为工具、以成本管理（包括制造成本管理与项目成本管理）为基础、以资金管理为核心，通过对业务流转的过程控制和事后绩效的分析与考核、成本与资金进行全面控制，使企业由过去以财务核算为主转为以预算管理为主，从而实现过程控制和目标管理。

5. 人力资源

人力资源模块主要包括人事管理、薪资管理、招聘管理、考勤管理、经理查询等模块，主要功能在于提高企业人力资源管理的工作效率，增加对于人力资源业务的定量分析，提供建立人力资源管理的公用平台。

四、实训指导

（一）用友 U872 软件的安装（以 Windows XP 操作系统为例）

1. 安装 IIS（互联网信息服务）

如果电脑操作系统尚未安装 IIS，需要首先进行 IIS 的安装。

（1）单击“开始”菜单，打开“控制面板”窗口，再单击“添加/删除程序”选项，单击左侧的“添加/删除 Windows 组件”，打开“Windows 组件向导”对话框，选中“Internet 信息服务（IIS）”，如图 1－2 所示。

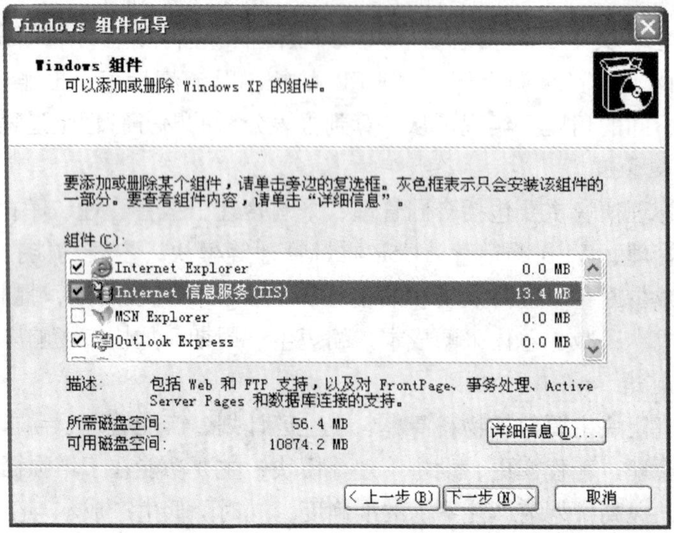

图 1－2 Windows 组件向导

（2）单击“下一步”按钮，按照提示，将操作系统安装盘插入光驱或下载 IIS 安装文件，然后单击“确定”按钮，如图 1－3 所示。

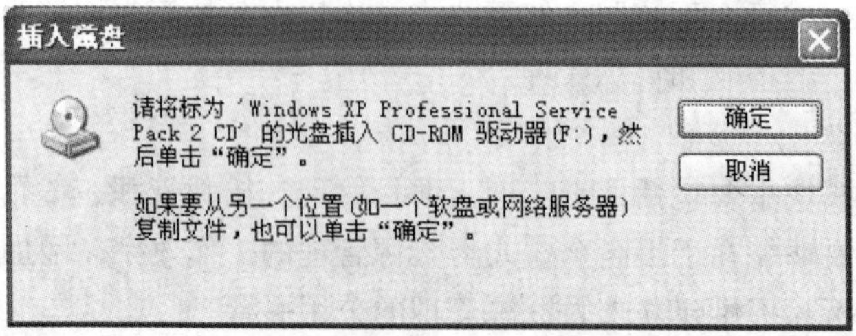

图 1－3 插入安装所需磁盘

（3）若在安装 IIS 过程中，提示缺失文件，此时单击“浏览”按钮，选择操作系统安装盘或 IIS 文件存放目录，找到缺失的文件，单击“确定”按钮，即可继续安装，如图 1－4 所示。

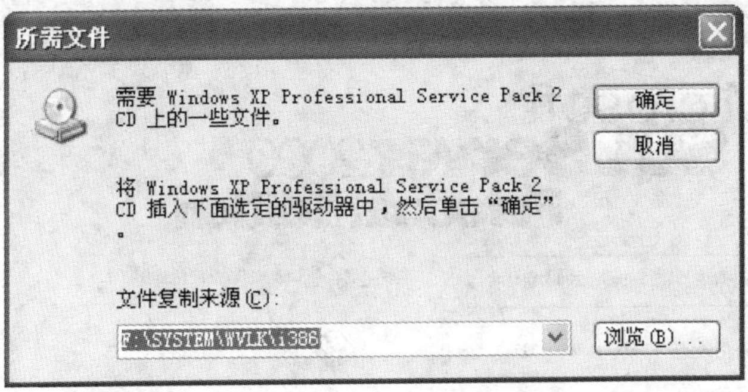

图 1－4　选择安装文件

（4）此提示对话框可能出现不止一次，每次采用相同的方法操作直到出现如图 1－5 所示的提示对话框，单击“完成”按钮，IIS 就安装成功了。

图 1－5　IIS 安装成功

注意：不同的操作系统要安装的 IIS 是不一样的，安装时要注意选择。

2. 安装数据库（SQL Server 2000）

用友 ERP-U8 要求的数据库文件包括 MSDE 和 SP4 及以上版本补丁。

（1）找到 SQL 数据库存放目录，双击安装文件，运行 SQL Server 2000 安装程序，如图 1－6 所示。

图 1-6 数据库安装选项

（2）单击“安装 SQL Server 2000 组件”选项，出现如图 1-7 所示的窗口。

图 1-7 数据库服务器安装选项

（3）单击“安装数据库服务器”选项，进入“欢迎”引导安装界面，如图 1-8 所示。

图 1-8　数据库安装-1

(4) 单击“下一步”按钮，在“计算机名”界面中选择“本地计算机”，如图 1-9 所示。

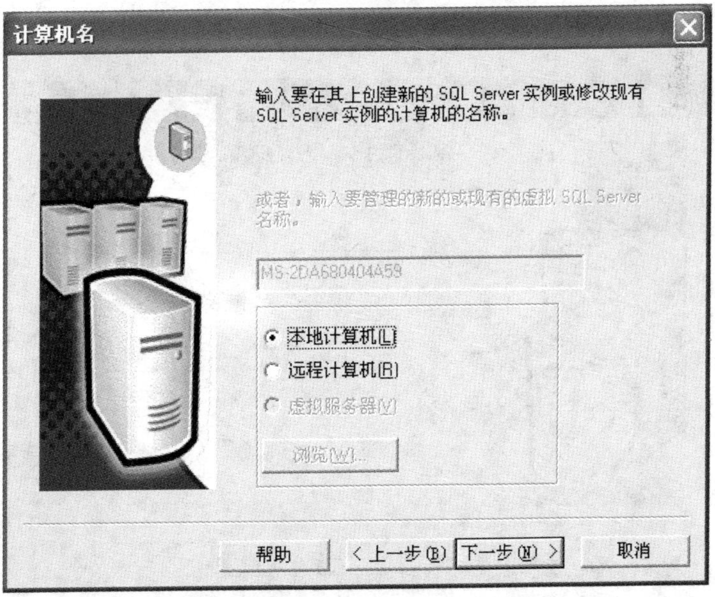

图 1-9　数据库安装-2

(5) 单击“下一步”按钮，在“安装选择”界面中选择“创建新的 SQL

Sever 实例，或安装‘客户端工具’”选项，如图 1－10 所示。

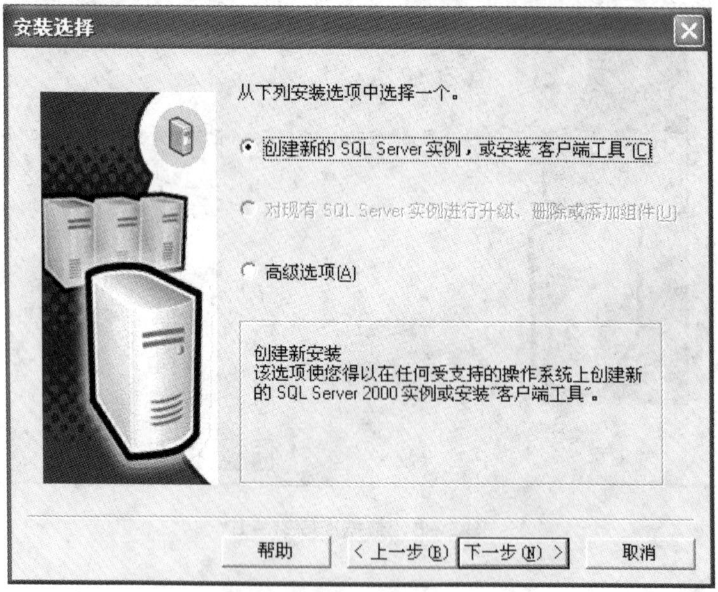

图 1－10　数据库安装－3

（6）单击“下一步”按钮，在“用户信息”界面中输入姓名和公司名称（公司名称自愿输入），如图 1－11 所示。

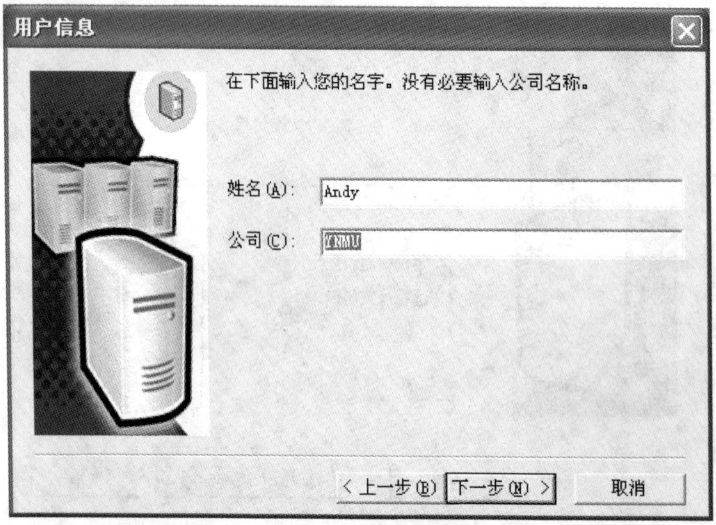

图 1－11　数据库安装－4

（7）单击“下一步”按钮，在“安装定义”界面中选择“服务器和客户端工具”，如图 1－12 所示。

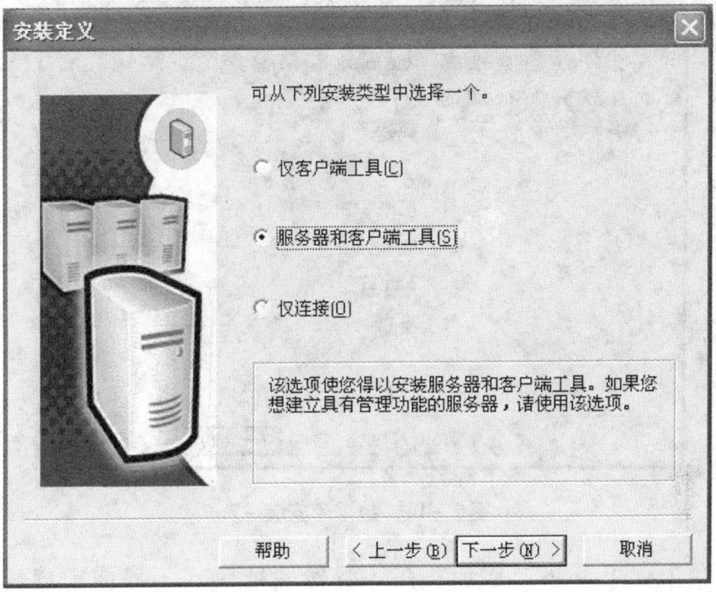

图1－12　数据库安装－5

(8) 单击“下一步”按钮，在“实例名”界面中选择“默认”，如图1－13所示。

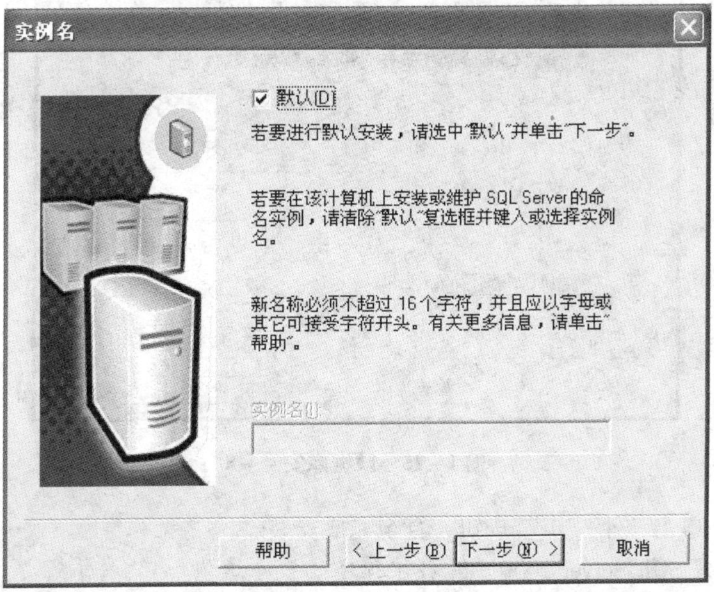

图1－13　数据库安装－6

(9) 单击“下一步”按钮，在“服务账户”界面的“服务设置”中选择“使用本地系统账户”，如图1－14所示。

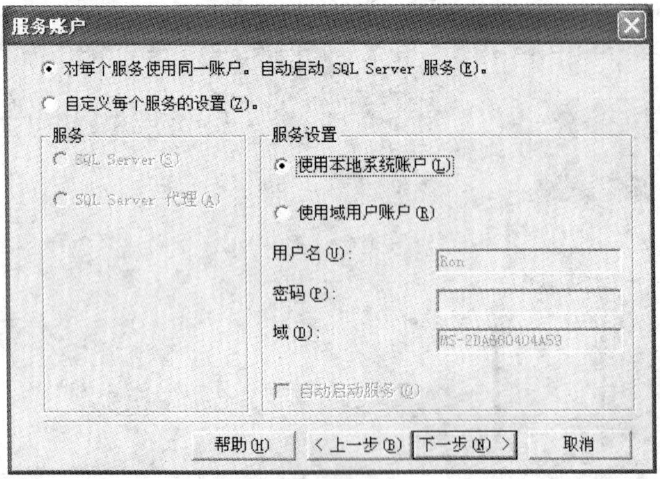

图 1－14 数据库安装－7

（10）单击“下一步”按钮，在“身份验证模式”界面中选择“混合模式”，并勾选“空密码”，如图 1－15 所示。

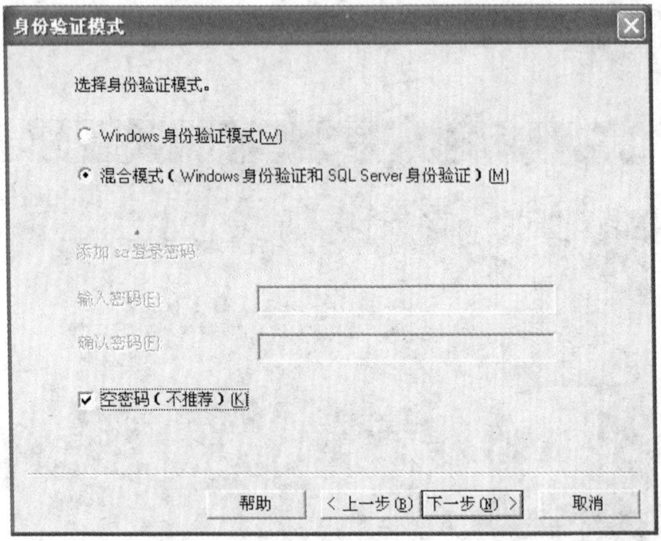

图 1－15 数据库安装－8

（11）单击“下一步”按钮，直至完成安装。

3. 安装 SQL Server 2000 SP4 补丁程序

如果所安装的 SQL Server 2000 的版本低于 SP4，则还需要安装 SQL Server 2000 的 SP4 补丁程序。

（1）单击安装光盘中的 SQL2000-KB884525-SP4-X86-CHS 图标，将 SQL Server 2000 中的

SP4 复制到计算机的硬盘上面，然后在硬盘上找到  SQL2KSP4 文件夹打开，单击 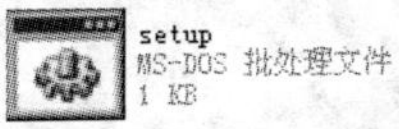

图标，开始 SQL Server 2000 Service Pack 4 的安装，如图 1－16 所示。

图 1－16　数据库补丁－1

（2）单击“下一步”按钮，在“实例名”界面中选择“默认”，如图 1－17 所示。

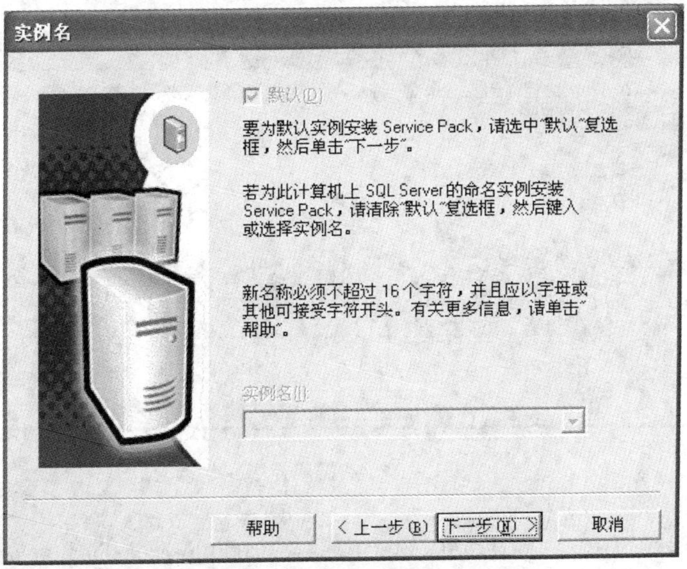

图 1－17　数据库补丁－2

(3) 单击“下一步”按钮，弹出“连接到服务器”界面，在验证用户信息时选择默认值，如图 1-18 所示。

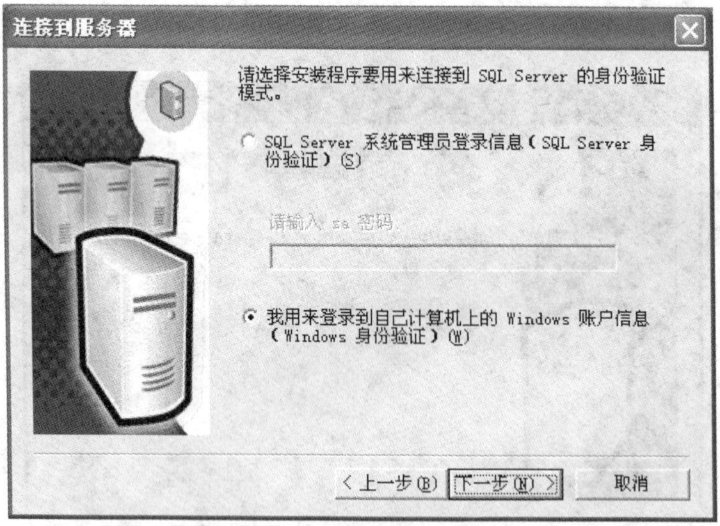

图 1-18 数据库补丁-3

(4) 验证用户信息时间会较长，验证完后若 SQL 安装时设置了空密码则会提示 SA 密码警告，此时单击“忽略安全威胁警告，保留密码为空”，如图 1-19 所示。

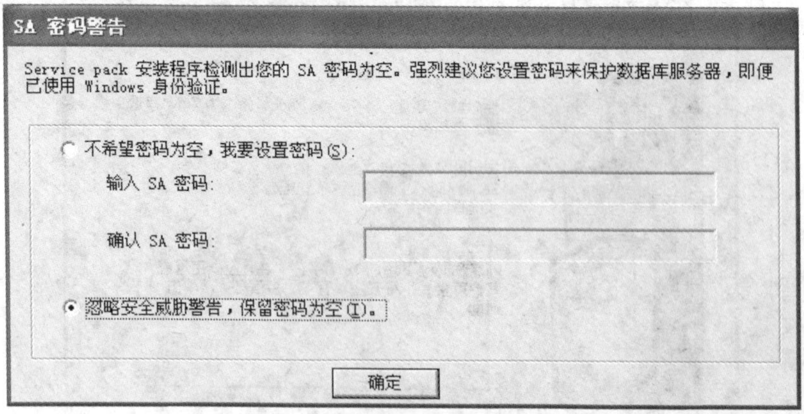

图 1-19 数据库补丁-4

(5) 单击“确定”按钮，进入 SQL Server 2000 Service Pack 4 安装程序界面时，勾选“升级 Microsoft Search 并应用 SQL Server 2000 SP4（必需）”，如图 1-20 所示。

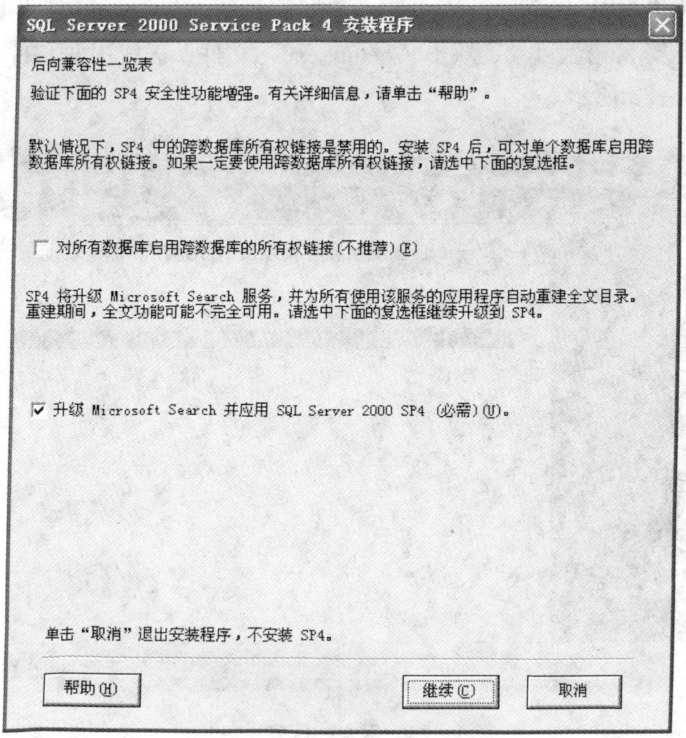

图 1－20　数据库补丁－5

（6）单击“继续”按钮，直至安装完成，单击“完成”按钮，如图 1－21 所示。至此 ERP-U8 前期准备工作完毕，重新启动电脑后，就可以安装用友 ERP-U872 了。

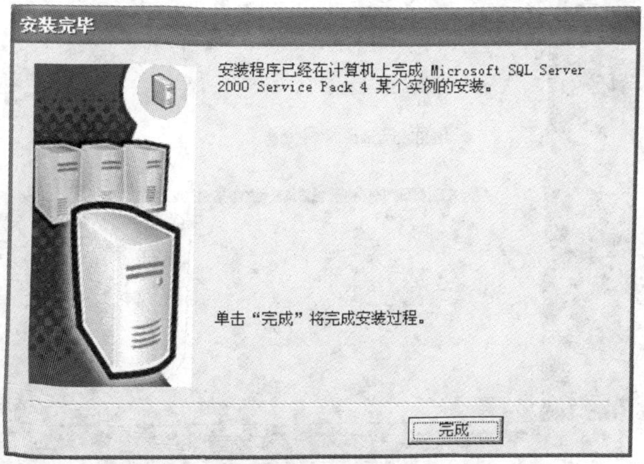

图 1－21　数据库补丁安装完毕

4. 安装用友 ERP-U872

（1）打开安装光盘目录，双击“Setup. exe”文件，运行用友 ERP-U872 安装程序，如图 1－22 所示。

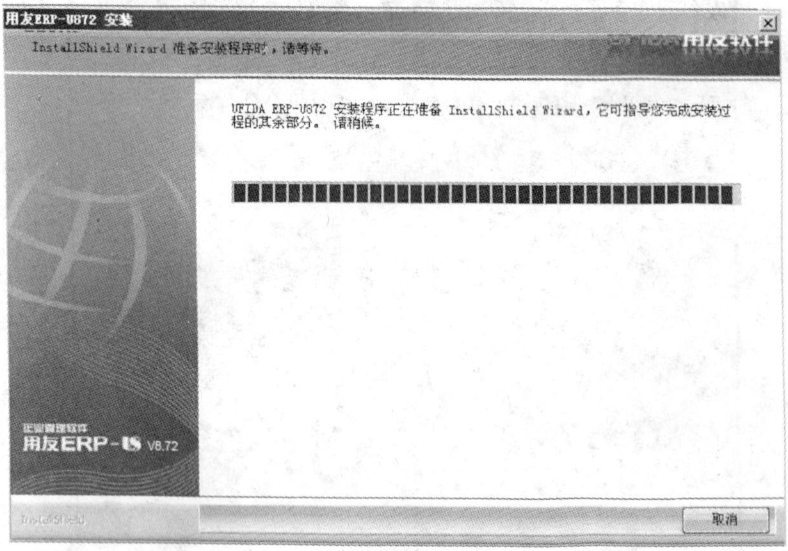

图 1－22　用友软件安装－1

（2）进入安装欢迎界面，如图 1－23 所示。

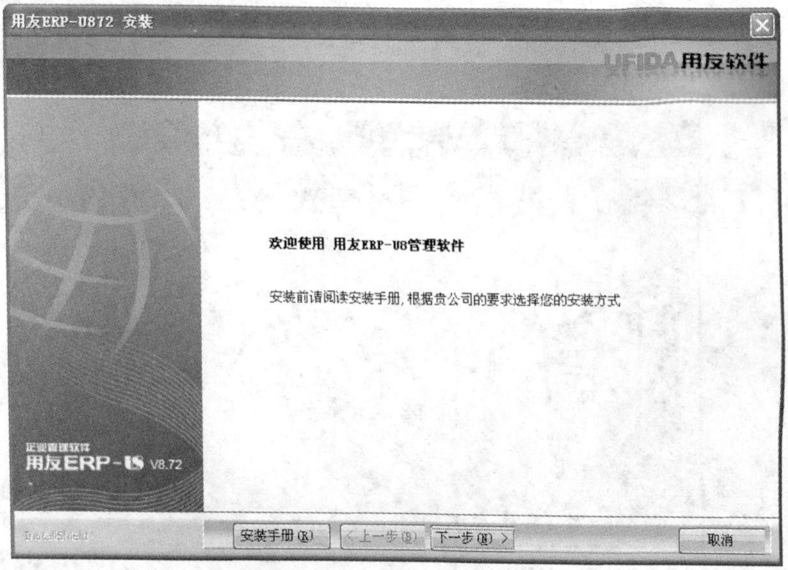

图 1－23　用友软件安装－2

（3）单击“下一步”按钮，进入“许可证协议”界面，选择“我接受许可证协议中的条款”，如图 1－24 所示。

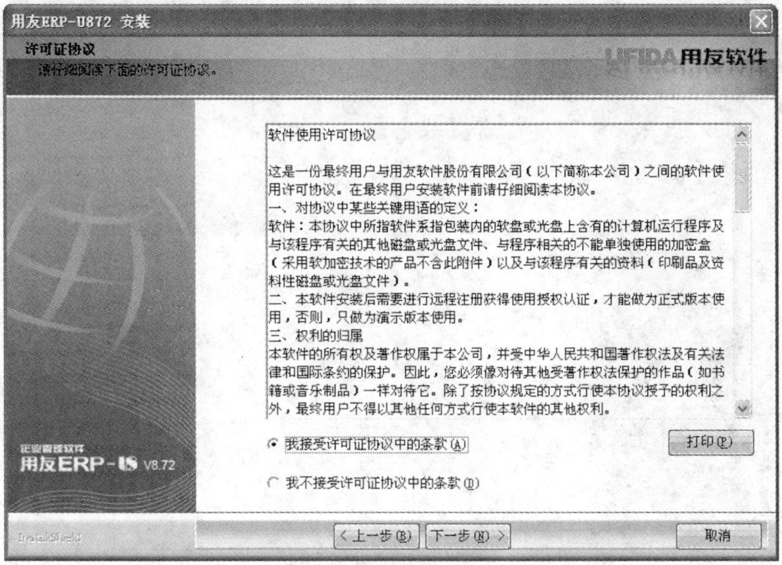

图 1－24　用友软件安装－3

（4）单击“下一步”按钮，系统首先检测是否存在历史版本的 U8 产品，如图 1－25 所示。

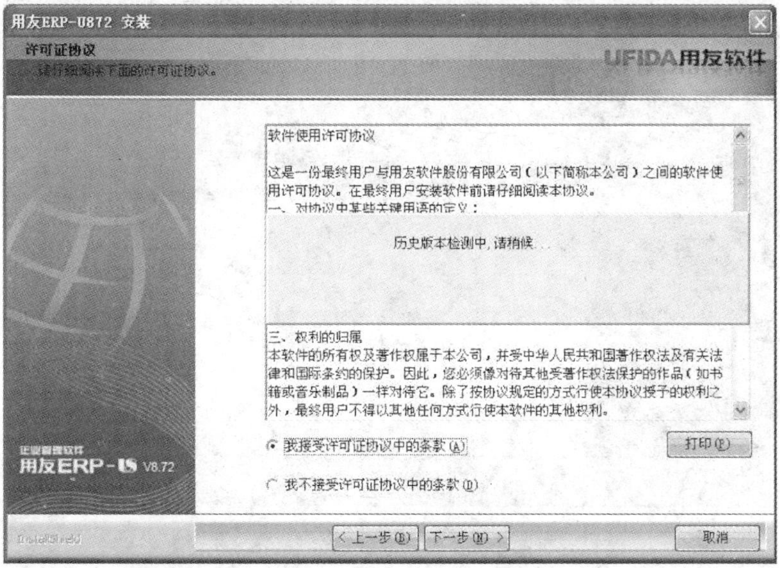

图 1－25　用友软件安装－4

（5）如果存在历史版本残留内容，提示并开始清理历史版本残留内容（清理 MSI 安装包时间较长，请耐心等待），如图 1－26、图 1－27 所示。

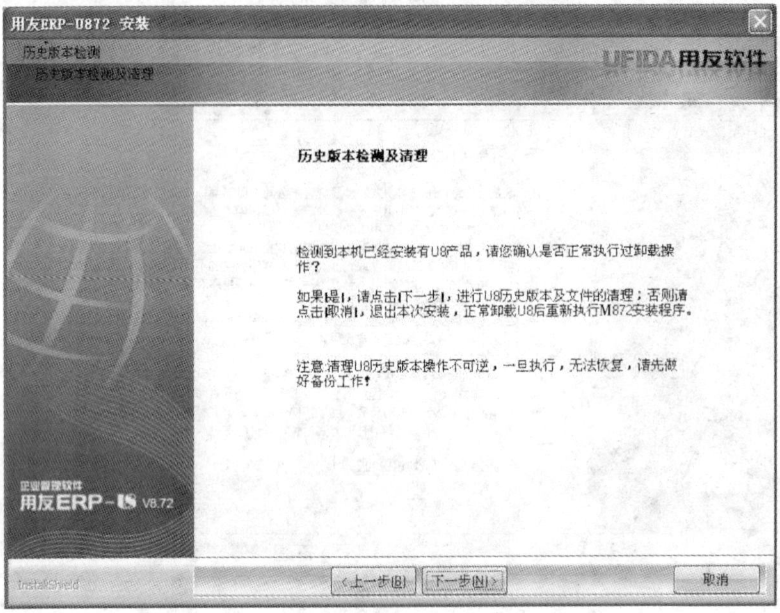

图 1－26　用友软件安装－5

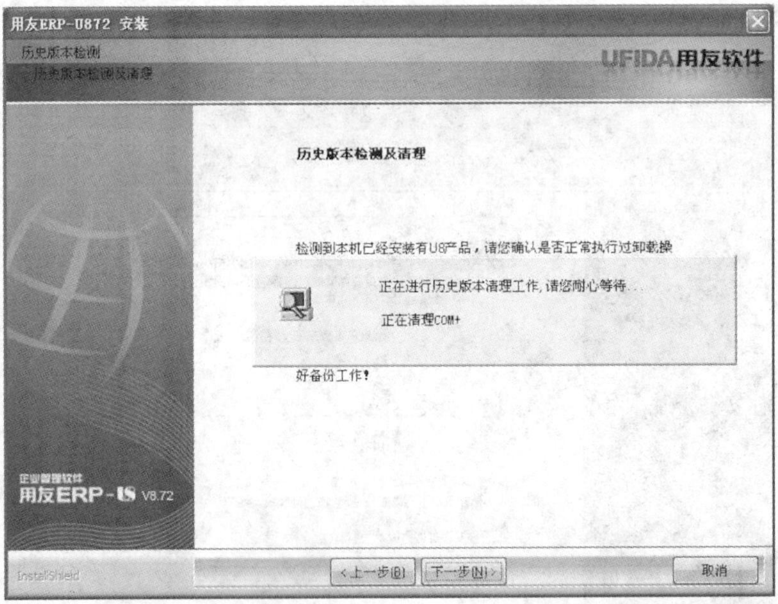

图 1－27　用友软件安装－6

（6）在软件安装“客户信息”界面，输入用户名和公司名称，用户名默认为本机的机器名，如图 1－28 所示。

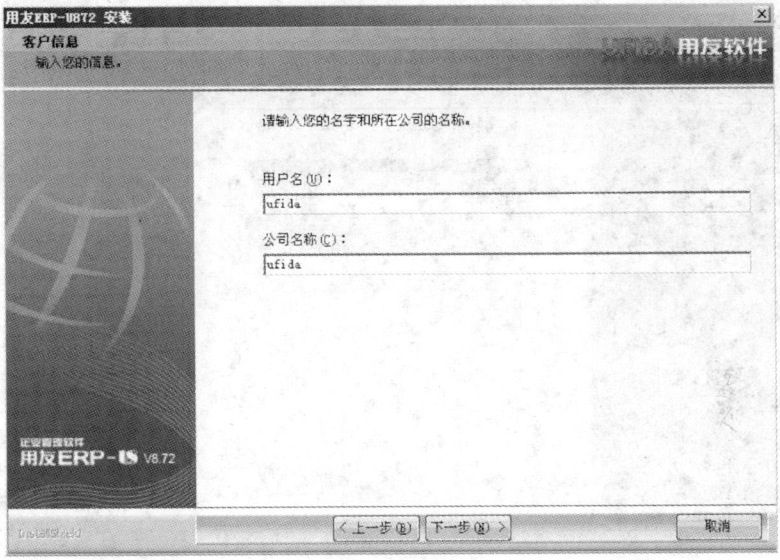

图 1－28　用友软件安装－7

（7）选择安装程序安装文件的文件夹，可以单击“更改”按钮，修改安装路径和文件夹，如图 1－29 所示。

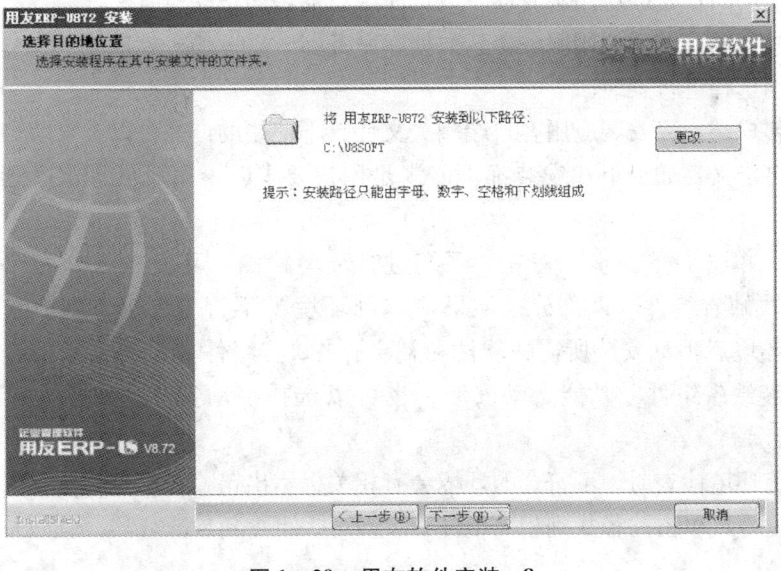

图 1－29　用友软件安装－8

（8）单击“下一步”按钮，选择最适合自己的安装类型，选择“全产品”，如图 1－30 所示。

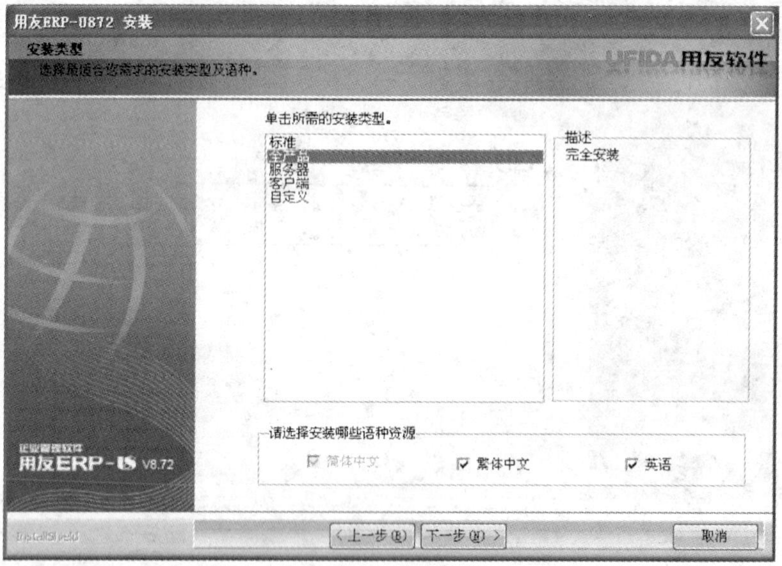

图 1－30 用友软件安装－9

软件提供的安装类型有五种：

①标准：除 GSP、专家财务评估之外的“全产品安装”。

②全产品：安装应用服务器、数据库服务器和客户端所有文件。

③服务器：安装应用服务器、数据库服务器、Web 服务器的相关文件，用户也可分别选择进行安装。

④客户端：只安装应用客户端相关文件，不使用的产品可以不安装。

⑤自定义：如果上述安装都不能满足用户要求时，用户可自定义选择安装产品。

（9）单击“下一步”按钮，系统进行环境检测。环境检测分为“基础环境”和“缺省组件”两部分，如果“基础环境”不符合要求，则需要退出当前安装环境后手动安装所需的软件和补丁；“缺省组件”没有安装的，可以通过“安装缺省组件”功能自动安装，也可以选择手动安装，如图 1－31 和图 1－32所示。

系统环境检查时，不符合的环境会有相关提示出错，在信息栏也会有路径提示，可以直接单击路径找到相关组件安装即可，再重新检查环境，通过后，继续安装。

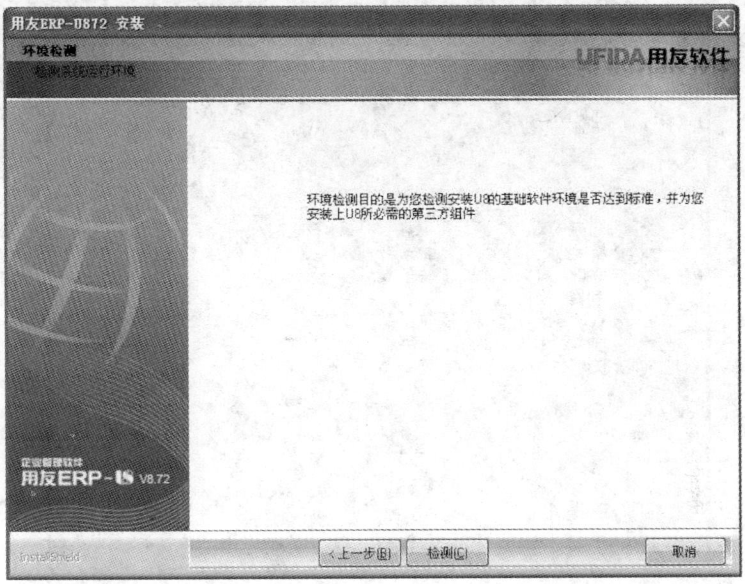

图 1－31　用友软件安装－10

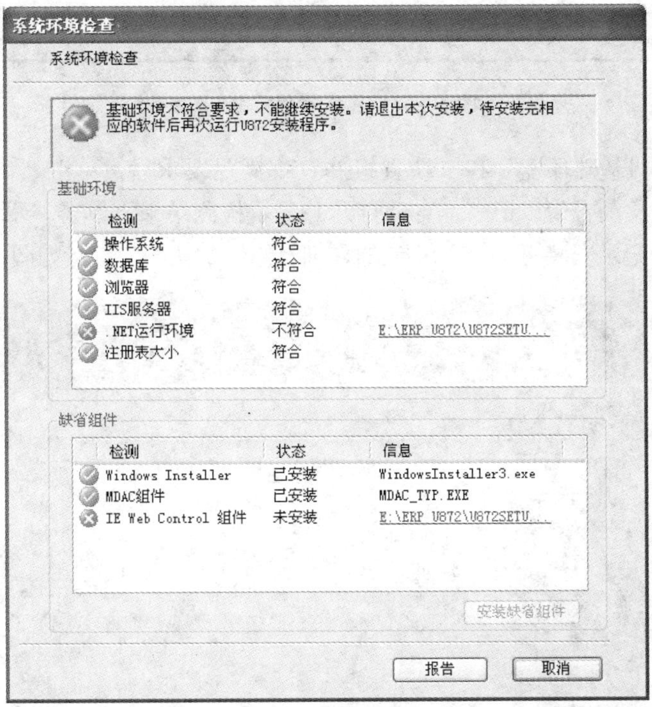

图 1－32　用友软件安装－11

（10）再次进行环境检测，如系统环境完全符合要求，其界面如图 1－33 所示。

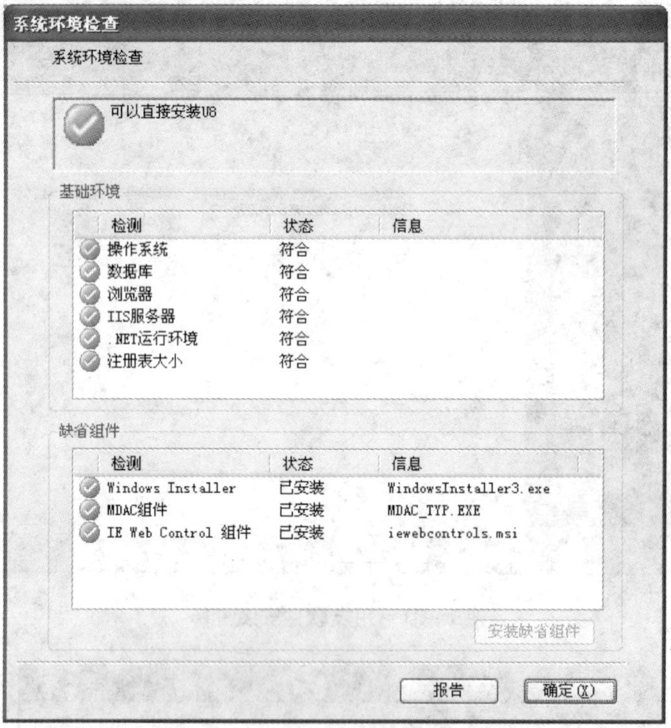

图1-33 用友软件安装-12

（11）当“基础环境”和“缺省组件”都满足要求后，单击“确定”按钮后进入下一步；检测报告以记事本自动打开并显示检测结果，单击“下一步”按钮，可以选择是否记录安装每一个MSI包的详细日志，默认不勾选，如图1-34所示。

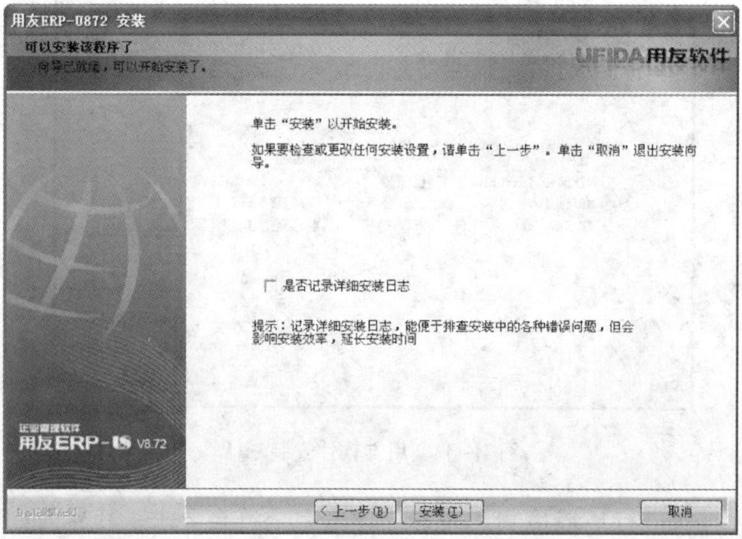

图1-34 用友软件安装-13

（12）单击“安装”按钮，进行产品安装，无论哪种类型的安装完成后，系统都会提示已成功安装，是否需要立即启动计算机，建议选择“是，立即重新启动计算机”，如图 1－35 所示。重启计算机后，即完成了 ERP-U872 软件的安装。

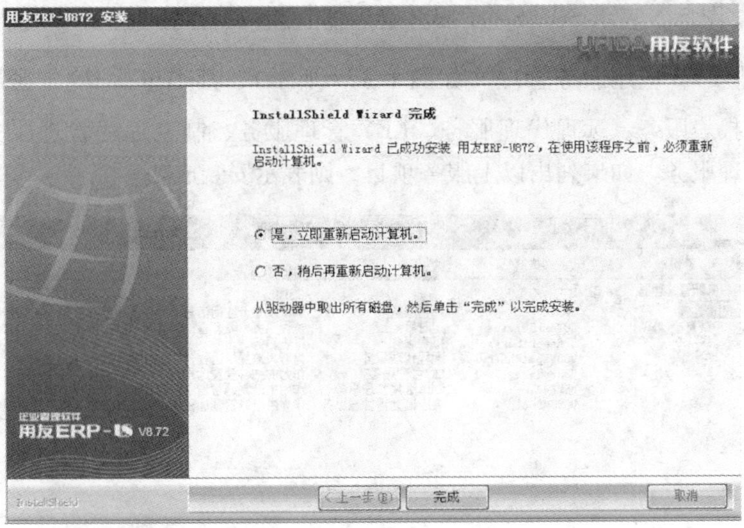

图 1－35　用友软件安装－14

（13）计算机重新启动后需要安装应用服务器，如图 1－36 所示。

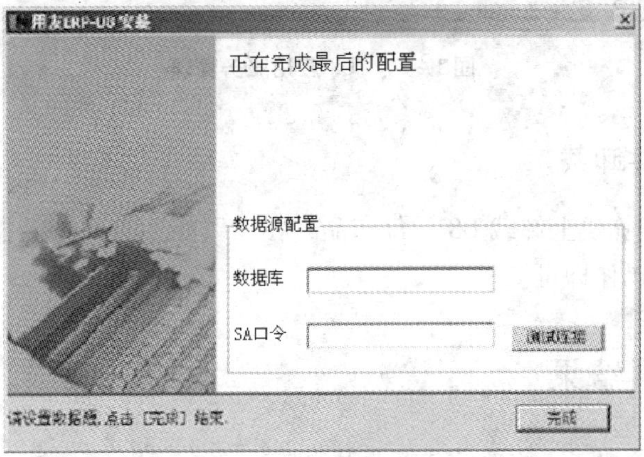

图 1－36　应用服务器安装

（14）在数据库实例处写上计算机的名称，口令按照安装数据库时录入的口令（根据上述操作，默认为空）。在“数据库”一栏，填写本机计算机名或者 127.0.0.1，在“SA 口令”处填写安装数据库时设置的密码，填写完成后单击“测试连接”按钮，提示成功后单击“完成”按钮，就会进入桌面进行其他设置。

（二）产品启动

安装用友 ERP-U8 成功后，重新启动计算机进入 Windows 桌面，任务栏右下角显示图标，表示 SQL Sever 服务管理器安装成功。托盘显示图标，双击图标进入 U8 应用服务管理（如图 1－37 所示），其中包括 U8 加密服务、定时服务、报表服务、远程代理服务、KEY 管理服务、制造远程管理服务，供应链远程管理服务。如果列出以上服务项目，则表示安装成功。

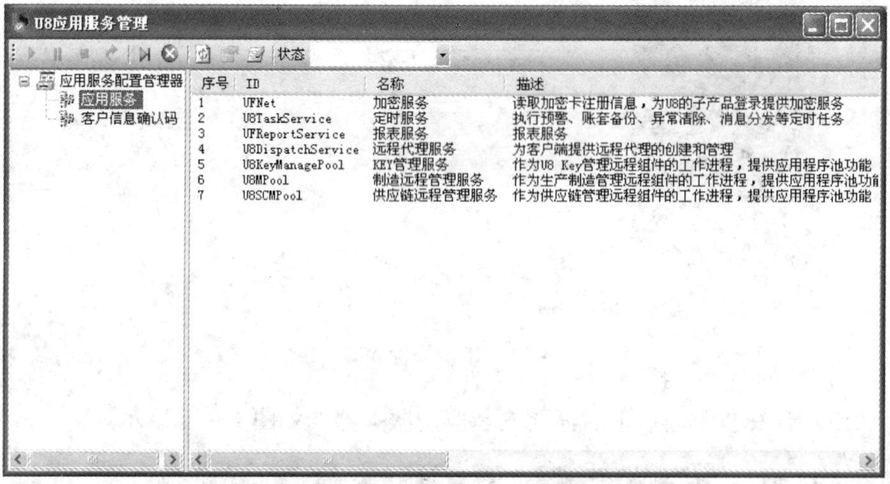

图 1－37　U8 应用服务管理

（三）软件卸载

如果要从计算机上卸载 U8 软件产品，在“开始”菜单下的控制面板中进行删除/卸载程序操作即可。

五、实训结果

（1）了解了 U8.72 软件各功能及其组成。

（2）成功安装了 U8.72 用友软件。

（3）掌握了 U8.72 软件的卸载方法。

实训项目二

账套管理与用户管理

一、实训目标

通过本次实训，要求学生熟悉用友 U8 系统管理模块的主要内容，掌握账套管理与用户管理的基本功能；了解建立账套的原理；理解进行人员分工的作用；熟练掌握建立账套和增加用户的操作要求和方法。

二、实训内容

★ 新建账套　★ 修改账套　★ 备份账套
★ 删除账套　★ 恢复账套　★ 增加用户
★ 设置口令　★ 分配权限　★ 修改口令
★ 删除用户

三、实训资料

（一）实训准备

（1）修改系统日期为“2013 年 01 月 01 日”。

（2）在 F 盘根目录下建立“2013 年会计账套”和“学生姓名”两个文件夹，在“学生姓名”下再建立“02”文件夹，分别用以存放账套数据和项目二的备份数据。

（二）新建账套

新建账套如表 2－1 所示。

表 2－1　　账套信息

账套信息	账套号：101　　账套名称：陕西秦华股份有限公司 账套语言：简体中文　　账套路径：F：\ 2013 年会计账套 启用会计期：2013 年 01 月　　会计期间设置：12 期（2013.01.01—2013.12.31）
单位信息	单位名称：秦华股份有限公司　　单位简称：秦华公司 单位地址：陕西省咸阳市人民路 05 号　　法人代表：赵广元 邮政编码：712000　　联系电话：33234567 传真：33234566　　电子邮件：qinhua@163.com 税号：125－112234567893456
核算类型	本币代码：RMB　　本币名称：人民币 企业类型：工业　　行业性质：2007 年新会计制度科目 科目预置语言：中文（简体）　　账套主管：Demo 按行业性质预置科目：否
基础信息	存货是否分类：否　　客户是否分类：是 供应商是否分类：是　　有无外币核算：无
编码方案	科目编码级次：4－2－2－2－2　　客户分类编码级次：1－2 供应商分类编码级次：1－2　　部门分类编码级次：1－2 结算方式分类编码级次：1－2
数据精度	默认（保留两位小数）
系统启用	启用财务系统：2013 年 01 月 01 日

（三）修改账套

（1）将账套名称“陕西秦华股份有限公司”修改为“学生所在班级名称”（例如，会计电算化一班）。

（2）将基础信息中的“有无外币核算”修改为“有外币核算”。

（3）将客户分类编码级次“1－2”修改为“2－2”，将供应商分类编码级次“1－2”修改为“2－2”。

（四）备份账套

（1）在 F 盘根目录下建立“学生姓名”文件夹，在该文件夹下再建立以“02”命名的文件夹。

（2）将 101 账套备份到“F：\ 学生姓名 \ 02”文件夹中，查看“02”文件夹中的两个备份文件。

（五）删除账套

（1）将101账套从系统中删除（注意：删除过程中进行备份操作）。

（2）查看已存在账套中的101账套是否已删除。

（六）恢复账套

（1）从“F：\学生姓名\02”备份文件中恢复101账套。

（2）查看101账套是否已恢复。

（七）增加用户、设置口令并分配权限（见表2-2）

表2-2　用户及权限

编号	姓名	口令	所属部门	权　　限
101	郭海鹏	101	财务部	账套主管（取消Demo的主管权限）
102	曹宇阳	102	财务部	总账系统全部权限
103	钟雨欣	103	财务部	总账系统中的出纳权限
104	吉　雯	104	财务部	薪资、固定资产系统的全部权限
105	吴　艺	105	财务部	总账、薪资、固定资产系统的全部权限

（八）修改口令

（1）由“系统管理员”修改“102曹宇阳”的口令（自行设置）。

（2）由“103钟雨欣”修改自己的口令（自行设置）。

（九）删除用户

删除操作员“105吴艺”。

四、实训指导

（一）启用系统管理模块——新建账套

（1）选择“开始\程序\用友ERP-U872\系统服务\系统管理”菜单，打开“用友ERP-U8［系统管理］”窗口，如图2-1所示。

（2）在“用友ERP-U8［系统管理］”界面，选择“系统\注册”菜单，打开“登录”窗口，界面显示：登录到“服务器名”；操作员“admin（系统管理

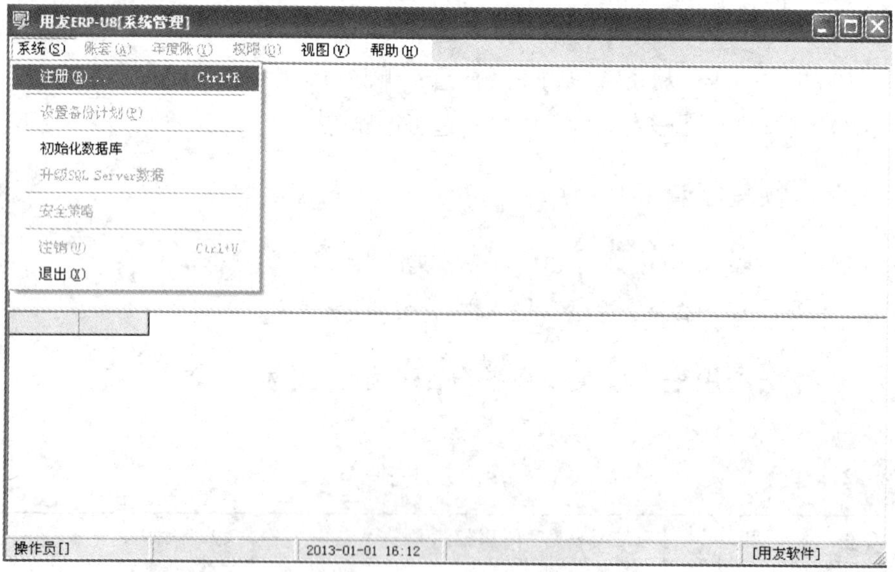

图 2－1　系统管理模块启用

员)”；密码为“空”；账套数据源为“(default)”，语言区域为“简体中文”，单击“确定”按钮，如图 2－2 所示。

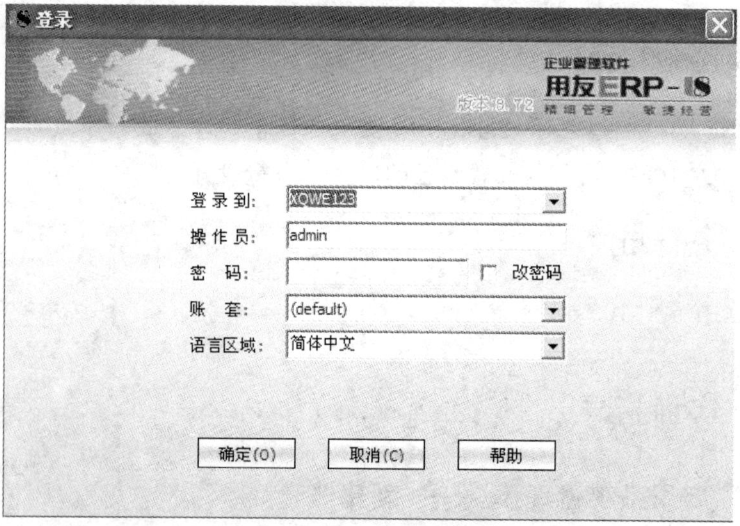

图 2－2　系统管理模块登录

（3）以系统管理员“admin”身份登录到“系统管理”模块后，选择“账套\建立”菜单，打开“创建账套”窗口。在“账套信息”界面，根据实训资料录入相关账套信息，如图2-3所示。

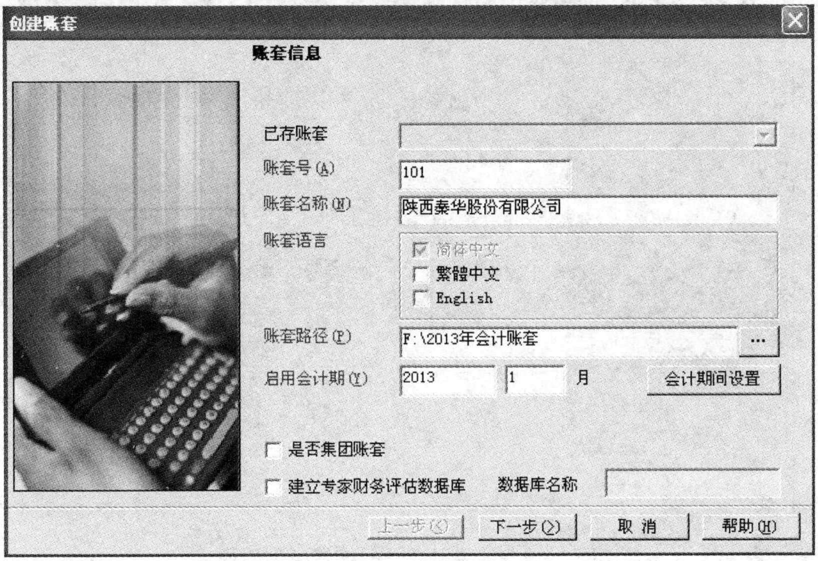

图2-3　创建账套——账套信息界面

（4）单击“下一步”按钮，在“单位信息”界面，根据实训资料录入相关单位信息，如图2-4所示。

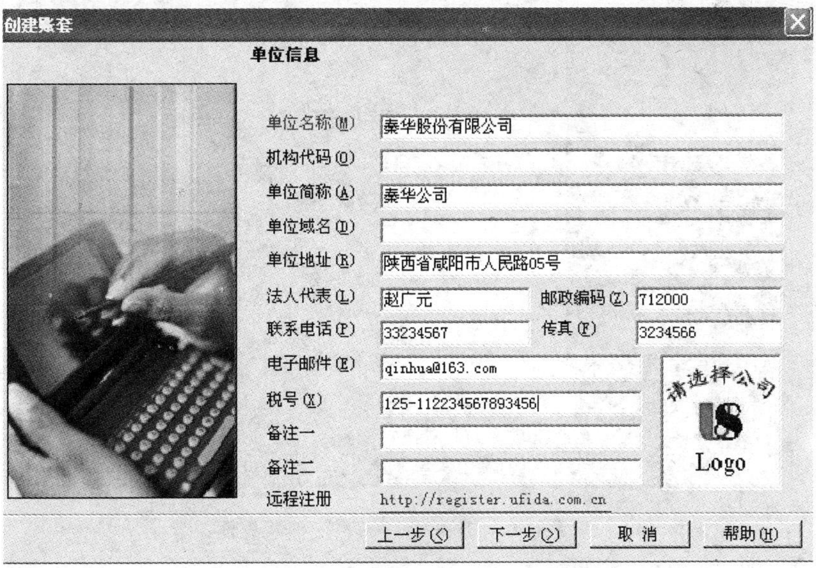

图2-4　创建账套——单位信息界面

（5）单击“下一步”按钮，在“核算类型”界面，根据实训资料进行核算类型的设置，如图 2 -5 所示。

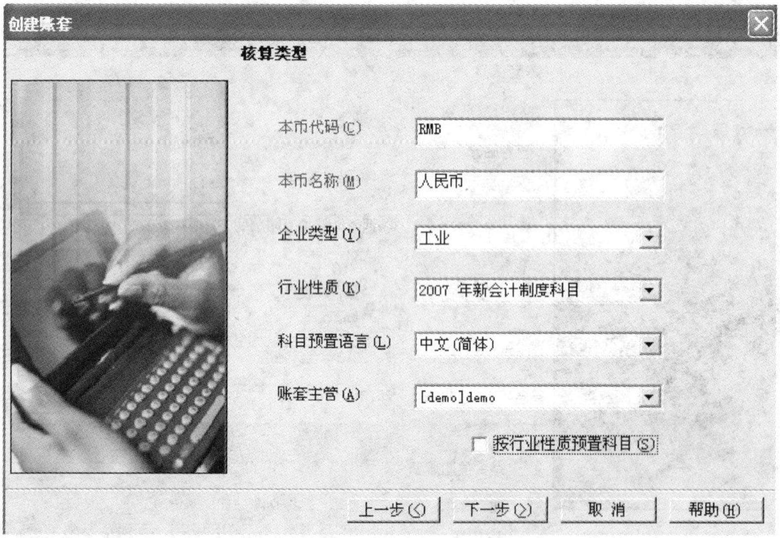

图 2 -5 创建账套——核算类型界面

(6) 单击“下一步”按钮，在“基础信息”界面，根据实训资料进行基础信息的设置，如图 2 -6 所示。

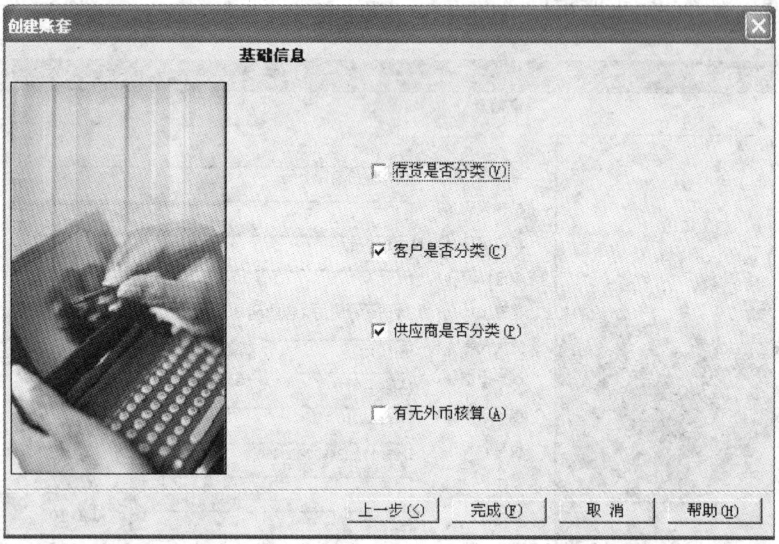

图 2 -6 创建账套——基础信息界面

(7) 单击“完成”按钮，系统提示“可以创建账套了吗?”，单击“是”按钮，等待数秒（U872 用时较长），因为系统正在创建账套所需各数据库文件。完成后，打开了“编码方案”设置界面，如图 2 -7 所示。

编码方案

项目	最大级数	最大长度	单级最大长度	第1级	第2级	第3级	第4级	第5级	第6级	第7级	第8级	第9级
科目编码级次	9	15	9	4	2	2	2	2				
客户分类编码级次	5	12	9	1	2							
供应商分类编码级次	5	12	9	1	2							
部门编码级次	5	12	9	1	2							
地区分类编码级次	5	12	9	2	3	4						
费用项目分类	5	12	9	1	2							
结算方式编码级次	2	3	3	1	2							
货位编码级次	8	20	9	2	3	4						
收发类别编码级次	3	5	5	1	1	1						
项目设备	8	30	9	2	2							
责任中心分类档案	5	30	9	2	2							
项目要素分类档案	6	30	9	2	2							
客户权限组级次	5	12	9	2	3	4						
意向客户权限组级次	5	12	9	2	3	4						

图 2-7　创建账套——编码方案界面

（8）在“编码方案”中对各个编码进行级次和级数的设置，单击“确定”按钮，再单击“取消”按钮，将出现如图 2-8 所示的界面。

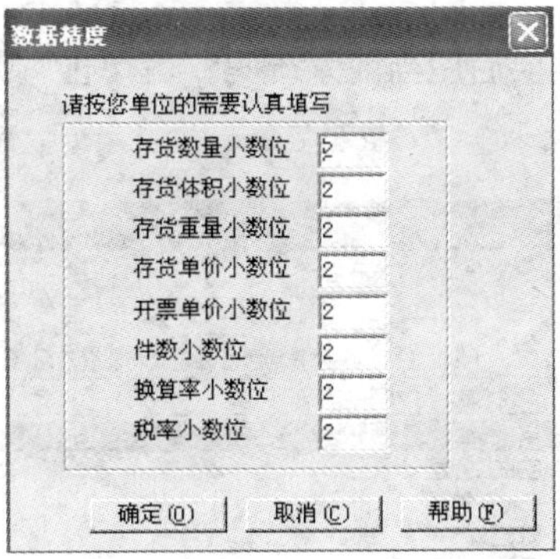

图 2-8　创建账套——数据精度界面

（9）在“数据精度”设置界面，软件可以对存货数量、存货体积、存货重量、存货单价、开票单价、件数、换算率、税率进行数据精度的设置。设置完数据精度，单击“确定”按钮后，系统提示类似“创建账套成功，是否进行系统启用设置?”，如图 2-9 所示。

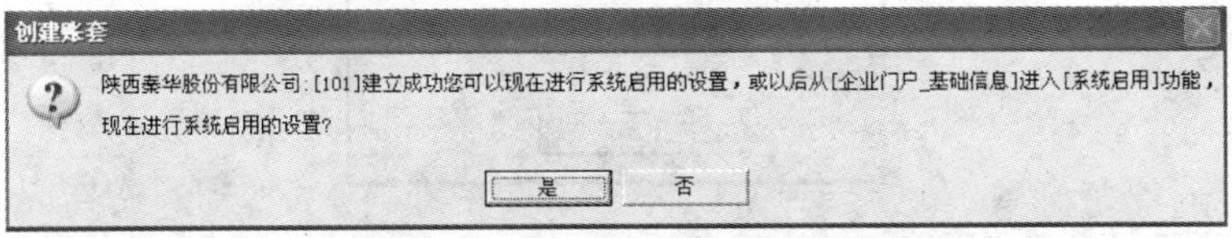

图 2-9　创建账套——创建账套界面

（10）单击“是”按钮，在“系统启用”界面，选择需要启用的“总账”系统（名称前打对钩），设置系统启用的日期为“2013 年 1 月 1 日”，单击“确定”按钮，如图 2－10 所示。

图 2－10　创建账套——系统启用－1

（11）系统提示“确实要启用当前系统吗?”，单击“是”按钮，出现如图 2－11 所示界面。

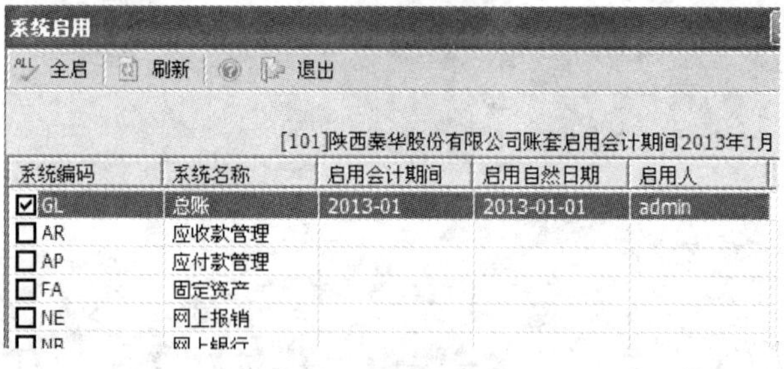

图 2－11　创建账套——系统启用－2

（12）建账结束，系统提示“请进入企业应用平台进行业务操作!”，如图 2－12 所示。

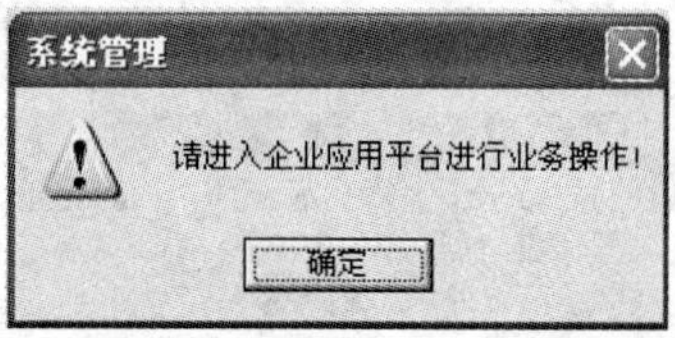

图 2－12　创建账套——系统管理界面

（二）修改账套（注意：只有账套主管才有权修改账套）

（1）在“系统管理”界面，选择“系统\注销”菜单，重新以“账套主管 Demo”身份登录，密码为“DEMO”。选择“账套\修改”菜单，打开“修改账套”窗口，将账套名称修改为“会计电算化一班”，如图 2－13 所示。

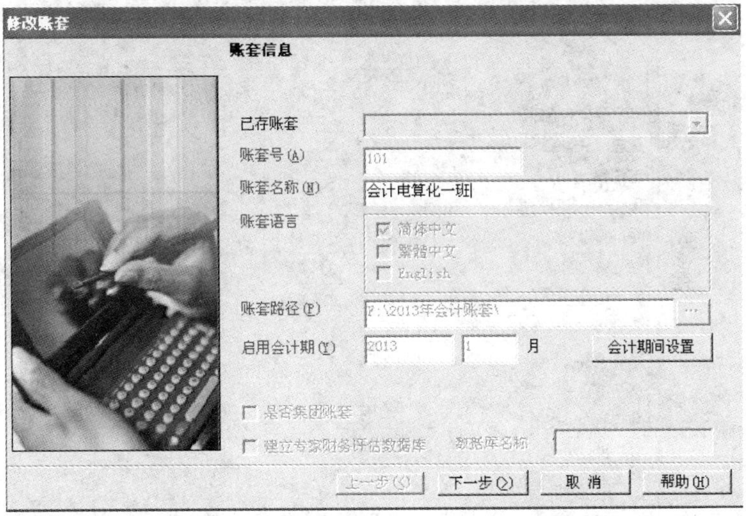

图 2－13　修改账套——账套信息界面

（2）单击“下一步”按钮，进入“单位信息和核算类型”界面，继续直至进入“基础信息”界面，修改“有无外币核算”参数，如图 2－14 所示。

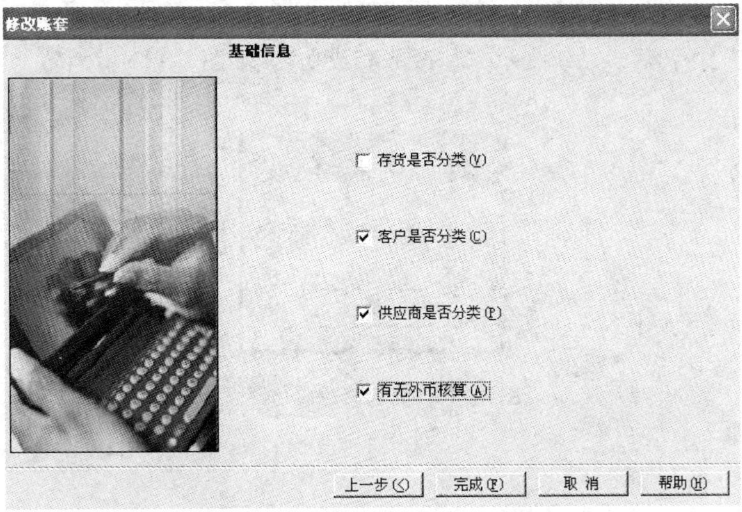

图 2－14　修改账套——基础信息界面

（3）单击“完成”按钮，确认修改账套，进入“编码方案”修改界面，修改客户、供应商编码都为“2－2”，如图2－15所示。

项目	最大级数	最大长度	单级最大长度	第1级	第2级	第3级	第4级	第5级	第6级	第7级	第8级	第9级
科目编码级次	9	15	9	4	2	2	2	2				
客户分类编码级次	5	12	9	2	2							
供应商分类编码级次	5	12	9	2	2							
部门编码级次	5	12	9	1	2							
地区分类编码级次	5	12	9	2	3	4						
费用项目分类	5	12	9	1	2							
结算方式编码级次	2	3	3	1	2							
货位编码级次	8	20	9	2	3	4						
收发类别编码级次	3	5	5	1	1	1						
项目设备	8	30	9	2	2							
责任中心分类档案	5	30	9	2	2							
项目要素分类档案	6	30	9	2	2							
客户权限组级次	5	12	9	2	3	4						
意向客户权限组级次	5	12	9	2	3	4						

图2－15 修改账套——编码方案界面

（4）单击“确定”按钮，再单击“取消”按钮，在“数据精度”界面中单击“确定”按钮后，系统提示“修改账套成功”，如图2－16所示。

图2－16 账套修改成功界面

（三）备份账套

（1）重新以系统管理员“admin”身份登录，选择“账套\输出”菜单，打开“账套输出”窗口，选择需要备份的账套，如图2－17所示。

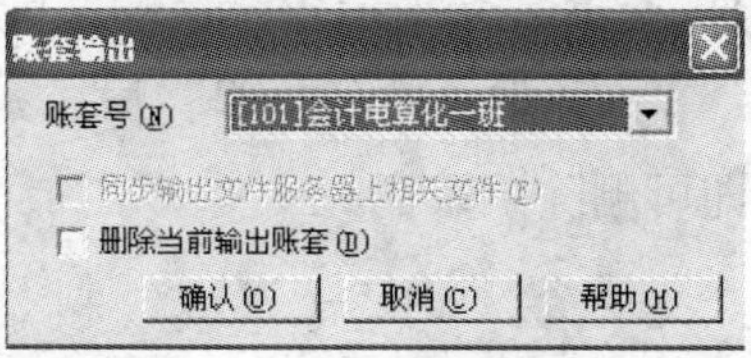

图 2-17　账套输出界面

（2）单击“确认”按钮，系统进行压缩文件处理，继续选择账套数据的备份路径“F：\ 学生姓名 \ 02”，如图 2-18 所示。

图 2-18　账套输出路径选择界面

（3）系统提示“账套输出成功”。

（四）删除账套

（1）以系统管理员“admin”身份登录，选择“账套 \ 输出”菜单，打开“账套输出”窗口，选择需要删除的账套，如图 2-19 所示。

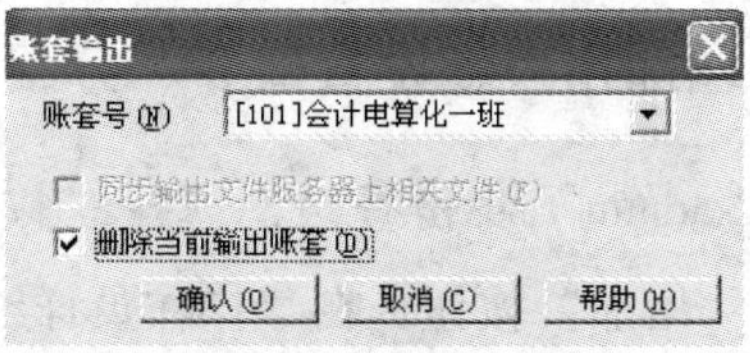

图 2-19　账套删除

（2）删除账套过程中，系统会提示是否备份账套，用友 U8 要求必须备份，否则不能删除。选择路径“F：\ 学生姓名 \ 02”后，系统提示“是否要删除账套”，单击“是”按钮，即可删除该账套。

（五）恢复账套

（1）以系统管理员“admin”身份登录，选择“账套 \ 引入”菜单，打开“账套引入”界面，选择需要恢复的账套备份文件存储路径并选择“UfErpAct. Lst”文件，如图 2 – 20 所示。

图 2 – 20　账套恢复

（2）单击“确定”按钮，系统自动恢复备份数据，并提示“账套引入成功”。

（六）用户管理（增加用户、设置口令、分配权限）

（1）以系统管理员“admin”身份登录，选择“权限 \ 用户”菜单，打开“用户管理”窗口，单击“增加”按钮，在“操作员详细情况”界面中录入操作员信息，如图 2 – 21 所示。

（2）单击“增加”按钮后，继续输入下一操作员信息，直至输入第五个操

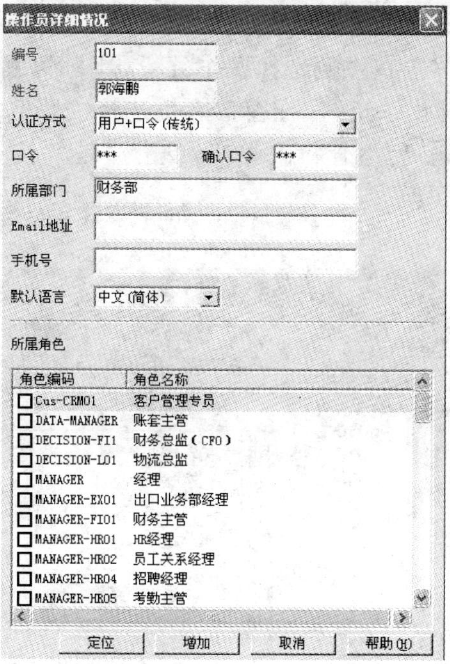

图 2－21　增加操作员

作员为止。

（3）选择“权限\权限”菜单，打开“操作员权限”窗口，如图 2－22 所示。

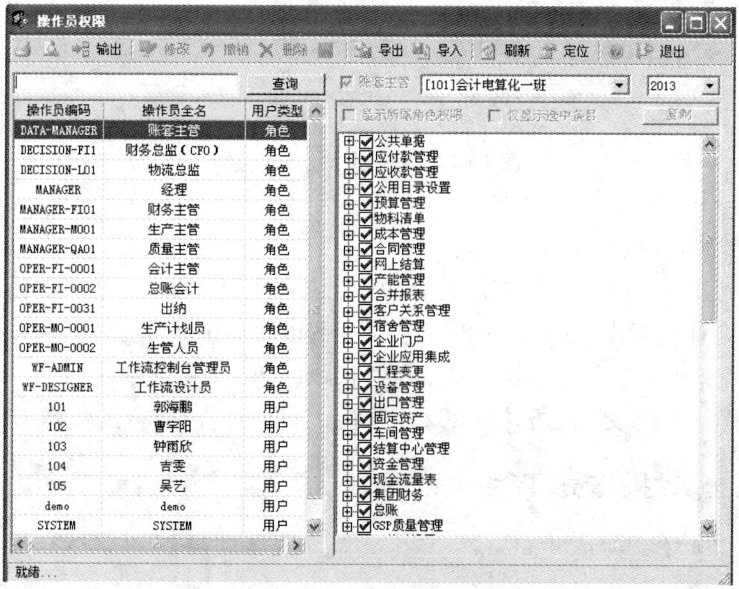

图 2－22　操作员权限设置

①账套主管权限设置。

在“操作员权限”窗口左侧选择操作员“101 郭海鹏”，在右上侧选择账套“［101］会计电算化一班”，在窗口右侧选择“账套主管”，系统将提示“设置用户：［101］账套主管权限吗?”单击“是”按钮即可，如图 2－23 所示。

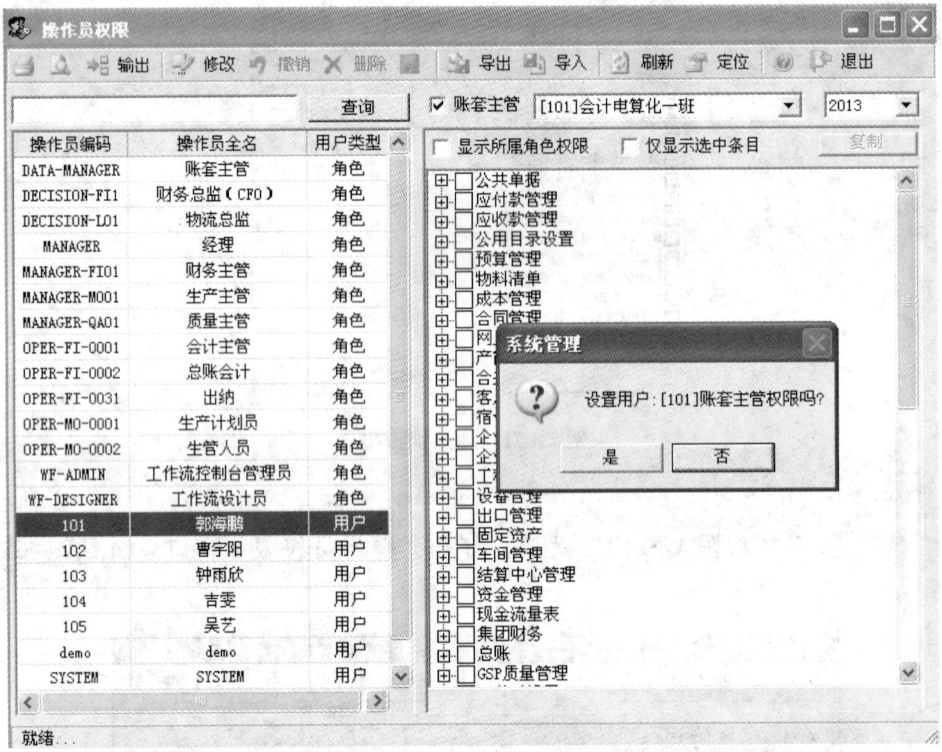

图 2－23　账套主管权限设置

②一般操作员权限。

在“操作员权限”窗口左侧选择操作员“102 曹宇阳”，在右上侧选择账套“［101］会计电算化一班”，单击“修改”按钮后，在窗口右侧“总账”系统前打对钩，系统即可为其分配该系统的所有权限，如图 2－24 所示。

其余操作员权限分配方法同 102 操作员；同时取消 Demo 的账套主管权限。

（七）修改操作员口令

（1）以系统管理员“admin”身份登录，选择“权限＼用户”菜单，打开“用户管理”窗口，选择需要修改的用户“102 曹宇阳”，单击“修改”按钮，在“操作员详细信息”界面中重新录入两遍新口令，确定即可。

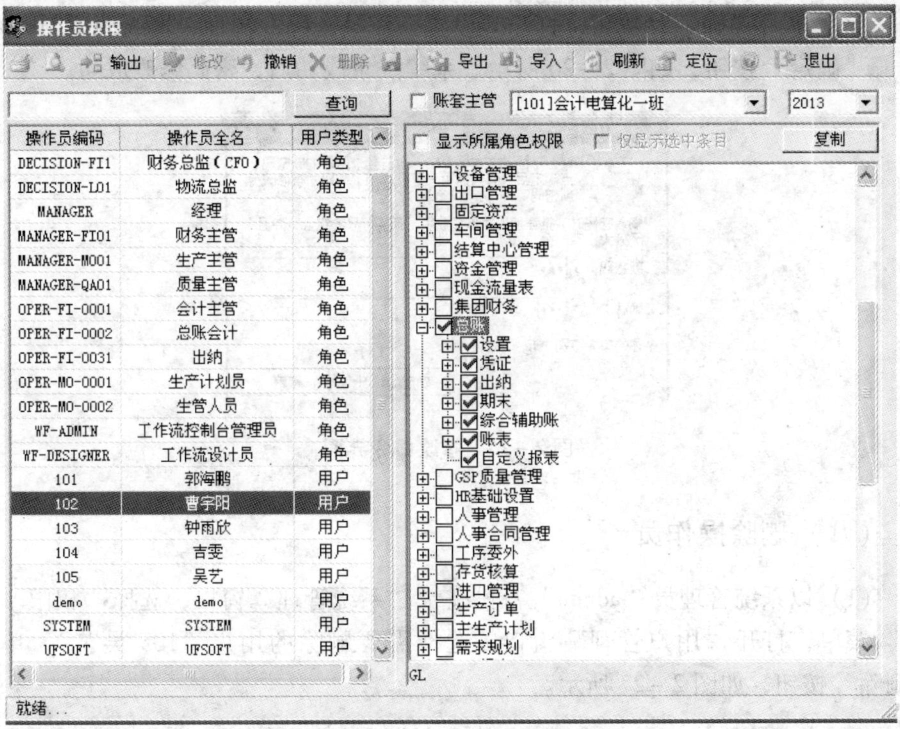

图 2－24　一般操作员权限设置

（2）选择“开始\程序\用友 ERP-U872\企业应用平台”，输入操作员编号“103”，再输入该操作员密码“103”，账套数据源引入成功显示“［101］（default）会计电算化一班”，操作日期为“2013－01－01”，勾选“改密码”复选框，如图 2－25 所示。

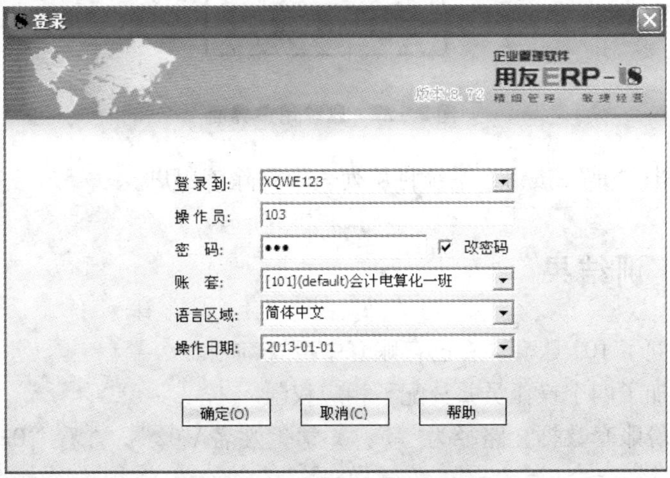

图 2－25　修改口令登录界面

（3）单击“确定”按钮，打开“设置操作员密码”界面，输入两遍新口令，单击“确定”按钮，如图2－26所示。系统登录成功后，密码修改成功。

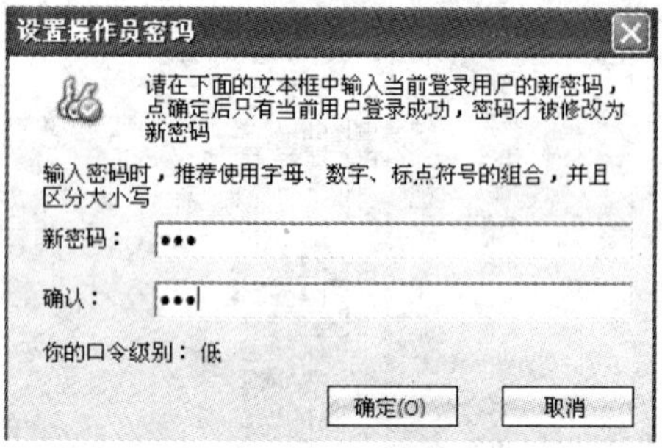

图2－26 修改口令界面

（八）删除操作员

（1）以系统管理员“admin”身份登录“系统管理”窗口，选择“权限\用户”菜单，打开“用户管理”窗口，选择需要删除的用户“105 吴艺”，单击“删除”按钮，如图2－27所示。

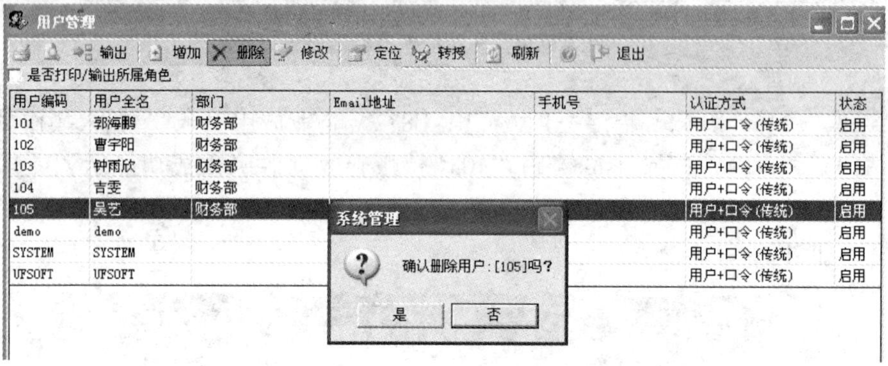

图2－27 删除用户界面

（2）单击“是”按钮，系统将从列表中删除该用户。

五、实训结果

（1）建立了101账套，在已存账套中可查询到。

（2）增加了四个操作员并分配了相应权限。

（3）备份账套数据，路径为“F：\学生姓名\02”，查看“02”文件夹的备份文件。

实训项目三

基础档案设置

一、实训目标

通过本次实训，要求学生熟悉用友 U8 基础设置模块的主要内容；了解基础档案设置的内容和作用；熟练掌握会计科目的建立、修改、删除等操作方法；掌握凭证类型设置的意义；理解系统初始设置的必要性和重要性。

二、实训内容

★ 人员类别　★ 部门档案　★ 职员档案
★ 客户档案　★ 供应商档案　★ 计量单位
★ 币别设置　★ 结算方式　★ 会计科目
★ 凭证类型　★ 常用摘要

三、实训资料

（一）实训准备

（1）修改系统日期为“2013 年 01 月 01 日”。

（2）引入“F：\ 学生姓名 \ 02”文件夹中备份的账套数据，即恢复实训项目二的数据结果。

（二）人员类别（2 –2）

人员类别（2 –2）如表 3 –1 所示。

表 3 –1　　人员类别（在“10 在职人员”中增加）

类别编码	名称	类别编码	名称
1001	管理人员	1003	销售人员
1002	采购人员	1004	生产人员

（三）部门档案（1－2）

部门档案（1－2）如表3－2所示。

表3－2 部门档案

部门编码	部门名称	上级部门编码	上级部门名称	部门负责人
1	财务部	无	无	郭海鹏
2	采购部	无	无	
201	采购一部	2	采购部	曾雨晨
202	采购二部	2	采购部	白　芳
3	销售部	无	无	
301	销售一部	3	销售部	李　洋
302	销售二部	3	销售部	杨丽丽
4	生产部	无	无	
401	一车间	4	生产部	王　泽
402	二车间	4	生产部	崔志帧

（四）职员档案

职员档案如表3－3所示。

表3－3 职员档案

职员编码	姓名	性别	职员类别	行政部门	职员属性	是否业务员
10001	郭海鹏	男	管理人员	财务部	管理	
10002	曹宇阳	男	管理人员	财务部	管理	
10003	钟雨欣	女	管理人员	财务部	管理	
10004	吉　雯	女	管理人员	财务部	管理	
20101	曾雨晨	男	采购人员	采购一部	采购	是
20201	白　芳	女	采购人员	采购二部	采购	是
30101	李　洋	女	销售人员	销售一部	销售	是
30201	杨丽丽	女	销售人员	销售二部	销售	是
40101	王　泽	男	生产人员	一车间	生产	
40102	阎　超	男	生产人员	一车间	生产	
40201	崔志帧	男	生产人员	二车间	生产	
40202	祝欣静	女	生产人员	二车间	生产	

（五）客户档案

客户档案（2－2）如表3－4所示。

表3－4　　客户信息（客户分类：01长期客户；02短期客户）

编码	客户名称	简称	所属分类	客户银行档案	账号	法人	税号
01	河北玉雅公司	玉雅公司	长期	工行河北分行	11223344	王宇	12345
02	湖南丰润公司	丰润公司	短期	建行湖南分行	55667788	李彤	56789

（六）供应商档案

供应商档案（2－2）如表3－5所示。

表3－5　　供应商信息（供应商分类：01固定供应商；02临时供应商）

编码	供应商名称	简称	所属分类	税号	开户银行	银行账号	法人
01	北京华威公司	华威公司	固定	11－1159357	工行北京支行	61－147852	张涛
02	上海龙岗公司	龙岗公司	临时	12－2589519	建行上海支行	62－369852	孙婷

（七）计量单位组与计量单位

计量单位组及计量单位如表3－6所示。

表3－6　　计量单位

组编码	计量单位组	计量单位		
		代码	名称	换算率
1	数量组（无换算）	11	件	无换算
		12	个	无换算
2	重量组（固定换算）	21	公斤①	主计量单位
		22	吨	1 000

（八）币别设置

币别设置如表3－7所示。

表3－7　　币别信息

币别代码	币别名称	折算方式	汇率制度	记账汇率
USD	美元	直接汇率	固定汇率	6.360 00
JPY	日元	直接汇率	固定汇率	0.080 55
将日元从外币列表中删除				

① 1公斤＝1千克。

（九）结算方式

结算方式设置如表3-8所示。

表3-8 结算方式信息

结算方式编号	结算方式名称	是否票据管理
1	银行汇票	否
2	银行本票	否
3	商业汇票	否
4	支票	是
401	现金支票	是
402	转账支票	是
5	汇兑	否
6	托收承付	否
7	委托收款	否
9	其他	否

（十）会计科目

1. 新增会计科目（见表3-9）

表3-9 会计科目一览表

级次	科目编码	科目名称	科目类型	账页格式	辅助核算	科目性质
1	1001	库存现金	资产	金额式		借
1	1002	银行存款	资产	金额式		借
2	100201	工行存款	资产	金额式		借
2	100202	中行存款	资产	外币金额式（USD）		借
1	1121	应收账款	资产	金额式	客户往来	借
2	112101	丰润公司	资产	金额式	客户往来	借
2	112102	玉雅公司	资产	金额式	客户往来	借
1	1221	其他应收款	资产	金额式	个人往来	借
2	122101	白芳	资产	金额式	个人往来	借
1	1403	原材料	资产	金额式		借
2	140301	甲材料	资产	数量金额式（公斤）		借
2	140302	乙材料	资产	数量金额式（公斤）		借
1	1601	固定资产	资产	金额式	部门核算	借

续表

级次	科目编码	科目名称	科目类型	账页格式	辅助核算	科目性质
1	1602	累计折旧	资产	金额式		贷
1	2001	短期借款	负债	金额式		贷
1	2202	应付账款	负债	金额式	供应商往来	贷
2	220201	龙岗公司	负债	金额式	供应商往来	贷
2	220202	华威公司	负债	金额式	供应商往来	贷
1	2211	应付职工薪酬	负债	金额式		贷
2	221101	工资	负债	金额式		贷
2	221102	福利费	负债	金额式		贷
1	2221	应交税费	负债	金额式		贷
2	222101	应交增值税	负债	金额式		贷
3	22210101	进项税	负债	金额式		贷
3	22210102	销项税	负债	金额式		贷
2	222102	未交增值税	负债	金额式		贷
1	4001	实收资本	权益	金额式		贷
1	4103	本年利润	权益	金额式		贷
1	4104	利润分配	权益	金额式		贷
1	5001	生产成本	成本	金额式	项目核算	借
2	500101	直接材料	成本	金额式	项目核算	借
2	500102	直接人工	成本	金额式	项目核算	借
2	500103	制造费用	成本	金额式	项目核算	借
1	5101	制造费用	成本	金额式		借
1	6001	主营业务收入	损益	金额式		收入
1	6602	管理费用	损益	金额式		支出
1	6603	财务费用	损益	金额式		支出

2. 修改会计科目

（1）取消“1121 应收账款”总账及其明细科目的“客户往来”辅助核算属性。

（2）取消“1221 其他应收款”总账及其明细科目的“个人往来”辅助核算属性。

（3）取消“1601 固定资产”总账科目的“部门核算”辅助核算属性。

（4）取消“2202 应付账款”总账及其明细科目的“供应商往来”辅助核算属性。

（5）取消“5001 生产成本”总账及其明细科目的“项目核算”辅助核算属性。

3. 复制会计科目

（1）增加“6001 主营业务收入”的三个二级明细科目名称分别为“A 产品”、“B 产品”和“C 产品”。

（2）将“6001 主营业务收入”科目复制成“6401 主营业务成本”科目（单个科目复制）。

（3）将“6001 主营业务收入”的三个二级明细科目复制到“6401 主营业务成本”科目下（多个科目复制）。

4. 删除会计科目

（1）删除“6001 主营业务收入”的三个二级明细科目。

（2）删除“6401 主营业务成本”及其下级科目。

5. 指定科目（指定出纳专管科目）

（1）将 1001 指定为现金总账科目。

（2）将 1002 指定为银行总账科目。

（十一）凭证类型

凭证类型设置如表 3－10 所示。

表 3－10 凭证类型

凭证字	凭证类别	限制类型	限制科目
现收	现金收款凭证	借方必有	1001
现付	现金付款凭证	贷方必有	1001
银收	银行收款凭证	借方必有	1002
银付	银行付款凭证	贷方必有	1002
转账	转账凭证	凭证必无	1001，1002

（十二）常用摘要

常用摘要如表 3－11 所示。

表 3－11 常用摘要

编　码	摘要内容
01	工行提现
02	销售产品
03	采购材料
04	支付货款
05	购买办公用品

四、实训指导

（一）人员类别设置

（1）登录“企业应用平台”，以“账套主管 101”身份在 2013.01.01 登录“［101］（default）会计电算化一班”账套，如图 3－1 所示。

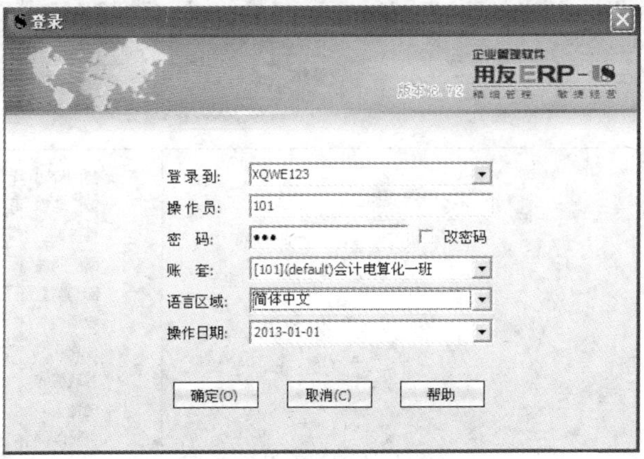

图 3－1　企业应用平台登录

（2）在企业应用平台主界面，在“基础设置”功能中，双击“基础档案＼机构人员＼人员类别”选项，打开“人员类别”窗口。系统内已预置了四类人员，选定“在职人员”后，单击“增加”按钮，输入档案编码、档案名称信息，单击“确定”按钮即可保存当前类别，如图 3－2 所示。

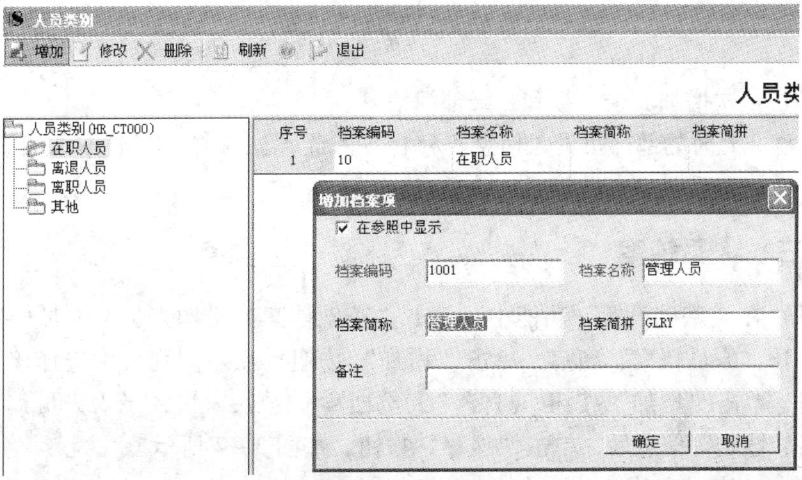

图 3－2　人员类别设置

(3) 按此方法，将实验资料中的四类人员增加到“在职人员”类别下。

(二) 部门档案

(1) 在“基础设置”功能中，双击“基础档案\机构人员\部门档案”选项，打开“部门档案”窗口，单击“增加”按钮，在右侧录入部门编码、部门名称等信息后，单击“保存”按钮即可保存当前档案，如图 3-3 所示。

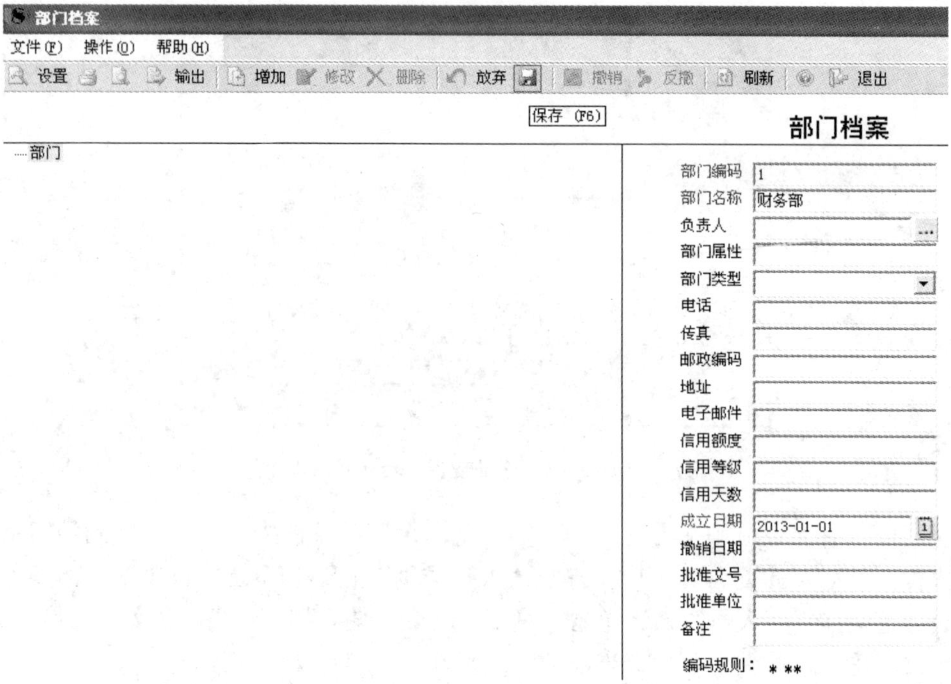

图 3-3 部门档案设置

(2) 依次增加其余一级和二级部门信息。

注意：此时的部门负责人信息不存在，因此无法选择，暂时不添加该信息，当用户增加完后在“人员档案”中再修改。

(三) 人员档案

(1) 在“基础设置”功能中，双击“基础档案\机构人员\人员档案”选项，打开“人员档案”窗口，单击“增加”按钮，在左侧列表中选择该人员所属部门，单击“增加”按钮，打开“人员档案”录入窗口，录入人员编码、人员姓名、性别等信息后，单击“保存”按钮，如图 3-4 所示。

(2) 依次录入其余人员的基本信息。

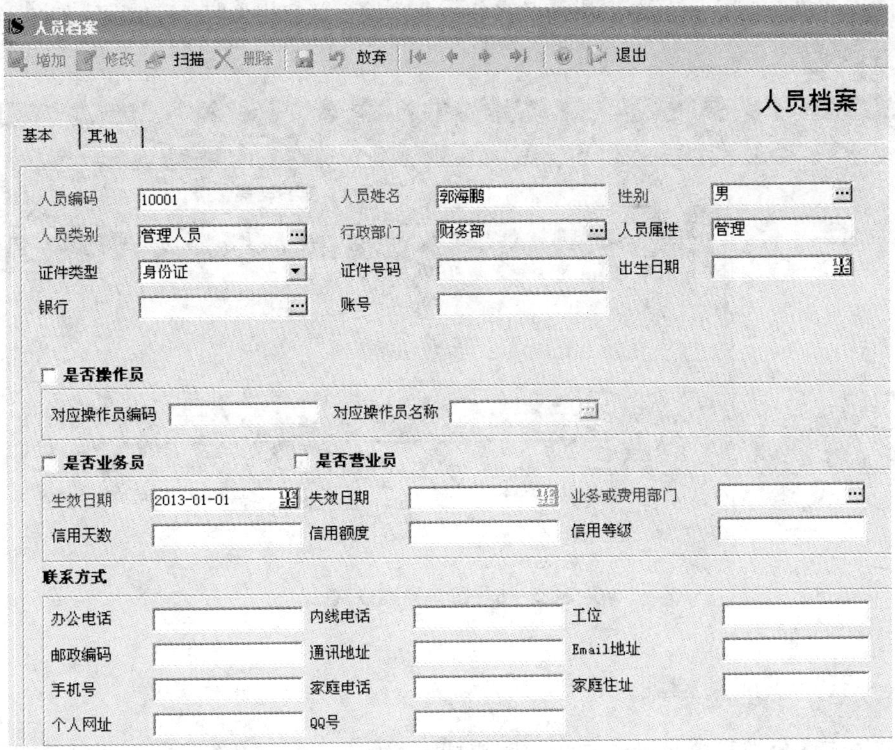

图 3－4　人员档案设置

（四）客户档案

(1) 在“基础设置”功能中，双击“基础档案＼客商信息＼客户分类”选项，打开“客户分类”窗口，单击“增加”按钮，在右侧输入分类编码和分类名称后，单击“保存”按钮，如图 3－5 所示。

图 3－5　客户分类设置

(2) 在“基础设置”功能中，双击“基础档案＼客商信息＼客户档案”选项，打开“客户档案—（01）长期客户”窗口，在左侧选择客户所属类别

“〔01〕长期客户”，单击“增加”按钮，依次输入客户相关信息后保存，如图3－6所示。

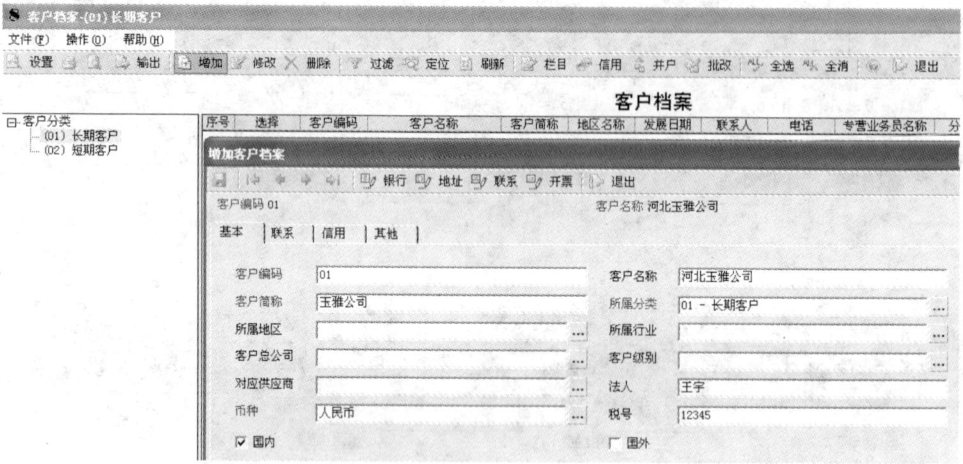

图3－6 客户档案设置

（五）供应商档案

供应商分类和档案操作方法同客户档案，此处省略操作步骤。

（六）设置计量单位组及计量单位

（1）以账套主管“101 郭海鹏”身份登录用友 ERP-U8 企业应用平台。

（2）在“基础设置”功能中，双击“基础信息\存货\计量单位”选项，打开“计量单位—计量单位组”窗口，单击“分组”按钮，打开“计量单位组”设置窗口。在此界面，输入组编码和组名称后保存，如图3－7所示。

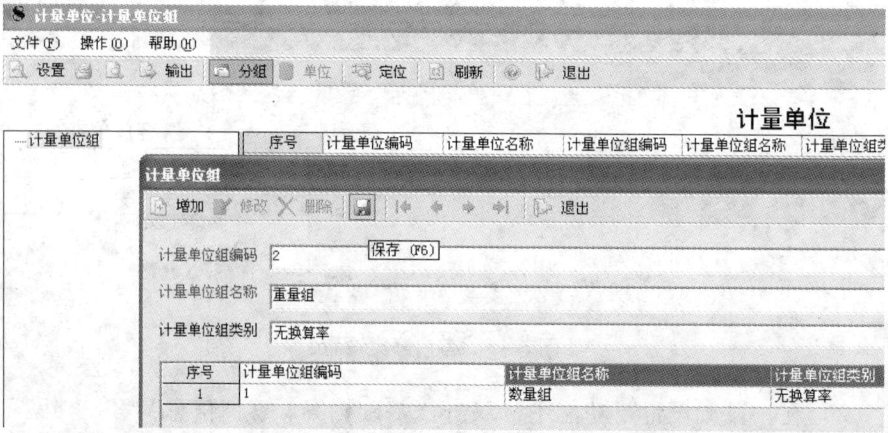

图3－7 计量单位组设置

（3）在左侧选择计量单位组“数量组”或“重量组〈固定换算率〉”，单击上方的“单位”按钮，打开“计量单位”增加窗口，单击“增加”按钮，输入计量单位编码、名称等信息后保存，如图3－8所示。

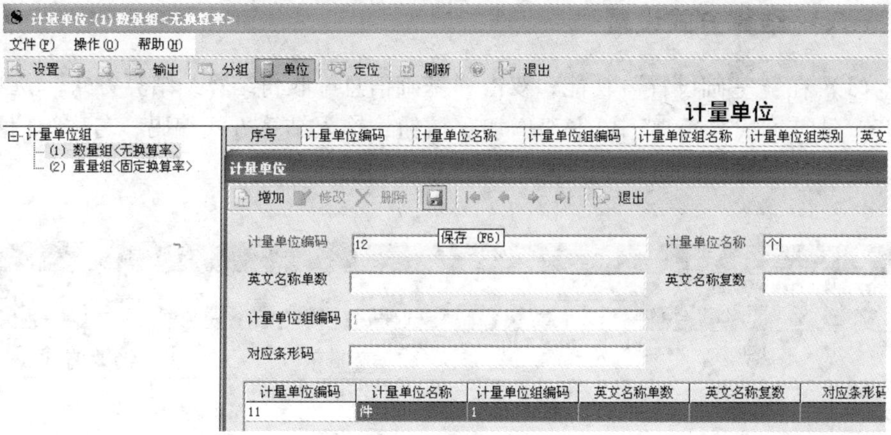

图3－8　计量单位设置

（七）外币设置

（1）在“基础设置”功能中，双击“基础信息\财务\外币设置”选项，打开“外币设置”窗口，分别输入币符、币名等信息，单击“确认”按钮后，在2013.01月的“记账汇率”栏中输入期初汇率“6.36”，如图3－9所示。

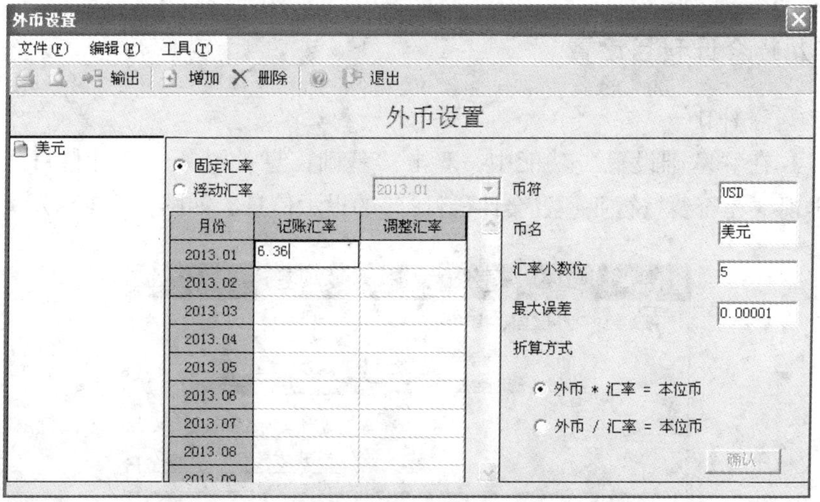

图3－9　外币设置

（2）同上操作方法即可增加日元的外币信息。

（3）若要删除外币“日元”，选定此外币后，单击“删除”按钮，系统会提示“是否删除当前外币？”单击“是”按钮即可。

（八）结算方式设置

（1）在“基础设置”功能，双击“基础信息＼收付结算＼结算方式”选项，打开“结算方式”窗口，单击“增加”按钮，输入结算方式编码、名称等信息，单击“保存”按钮即可完成设置，如图3－10所示。

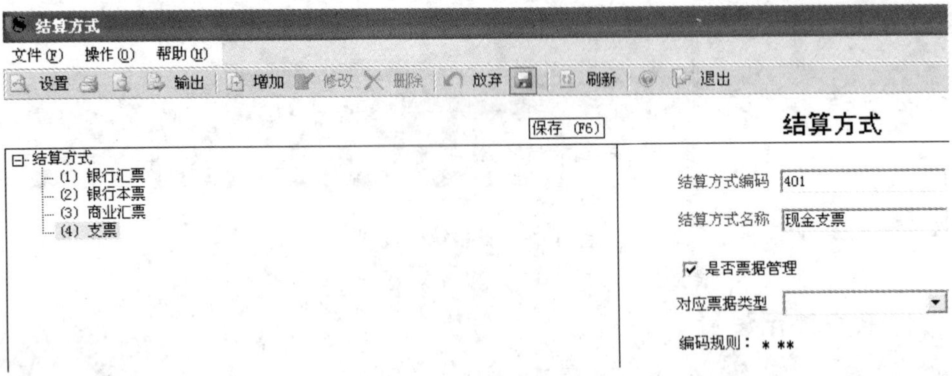

图3－10　结算方式设置

（2）如果某结算方式需要进行支票管理，则选择“是否支票管理”（在其前面框内打对钩）。

（九）会计科目设置

1. 新增科目

（1）在“基础设置”功能中，双击“基础信息＼财务＼会计科目”选项，屏幕出现“是否要按行业预置会计科目？”的提示信息，如图3－11所示。

图3－11　科目预置选择界面

（2）单击“不预置”按钮，在“新增会计科目”界面中依次录入会计科目编码、科目名称等信息，选择科目类型、账页格式、余额方向等参数，如图3－12所示。

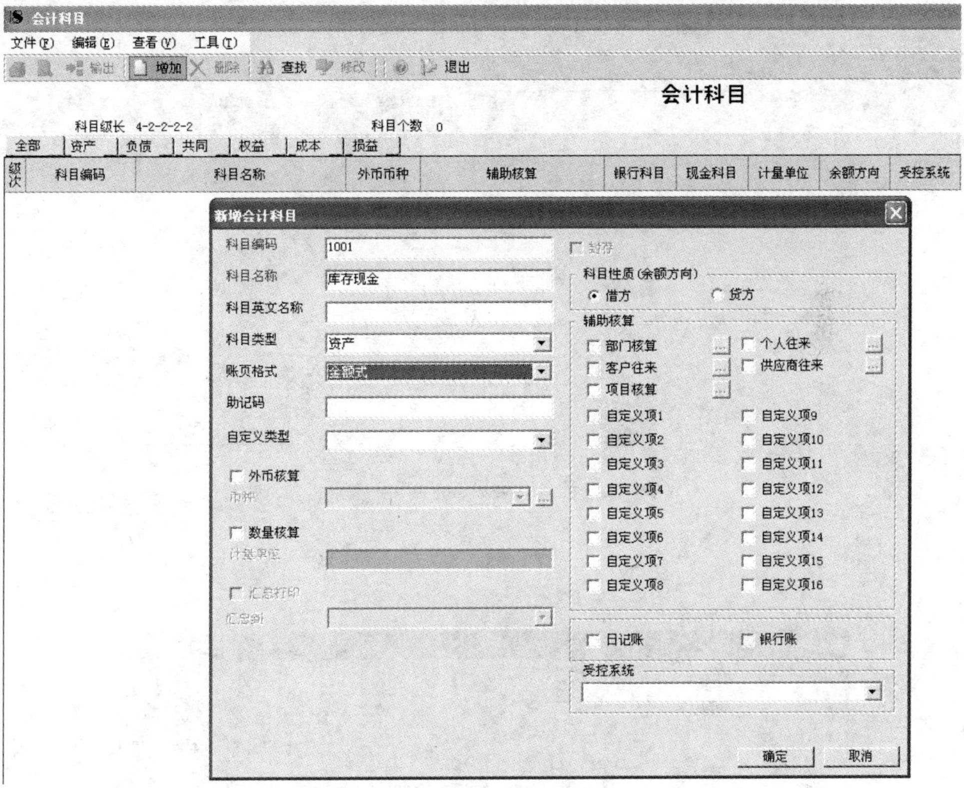

图3－12　新增会计科目界面

（3）科目参数输入完毕后，单击“确定”按钮即可保存，再单击“增加”按钮继续输入下一科目信息。

（4）如果某科目（例如，100202 中行存款）是“外币金额式”的账页格式，则选择该科目的账页格式为“外币金额式”，并在“外币核算”前打对勾，选择对应币种为“美元 USD”，如图3－13所示。

（5）如果某科目（例如，140301 甲材料）是“数量金额式”的账页格式，则选择该科目的账页格式为“数量金额式”，并在“数量核算”前打对勾，输入计量单位为“公斤”，如图3－14所示。

（6）如果某科目具有辅助核算属性，则应选择相应的辅助核算内容。例如，1121 应收账款科目是“客户往来”辅助核算，则在辅助核算中选择“客户往来”属性，如图3－15所示。

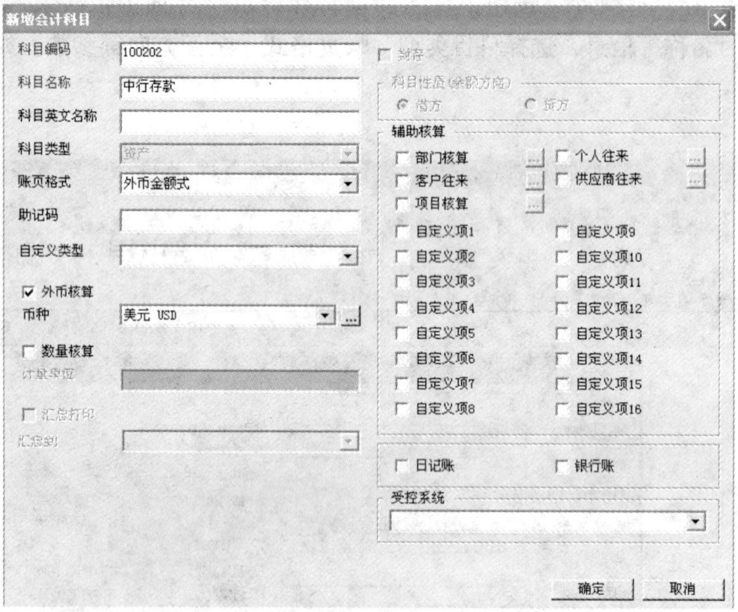

图 3-13 外币核算科目新增界面

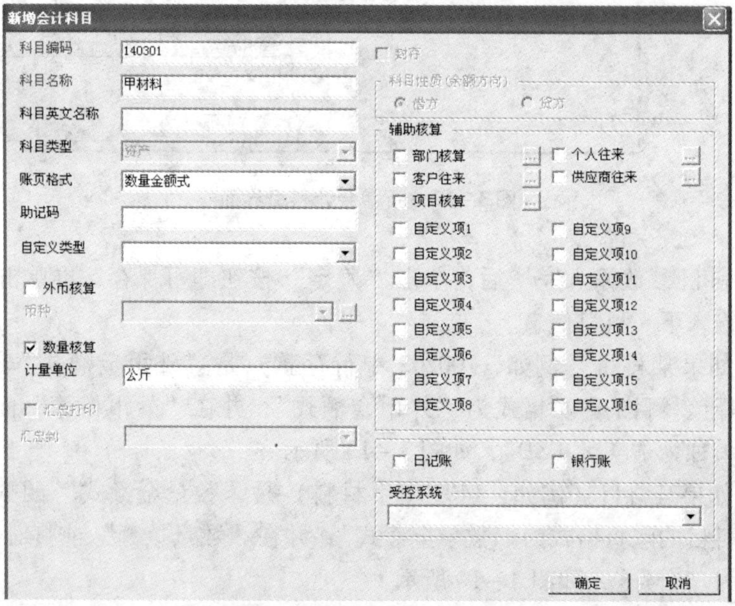

图 3-14 数量核算科目新增界面

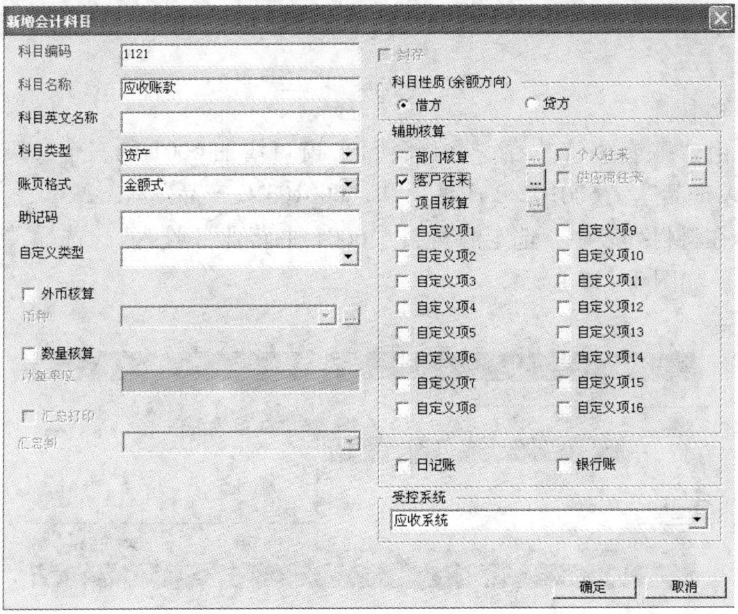

图3－15　辅助核算科目新增界面

2. 修改科目

(1) 在“会计科目”界面，选定需要修改的科目后双击该行或单击“修改”按钮，即可打开“会计科目－修改”窗口，如图3－16所示。

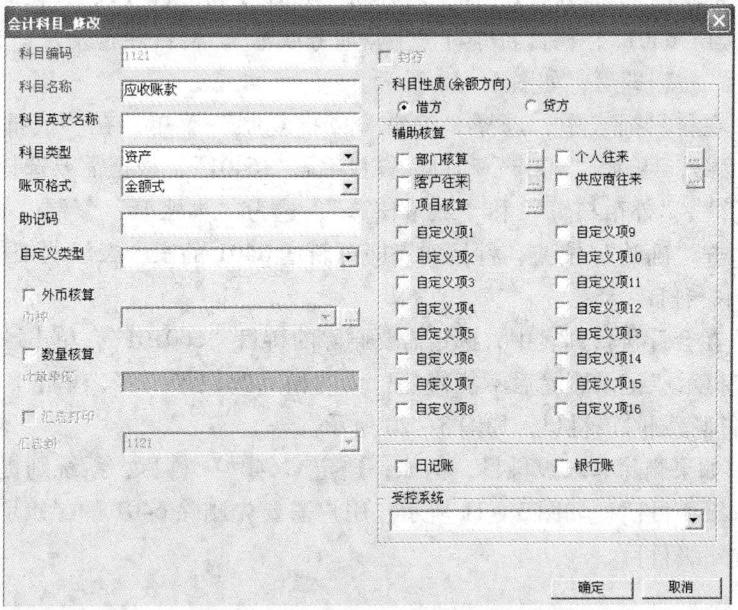

图3－16　科目修改界面

（2）单击“修改”按钮，根据实验要求修改科目相关信息后，单击“确定”按钮即可。

3. 复制科目

（1）由“账套主管”在“会计科目”窗口增加6001的三个二级明细科目“600101 A产品”、“600102 B产品”和“600103 C产品”。

（2）在科目列表中，选定源科目“6001 主营业务收入”，选择“编辑\复制”菜单，如图3－17所示。

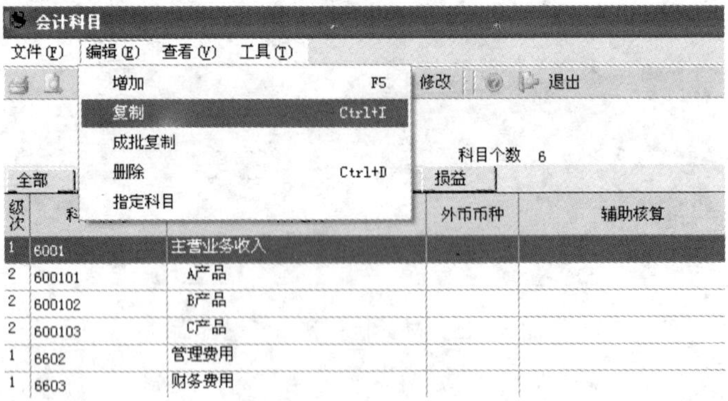

图3－17 科目复制菜单

（3）屏幕出现新增科目界面，内容同“6001 主营业务收入”，在此界面修改科目编码为“6401”，科目名称为“主营业务成本”，科目性质改为“支出”，单击“确定”按钮即可，如图3－18所示。

（4）在科目列表中，选择“编辑\成批复制”菜单，在“成批复制”界面中录入源科目编码“6001”和目标科目编码“6401”，根据需要选择是否具有“辅助核算”、“外币核算”和“数量核算”，选为“本账套”复制，如图3－19所示。单击“确认”按钮，科目列表即可新增6401的三个二级明细科目。

4. 删除科目

（1）在会计科目列表中，选定需要删除的科目“600101”，单击“删除”按钮，系统提示“记录删除后不能修复！真的删除此记录吗?”，单击“确定”按钮，即可彻底删除该科目，如图3－20所示。

（2）如果删除非末级科目，例如，选定“6401”科目，系统则提示“不能删除非末级科目!”，如图3－21所示。用户需要先删除6401的二级明细科目后才可删除一级科目。

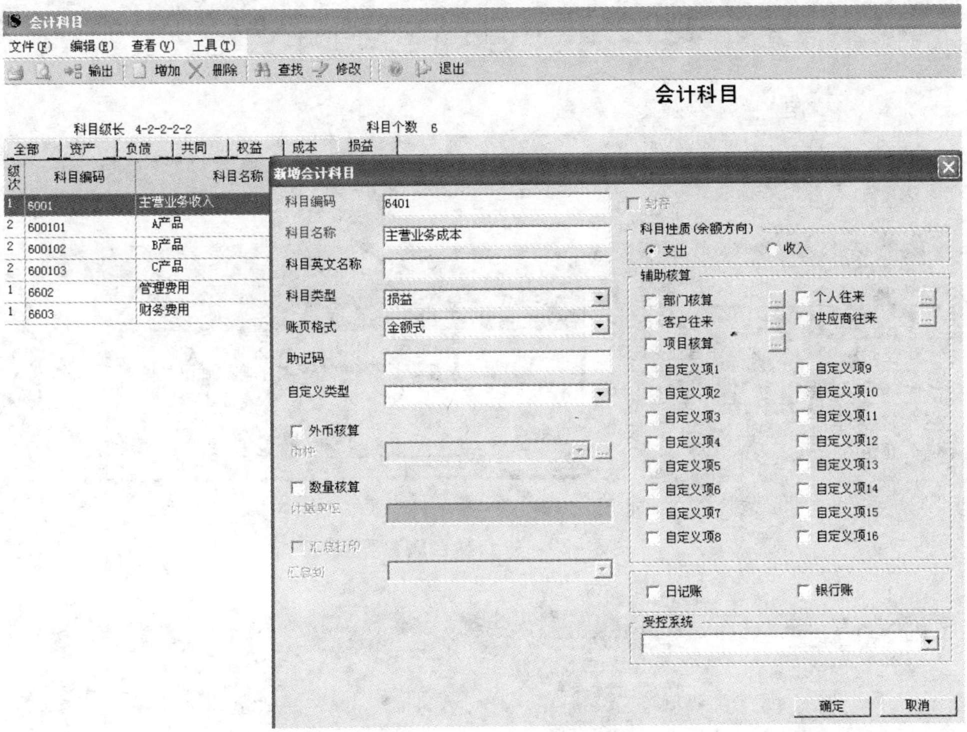

图 3－18　科目单个复制界面

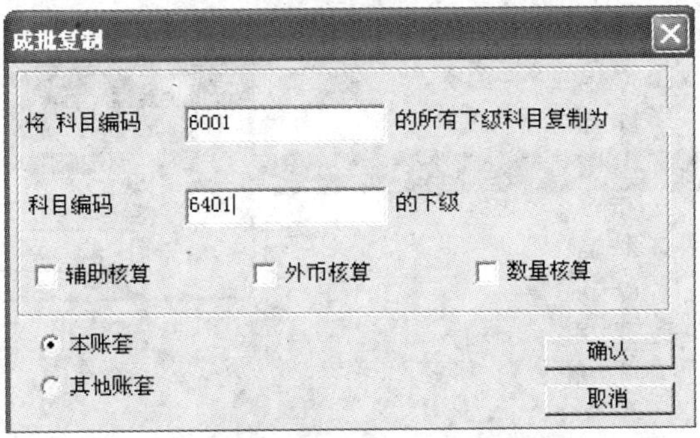

图 3－19　科目成批复制界面

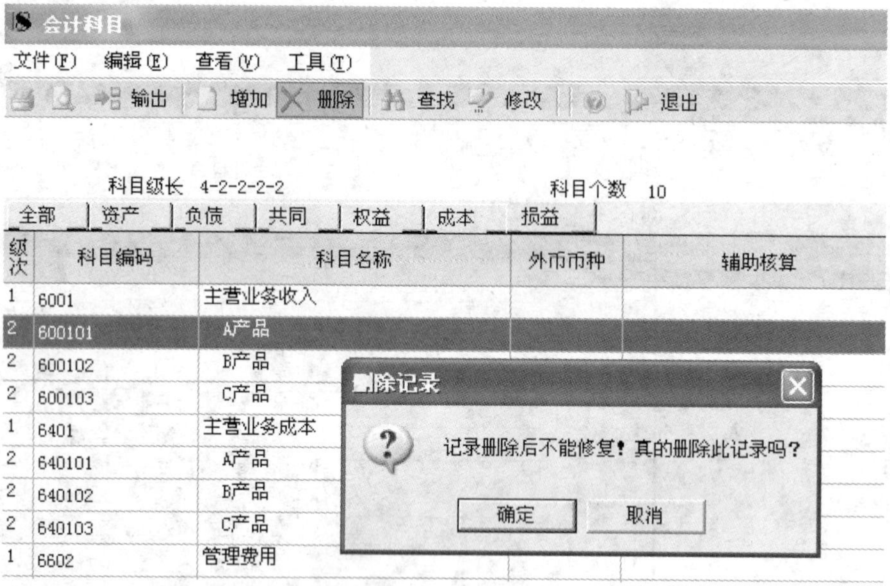

图 3－20　末级科目删除界面

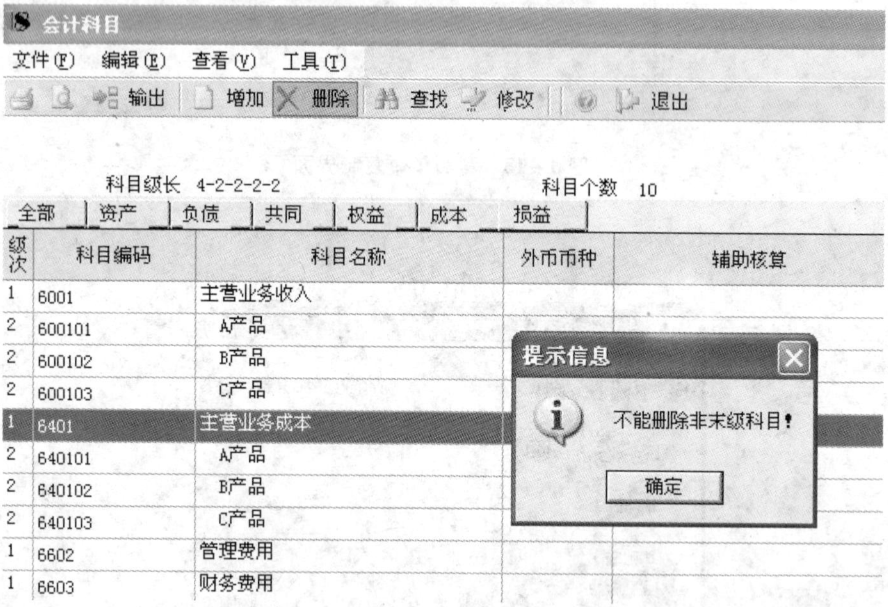

图 3－21　非末级科目删除界面

5. 指定科目

（1）在“会计科目”界面，选择“编辑\指定科目”菜单，指定科目包括三个内容：指定现金科目、银行科目和现金流量科目。此处需要将“1001”科目从左侧的待选科目栏中选入已选科目栏中，如图 3－22 所示。

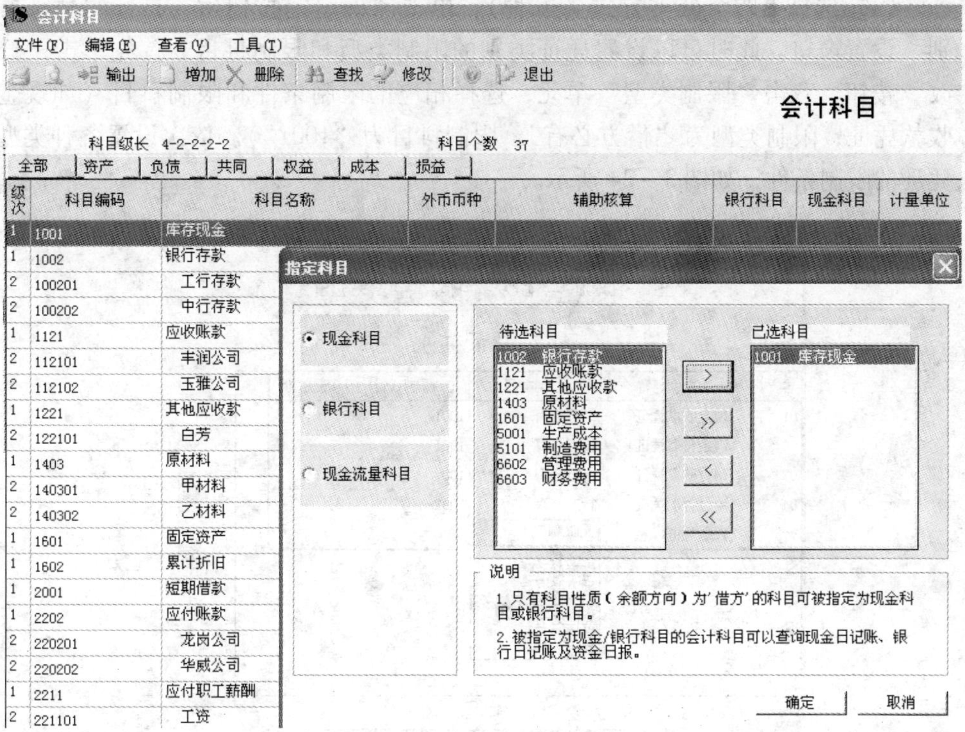

图 3－22　指定科目界面

（2）同理，选择最左侧的“银行科目”，将科目“1002”从待选科目栏选入已选科目栏，完成后单击“确定”按钮即可保存。

（十）凭证类别设置

（1）在“基础设置”功能中，双击“基础信息＼财务＼凭证类别预置”选项，屏幕出现“凭证类别预置”信息界面，如图 3－23 所示。

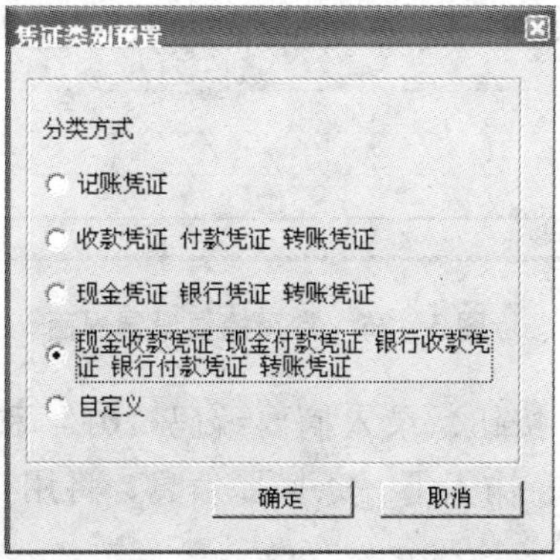

图 3－23　凭证类别预置信息界面

（2）选择第四个分类方式（五种），单击“确定”按钮后，打开“凭证类别”设置窗口。此时可以设置凭证类别的限制类型和限制科目。首先单击“修改”按钮，双击“限制类型”单元，选择相应的限制条件和限制科目（如现金收款凭证，限制类型为“借方必有”，限制科目为“1001”）。依次设置各种类型凭证的限制条件，如图3－24所示。

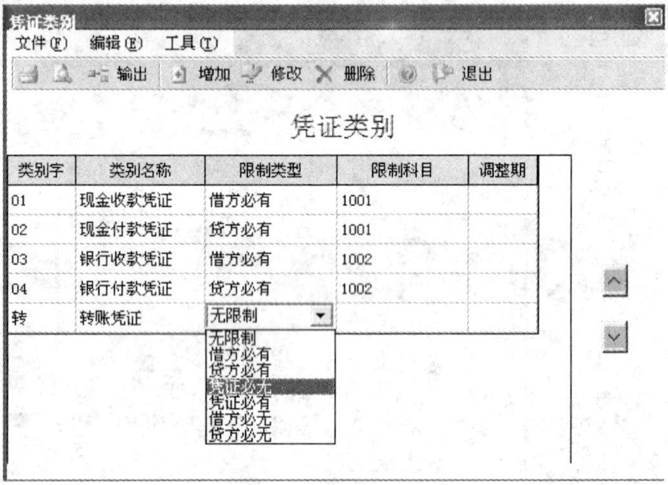

图3－24　凭证类别设置界面

（十一）常用摘要设置

（1）在“基础设置”功能中，双击“基础设置＼基础档案＼其他＼常用摘要”功能，打开“常用摘要”窗口，如图3－25所示。

图3－25　常用摘要设置界面

（2）单击“增加”按钮，录入摘要编码“01”和摘要内容“工行提现”。继续单击“增加”按钮，输入下一条摘要信息，将用户所需的常用摘要词组逐个录入。

五、实训结果

（1）增加了 4 类人员类别。

（2）增加了 10 个部门（一级、二级）信息。

（3）增加了 12 个人员档案。

（4）增加了 2 个客户档案。

（5）增加了 2 个供应商档案。

（6）设置了 2 个计量单位组和 4 个计量单位。

（7）设置了 1 种外币信息。

（8）设置了 11 种结算方式。

（9）增加了 37 个会计科目。

（10）设置了 5 种凭证类别。

（11）设置了 5 个常用摘要。

（12）备份账套数据，路径为“F：\ 学生姓名 \ 03”，查看“03”文件夹的备份文件。

实训项目四

总账系统初始设置

一、实训目标

通过本次实训，要求学生了解总账系统初始设置的基本内容；理解总账系统初始设置的必要性和重要性；熟练掌握会计科目期初余额的录入方法；能够准确完成总账系统的初始设置工作。

二、实训内容

★ 初始余额录入　★ 选项设置　★ 数据权限分配
★ 金额权限分配　★ 常用凭证

三、实训资料

（一）实训准备

（1）修改系统日期为“2013 年 01 月 01 日”。

（2）引入“F：\ 学生姓名 \ 03”文件夹中备份的账套数据，即恢复实训项目三的数据结果。

（二）科目余额录入（见表 4－1）

表 4－1　　科目余额一览表

元

科目编码	科目名称	余额方向	年初余额
1001	库存现金	借	5 000.00
1002	银行存款	借	145 800.00
100201	工行存款	借	114 000.00

续表

科目编码	科目名称	余额方向	年初余额
100202	中行存款	借 借	（RMB）31 800.00 （USD）5 000.00
1121	应收账款	借	308 000.00
112101	丰润公司	借	100 000.00
112102	玉雅公司	借	208 000.00
1221	其他应收款	借	5 000.00
122101	白芳	借	5 000.00
1403	原材料	借	142 000.00
140301	甲材料	借	38 000.00 （数量）1 000.00
140302	乙材料	借	104 000.00 （数量）2 000.00
1601	固定资产	借	800 000.00
1602	累计折旧	贷	140 000.00
2001	短期借款	贷	22 000.00
2202	应付账款	贷	80 000.00
220201	龙岗公司	贷	60 000.00
220202	华威公司	贷	20 000.00
2211	应付职工薪酬	贷	30 000.00
221101	工资	贷	30 000.00
221102	福利费	贷	
2221	应交税费	贷	15 000.00
222101	应交增值税	贷	
22210101	进项税	贷	
22210102	销项税	贷	
222102	未交增值税	贷	15 000.00
4001	实收资本	贷	1 000 000.00
4103	本年利润	贷	128 800.00
4104	利润分配	贷	
5001	生产成本	借	10 000.00
500101	直接材料	借	3 000.00
500102	直接人工	借	2 000.00
500103	制造费用	借	5 000.00
5101	制造费用	借	

（试算平衡数：1 275 800.00）

（三）选项设置（见表4-2）

表4-2　选项设置（其他参数默认）

选项卡	参数设置
凭证	制单序时控制；支票控制；赤字控制；可以使用应收受控科目；可以使用应付受控科目；凭证系统编号
账簿	明细账按月排页
权限	出纳凭证必须经由出纳签字；凭证必须经由主管签字；允许修改、作废他人填制的凭证；可查询他人凭证
会计日历	2013.01.01—2013.12.31 数量、单价、本位币精度小数位均为2
其他	外币采用固定汇率；部门、个人、项目都按编码排序

（四）数据权限（见表4-3）

表4-3　数据权限

用户	对其他操作员具有的权限	记录权限设置				
		查询	删改	审核	弃审	撤销
102	104 吉雯	√	√			√
103	102 曹宇阳	√		√	√	

（五）金额权限（见表4-4）

表4-4　金额权限

用户编码	用户名称	级　别（科目：1001 库存现金）				
		级别一	级别二	级别三	级别四	级别五
102	曹宇阳				√	
103	钟雨欣	√				
104	吉雯		√			

（六）常用凭证设置（见表 4 – 5）

表 4 – 5　　　　常用凭证

编码	说明	凭证类型	附单据数	详　细
01	提取现金	银付	1	借：库存现金 　贷：银行存款——工行存款
02	支付料款	银付	1	借：应付账款 　贷：银行存款——工行存款
03	采购材料	银付	2	借：原材料 　　应交税费——增值税——进项税 　贷：银行存款——工行存款

四、实训指导

（一）科目余额装入

（1）在“业务工作”功能中，双击“财务会计\总账\设置\期初余额录入”选项，打开“期初余额录入”窗口，如图 4 – 1 所示。

图 4 – 1　期初余额录入界面

（2）在“科目余额录入”界面，“□（白色）”表示末级科目，“■（灰色）”表示非末级科目，“□（黄色）”表示辅助核算科目。如果是一般科目则只需要输入末级科目余额，其上级科目会自动汇总得出。例如，“应收账款”科目余额栏显示为灰色，当二级科目“丰润公司”和“玉雅公司”余额录入完毕后，则“应收账款”余额栏的合计数“308 000.00”自动显示，如图 4－2 所示。

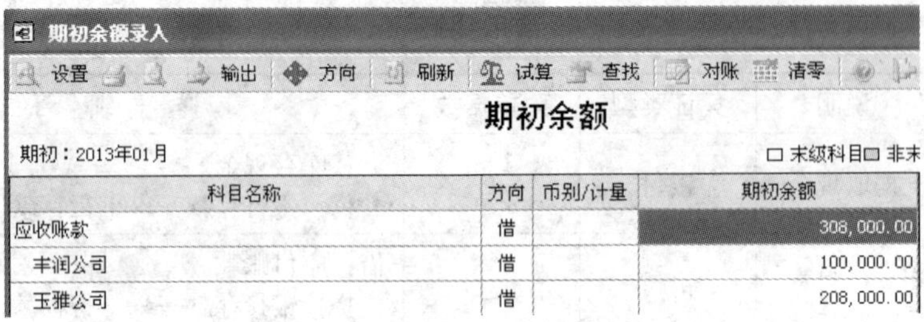

科目名称	方向	币别/计量	期初余额
应收账款	借		308,000.00
丰润公司	借		100,000.00
玉雅公司	借		208,000.00

图 4－2　非末级科目期初余额录入界面

（3）如果是外币核算科目，不仅要输入本币余额“31 800.00”，还要输入外币余额“5 000.00”。例如，“银行存款——中行存款”科目，如图 4－3 所示。

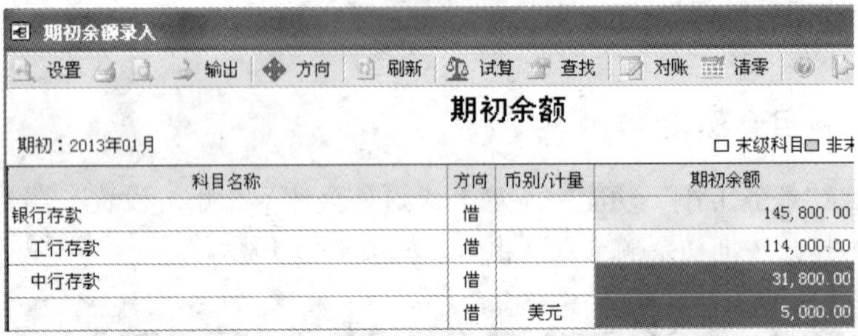

科目名称	方向	币别/计量	期初余额
银行存款	借		145,800.00
工行存款	借		114,000.00
中行存款	借		31,800.00
	借	美元	5,000.00

图 4－3　外币核算科目期初余额录入界面

（4）如果是数量核算科目，不仅要输入期初余额“38 000.00”，还要输入期初数量“1 000.00”。例如，“原材料——甲材料”科目，如图 4－4 所示。

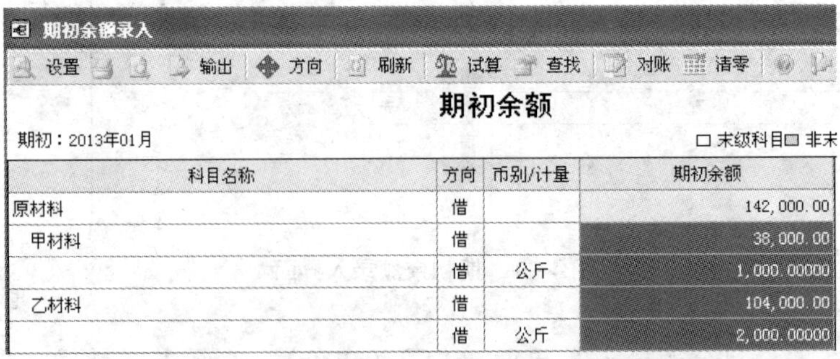

科目名称	方向	币别/计量	期初余额
原材料	借		142,000.00
甲材料	借		38,000.00
	借	公斤	1,000.00000
乙材料	借		104,000.00
	借	公斤	2,000.00000

图 4－4　数量核算科目期初余额录入界面

（5）当所有科目余额录入完毕后，应当进行期初余额的试算平衡。此时单击“试算”按钮，软件会自动计算试算平衡数，并显示试算平衡结果，如图 4－5

所示。

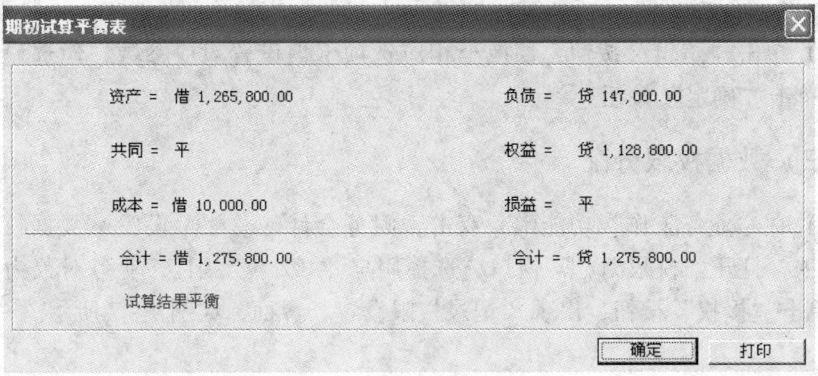

图 4－5　期初余额试算平衡

（二）选项设置

（1）在“业务工作”功能中，双击“财务会计\总账\设置\选项”选项，打开“选项”设置窗口，如图 4－6 所示。

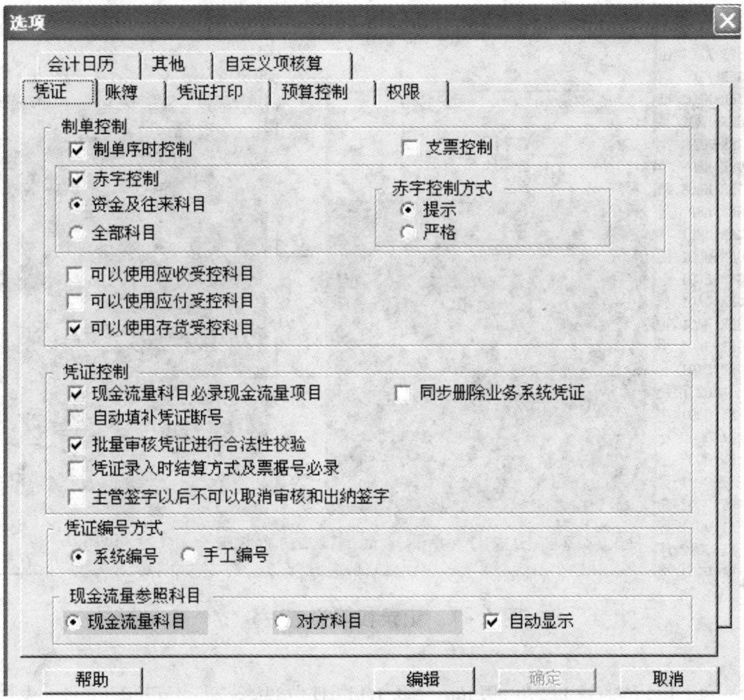

图 4－6　选项设置界面

（2）选项中包含了“凭证”、“账簿”、“凭证打印”、“预算控制”、“权限”、

“会计日历”、“其他”和“自定义项核算”8个选项卡，每个选项卡中包含多个参数。

（3）单击“编辑”按钮，切换至相应选项卡上设置对应参数，勾选设置完毕后，单击“确定”按钮。

（三）数据权限分配

（1）在“业务工作”功能中，双击“财务会计\总账\设置\数据权限分配”选项，打开“权限浏览”窗口，选择用户“102 曹宇阳”，业务对象为“用户”，单击“授权”按钮，出现“记录权限设置”界面，如图4-7所示。

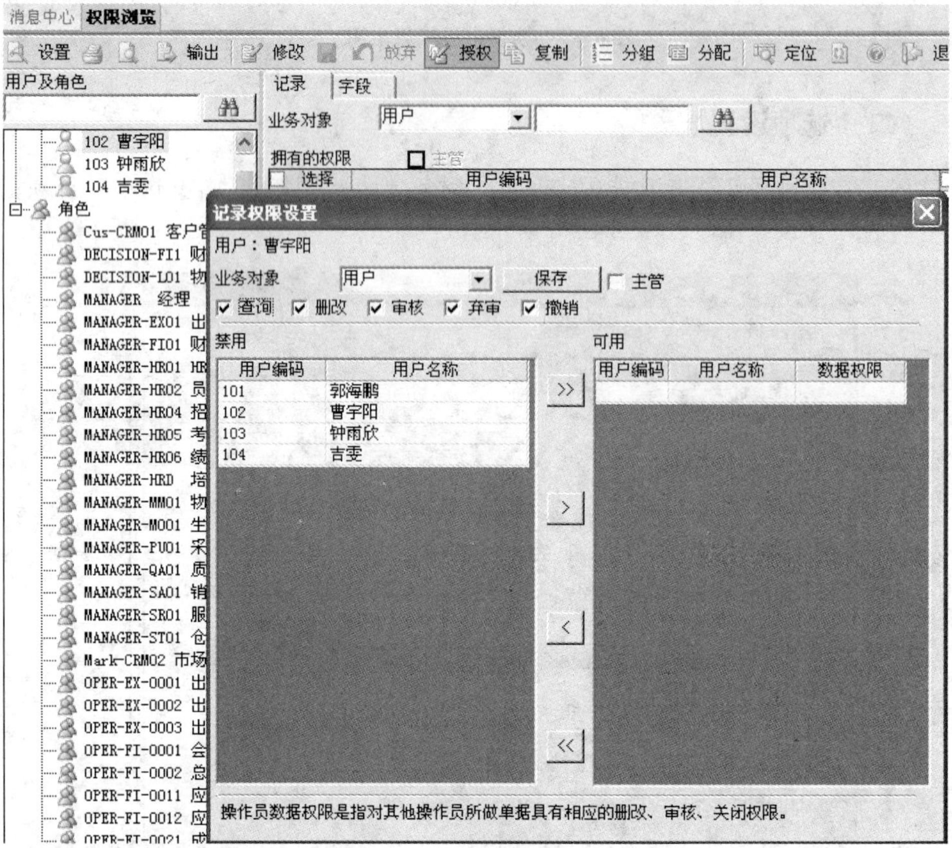

图4-7 记录权限设置-1

（2）在“记录权限设置”界面，将104用户选择到“可用”，勾选曹宇阳可以执行吉雯的功能权限“查询、删改、撤销”，如图4-8所示。单击“保存”按钮后重新登录即可生效。对103操作员的数据权限设置方法相同。

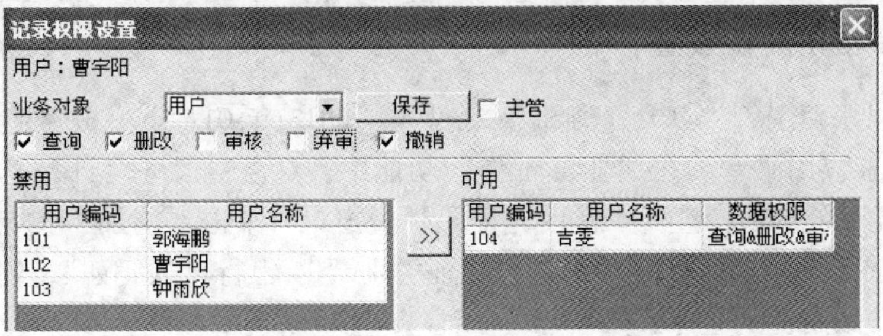

图 4-8　记录权限设置-2

（四）金额权限分配

（1）在“业务工作”功能中，双击“财务会计\总账\设置\金额权限分配”选项，打开“金额权限设置”窗口，单击“级别”按钮，打开“金额级别设置”界面，单击“增加”按钮，选择“1001”科目，分别输入五个级别的金额数据，如图 4-9 所示。

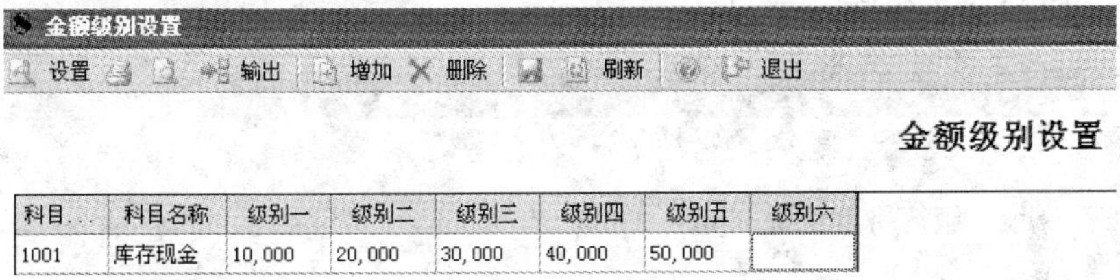

图 4-9　金额级别设置

（2）保存、退出金额级别设置界面，在“金额权限设置”界面，单击“增加”按钮，选择用户“102 曹宇阳”，打开级别下拉框，选择“级别四”，如图 4-10所示。

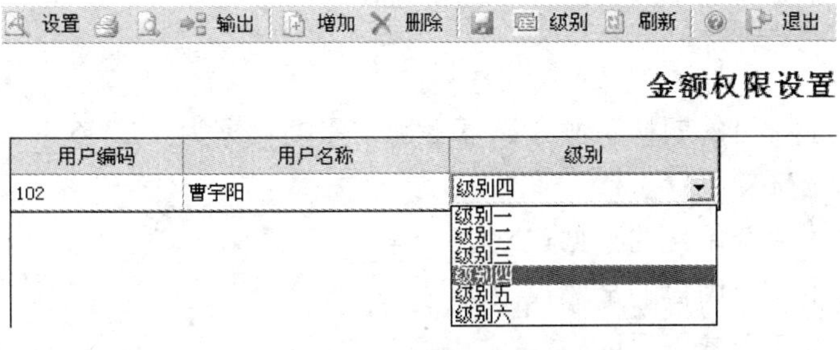

图 4-10　金额权限设置

（3）其余用户的权限设置方法同上操作。

（五）常用凭证设置

（1）以账套主管“101 郭海鹏”身份与“2013 年 01 月 01 日”登录用友 ERP-U8 企业应用平台。在“业务工作”功能中，双击“财务会计\总账\凭证\常用凭证”选项，打开“常用凭证”设置窗口。单击“增加”按钮，录入编码“01”，说明“提取现金”，选择凭证类别“04 银行付款凭证”，输入附单据数“1”，如图 4－11 所示。

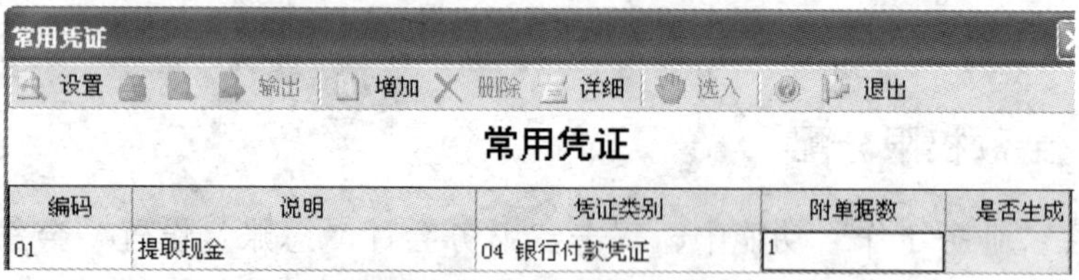

图 4－11 增加常用凭证

（2）单击“详细”按钮，再单击“增加“按钮，继续输入常用凭证的借、贷方科目及相关详细内容，如图 4－12 所示。

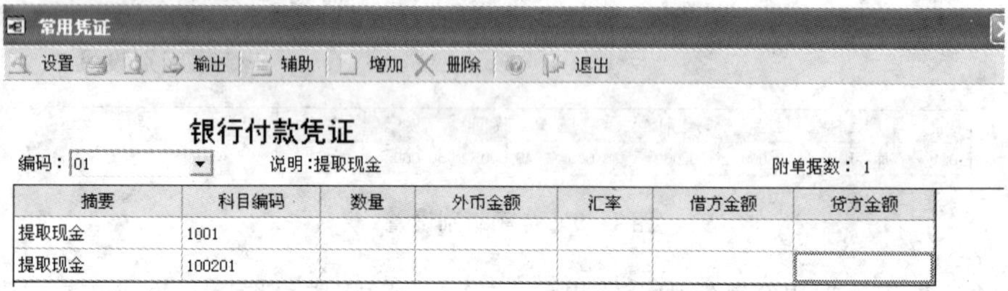

图 4－12 常用凭证详细信息设置

五、实训结果

（1）录入了科目的期初余额并试算平衡（平衡数据为：1 275 800.00）。

（2）进行了选项设置。

（3）设置了 2 个用户的数据权限。

（4）设置了 3 个用户的金额权限。

（5）设置了 3 个常用凭证。

（6）备份账套数据，路径为“F：\学生姓名\04”，查看“04”文件夹的备份文件。

实训项目五

总账系统日常业务核算

一、实训目标

通过本次实训，要求学生熟悉总账系统的基本内容和功能；了解总账系统日常业务操作的内容及其顺序；理解日常业务处理的工作流程和重要性；熟练掌握凭证录入、审核、记账、账簿输出功能的操作要求和方法。

二、实训内容

★ 填制凭证	★ 修改凭证	★ 复制凭证
★ 删除凭证	★ 审核凭证	★ 记账
★ 查询凭证	★ 红冲凭证	★ 查询账簿

三、实训资料

（一）实训准备

（1）将系统日期修改为“2013. 01. 31”。

（2）引入“F：\ 学生姓名 \ 04”文件夹中备份的账套数据，即恢复实训项目四的数据结果。

（二）2013 年 1 月份发生的经济业务内容（制单人：102 曹宇阳）

1.（银收 1）1 日，从工行借入短期借款 50 000. 00 元（附件 1 张）

借：银行存款——工行存款　　50 000. 00

（结算方式：其他　票号：0101　发生日期：2013. 01. 01）

贷：短期借款　　50 000. 00

2.（现付 1）2 日，采购部白芳因公出差，预借差旅费 1 400. 00 元（附件 1 张）

借：其他应收款——白芳 1 400.00

贷：库存现金 1 400.00

3. （银付 1）3 日，从华威公司购入甲材料一批，数量 1 000 公斤，单价 38.00 元，应交增值税6 460.00元，材料已验收入库，款项由工行存款支付（调用常用凭证）（附件 2 张）（不登记支票）

借：原材料——甲材料 38 000.00

应交税费——增值税——进项税 6 460.00

贷：银行存款——工行存款 44 460.00

（结算方式：转账支票　票号：0103　发生日期：2013.01.03）

4. （转账 1）4 日，一车间生产 A 产品需领用乙材料 1 000 公斤，单价 52.00 元，共计52 000.00元（附件 1 张）

借：生产成本——直接材料 52 000.00

贷：原材料——乙材料 52 000.00

5. （现付 2）5 日，购买办公用品花费 500.00 元，以现金支付（附件 1 张）

借：管理费用 500.00

贷：库存现金 500.00

6. （银付 2）6 日，用工行存款归还银行短期借款 80 000.00 元（附件 1 张）

借：短期借款 80 000.00

贷：银行存款——工行存款 80 000.00

（结算方式：其他　票号：0106　发生日期：2013.01.06）

7. （银收 2）7 日，向玉雅公司销售产品一批，价款 158 500.00 元，增值税 26 945.00元，款项已到工行（附件 2 张）

借：银行存款——工行存款 185 445.00

（结算方式：委托收款　票号：0107　发生日期：2013.01.07）

贷：主营业务收入 158 500.00

应交税费——增值税——销项税 26 945.00

8. （转账 2）8 日，从龙岗公司购入乙材料一批，数量 850 公斤，单价 52.00 元，应交增值税7 514.00元，材料已入库，款项未支付（附件 2 张）

借：原材料——乙材料 44 200.00

应交税费——增值税——进项税 7 514.00

贷：应付账款——龙岗公司 51 714.00

9. （转账 3）9 日，向丰润公司销售产品一批，价款7 500.00元，增值税 1 275.00元，款项未收（附件 2 张）

借：应收账款——丰润公司 8 775.00

贷：主营业务收入　7 500.00

应交税费——增值税——销项税　1 275.00

10.（银付3）10 日，从工行提取现金28 000.00 元，备发工资（调用常用凭证）（附件1 张）（不登记支票）

借：库存现金　28 000.00

贷：银行存款——工行存款　28 000.00

（结算方式：现金支票　票号：0110　发生日期：2013.01.10）

11.（现付3）10 日，以现金形式发放工资28 000.00 元（附件1 张）

借：应付职工薪酬——工资　28 000.00

贷：库存现金　28 000.00

12.（银付4）15 日，归还8 日购入乙材料款50 895.00 元，通过工行支付（调用常用凭证）（附件1 张）（不登记支票）

借：应付账款——龙岗公司　50 895.00

贷：银行存款——工行存款　50 895.00

（结算方式：转账支票　票号：0111　发生日期：2013.01.15）

13.（现收1）17 日，采购部白芳报销差旅费1 250.00 元，退回余款150.00 元（附件2 张）

借：管理费用　1 250.00

库存现金　150.00

贷：其他应收款——白芳　1 400.00

14.（银付5）20 日，通过工行支付水电费4 000.00元，其中生产车间3 000.00元，管理部门1 000.00元（附件1 张）

借：制造费用　3 000.00

管理费用　1 000.00

贷：银行存款——工行存款　4 000.00

（结算方式：汇兑　票号：0120　发生日期：2013.01.20）

15.（转账4）22 日，生产产品领用甲材料1 000 公斤，单价38.00 元；乙材料950 公斤，单价52.00 元（附件2 张）

借：生产成本——直接材料　87 400.00

贷：原材料——甲材料　38 000.00

原材料——乙材料　49 400.00

16.（银付6）25 日，支付固定资产修理费1 300.00 元，其中生产车间500.00 元，管理部门800.00 元（附件1 张）

借：制造费用　500.00

管理费用 800.00

贷：银行存款——工行存款 1 300.00

（结算方式：银行汇票 票号：0125 发生日期：2013.01.25）

17.（银收3）26日，外商投资100 000.00美元（汇率6.36）（附件1张）

借：银行存款——中行存款 636 000.00（结算方式等忽略不填）

贷：实收资本 636 000.00

18.（转账5）31日，结算本月应付职工工资28 000.00元，其中生产工人工资10 000.00元，车间管理人员工资10 000.00元，公司管理人员工资8 000.00元（附件1张）

借：生产成本——直接人工 10 000.00

制造费用 10 000.00

管理费用 8 000.00

贷：应付职工薪酬——工资 28 000.00

19.（转账6）31日，按工资总额的14%提取职工福利费，其中生产工人1 400.00元，车间管理人员1 400.00元，公司管理人员1 120.00元（附件1张）

借：生产成本——直接人工 1 400.00

制造费用 1 400.00

管理费用 1 120.00

贷：应付职工薪酬——福利费 3 920.00

20. 31日，经计算本月固定资产折旧费9 000.00元，其中生产车间机器设备应提6 000.00元，公司管理部门固定资产折旧3 000.00元（附件1张）

借：制造费用 6 000.00

管理费用 3 000.00

贷：累计折旧 9 000.00

（三）修改凭证——未审核凭证的修改（方法：直接修改）

将“银收1”号凭证的金额修改为“80 000.00元”。

（四）复制凭证

将“转账1”号凭证复制生成新凭证“转账7”，并修改乙材料科目的数量为1 500公斤，金额为78 000.00元。

（五）删除凭证（方法：先作废后整理）

删除“转账7”号凭证。

（六）审核凭证

1. 审核签字——由“101”操作员执行

（1）对现收、现付、银收、银付共13张凭证采用逐个签字。

（2）对转账6张凭证采用成批签字。

2. 出纳签字

由“103”操作员对出纳凭证进行审核签字。

3. 主管签字

由“101”操作员对所有凭证进行主管签字。

（七）修改凭证——已审核凭证的修改（方法：消审修改）

将“银收1”号凭证金额修改为60 000.00元。

（八）记账（练习：反记账）

略。

（九）修改凭证——已记账凭证的修改（方法：有痕迹红冲修改）

修改“现付2”号凭证：（修改凭证的日期为2013.01.31）

1. 采用红字冲销法

冲销“现付2”号凭证

借：管理费用	-500.00	
贷：库存现金		-500.00

2. 增加正确的凭证

借：管理费用	800.00	
贷：库存现金		800.00

（十）查询已记账凭证

略。

（十一）查询账簿

（1）查询“三栏式库存现金日记账”。

（2）查询“三栏式工行存款日记账”。

（3）查询“三栏式银行存款总账”。

（4）查询“总账科目余额表”。

（5）查询“应收账款——丰润公司”三栏式明细账。

（6）查询“原材料——甲材料”数量金额式明细账。

（7）查询“银行存款——中行存款”外币金额式日记账。

（8）查询“生产成本”多栏账。

四、实训指导

（一）填制凭证

（1）修改系统日期为：“2013 年 1 月 31 日”。以制单人“102 曹宇阳”身份登录用友 ERP-U8 企业应用平台。

（2）在“业务工作”功能中，双击“财务会计 \ 总账 \ 凭证 \ 填制凭证”选项，打开“填制凭证”窗口，如图 5 – 1 所示。

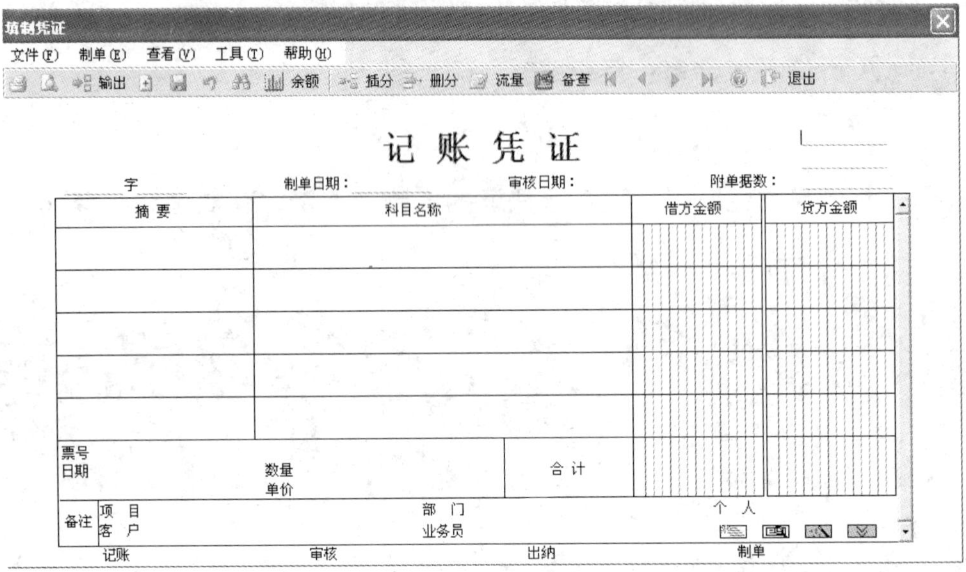

图 5 – 1 填制凭证

（3）在空白的记账凭证填制界面，单击“增加”按钮，选择凭证类别为“银行收款凭证”，凭证序号自动产生；制单日期取进入系统的业务日期“2013. 01. 31”，修改为“1 日”；输入附件张数“1”；输入摘要内容“从银行借入短期借款”（如果定义了常用摘要的话，也可从中选择输入）；光标在科目名称栏目可以直接输入科目编码“100201”（也可选择输入、直接输入科目名称或输入助记码），系统会自动替换出科目名称——“银行存款/工行存款”，该科目为银行账科目，因此需要输入辅助信息：结算方式、票号和发生日期。科目输入完毕后，继续输入借方金额“50 000. 00”元；回车后，摘要自动复制至第二行，输入贷方科目“2001 短期借款”，回车到贷方金额栏输入金额“50 000. 00”元或按【=】号键，如图5－2所示。

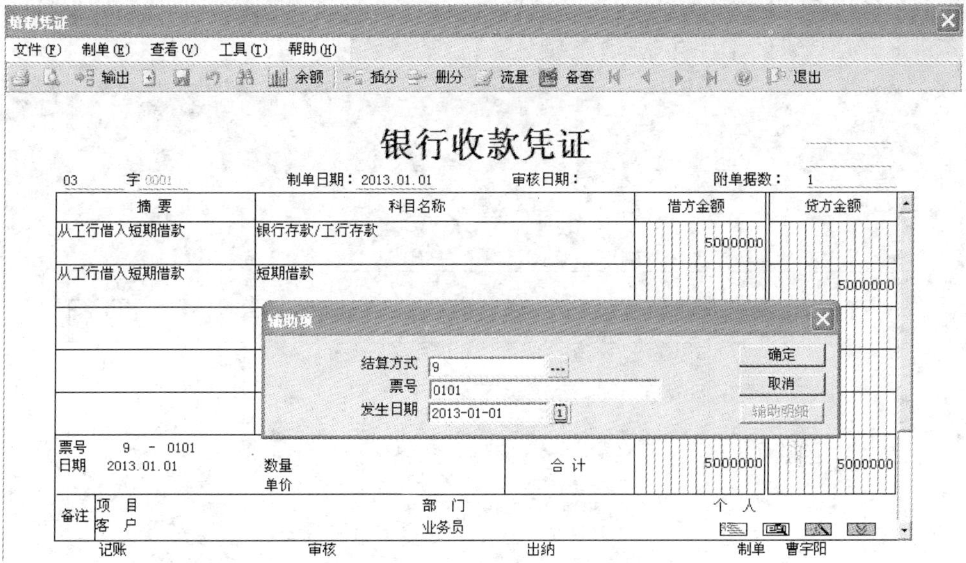

图5－2　银行业务凭证录入

（4）一张凭证内容填制完毕后，单击“保存”按钮后，再单击“增加”按钮，可继续输入下一张凭证；或者直接单击“增加”按钮也可保存当前凭证并可进入新增凭证界面。

（5）如果需要调用常用凭证，则不需要单击“增加”按钮，可选择“制单\调用常用凭证”菜单，弹出界面如图5－3所示。

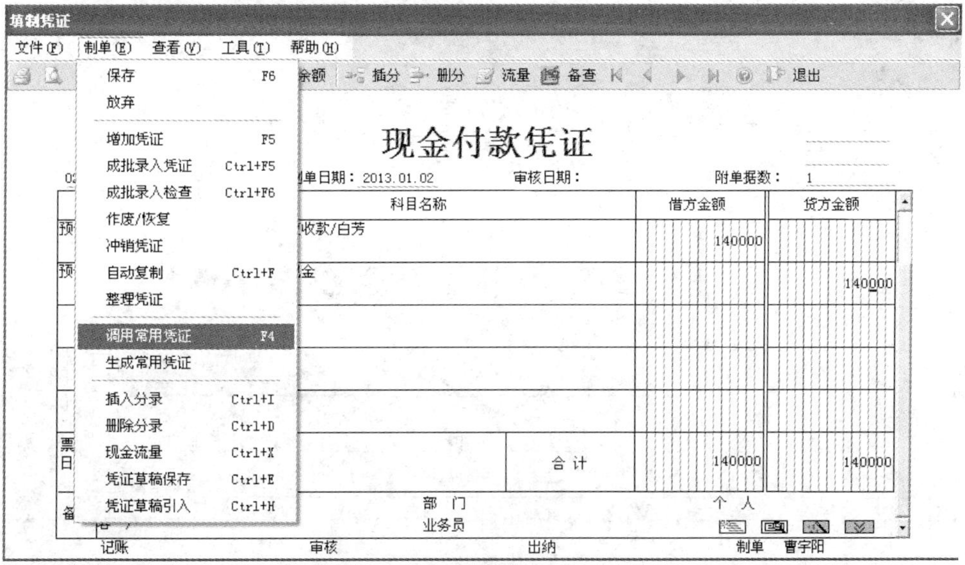

图5－3　调用常用凭证菜单

（6）选择需要调用的常用凭证编号或内容，单击“选入”按钮，屏幕即可出现凭证内容，因为设置的常用凭证内容不完整，因此还需要修改和添加信息后才可保存该凭证，如图 5－4 所示。

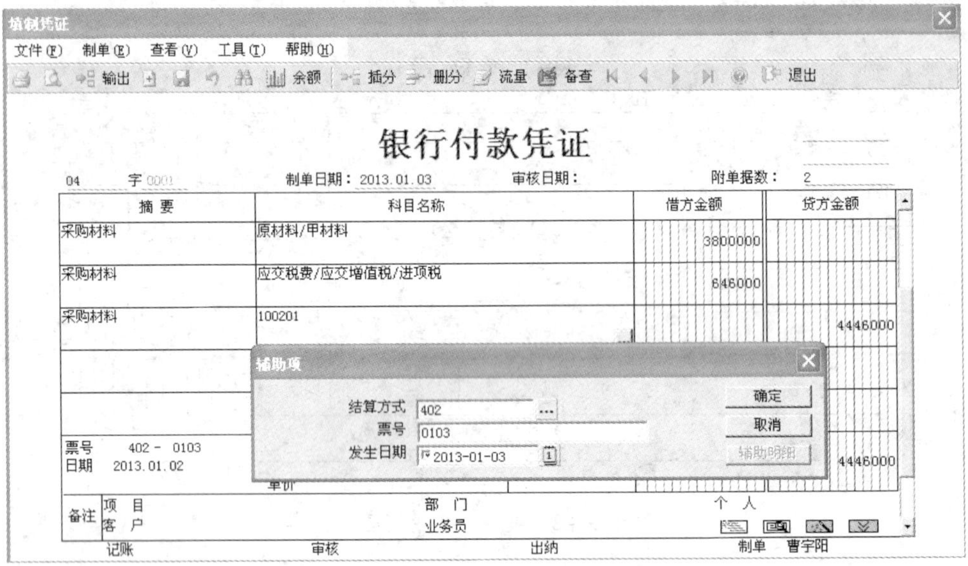

图 5－4　调用常用凭证界面

（7）如果凭证中涉及的是数量核算科目，则需要录入“数量”和“单价”辅助项，系统自动计算得出借方或贷方金额，如图 5－5 所示。

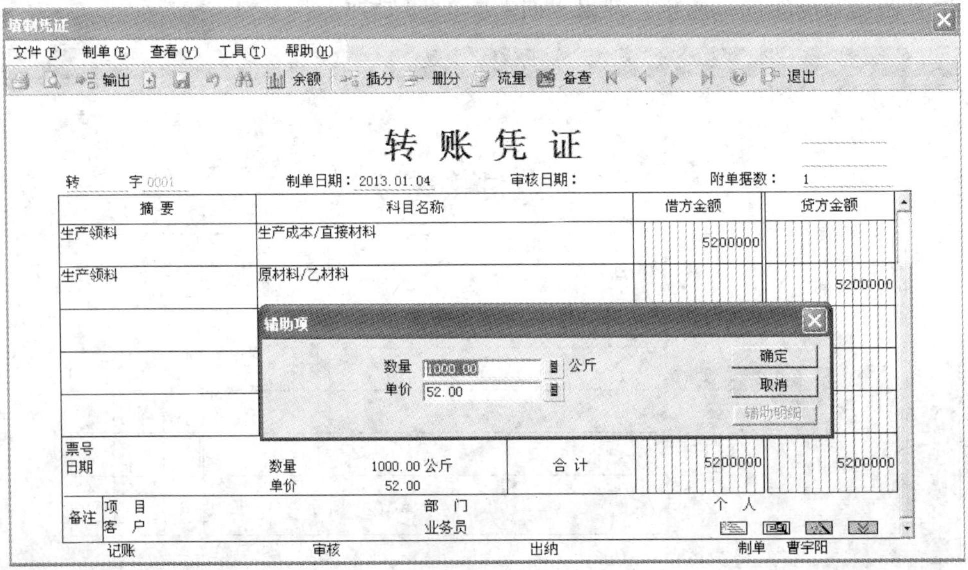

图 5－5　数量业务凭证录入

（8）如果凭证中涉及外币业务核算科目，则需要输入“外币金额”和“汇率”信息，系统自动计算得出本位币金额，如图 5－6 所示。

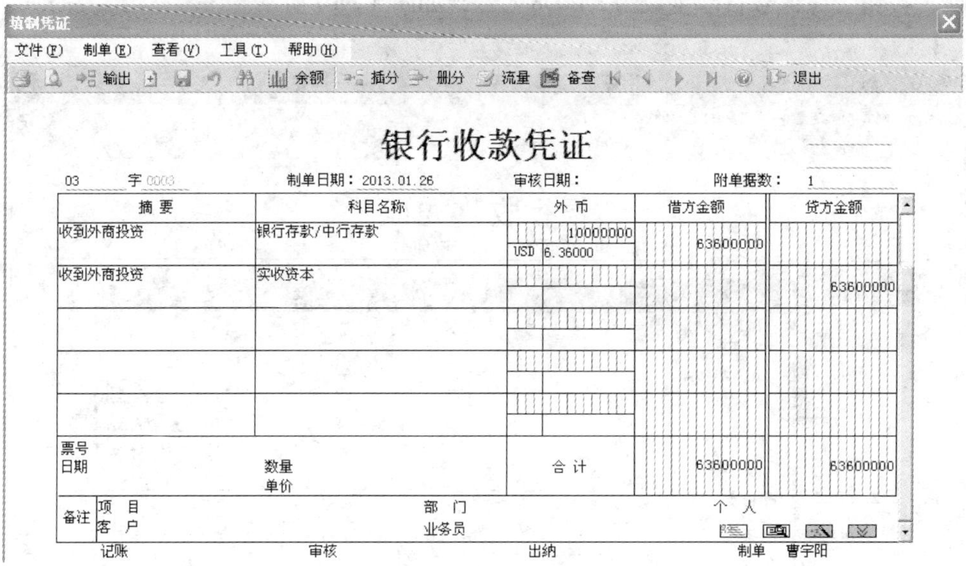

图 5－6　外币业务凭证录入

（9）凭证在存盘时，系统会自动进行正确性校验。例如，借贷方金额不相等时，系统提示并不予保存；凭证借贷方科目或金额漏填时，系统提示并不予保存；所填凭证类别与用户所设限制条件不符时，系统提示并不予保存。

（二）修改凭证——无痕迹修改（直接修改）

（1）以制单人“102 曹宇阳”身份登录用友 ERP-U8 企业应用平台。

（2）在“业务工作”功能中，双击“财务会计 \ 总账 \ 凭证 \ 填制凭证”选项，打开“填制凭证”窗口，查询到需要修改的“银收 1 号”凭证，如图 5－7 所示。

（3）将光标移至借方金额处，输入修改后的金额80 000.00元，再将光标移至贷方金额处，敲击【＝】键即可，修改完毕后单击“保存”按钮，如图 5－8 所示。

（三）复制凭证

（1）以制单人“102 曹宇阳”身份登录用友 ERP-U8 企业应用平台。

（2）在“业务工作”功能中，双击“财务会计 \ 总账 \ 凭证 \ 填制凭证”选项，在“填制凭证”界面中选择需要复制的原凭证“转账 1”，选择“制单 \ 自动复制”菜单，如图 5－9 所示。

（3）选择命令菜单后，屏幕自动出现一张和“转账1”号凭证内容完全相同的凭证，同时将该凭证的数量修改为1 500公斤，金额为78 000.00元，单击“保存”按钮，凭证号自动生成为“0008”号，如图5－10所示。

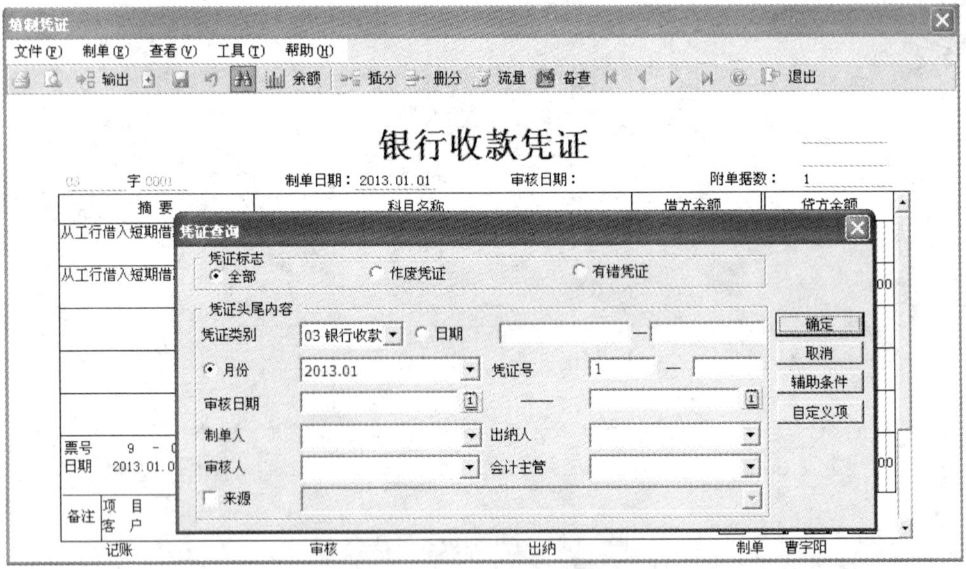

图5－7 查找错误凭证

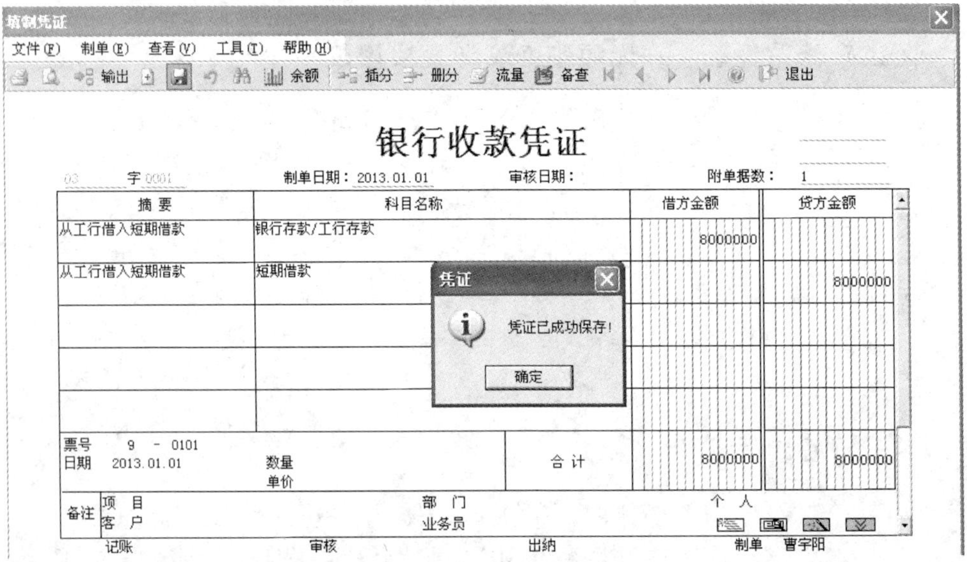

图5－8 修改错误凭证

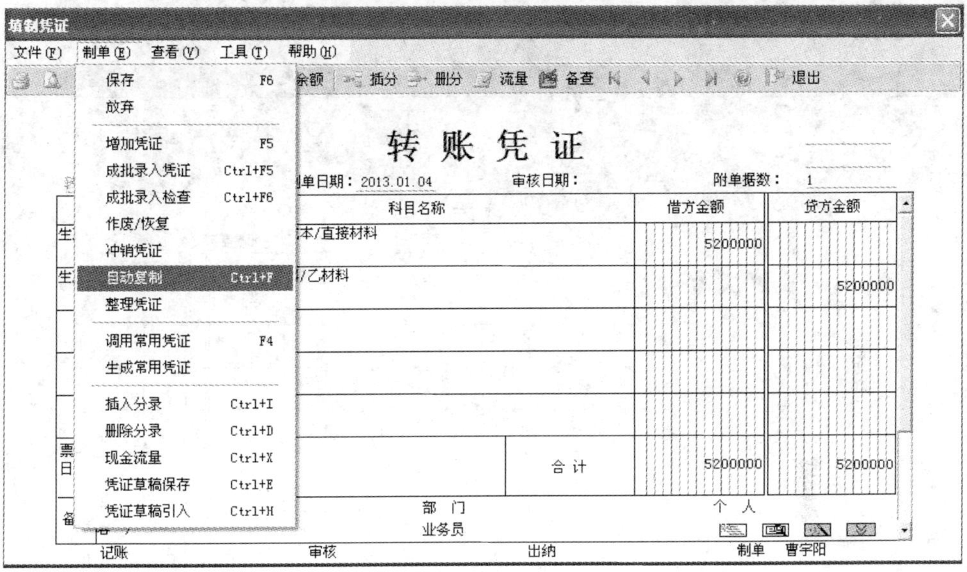

图 5－9　复制凭证

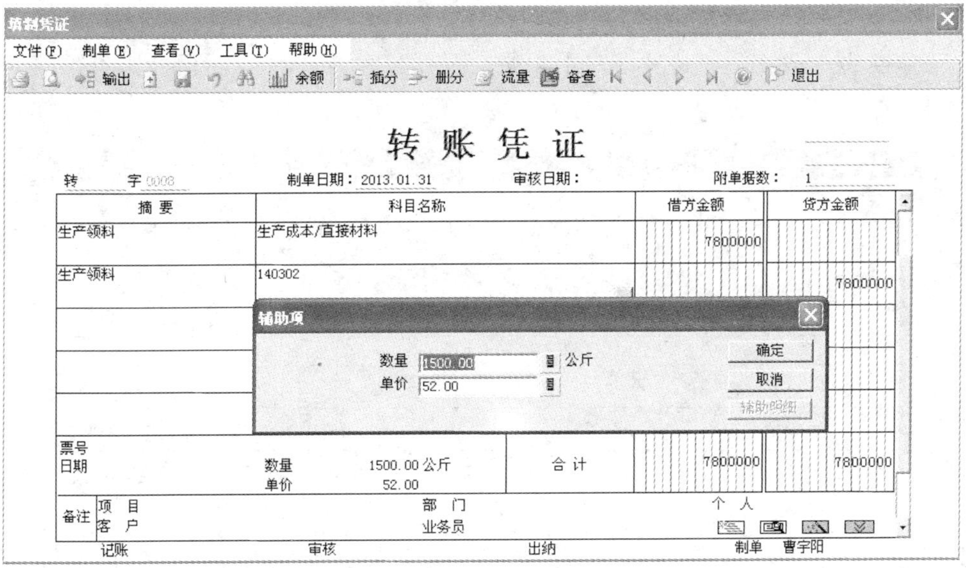

图 5－10　复制凭证修改保存界面

（四）删除凭证

（1）以制单人“102 曹宇阳”身份登录用友 ERP-U8 企业应用平台。

（2）在“业务工作”功能中，双击“财务会计＼总账＼凭证＼填制凭证”选项，在“填制凭证”界面中选择需要删除的凭证“转账 7”号凭证，选择“制单\作废”菜单，如图 5 - 11 所示。

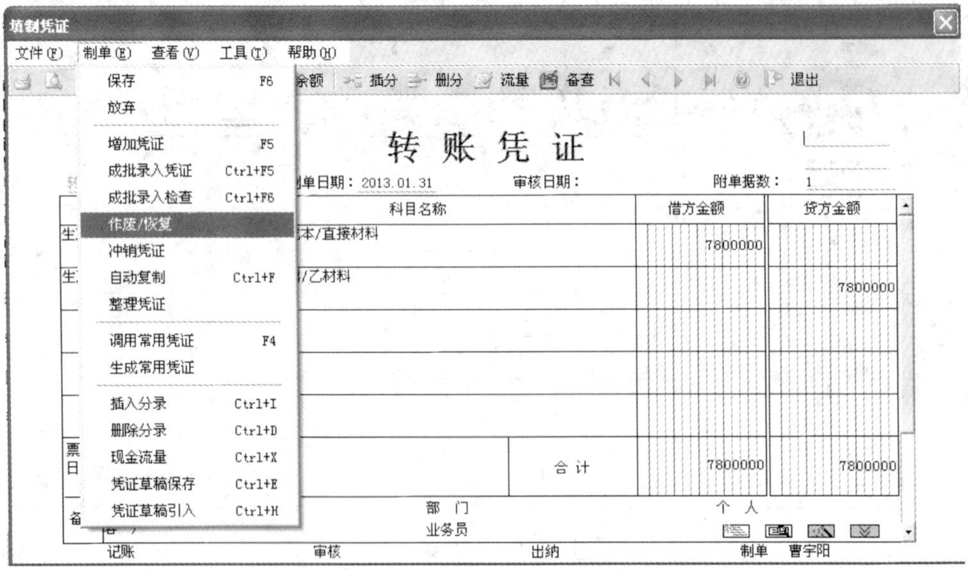

图 5 - 11　凭证作废菜单

（3）选择命令后，该凭证左上角则会显示红色“作废”标记，如图 5 - 12 所示。

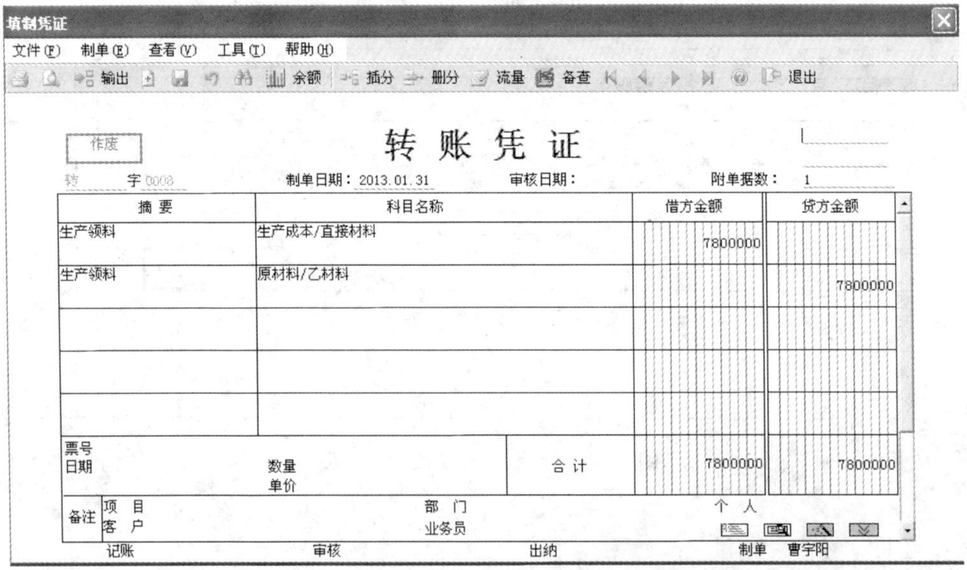

图 5 - 12　凭证作废界面

（4）继续单击“制单\整理”菜单，系统提示需要删除凭证的会计期间，选择“2013.01”，单击“确定”按钮，进入作废凭证选择列表，选择要删除的凭证，如图 5－13 所示。

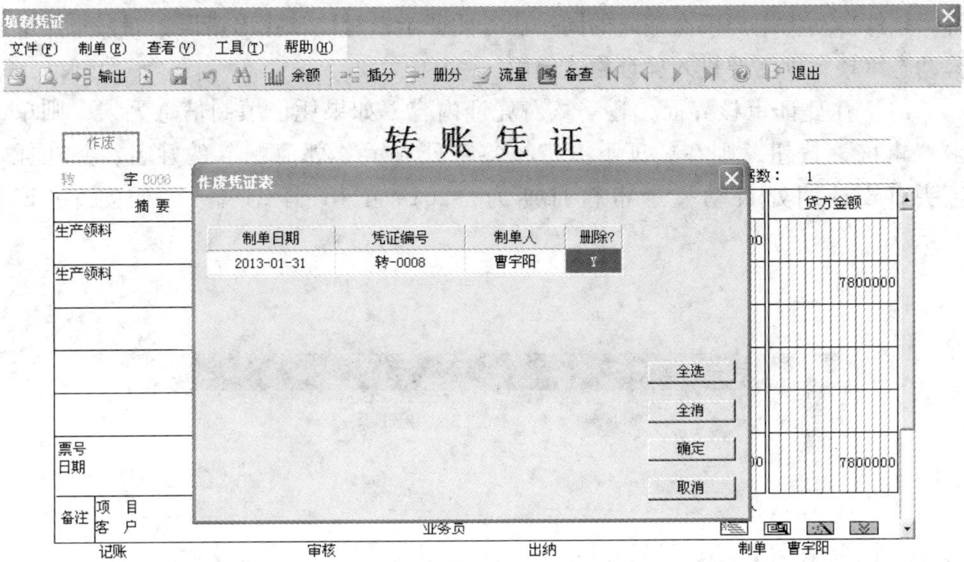

图 5－13　凭证删除选择提示界面

（5）单击“确定”按钮，系统提示“是否还需整理凭证断号”信息，按照用户需要选择重排序号的类型，如图 5－14 所示。

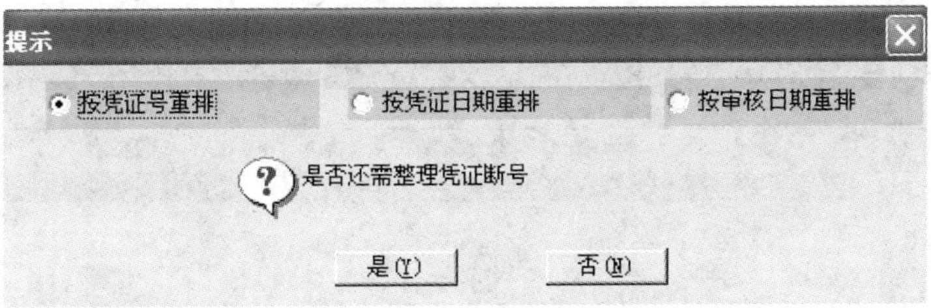

图 5－14　凭证断号整理

（6）单击“是”按钮，系统则重新整理凭证序号。

（五）审核凭证

1. 审核签字

（1）以审核人“101 郭海鹏”身份登录用友 ERP-U8 企业应用平台。

（2）在“业务工作”功能中，双击“财务会计 \ 总账 \ 凭证 \ 凭证审核”选项，选择需要审核凭证的范围：凭证类别为“01 现金收款凭证”，单击“确定”按钮，如图 5－15 所示。

（3）进入凭证审核列表，在此界面，可以选择对照式审核方式或屏幕动态审核方式，如图5－16所示。如果采用对照式审核，则需要再次输入该凭证内容，软件自动将用户两次输入的同一业务凭证予以对比，找出错误。如果采用屏幕动态审核，则需要进入凭证格式界面。

（4）在凭证审核界面，逐一核对凭证内容，如果凭证填制信息无误，则单击“审核”按钮，则在凭证下方审核签字处显示“郭海鹏”的姓名，并在凭证头审核日期处自动显示审核日期为“2013年01月31日”，如图5－17所示。

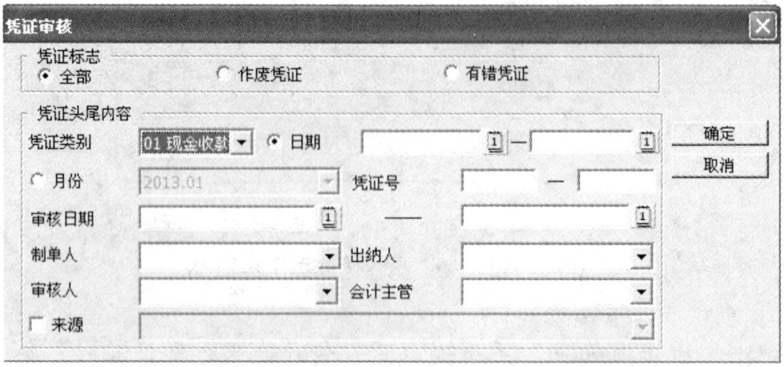

图5－15 凭证审核范围选择

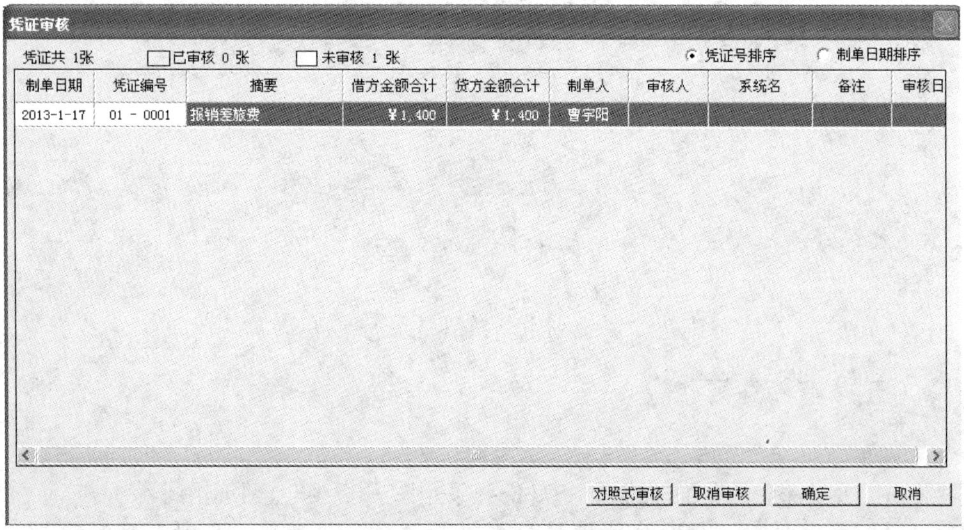

图5－16 凭证审核列表

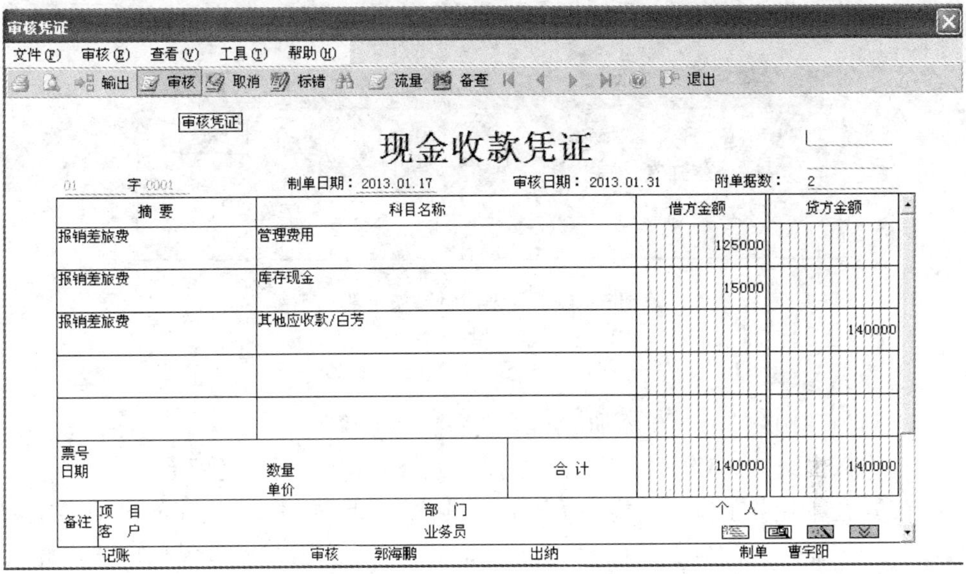

图 5－17　凭证逐个审核签字

（5）如果需要签字的凭证是多张，系统会对当前凭证签字自动进入下一需要审核的凭证界面或用户可以单击“◀”或“▶”图标进行查询。按此方法，将现付、银收、银付三种类型的凭证进行逐个审核签字。

（6）选择“转账”类别的凭证，在“审核凭证”界面，选择“审核\成批审核凭证”菜单，如图 5－18 所示。

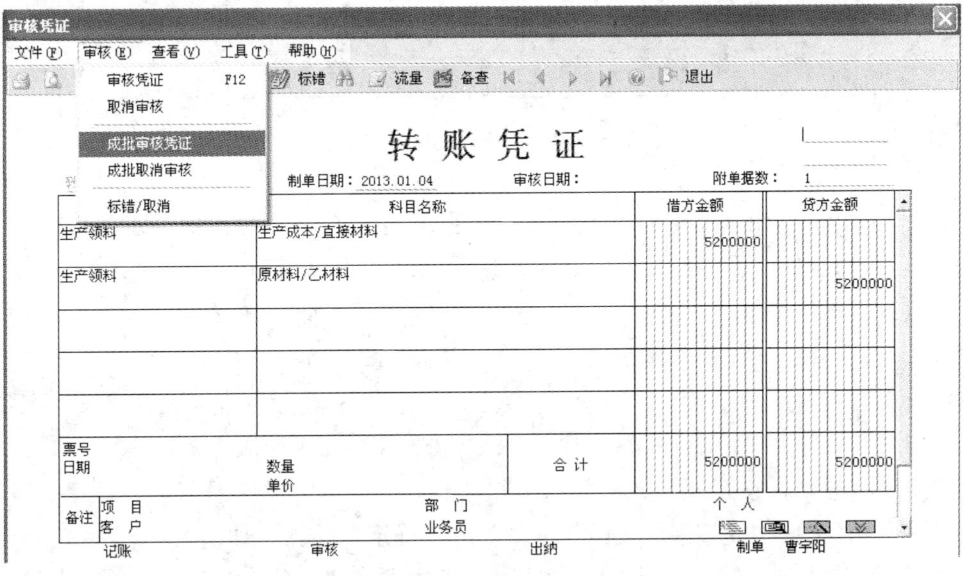

图 5－18　凭证成批审核签字

（7）单击菜单功能后，系统提示共有7张凭证已审核，如图5－19所示。

图5－19　凭证成批审核张数

2. 出纳签字

（1）为“103钟雨欣”添加“出纳签字”功能权限。

（2）以出纳“103钟雨欣”身份登录用友ERP-U8企业应用平台。

（3）在“业务工作”功能中，双击“财务会计＼总账＼凭证＼出纳签字”选项，选择需要出纳签字凭证的范围，凭证类别为空白，则表示所有凭证，如图5－20所示。

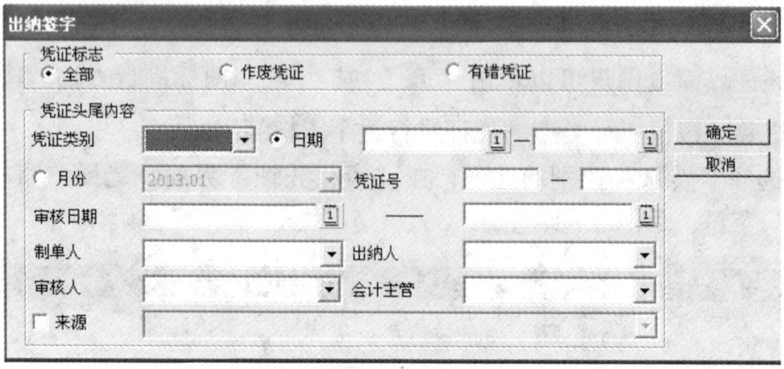

图5－20　凭证成批审核结果

（4）在凭证出纳签字列表，出现了共13张出纳凭证，即出纳只对其指定的现收、现付、银收、银付凭证予以签字确认，如图5－21所示。

（5）单击“确定”按钮，在凭证“出纳签字”界面中选择“出纳＼成批出纳签字”菜单，系统提示本次成功签字有13张，如图5－22所示。

3. 主管签字

（1）以主管“101郭海鹏”身份登录用友ERP-U8企业应用平台。

（2）在“业务工作”功能中，双击“财务会计＼总账＼凭证＼主管签字”选项，选择需要主管签字的凭证范围，单击“确定”按钮，如图5－23所示。

（3）进入主管签字凭证列表，显示所有凭证共20张，单击“确定”按钮，如图5－24所示。

（4）在凭证“主管签字”界面，选择“主管\ 成批主管签字”菜单，系统提示本次成功签字有 20 张，如图 5－25 所示。

（5）主管签字成功后，姓名用红色字体显示在凭证的右上方，如图 5－26 所示。

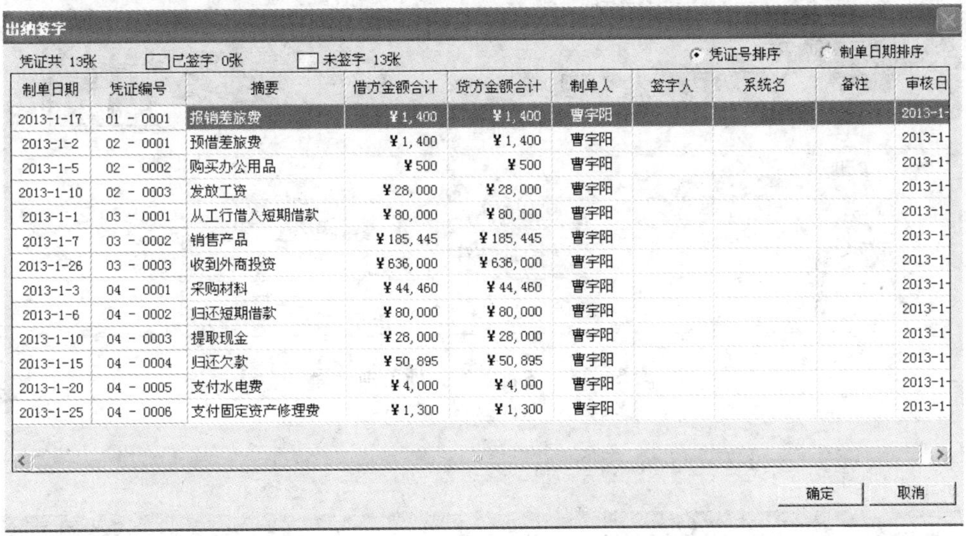

出纳签字

凭证共 13张　已签字 0张　未签字 13张　凭证号排序　制单日期排序

制单日期	凭证编号	摘要	借方金额合计	贷方金额合计	制单人	签字人	系统名	备注	审核日
2013-1-17	01 - 0001	报销差旅费	¥1,400	¥1,400	曹宇阳				2013-1-
2013-1-2	02 - 0001	预借差旅费	¥1,400	¥1,400	曹宇阳				2013-1-
2013-1-5	02 - 0002	购买办公用品	¥500	¥500	曹宇阳				2013-1-
2013-1-10	02 - 0003	发放工资	¥28,000	¥28,000	曹宇阳				2013-1-
2013-1-1	03 - 0001	从工行借入短期借款	¥80,000	¥80,000	曹宇阳				2013-1-
2013-1-7	03 - 0002	销售产品	¥185,445	¥185,445	曹宇阳				2013-1-
2013-1-26	03 - 0003	收到外商投资	¥636,000	¥636,000	曹宇阳				2013-1-
2013-1-3	04 - 0001	采购材料	¥44,460	¥44,460	曹宇阳				2013-1-
2013-1-6	04 - 0002	归还短期借款	¥80,000	¥80,000	曹宇阳				2013-1-
2013-1-10	04 - 0003	提取现金	¥28,000	¥28,000	曹宇阳				2013-1-
2013-1-15	04 - 0004	归还欠款	¥50,895	¥50,895	曹宇阳				2013-1-
2013-1-20	04 - 0005	支付水电费	¥4,000	¥4,000	曹宇阳				2013-1-
2013-1-25	04 - 0006	支付固定资产修理费	¥1,300	¥1,300	曹宇阳				2013-1-

确定　取消

图 5－21　凭证出纳签字列表

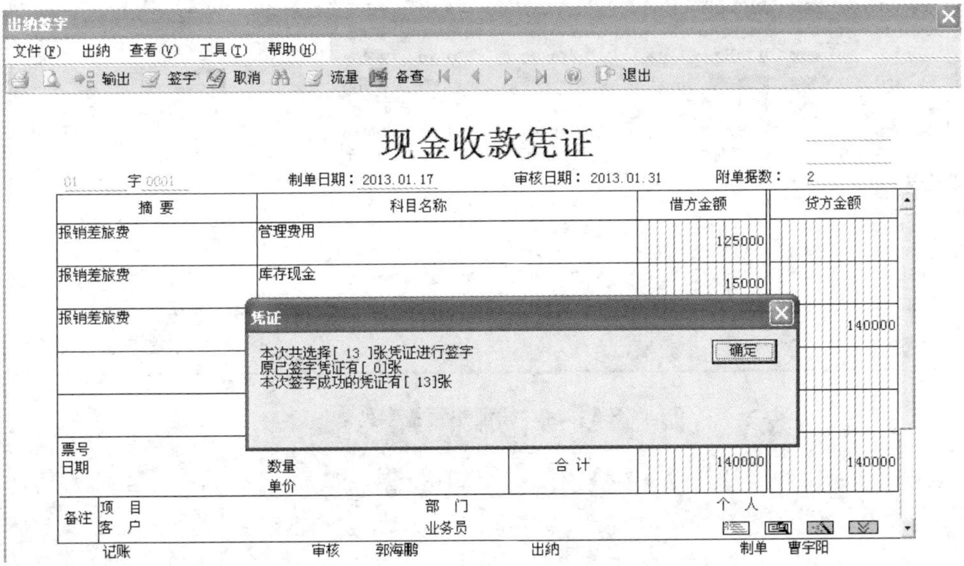

图 5－22　凭证出纳签字

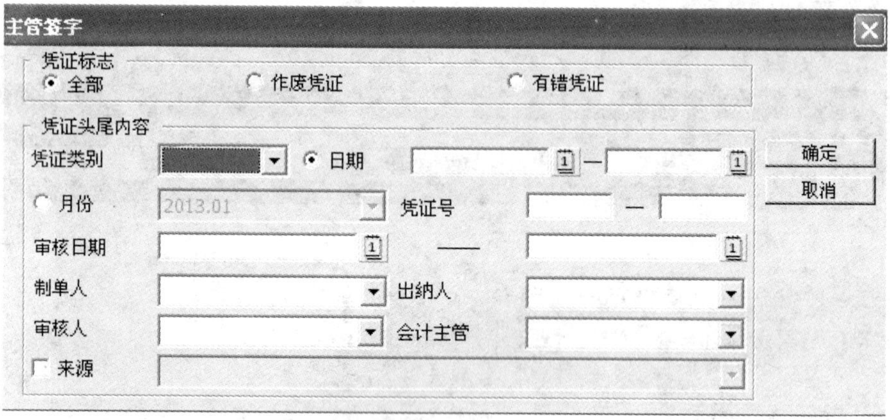

图 5－23 主管签字凭证范围选择

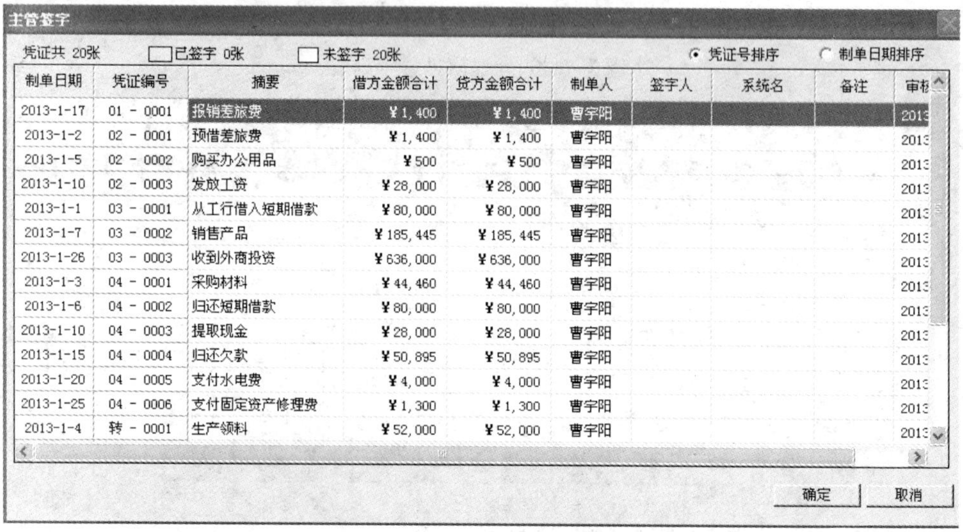

制单日期	凭证编号	摘要	借方金额合计	贷方金额合计	制单人	签字人	系统名	备注	审核
2013-1-17	01 - 0001	报销差旅费	¥1,400	¥1,400	曹宇阳				2013
2013-1-2	02 - 0001	预借差旅费	¥1,400	¥1,400	曹宇阳				2013
2013-1-5	02 - 0002	购买办公用品	¥500	¥500	曹宇阳				2013
2013-1-10	02 - 0003	发放工资	¥28,000	¥28,000	曹宇阳				2013
2013-1-1	03 - 0001	从工行借入短期借款	¥80,000	¥80,000	曹宇阳				2013
2013-1-7	03 - 0002	销售产品	¥185,445	¥185,445	曹宇阳				2013
2013-1-26	03 - 0003	收到外商投资	¥636,000	¥636,000	曹宇阳				2013
2013-1-3	04 - 0001	采购材料	¥44,460	¥44,460	曹宇阳				2013
2013-1-6	04 - 0002	归还短期借款	¥80,000	¥80,000	曹宇阳				2013
2013-1-10	04 - 0003	提取现金	¥28,000	¥28,000	曹宇阳				2013
2013-1-15	04 - 0004	归还欠款	¥50,895	¥50,895	曹宇阳				2013
2013-1-20	04 - 0005	支付水电费	¥4,000	¥4,000	曹宇阳				2013
2013-1-25	04 - 0006	支付固定资产修理费	¥1,300	¥1,300	曹宇阳				2013
2013-1-4	转 - 0001	生产领料	¥52,000	¥52,000	曹宇阳				2013

图 5－24 凭证主管签字列表

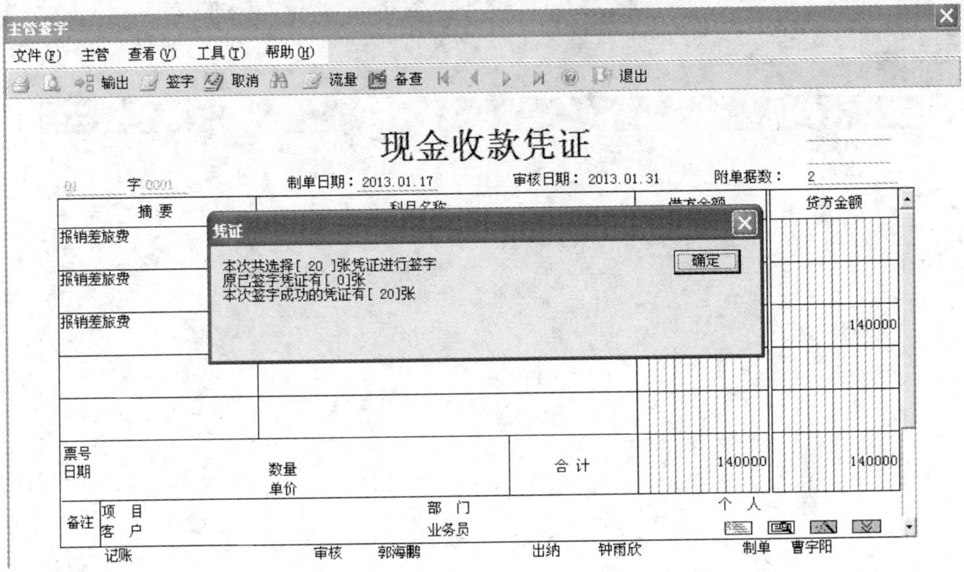

图5－25　凭证主管签字

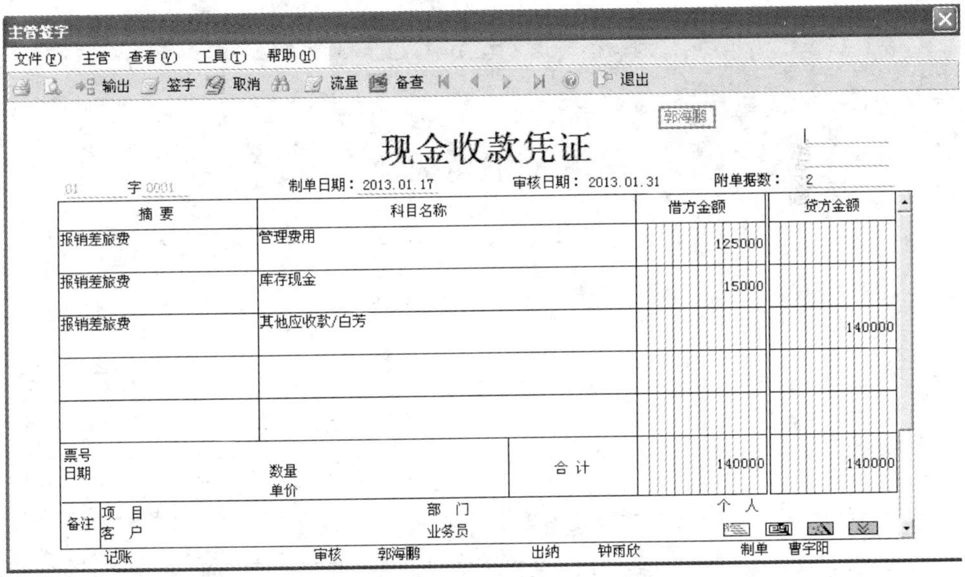

图5－26　主管签字显示界面

（六）修改凭证——无痕迹修改（消审修改）

1. 取消“银收1”号凭证的各个签字

（1）由主管“101 郭海鹏”取消错误凭证的主管签字。

由“101”登录企业应用平台，在“业务工作”功能中，双击“财务会计\

总账＼凭证＼主管签字”选项，选择需要取消主管签字的凭证范围，单击“确定”按钮，如图 5－27 所示。

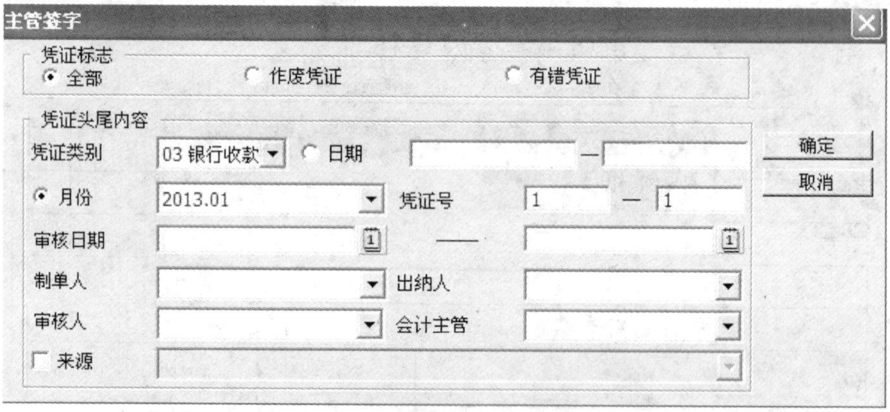

图 5－27　取消主管签字范围选择

进入所选凭证界面，屏幕显示“银收 1”号凭证内容，单击“取消”按钮后，则该张凭证的主管姓名会从凭证上方消失，如图 5－28 所示。

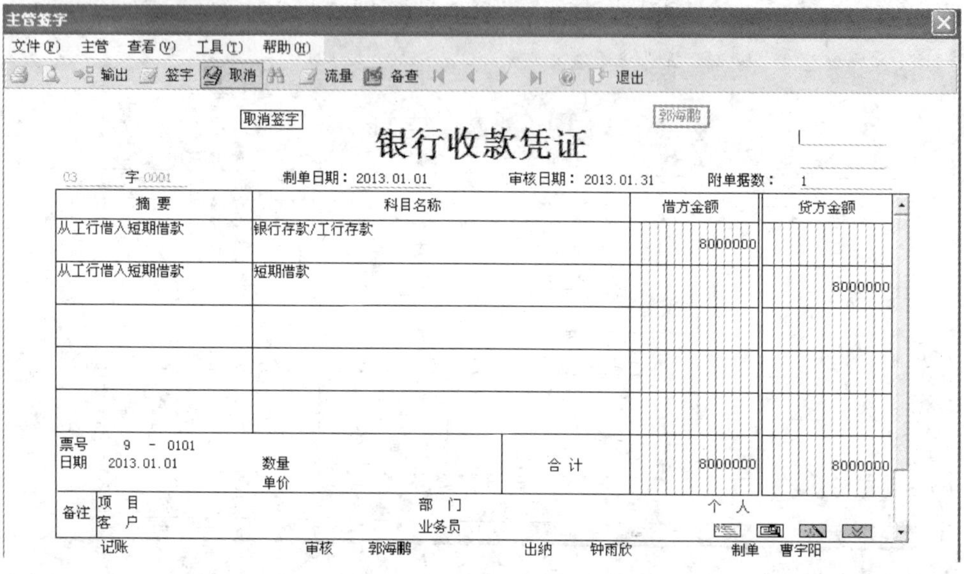

图 5－28　主管签字取消界面

（2）由审核人“101 郭海鹏”取消错误凭证的审核签字。

由“101”登录企业应用平台，在“业务工作”功能中，双击“财务会计＼总账＼凭证＼审核凭证”选项，选择需要取消审核签字的凭证范围，单击“确定”按钮。在所选凭证界面，屏幕显示“银收 1”号凭证内容，单击“取消”按钮后，则该张凭证的审核姓名会从凭证下方消失，如图 5－29 所示。

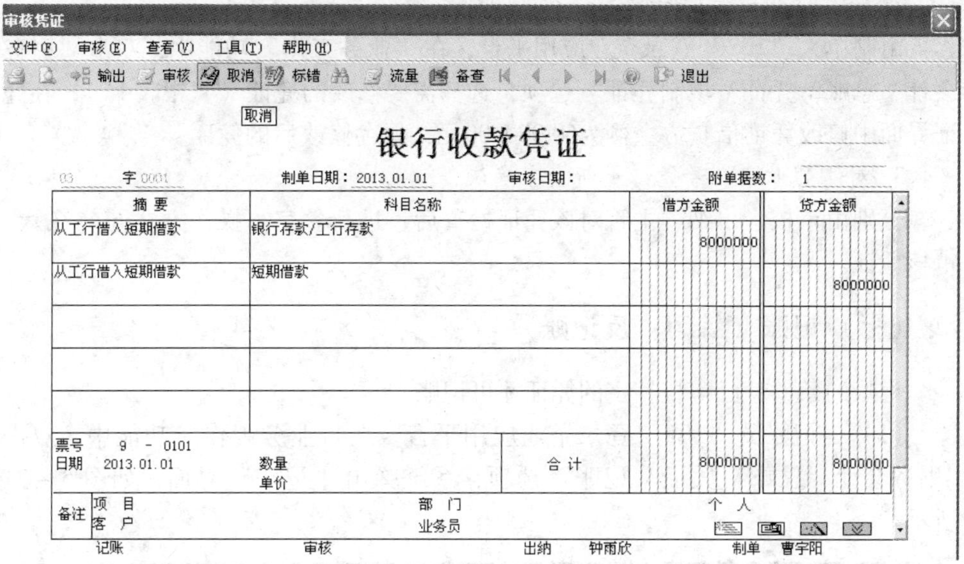

图 5-29　审核签字取消界面

（3）由出纳“103 钟雨欣”取消错误凭证的出纳签字。

由“103”登录企业应用平台，在“业务工作”功能中，双击“财务会计\总账\凭证\出纳签字”选项，选择需要取消出纳签字的凭证范围，单击“确定”按钮。进入所选凭证界面，屏幕显示“银收 1”号凭证内容，单击“取消”按钮后，则该张凭证的出纳姓名会从凭证下方消失，如图 5-30 所示。

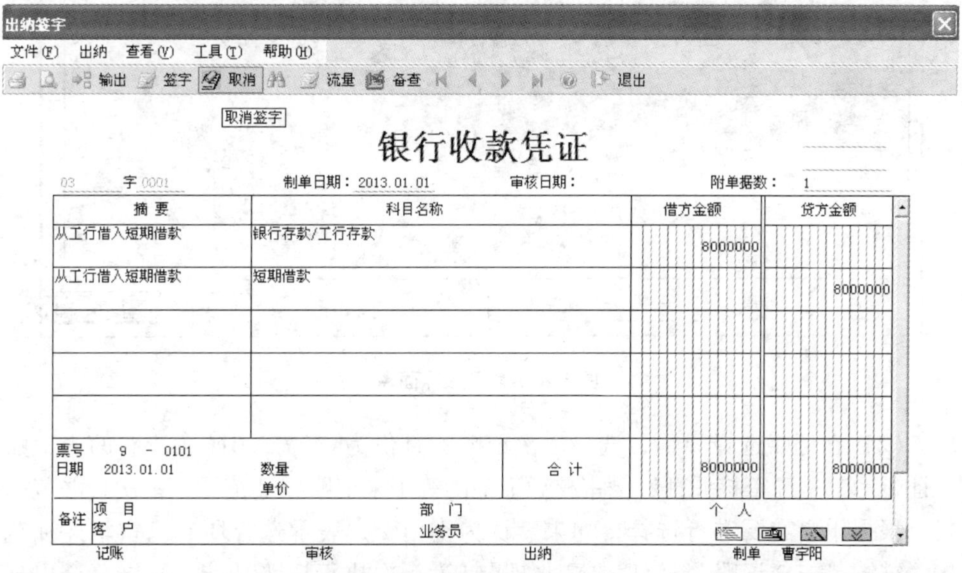

图 5-30　出纳签字取消界面

2. 修改“银收1”号凭证

由制单人“102”登录企业应用平台，在“业务工作”功能中，双击“财务会计\总账\凭证\填制凭证”选项，选择需要修改的凭证（“银收1”），在凭证界面中修改凭证借贷方金额为60 000.00元，保存修改后的凭证。

3. 对“银收1”号凭证重新签字确认

分别由审核、出纳、主管对该凭证检查后，进行签字。操作方法同前（六）审核凭证。

（七）记账（练习：反记账）

记账的条件：已审核签字的凭证才可记账。

（1）由记账员“101”登录企业应用平台，在“业务工作”功能中，双击“财务会计\总账\凭证\记账”选项，系统弹出“记账”界面，如图5-31所示。

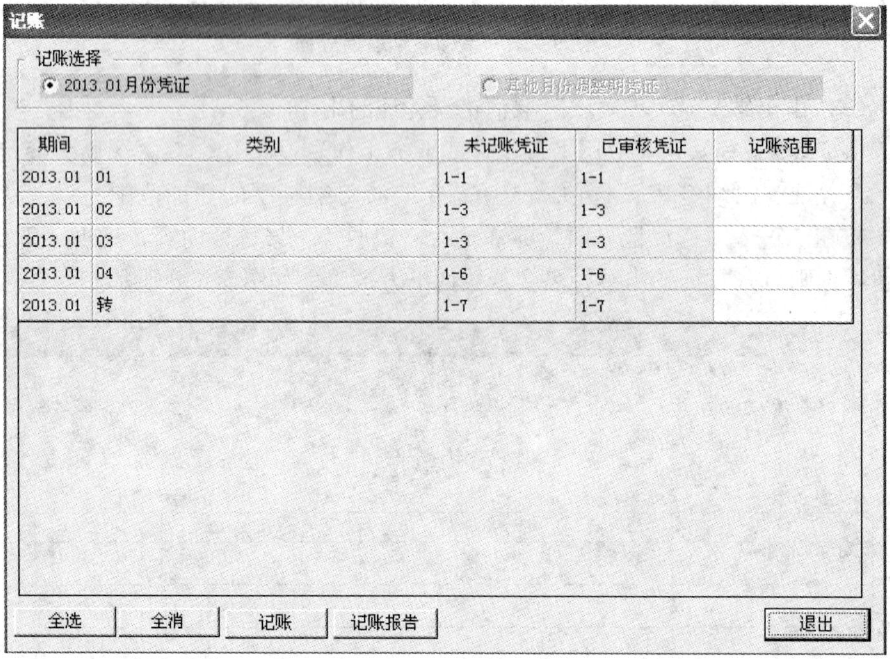

图5-31 记账界面-1

（2）在记账选择界面，选择本次记账的月份为“2013.01”，所有的未记账凭证显示都是已审核凭证，已审核凭证范围等于未记账凭证范围，本次记账范围可以根据用户需要进行选择，如果默认为空白，则表示选择所有已审核凭证范围，继续单击“记账”按钮，本月如果是第一次执行记账功能，则屏幕会出现“期初试算平衡表”界面，如果此时显示试算不平衡，则不能记账，如图5-32

所示。

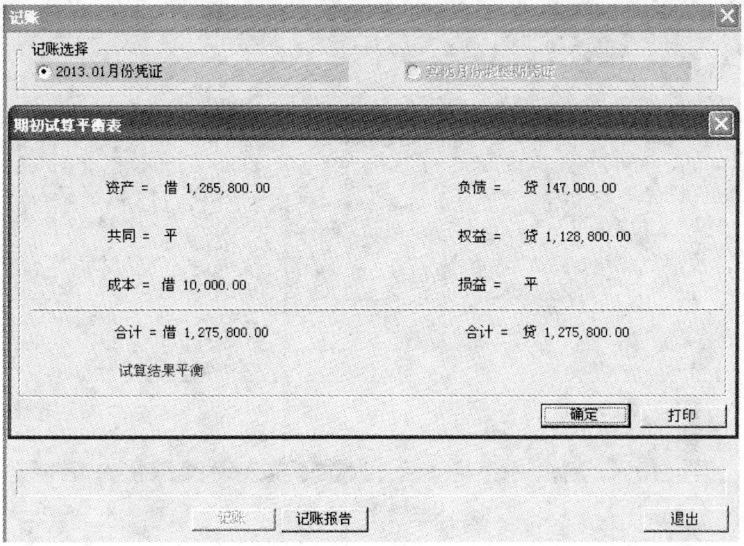

图 5－32　记账界面－2

（3）单击“确定”按钮，系统则自动执行记账处理过程，屏幕显示记账进程，如图 5－33 所示。

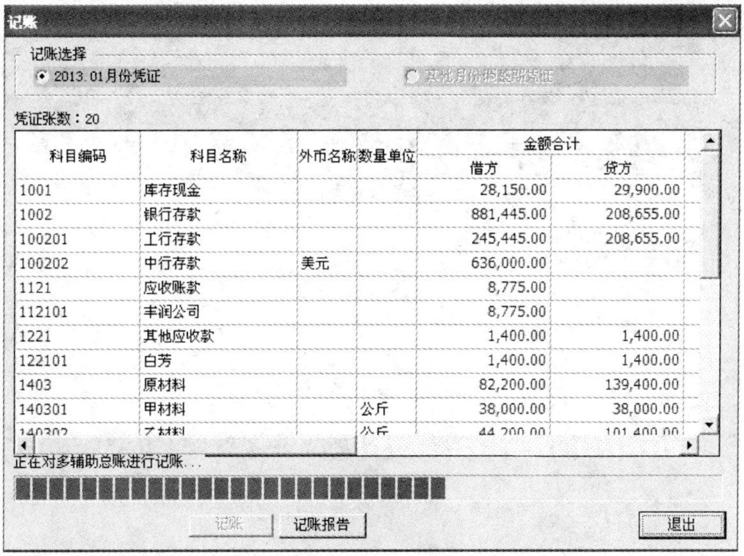

科目编码	科目名称	外币名称	数量单位	金额合计 借方	金额合计 贷方
1001	库存现金			28,150.00	29,900.00
1002	银行存款			881,445.00	208,655.00
100201	工行存款			245,445.00	208,655.00
100202	中行存款	美元		636,000.00	
1121	应收账款			8,775.00	
112101	丰润公司			8,775.00	
1221	其他应收款			1,400.00	1,400.00
122101	白芳			1,400.00	1,400.00
1403	原材料			82,200.00	139,400.00
140301	甲材料		公斤	38,000.00	38,000.00
140302	乙材料		公斤	44,200.00	101,400.00

图 5－33　记账界面－3

（4）记账处理完毕，屏幕会显示“记账完毕”提示信息，如图 5－34 所示。

单击“确定”按钮后，记账执行完成，单击“退出”按钮即可。

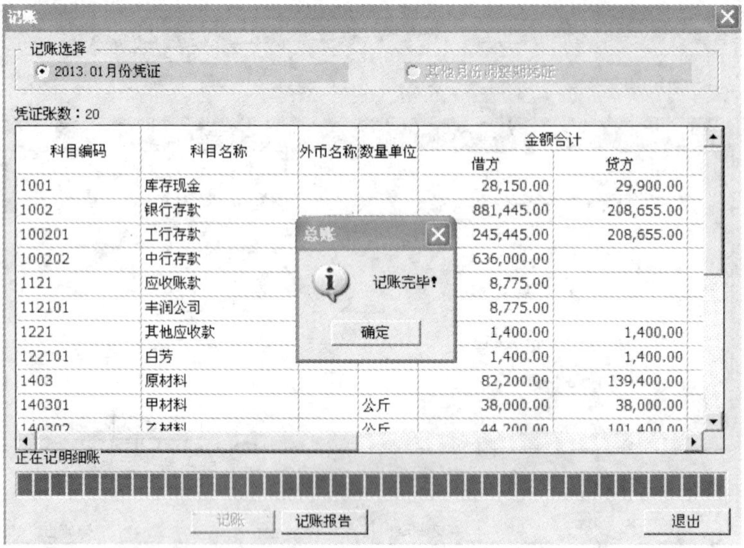

图 5－34　记账界面－4

练习：反记账功能

（1）由账套主管“101 郭海鹏”在“对账”界面，敲击【Ctrl】＋【H】按钮，屏幕提示“恢复记账前状态功能已被激活”，如图 5－35 所示。

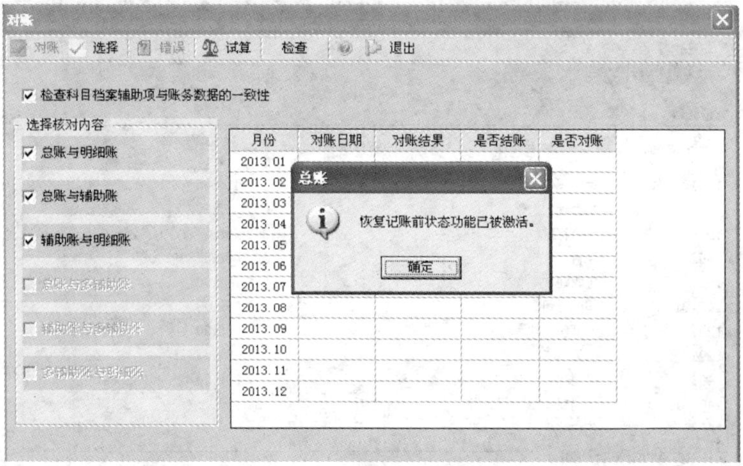

图 5－35　反记账功能激活

（2）在“业务工作”功能中，双击“财务会计＼总账＼凭证＼恢复记账前状态”选项，系统出现“恢复记账选择”信息，如图 5－36 所示。用户根据需要可选择恢复记账方式，单击“确定”按钮后，软件要求输入主管口令以验证操作员身份。

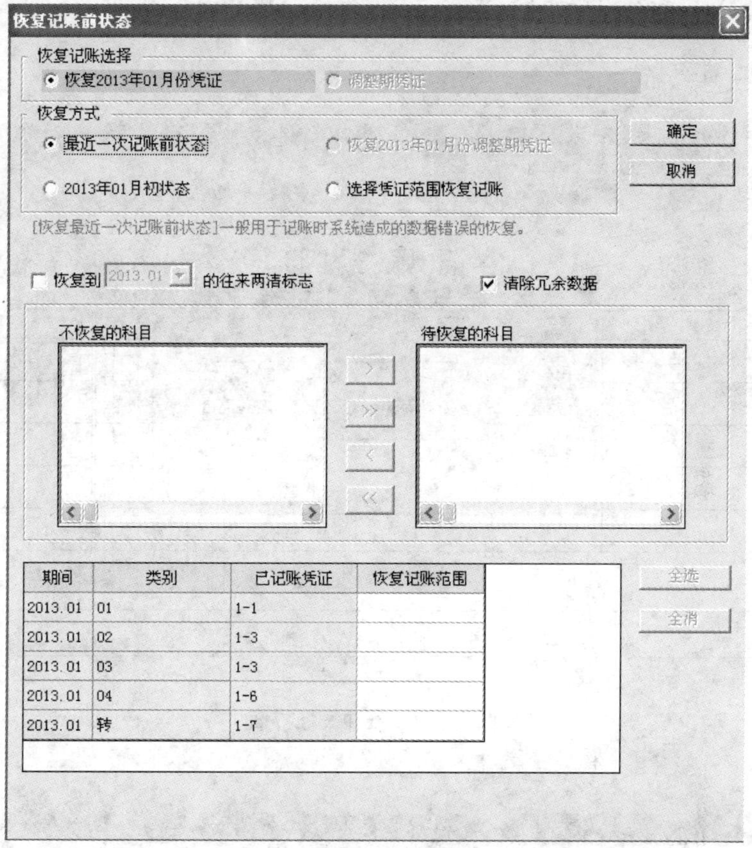

图 5－36　反记账功能选择项

（八）修改凭证——有痕迹修改（红冲修改）

1. 由“102”制单人生成红字冲销凭证

（1）由制单人“102”登录企业应用平台，在“业务工作”功能中，双击“财务会计＼总账＼凭证＼填制凭证”选项，选择“制单＼冲销凭证”菜单，系统提示“冲销凭证”选择项，确定需要红冲的凭证月份、凭证类别和凭证号，如图 5－37 所示。

（2）单击“确定”按钮后，屏幕自动出现一张红字凭证内容，单击“保存”按钮，该凭证序号排在该类凭证的最后一张，如图 5－38 所示。

2. 由“102”制单人新增正确凭证

由制单人“102”登录企业应用平台，在“业务工作”功能中，双击“财务会计＼总账＼凭证＼填制凭证”选项，在空白凭证界面中输入正确凭证的内容并保存，如图 5－39 所示。

3. 对红冲凭证和正确凭证进行审核签字和记账处理

略。

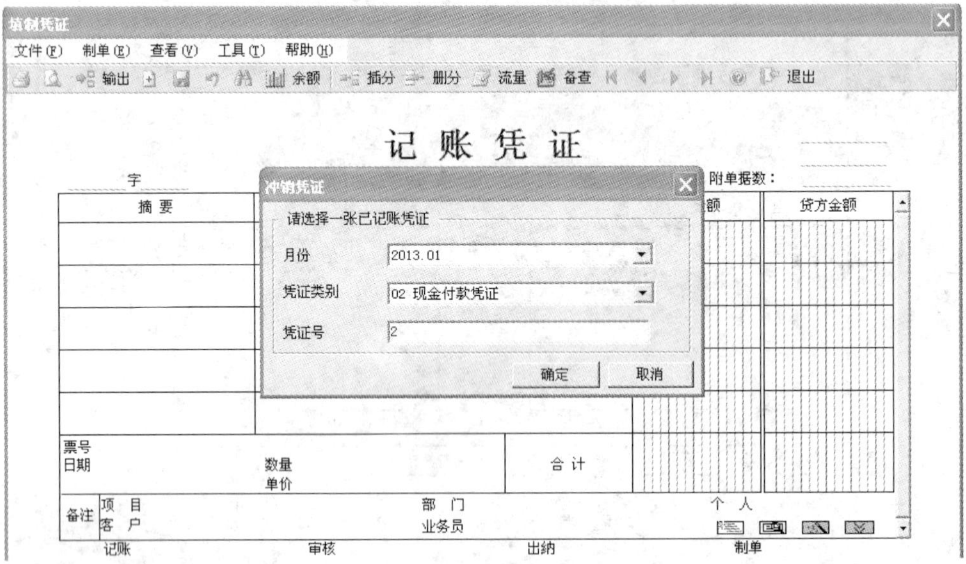

图 5－37 红冲凭证界面

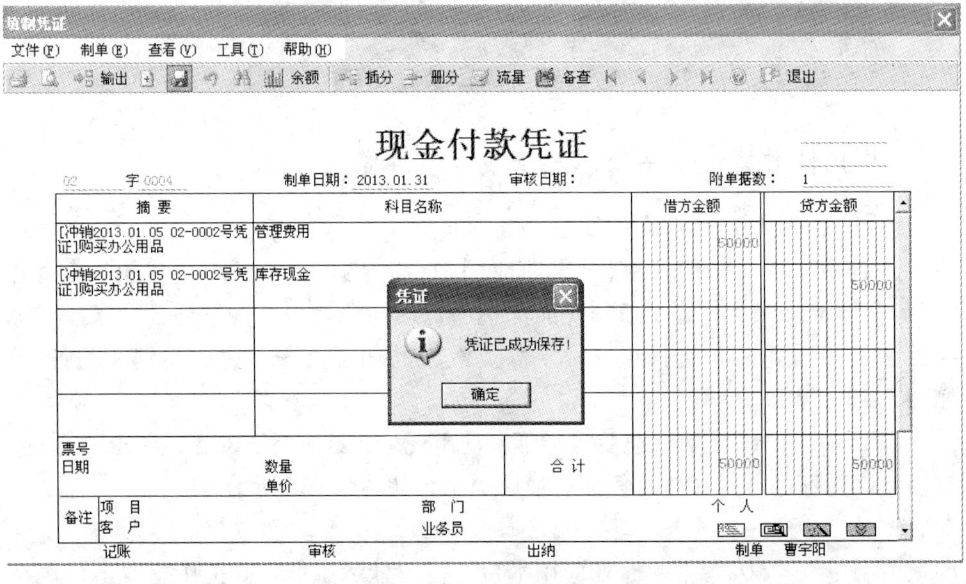

图 5－38 红冲凭证保存界面

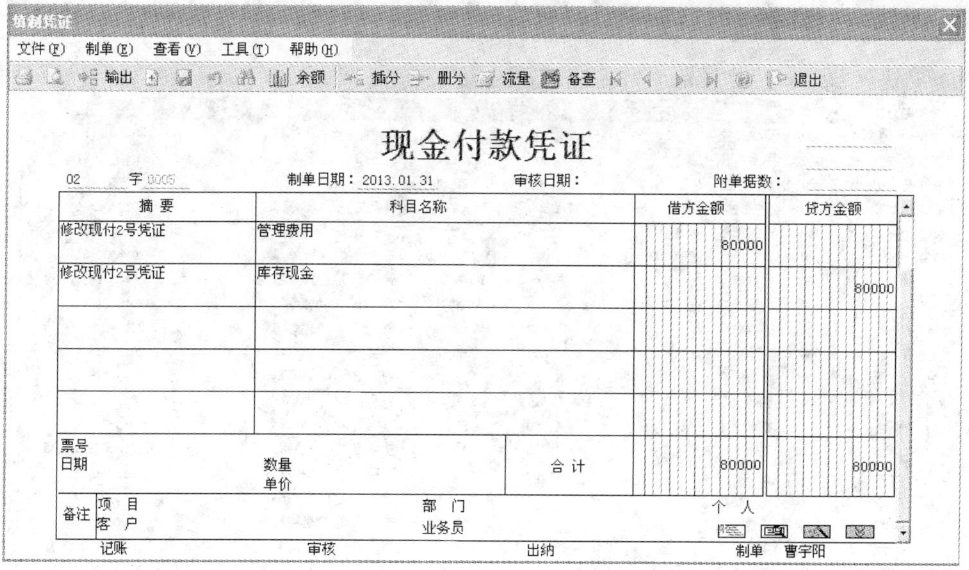

图 5－39　正确凭证输入界面

（九）查询已记账凭证

（1）由账套主管“101”登录企业应用平台，在“业务工作”功能中，双击“财务会计＼总账＼凭证＼凭证查询”选项，屏幕出现“凭证查询”界面。用户可选择需要查询的凭证范围，如可以按照已记账、未记账、全部范围查询；可以按照凭证类别分类查询；可以按照凭证编号查询；还可以按照凭证日期等信息查询凭证，如图 5－40 所示。

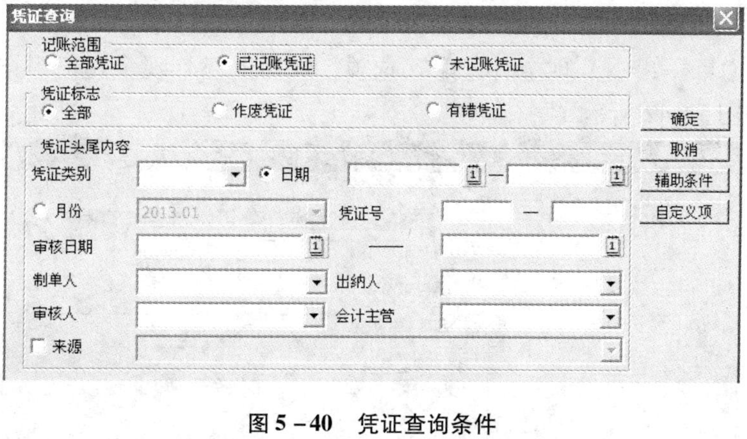

图 5－40　凭证查询条件

（2）单击“确定“按钮后，屏幕出现用户所选的满足条件的凭证列表范围，如图 5－41 所示。用户可以双击某行或单击“确定”按钮，进入记账凭证格式继续查看凭证详细内容。

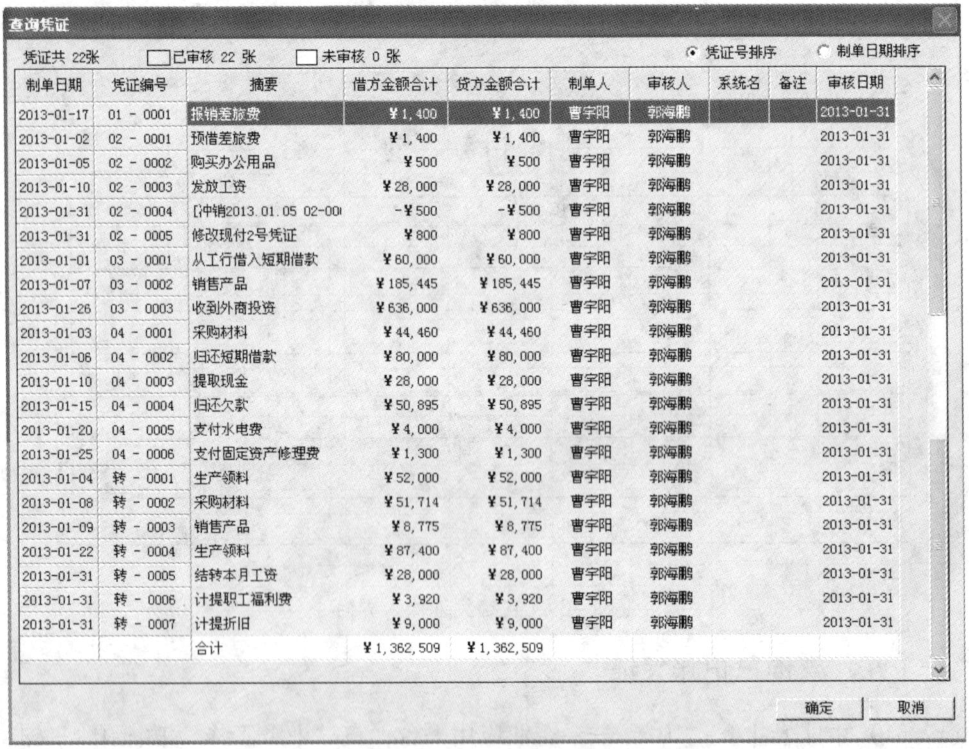

制单日期	凭证编号	摘要	借方金额合计	贷方金额合计	制单人	审核人	系统名	备注	审核日期
2013-01-17	01 - 0001	报销差旅费	¥1,400	¥1,400	曹宇阳	郭海鹏			2013-01-31
2013-01-02	02 - 0001	预借差旅费	¥1,400	¥1,400	曹宇阳	郭海鹏			2013-01-31
2013-01-05	02 - 0002	购买办公用品	¥500	¥500	曹宇阳	郭海鹏			2013-01-31
2013-01-10	02 - 0003	发放工资	¥28,000	¥28,000	曹宇阳	郭海鹏			2013-01-31
2013-01-31	02 - 0004	[冲销2013.01.05 02-00	-¥500	-¥500	曹宇阳	郭海鹏			2013-01-31
2013-01-31	02 - 0005	修改现付2号凭证	¥800	¥800	曹宇阳	郭海鹏			2013-01-31
2013-01-01	03 - 0001	从工行借入短期借款	¥60,000	¥60,000	曹宇阳	郭海鹏			2013-01-31
2013-01-07	03 - 0002	销售产品	¥185,445	¥185,445	曹宇阳	郭海鹏			2013-01-31
2013-01-26	03 - 0003	收到外商投资	¥636,000	¥636,000	曹宇阳	郭海鹏			2013-01-31
2013-01-03	04 - 0001	采购材料	¥44,460	¥44,460	曹宇阳	郭海鹏			2013-01-31
2013-01-06	04 - 0002	归还短期借款	¥80,000	¥80,000	曹宇阳	郭海鹏			2013-01-31
2013-01-10	04 - 0003	提取现金	¥28,000	¥28,000	曹宇阳	郭海鹏			2013-01-31
2013-01-15	04 - 0004	归还欠款	¥50,895	¥50,895	曹宇阳	郭海鹏			2013-01-31
2013-01-20	04 - 0005	支付水电费	¥4,000	¥4,000	曹宇阳	郭海鹏			2013-01-31
2013-01-25	04 - 0006	支付固定资产修理费	¥1,300	¥1,300	曹宇阳	郭海鹏			2013-01-31
2013-01-04	转 - 0001	生产领料	¥52,000	¥52,000	曹宇阳	郭海鹏			2013-01-31
2013-01-08	转 - 0002	采购材料	¥51,714	¥51,714	曹宇阳	郭海鹏			2013-01-31
2013-01-09	转 - 0003	销售产品	¥8,775	¥8,775	曹宇阳	郭海鹏			2013-01-31
2013-01-22	转 - 0004	生产领料	¥87,400	¥87,400	曹宇阳	郭海鹏			2013-01-31
2013-01-31	转 - 0005	结转本月工资	¥28,000	¥28,000	曹宇阳	郭海鹏			2013-01-31
2013-01-31	转 - 0006	计提职工福利费	¥3,920	¥3,920	曹宇阳	郭海鹏			2013-01-31
2013-01-31	转 - 0007	计提折旧	¥9,000	¥9,000	曹宇阳	郭海鹏			2013-01-31
		合计	¥1,362,509	¥1,362,509					

图 5-41 已记账凭证查询结果

（十）查询账簿

1. 查询“三栏式库存现金日记账”

（1）由出纳“103”登录企业应用平台，在“业务工作”功能中，双击“财务会计\总账\出纳\现金日记账”选项，屏幕出现“现金日记账查询条件”界面，如图 5-42 所示。

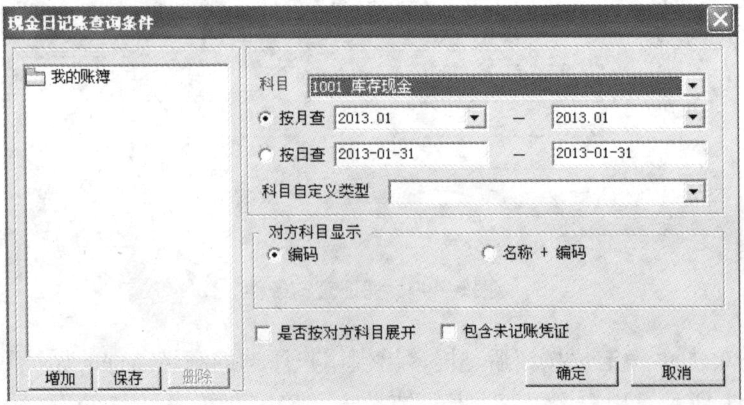

图 5-42 现金日记账查询条件

（2）单击“确定”按钮，进入三栏式库存现金日记账电子账页，用户可查看业务数据，如图 5－43 所示。

现金日记账

科目 1001 库存现金

2013年 月	日	凭证号数	摘要	对方科目	借方	贷方	方向	余额
			上年结转				借	5,000.00
01	02	02-0001	预借差旅费	122101		1,400.00	借	3,600.00
01	02		本日合计			1,400.00	借	3,600.00
01	05	02-0002	购买办公用品	6602		500.00	借	3,100.00
01	05		本日合计			500.00	借	3,100.00
01	10	02-0003	发放工资	221101		28,000.00	贷	24,900.00
01	10	04-0003	提取现金	100201	28,000.00		借	3,100.00
01	10		本日合计		28,000.00	28,000.00	借	3,100.00
01	17	01-0001	报销差旅费	122101	150.00		借	3,250.00
01	17		本日合计		150.00		借	3,250.00
01	31	02-0004	[冲销2013.01.05 02-0002号凭证]购买办公用	6602		-500.00	借	3,750.00
01	31	02-0005	修改现付2号凭证	6602		800.00	借	2,950.00
01	31		本日合计			300.00	借	2,950.00
01			当前合计		28,150.00	30,200.00	借	2,950.00
01			当前累计		28,150.00	30,200.00	借	2,950.00

图 5－43　库存现金日记账

2. 查询“三栏式工行存款日记账”

（1）由出纳“103”登录企业应用平台，在“业务工作”功能中，双击“财务会计＼总账＼出纳＼银行日记账”选项，屏幕出现“银行日记账查询条件”界面，选择科目“100201 工行存款”，如图 5－44 所示。

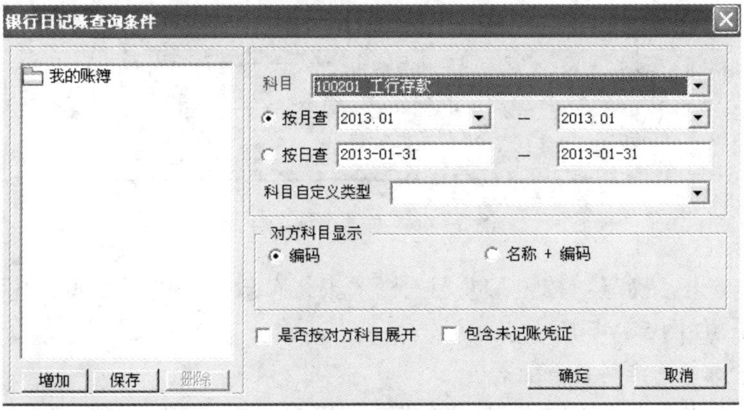

图 5－44　银行日记账查询条件

（2）单击“确定”按钮，进入三栏式工行存款日记账电子账页，用户可查看业务数据，如图 5－45 所示。

银行日记账

科目 100201 工行存款

2013年 月	日	凭证号数	摘要	结算号	对方科目	借方	贷方	方向	余额
			上年结转					借	114,000.00
01	01	03-0001	从工行借入短期借款_9_0101_2013.01.01	其他-0101	2001	60,000.00		借	174,000.00
01	01		本日合计			60,000.00		借	174,000.00
01	03	04-0001	采购材料_402_0103_2013.01.03	转账支票-0103	140301,22210101		44,460.00	借	129,540.00
01	03		本日合计				44,460.00	借	129,540.00
01	06	04-0002	归还短期借款_9_0106_2013.01.06	其他-0106	2001		80,000.00	借	49,540.00
01	06		本日合计				80,000.00	借	49,540.00
01	07	03-0002	销售产品_7_0107_2013.01.07	委托收款-0107	6001,22210102	185,445.00		借	234,985.00
01	07		本日合计			185,445.00		借	234,985.00
01	10	04-0003	提取现金_401_0110_2013.01.10	现金支票-0110	1001		28,000.00	借	206,985.00
01	10		本日合计				28,000.00	借	206,985.00
01	15	04-0004	归还欠款_402_0111_2013.01.15	转账支票-0111	220201		50,895.00	借	156,090.00
01	15		本日合计				50,895.00	借	156,090.00
01	20	04-0005	支付水电费_5_0120_2013.01.20	汇兑-0120	5101,6602		4,000.00	借	152,090.00
01	20		本日合计				4,000.00	借	152,090.00
01	25	04-0006	支付固定资产修理费_1_0125_2013.01.25	银行汇票-0125	5101,6602		1,300.00	借	150,790.00
01	25		本日合计				1,300.00	借	150,790.00
01			当前合计			245,445.00	208,655.00	借	150,790.00
01			当前累计			245,445.00	208,655.00	借	150,790.00

图 5-45 工行存款日记账

3. 查询“三栏式银行存款总账”

（1）由账套主管“101”登录企业应用平台，在“业务工作”功能中，双击“财务会计\总账\账表\科目账\总账”选项，屏幕出现“总账查询条件”界面，选择总账科目“1002”银行存款，如图 5-46 所示。

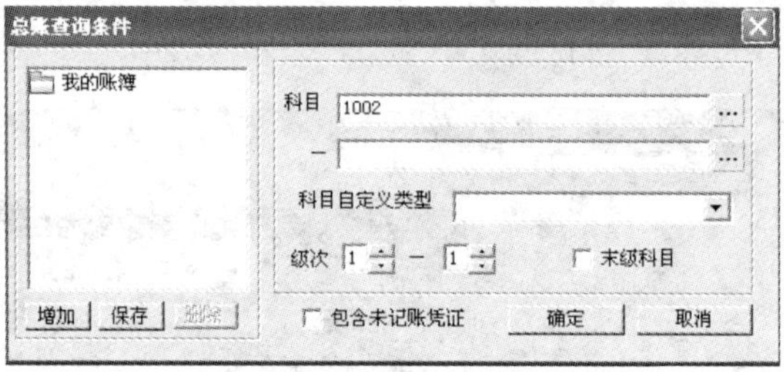

图 5-46 总账查询条件

（2）单击“确定”按钮，进入三栏式银行存款总账电子账页，用户可查看业务数据，如图 5-47 所示。

4. 查询“总账科目余额表”

（1）由账套主管“101”登录企业应用平台，在“业务工作”功能中，双击“业务工作\财务会计\总账\账表\科目账\余额表”选项，屏幕出现“发生额及余额查询条件”界面，选择科目级次为“1-1”级，如图 5-48 所示。

（2）单击“确定”按钮，进入总账科目余额表账页，用户可查看业务数据，如图 5-49 所示。

银行存款总账

科目　1002 银行存款

2013年 月	2013年 日	凭证号数	摘要	借方	贷方	方向	余额
			上年结转			借	145,800.00
01			当前合计	881,445.00	208,655.00	借	818,590.00
01			当前累计	881,445.00	208,655.00		

图 5－47　银行存款总账

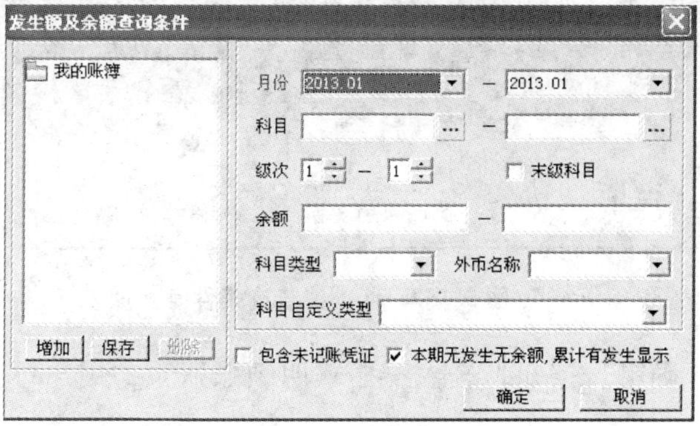

图 5－48　发生额及余额查询条件

发生额及余额表

科目编码	科目名称	期初余额 借方	期初余额 贷方	本期发生 借方	本期发生 贷方	期末余额 借方	期末余额 贷方
1001	库存现金	5,000.00		28,150.00	30,200.00	2,950.00	
1002	银行存款	145,800.00		881,445.00	208,655.00	818,590.00	
1121	应收账款	308,000.00		8,775.00		316,775.00	
1221	其他应收款	5,000.00		1,400.00	1,400.00	5,000.00	
1403	原材料	142,000.00		82,200.00	139,400.00	84,800.00	
1601	固定资产	800,000.00				800,000.00	
1602	累计折旧		140,000.00		9,000.00		149,000.00
资产小计		1,405,800.00	140,000.00	1,001,970.00	388,655.00	2,028,115.00	149,000.00
2001	短期借款		22,000.00	80,000.00	60,000.00		2,000.00
2202	应付账款		80,000.00	50,895.00	51,714.00		80,819.00
2211	应付职工薪酬		30,000.00	28,000.00	31,920.00		33,920.00
2221	应交税费		15,000.00	13,974.00	28,220.00		29,246.00
负债小计			147,000.00	172,869.00	171,854.00		145,985.00
4001	实收资本		1,000,000.00		636,000.00		1,636,000.00
4103	本年利润		128,800.00				128,800.00
权益小计			1,128,800.00		636,000.00		1,764,800.00
5001	生产成本	10,000.00		150,800.00		160,800.00	
5101	制造费用			20,900.00		20,900.00	
成本小计		10,000.00		171,700.00		181,700.00	
6001	主营业务收入				166,000.00		166,000.00
6602	管理费用			15,970.00		15,970.00	
损益小计				15,970.00	166,000.00	15,970.00	166,000.00
合计		1,415,800.00	1,415,800.00	1,362,509.00	1,362,509.00	2,225,785.00	2,225,785.00

图 5－49　总账科目余额表

5. 查询“应收账款——丰润公司”三栏式明细账

（1）由账套主管“101”登录企业应用平台，在“业务工作”功能中，双击“财务会计\总账\账表\科目账\明细账”选项，屏幕出现“明细账查询条件”界面，选择科目“112101”应收账款——丰润公司，如图5－50所示。

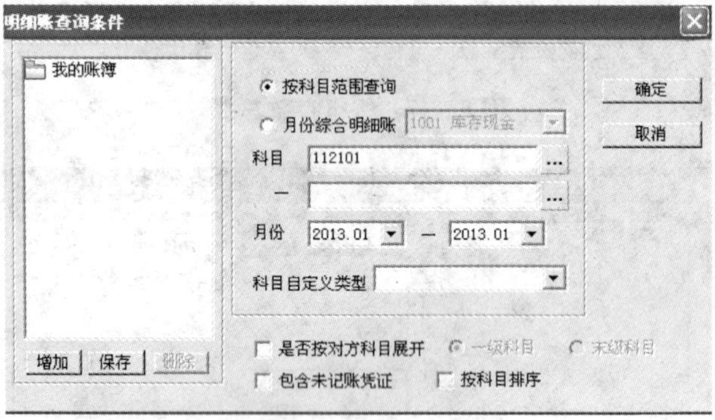

图5－50 明细账查询条件

（2）单击“确定”按钮，进入三栏式明细账账页，用户可查看业务数据，如图5－51所示。

应收账款明细账

科目 112101 丰润公司

2013年月	日	凭证号数	摘要	借方	贷方	方向	余额
			上年结转			借	100,000.00
01	09	转-0003	销售产品	8,775.00		借	108,775.00
01			当前合计	8,775.00		借	108,775.00
01			当前累计	8,775.00		借	108,775.00

图5－51 应收账款——丰润公司三栏式明细账

6. 查询“原材料——甲材料”数量金额式明细账

在图5－52界面中选择科目“140301 甲材料”，进入“原材料明细账”界面，将右上侧的账页格式由“金额式”切换至“数量金额式”，则可显示数量金额式明细账，如图5－52所示。

原材料明细账

数量金额式

数量单位：公斤

科目 140301 甲材料

月份：2013.01-2013.01

2013年		凭证号数	摘要	单价	借方		贷方		方向	余额		
月	日				数量	金额	数量	金额		数量	单价	金额
			上年结转						借	1000.00	38.00	38,000.00
01	03	04-0001	采购材料	38.00	1000.00	38,000.00			借	2000.00		76,000.00
01	22	转-0004	生产领料	38.00			1000.00	38,000.00	借	1000.00		38,000.00
01			当前合计		1000.00	38,000.00	1000.00	38,000.00	借	1000.00	38.00	38,000.00
01			当前累计		1000.00	38,000.00	1000.00	38,000.00	借	1000.00	38.00	38,000.00

图5－52 原材料——甲材料数量金额式明细账

7. 查询“银行存款——中行存款”外币金额式日记账

在图 5－53 界面中选择科目“100202 中行存款”，进入“银行日记账”界面，将右上侧的账页格式由“金额式”切换至“外币金额式”，则可显示外币金额式日记账，如图 5－53 所示。

外币金额式

银行日记账

科目 100202 中行存款

外币币名：美元
月份：2013.01-2013.01

2013年		凭证号数	摘要	结算号	对方科目	币种/汇率	借方		贷方		方向	余额		
月	日						外币	金额	外币	金额		外币	汇率	金额
			上年结转								借	5,000.00	6.36000	31,800.00
01	26	03-0003	收到外商投资		4001	美元:6.36000	100,000.00	636,000.00			借	105,000.00		667,800.00
01	26		本日合计				100,000.00	636,000.00			借	105,000.00	6.36000	667,800.00
01			当前合计				100,000.00	636,000.00			借	105,000.00		667,800.00
01			当前累计				100,000.00	636,000.00			借	105,000.00		667,800.00

图 5－53　银行存款——中行存款外币金额式日记账

8. 查询“生产成本”多栏账

（1）由账套主管“101”登录企业应用平台，在“业务工作”功能中，双击“财务会计＼总账＼账表＼科目账＼多栏账”选项，屏幕出现“多栏账”设置界面，单击“增加”按钮，在“多栏账定义”界面中选择科目“5001 生产成本”，自动出现多栏账名称，单击右下方的“自动编制”按钮，栏目定义会自动出现 5001 的三个二级明细科目作为展开栏目，如图 5－54 所示。

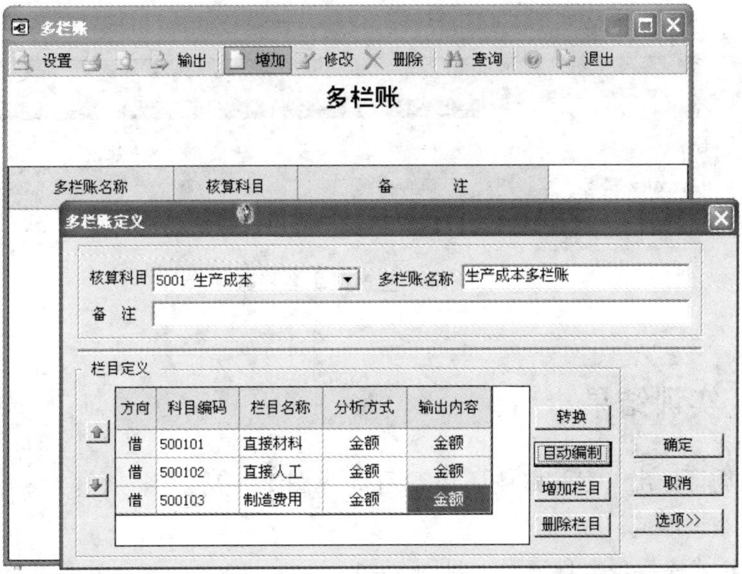

图 5－54　多栏账定义界面

（2）单击“确定”按钮，则生产成本多栏账设置完毕。在当前界面，单击“查询”按钮，屏幕显示“多栏账查询”界面，如图 5－55 所示。

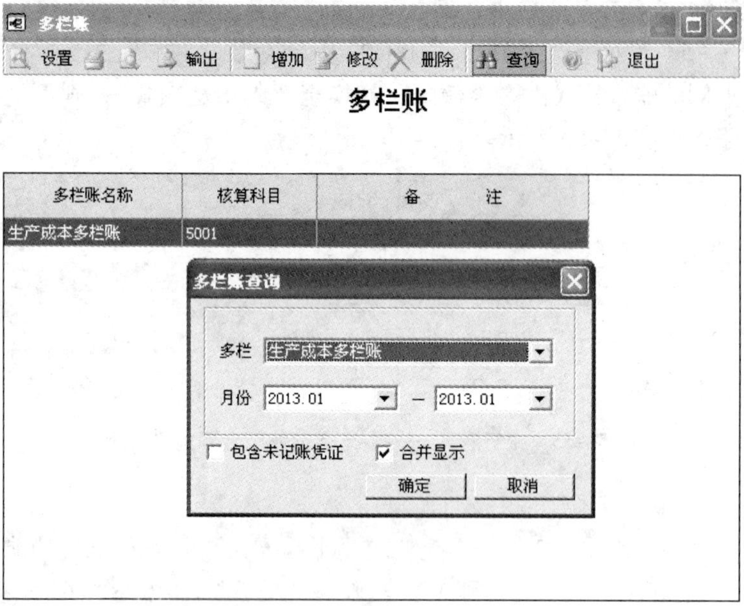

图 5-55 多栏账查询界面

（3）单击“确定”按钮后，则显示多栏账内容，如图 5-56 所示。

多栏账

多栏 生产成本多栏账　　月份：201

2013年 月	日	凭证号数	摘要	借方	贷方	方向	余额	借方 直接材料	直接人工	制造费用
			上年结转			借	10,000.00			
01	04	转-0001	生产领料	52,000.00		借	62,000.00	52,000.00		
01	22	转-0004	生产领料	87,400.00		借	149,400.00	87,400.00		
01	31	转-0005	结转本月工资	10,000.00		借	159,400.00		10,000.00	
01	31	转-0006	计提职工福利费	1,400.00		借	160,800.00		1,400.00	
01			当前合计	150,800.00		借	160,800.00	139,400.00	11,400.00	
01			当前累计	150,800.00		借	160,800.00	139,400.00	11,400.00	

图 5-56 生产成本多栏账

五、实训结果

（1）凭证输出（已记账凭证共 22 张，见图 5-41）。

（2）查询账簿。

①三栏式库存现金日记账（见图 5-43）。

②三栏式工行存款日记账（见图 5-45）。

③三栏式银行存款总账（见图 5-47）。

④总账科目余额表（见图 5-49）。

⑤应收账款——丰润公司三栏式明细账（见图 5-51）。

⑥原材料——甲材料数量金额式明细账（见图 5－52）。

⑦银行存款——中行存款外币金额式日记账（见图 5－53）。

⑧生产成本多栏账（见图 5－56）。

（3）备份账套数据，路径为“F：\ 学生姓名 \ 05”，查看“05”文件夹的备份文件。

实训项目六

总账系统期末业务核算

一、实训目标

通过本次实训，要求学生熟悉用友 U8 软件期末业务处理的基本内容和功能；理解期末转账业务定义的方法及顺序；了解期末转账业务生成的原理和次序；熟练掌握期末对账、结账的操作要求和方法。

二、实训内容

★ 自定义转账定义　　★ 对应结转定义
★ 汇兑损益定义　　★ 期间损益定义
★ 期末转账凭证生成　　★ 期末试算平衡
★ 期末对账　　★ 期末结账

三、实训资料

（一）实训准备

（1）将系统日期修改为“2013. 01. 31”。

（2）引入“F：\ 学生姓名 \ 05”文件夹中备份的账套数据，即恢复实训项目五的数据结果。

（二）自定义转账定义

转账序号：0001　转账说明：结转本月未交增值税　凭证类别：转账
摘要：结转本月未交增值税
借：应交税费——应交增值税——转出未交增值税
　　　　　　　　　　　　　　　　　取“222101”科目的净发生额
　贷：应交税费——未交增值税　　　　取对方科目计算结果

（三）对应结转定义

编号：0001　凭证类别：转账　摘要：结转本月制造费用
转出科目：制造费用
转入科目：生产成本——制造费用
结转系数：1.0

（四）汇兑损益定义

凭证类别：银付　汇兑损益入帐科目：6603 财务费用　计算汇兑损益

（五）期间损益定义

凭证类别：转账　结转到本年利润科目：4103

（六）期末转账凭证生成（期末结账汇率为：6.26）

（七）期末试算平衡

（八）期末对账

（九）期末结账

四、实训指导

（一）自定义转账定义

注意：由“101”操作员在科目列表中新增一个科目“22210103 转出未交增值税”。

（1）以制单人“102”身份登录企业应用平台。

（2）在“业务工作”功能中，双击“财务会计＼总账＼期末＼转账定义＼自定义转账”选项，在“自定义转账设置”界面中单击“增加”按钮，输入转账序号“0001”和转账说明“结转本月未交增值税”，选择凭证类别为“转　转账凭证”，如图 6－1 所示。

（3）单击“确定”按钮，再单击“增行”按钮，摘要内容自动出现，在科目编码栏选择“22210103 应交税费——应交增值税——转出未交增值税”科目，方向栏为“借”，单击金额栏中的“...”按钮，采用公式引导输入方法，在公式向导界面中选择公式名称为“净发生额”，如图 6－2 所示。

（4）单击“下一步”按钮，继续引导输入，选择科目“222101 应交税费——应交增值税”，期间为“月”，单击“完成”按钮，如图 6－3 所示。

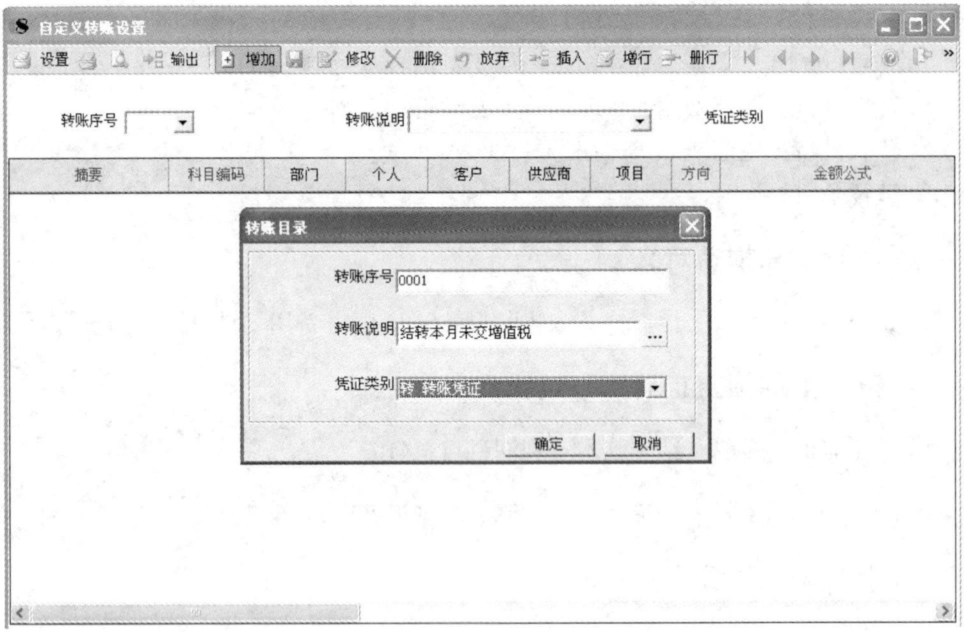

图 6-1 自定义转账目录设置

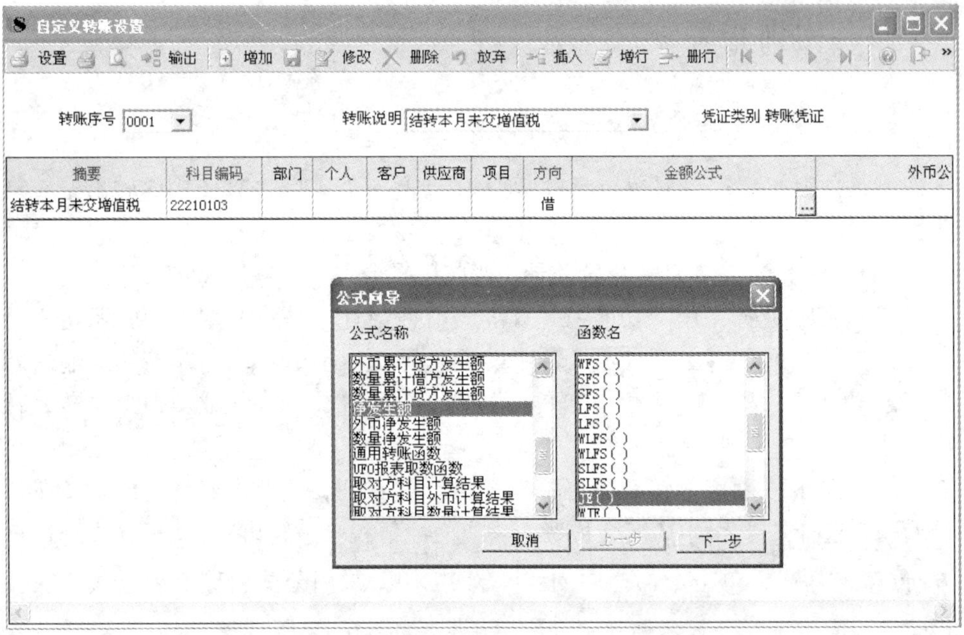

图 6-2 自定义转账公式设置-1

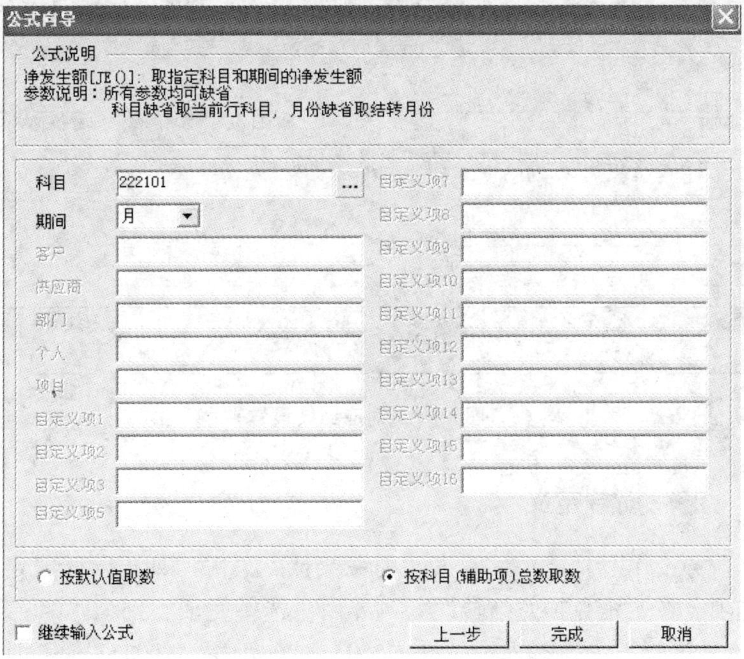

图 6－3　自定义转账公式设置－2

（5）继续单击“增行”按钮，出现第二行摘要内容，在科目编码栏中选择“222102 应交税费——未交增值税”，修改借贷方向为“贷”，单击金额公式点到输入按钮，选择“取对方科目计算结果”函数完成，公式则自动显示，如图 6－4 所示。

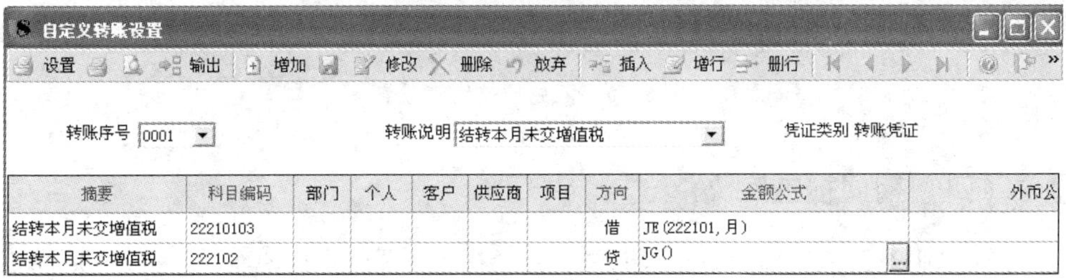

图 6－4　自定义转账设置

（二）对应结转定义

在“业务工作”功能中，双击“财务会计＼总账＼期末＼转账定义＼对应结转”选项，在“对应结转设置”界面，输入编号“0001”和摘要“结转本月制造费用”，选择凭证类别为“转　转账凭证”，选择或输入转出科目“5101”和转出科目名称“制造费用”，单击“增行”按钮，选择或输入转入科目“500103 生产成本——制造费用”，如图 6－5 所示。

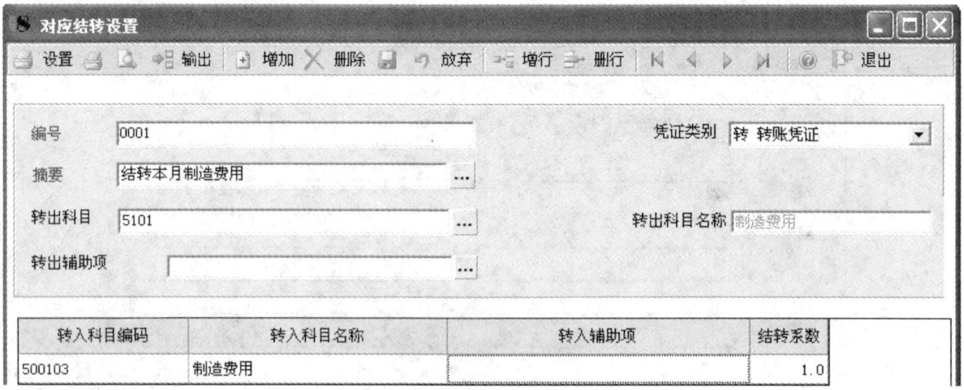

图 6-5 对应结转设置

（三）汇兑损益定义

在“业务工作”功能中，双击“财务会计\总账\期末\转账定义\汇兑损益”选项，在“汇兑损益结转设置”界面，选择凭证类别为“04 银行付款凭证”，输入或选择汇兑损益入账科目“6603 财务费用”，双击“是否计算汇兑损益”栏，显示“Y”标记，如图 6-6 所示。

图 6-6 汇兑损益结转设置

（四）期间损益定义

在“业务工作”功能中，双击“财务会计\总账\期末\转账定义\期间损益”选项，在“期间损益结转设置”界面，选择凭证类别为“转 转账凭证”，输入或选择本年利润科目“4103”，单击“确定”按钮即可，如图 6-7 所示。

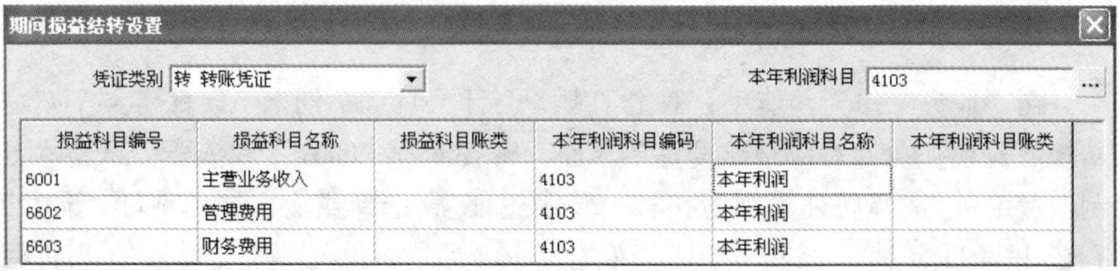

图 6-7 期间损益结转设置

（五）期末转账凭证生成

注意：每生成一张凭证需要及时进行记账处理。

1. 自定义转账凭证生成

（1）由制单人“102”在企业应用平台，在“业务工作”功能中，双击“财务会计\总账\期末\转账生成”选项，在“转账生成”界面中选择“自定义转账”，双击“结转本月未交增值税”业务行，是否结转栏显示为“Y”，则选定了要生成机制凭证的业务，如图6－8所示。

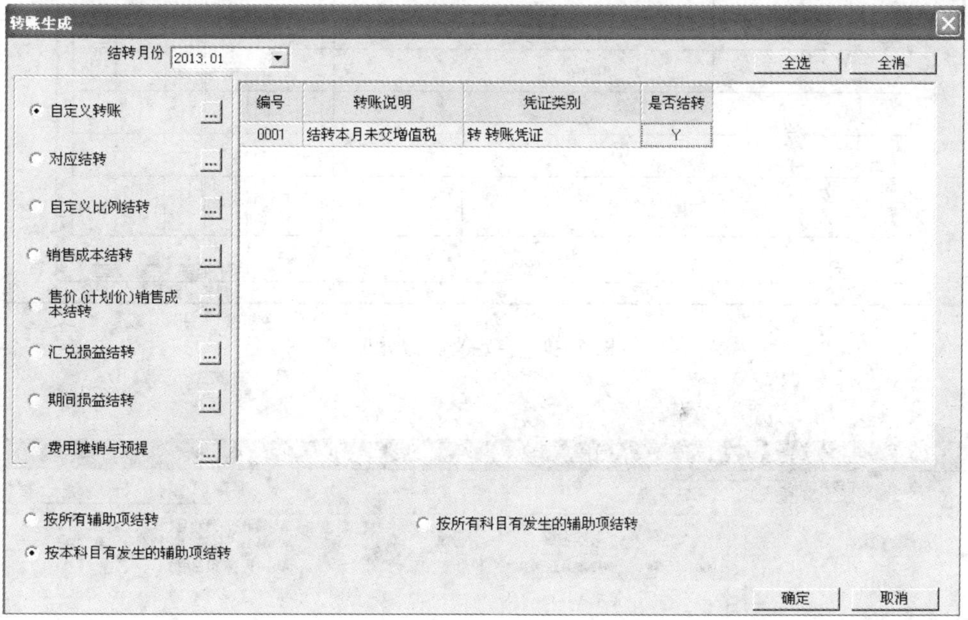

图6－8　自定义转账凭证生成

（2）单击“确定”按钮，屏幕会出现该机制凭证内容，单击“保存”按钮即可，如图6－9所示。

（3）由审核人“101”在“凭证审核”界面对该凭证进行审核签字。

（4）由账套主管“101”在“主管签字”界面对该凭证进行主管签字。

（5）由“101”将该凭证记账。

2. 对应结转凭证生成

（1）由制单人“102”在企业应用平台，在“业务工作”功能中，双击“财务会计\总账\期末\转账生成”选项，在“转账生成”界面中选择“对应结转”，双击“结转本月制造费用”业务行，是否结转栏显示为“Y”，则选定了要生成机制凭证的业务，如图6－10所示。

(2) 单击“确定”按钮，屏幕会出现该机制凭证内容，单击“保存”按钮即可，如图 6－11 所示。

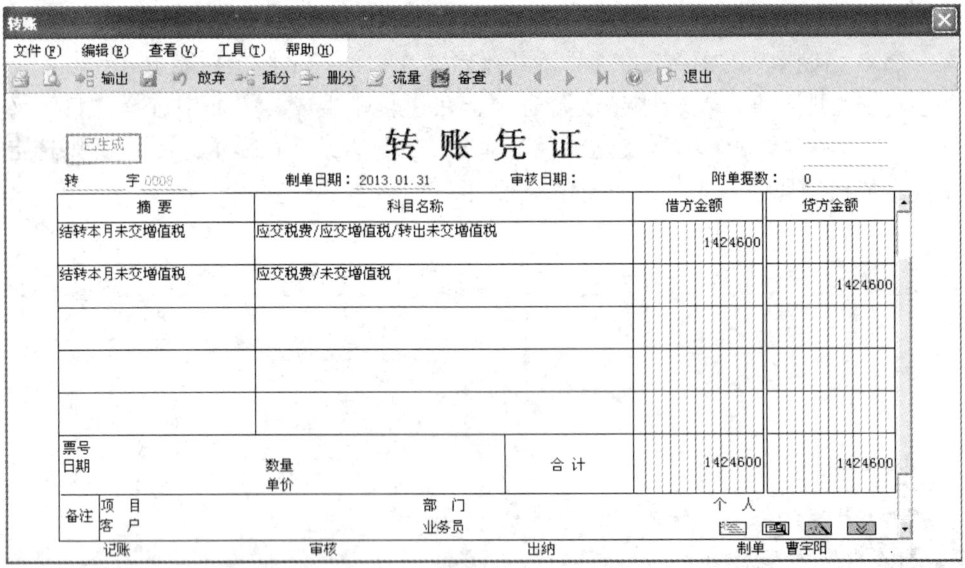

图 6－9　自定义转账凭证

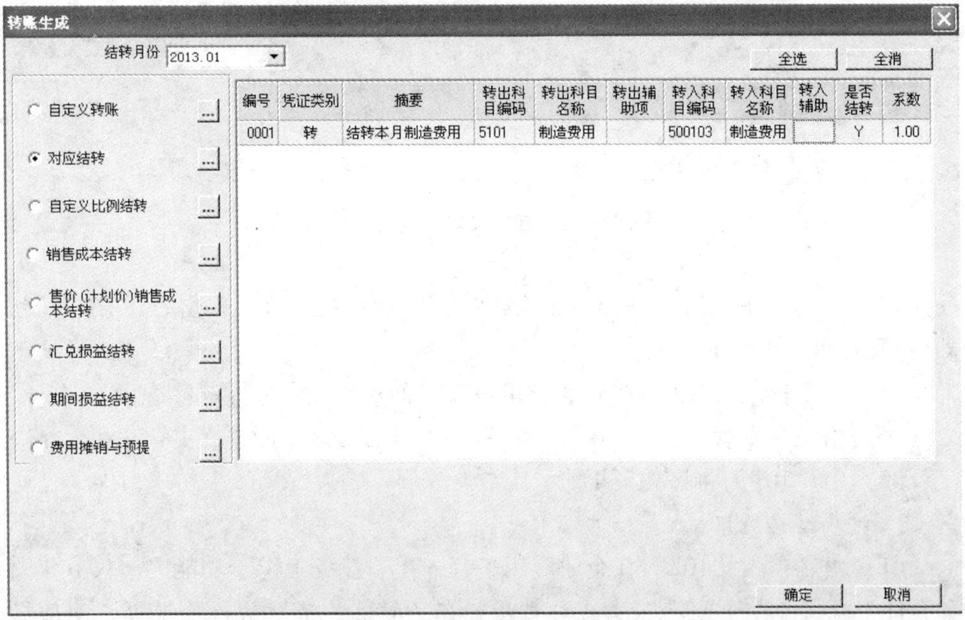

图 6－10　对应结转凭证生成

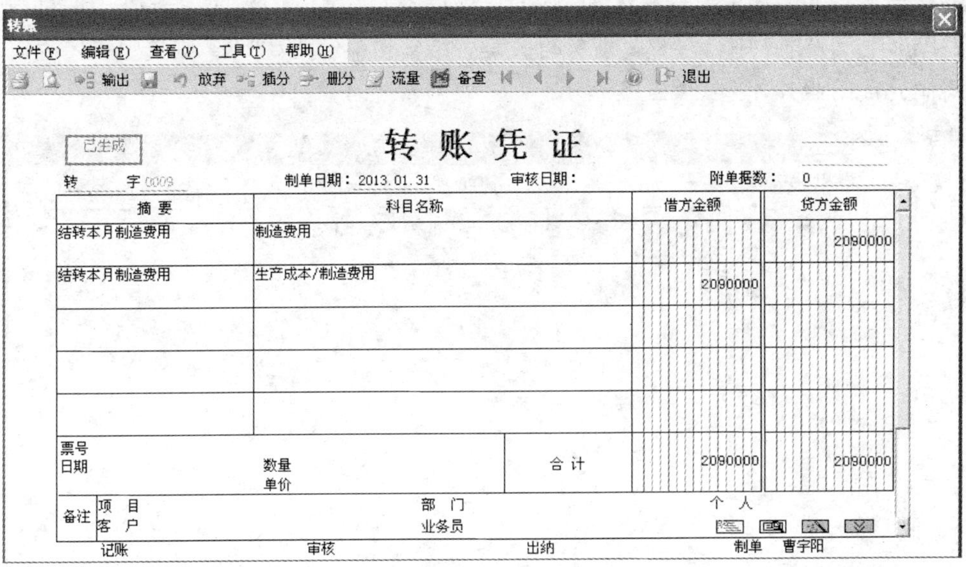

图 6－11　对应结转凭证

（3）由审核人“101”在“凭证审核”界面对该凭证进行审核签字。

（4）由账套主管“101”在“主管签字”界面对该凭证进行主管签字。

（5）由“101”将该凭证记账。

3. 汇兑损益凭证生成

（1）由账套主管“101”在“外币设置”界面中输入期末结账调整汇率：6.26，如图 6－12 所示。

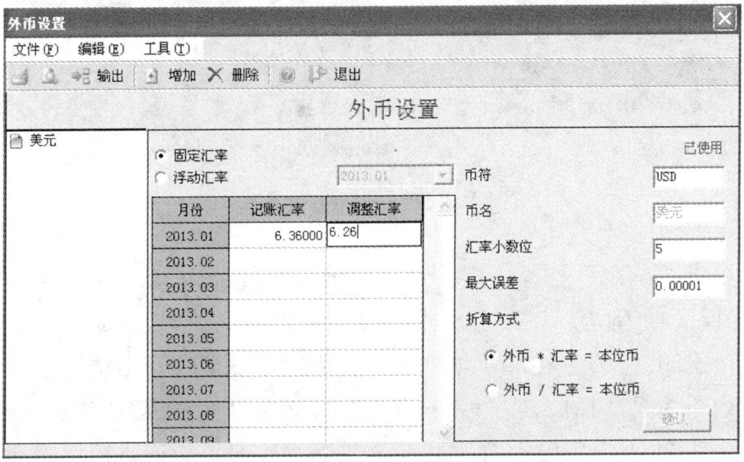

图 6－12　期末调整汇率录入

（2）由制单人“102”在企业应用平台，在“业务工作”功能中，双击“财务会计\总账\期末\转账生成”选项，在“转账生成”界面中选择“汇兑损益结转”，双击“中行存款”业务行，是否结转栏显示为“Y”，则选定了要生成机制凭证的业务，如图6－13所示。

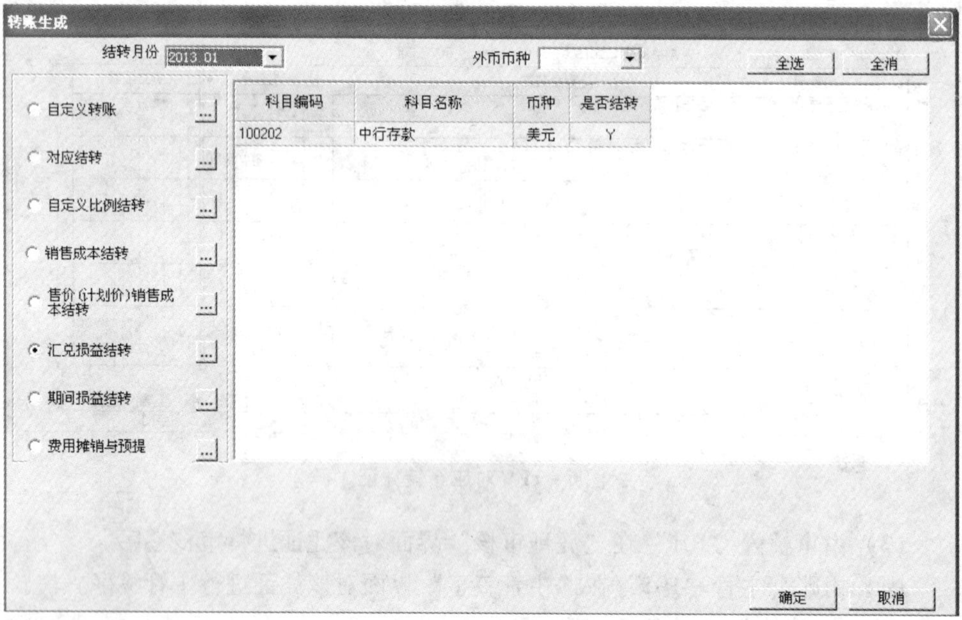

图6－13　汇兑损益结转凭证生成

（3）单击“确定”按钮，显示“汇兑损益试算表”界面，如图6－14所示。

图6－14　汇兑损益试算表

（4）单击“确定”按钮，屏幕会出现该机制凭证内容，单击“保存”按钮即可，如图6－15所示。

（5）由出纳“103”在“出纳签字”界面对该凭证进行出纳签字。

（6）由审核人“101”在“凭证审核”界面对该凭证进行审核签字。

（7）由账套主管“101”在“主管签字”界面对该凭证进行主管签字。

（8）由“101”将该凭证记账。

4. 期间损益凭证生成

（1）由制单人“102”在企业应用平台，在“业务工作”功能中，双击“财务会计\总账\期末\转账生成”选项，在“转账生成”界面中选择“期间损益结转”，单击“全选”按钮，是否结转栏显示为“Y”，如图 6-16 所示。

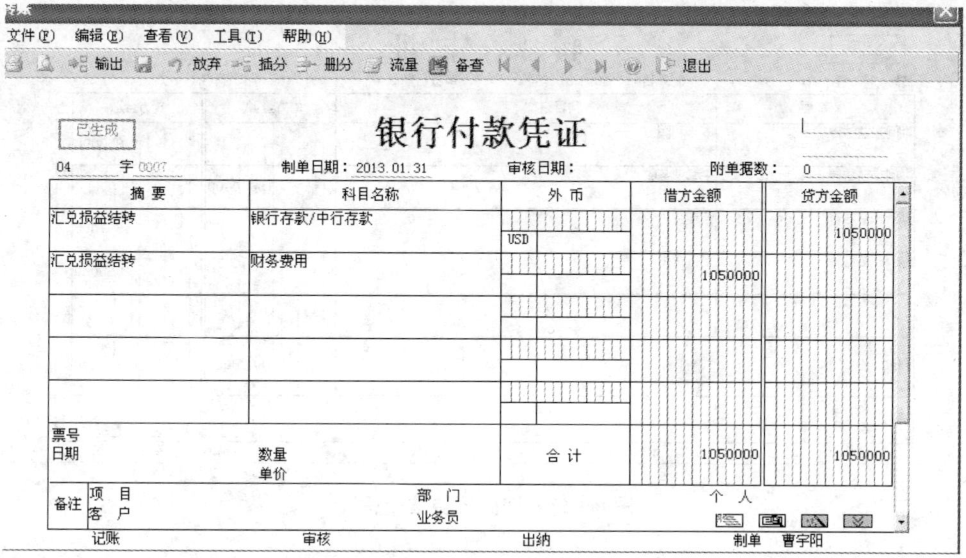

图 6-15　汇兑损益结转凭证

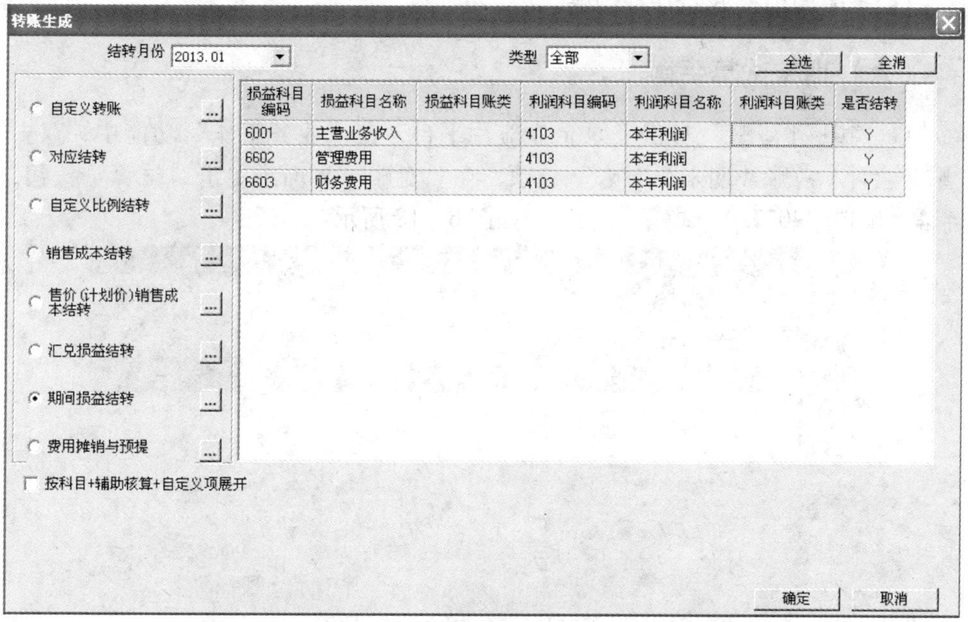

图 6-16　期间损益结转凭证生成

（2）单击“确定”按钮，屏幕会出现该机制凭证内容，单击“保存”按钮即可，如图 6-17 所示。

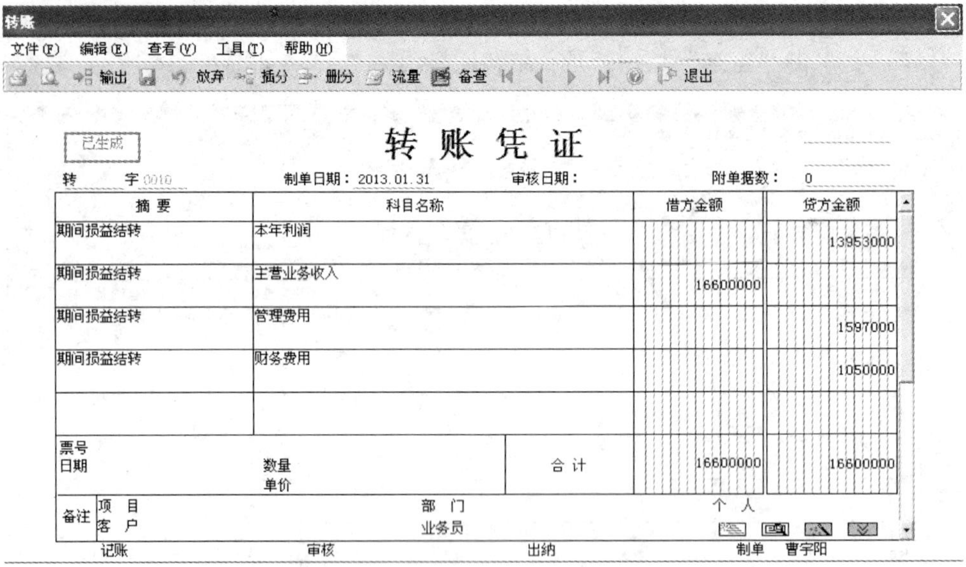

图 6－17　期间损益结转凭证

（3）由审核人“101”在“凭证审核”界面对该凭证进行审核签字。

（4）由账套主管“101”在“主管签字”界面对该凭证进行主管签字。

（5）由“101”将该凭证记账。

（六）期末试算平衡

以“101 郭海鹏”身份登录企业应用平台，在“业务工作”功能中，双击“财务会计\总账\期末\对账”选项，在“对账”界面中单击“试算”按钮，屏幕上出现“2013.01 试算平衡表”，如图 6－18 所示。

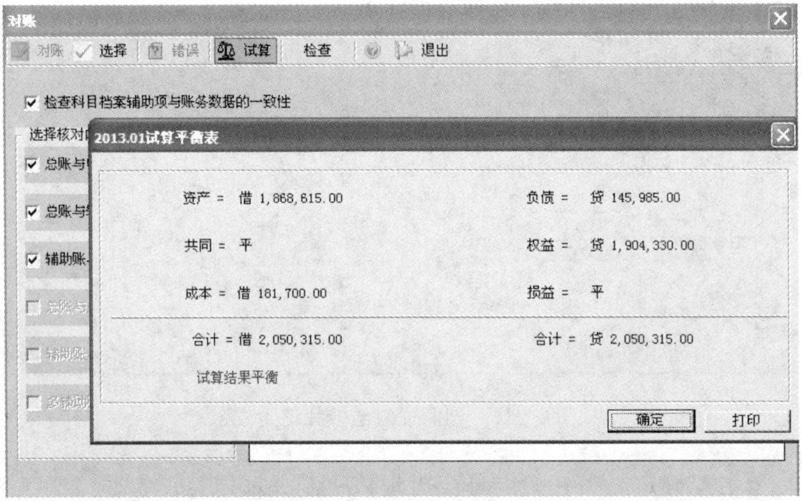

图 6－18　期末试算平衡表

（七）期末对账

（1）以“101 郭海鹏”身份登录企业应用平台，在“业务工作”功能中，双击“财务会计\总账\期末\对账”选项，在“对账”界面中单击“选择”按钮，2013年01月“是否对账”栏显示“Y”标记，表示该月需要对账，如图6－19所示。

图6－19　对账期间选择界面

（2）单击“对账”按钮，软件自动执行对账操作，包括核对总账与明细账、总账与辅助账、辅助账与明细账等内容，对账结束后会显示对账结果正确与否，如图6－20所示。

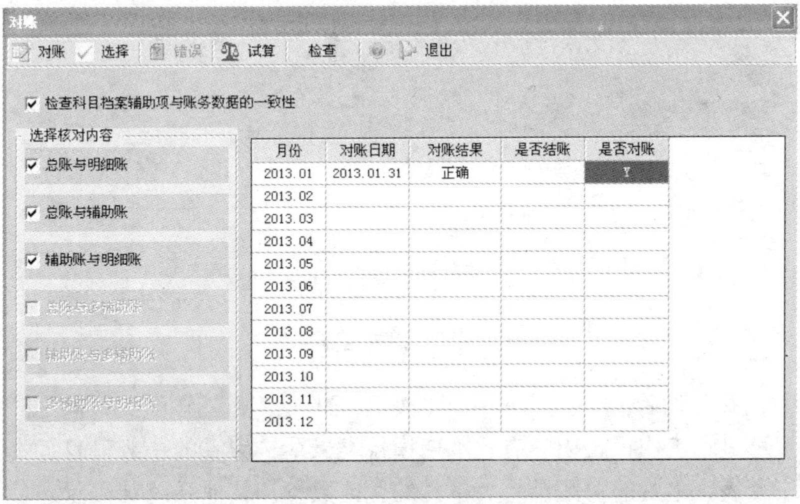

图6－20　对账结果显示

（八）期末结账

（1）以“101 郭海鹏”身份登录企业应用平台，在“业务工作”功能中，双击“财务会计\总账\期末\结账”选项，在“结账”界面中选择结账月份“2013 年 01 月”，如图 6－21 所示。

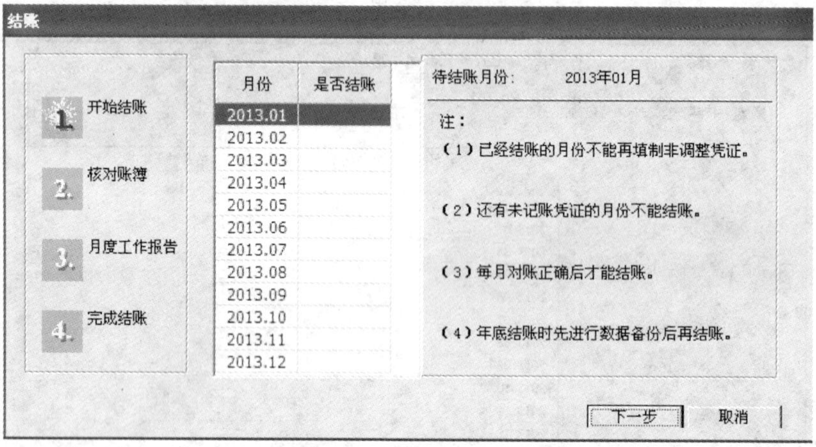

图 6－21 期末结账－1

（2）单击“下一步”按钮，系统开始自动核对账簿，如图 6－22 所示。

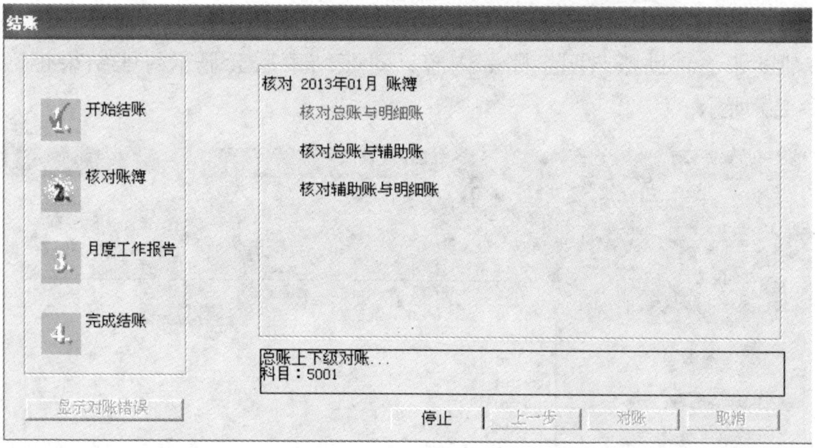

图 6－22 期末结账－2

（3）对账正确后，单击“下一步”按钮，进入月度工作报告界面，如图 6－23 所示。屏幕显示工作报告内容有：本期损益类未结转为零的一级科目、本月的账面试算平衡表、本月的对账结果、本月的凭证数量和其他系统结账状态信息，如果有未满足结账条件的信息则会显示出来。

(4) 单击“下一步”按钮，系统提示“2013 年 01 月工作检查完成，可以结账。”信息单击“结账”按钮即可，如图 6－24 所示。

(5) 结账完成，系统自动返回到主界面。再次打开“结账”界面，2013 年 01 月“是否结账”栏会显示“Y”已结标记，如图 6－25 所示。

练习：反结账功能

如果用户结账之后，想返回到结账前数据状态，则需要由账套主管在“结账”界面选定反结账的月份（2013. 01），同时按下【Ctrl】＋【Shift】＋【F6】组合键，系统提示输入账套主管口令进行身份验证，如图 6－26 所示。输入口令正确后，系统会将 2013 年 1 月的结账标记取消。

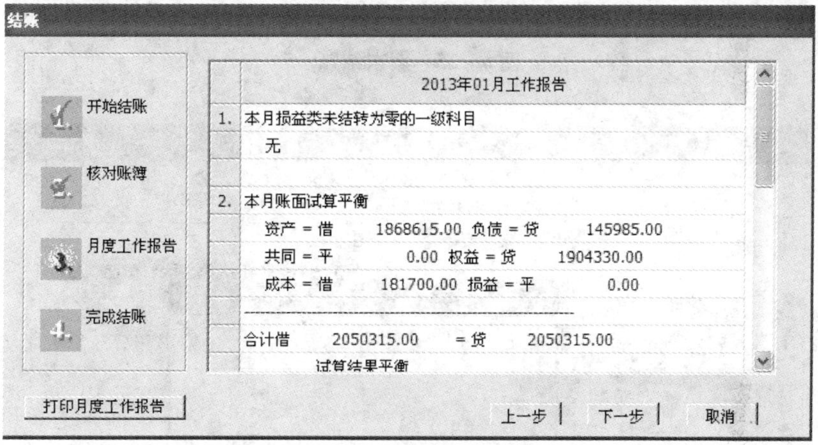

图 6－23　期末结账－3

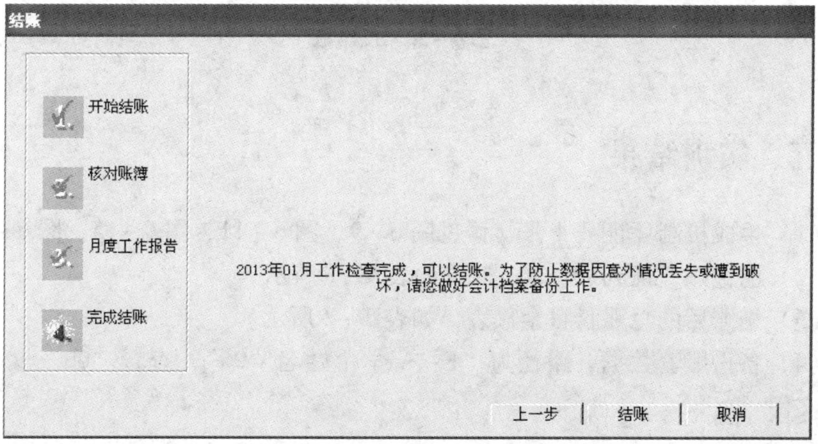

图 6－24　期末结账－4

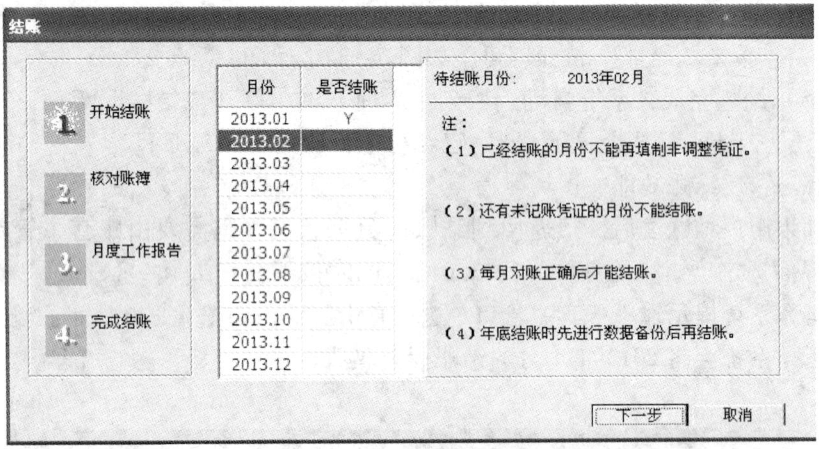

图 6－25 期末结账－5

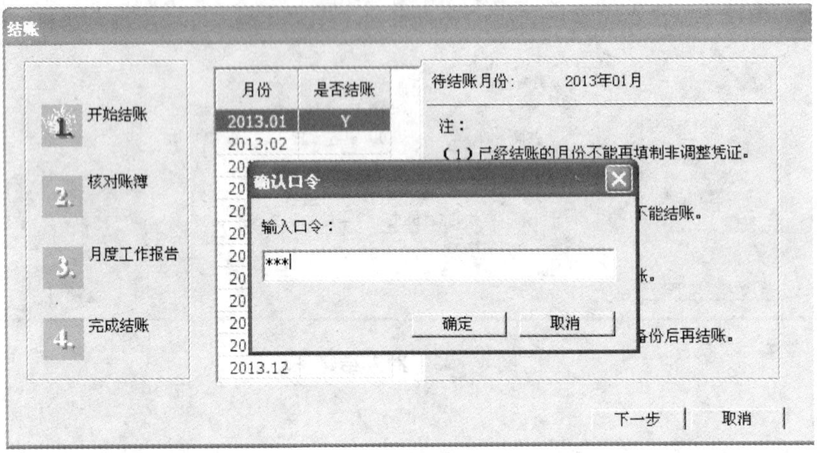

图 6－26 反结账

五、实训结果

（1）生成机制凭证共 4 张（详见图 6－9、图 6－11、图 6－15、图 6－17）。

（2）已记账凭证列表（26 张），如表 6－1 所示。

（3）结账后的总账科目余额表，如表 6－2 所示。

（4）备份账套数据，路径为“F：\ 学生姓名 \ 06”，查看“06”文件夹的备份文件。

表 6－1　　　　记账凭证一览表

制单日期	凭证编号	摘要	借方金额合计	贷方金额合计	制单人	审核人	系统名	备注	审核日期
2013-01-17	01 - 0001	报销差旅费	¥1,400	¥1,400	曹宇阳	郭海鹏			2013-01-31
2013-01-02	02 - 0001	预借差旅费	¥1,400	¥1,400	曹宇阳	郭海鹏			2013-01-31
2013-01-05	02 - 0002	购买办公用品	¥500	¥500	曹宇阳	郭海鹏			2013-01-31
2013-01-10	02 - 0003	发放工资	¥28,000	¥28,000	曹宇阳	郭海鹏			2013-01-31
2013-01-31	02 - 0004	[冲销2013.01.05 02-00	-¥500	-¥500	曹宇阳	郭海鹏			2013-01-31
2013-01-31	02 - 0005	修改现付2号凭证	¥800	¥800	曹宇阳	郭海鹏			2013-01-31
2013-01-01	03 - 0001	从工行借入短期借款	¥60,000	¥60,000	曹宇阳	郭海鹏			2013-01-31
2013-01-07	03 - 0002	销售产品	¥185,445	¥185,445	曹宇阳	郭海鹏			2013-01-31
2013-01-26	03 - 0003	收到外商投资	¥636,000	¥636,000	曹宇阳	郭海鹏			2013-01-31
2013-01-03	04 - 0001	采购材料	¥44,460	¥44,460	曹宇阳	郭海鹏			2013-01-31
2013-01-06	04 - 0002	归还短期借款	¥80,000	¥80,000	曹宇阳	郭海鹏			2013-01-31
2013-01-10	04 - 0003	提取现金	¥28,000	¥28,000	曹宇阳	郭海鹏			2013-01-31
2013-01-15	04 - 0004	归还欠款	¥50,895	¥50,895	曹宇阳	郭海鹏			2013-01-31
2013-01-20	04 - 0005	支付水电费	¥4,000	¥4,000	曹宇阳	郭海鹏			2013-01-31
2013-01-25	04 - 0006	支付固定资产修理费	¥1,300	¥1,300	曹宇阳	郭海鹏			2013-01-31
2013-01-31	04 - 0007	汇兑损益结转	¥10,500	¥10,500	曹宇阳	郭海鹏			2013-01-31
2013-01-04	转 - 0001	生产领料	¥52,000	¥52,000	曹宇阳	郭海鹏			2013-01-31
2013-01-08	转 - 0002	采购材料	¥51,714	¥51,714	曹宇阳	郭海鹏			2013-01-31
2013-01-09	转 - 0003	销售产品	¥8,775	¥8,775	曹宇阳	郭海鹏			2013-01-31
2013-01-22	转 - 0004	生产领料	¥87,400	¥87,400	曹宇阳	郭海鹏			2013-01-31
2013-01-31	转 - 0005	结转本月工资	¥28,000	¥28,000	曹宇阳	郭海鹏			2013-01-31
2013-01-31	转 - 0006	计提职工福利费	¥3,920	¥3,920	曹宇阳	郭海鹏			2013-01-31
2013-01-31	转 - 0007	计提折旧	¥9,000	¥9,000	曹宇阳	郭海鹏			2013-01-31
2013-01-31	转 - 0008	转出未交增值税	¥14,246	¥14,246	曹宇阳	郭海鹏			2013-01-31
2013-01-31	转 - 0009	结转本月制造费用	¥20,900	¥20,900	曹宇阳	郭海鹏			2013-01-31
2013-01-31	转 - 0010	期间损益结转	¥166,000	¥166,000	曹宇阳	郭海鹏			2013-01-31

表 6－2　　　　科目余额表

科目编码	科目名称	期初余额		本期发生		期末余额	
		借方	贷方	借方	贷方	借方	贷方
1001	库存现金	5,000.00		28,150.00	30,200.00	2,950.00	
1002	银行存款	145,800.00		881,445.00	219,155.00	808,090.00	
1121	应收账款	308,000.00		8,775.00		316,775.00	
1221	其他应收款	5,000.00		1,400.00	1,400.00	5,000.00	
1403	原材料	142,000.00		82,200.00	139,400.00	84,800.00	
1601	固定资产	800,000.00				800,000.00	
1602	累计折旧		140,000.00		9,000.00		149,000.00
资产小计		1,405,800.00	140,000.00	1,001,970.00	399,155.00	2,017,615.00	149,000.00
2001	短期借款		22,000.00	80,000.00	60,000.00		2,000.00
2202	应付账款		80,000.00	50,895.00	51,714.00		80,819.00
2211	应付职工薪酬		30,000.00	28,000.00	31,920.00		33,920.00
2221	应交税费		15,000.00	28,220.00	42,466.00		29,246.00
负债小计			147,000.00	187,115.00	186,100.00		145,985.00
4001	实收资本		1,000,000.00		636,000.00		1,636,000.00
4103	本年利润		128,800.00		139,530.00		268,330.00
权益小计			1,128,800.00		775,530.00		1,904,330.00
5001	生产成本	10,000.00		171,700.00		181,700.00	
5101	制造费用			20,900.00	20,900.00		
成本小计		10,000.00		192,600.00	20,900.00	181,700.00	
6001	主营业务收入			166,000.00	166,000.00		
6602	管理费用			15,970.00	15,970.00		
6603	财务费用			10,500.00	10,500.00		
损益小计				192,470.00	192,470.00		
合计		1,415,800.00	1,415,800.00	1,574,155.00	1,574,155.00	2,199,315.00	2,199,315.00

实训项目七

出纳管理

一、实训目标

通过本次实训，要求学生熟悉用友 U8 软件出纳管理的基本内容和功能；了解支票登记的作用和意义；掌握日记账输出功能和操作；掌握银行对账功能的原理和方法；熟练掌握银行对账功能的操作要求。

二、实训内容

★ 银行期初数据录入
★ 银行存款日记账
★ 银行对账单录入
★ 银行对账
★ 银行存款余额调节表
★ 日记账管理
★ 支票登记簿

三、实训资料

（一）实训准备

（1）将系统日期修改为“2013. 01. 31”。

（2）引入“F：\ 学生姓名 \ 05”文件夹中备份的账套数据，即恢复实训项目五的数据结果。

（二）2012 年 12 月份工行存款余额调节表（见表 7－1）

表 7－1 工行存款余额调节表

元

项　目	结算方式	金　额	项　目	结算方式	金　额
日记账余额		134 000. 00	对账单余额		124 000. 00
加：银收我未收	2012. 12. 21 其他 0101	60 000. 00	加：我收银未收	2012. 12. 20 现金支票 0102	30 000. 00

续表

项　目	结算方式	金　额	项　目	结算方式	金　额
减：银付我未付	2012. 12. 30 其他 0106	80 000. 00	减：我付银未付	2012. 12. 28 转账支票 0105	40 000. 00
调整后的余额		114 000. 00	调整后的余额		114 000. 00

（三）2013 年 1 月份的银行业务凭证

见实训项目五中的有关业务凭证数据（银收、银付款凭证）。

（四）2013 年 1 月工行存款对账单（见表 7－2）

表 7－2　　工行存款对账单

元

日期	结算方式	结算票号	借方金额	贷方金额	余额
2013. 01. 02	401	0110		28 000. 00	
2013. 01. 05	401	0102	30 000. 00		
2013. 01. 08	402	0105		40 000. 00	
2013. 01. 12	402	0111		50 895. 00	
2013. 01. 19	7	0107	180 000. 00		
2013. 01. 20	7	0108	5 445. 00		
2013. 01. 25	9	0112	10 000. 00		
2013. 01. 28	5	0120		5 000. 00	
2013. 01. 30	9	0115		20 000. 00	205 550. 00

（五）银行对账

（1）自动对账（6 笔）。

对账标准：截止日期：2013. 01. 31
日期相差：60 之内
结算票号相同
结算方式相同
方向相同，金额相同

（2）手工对账（2 对 1）。

（六）查询银行存款余额调节表（略）

（七）查询库存现金、银行日记账及资金日报表（略）

（八）支票登记簿（登记、报销）

2013 年 1 月 5 日，采购一部李洋领用转账支票一张从而准备支付采购材料款，票号是 1101，预计金额为10 000. 00元。

四、实训指导

（一）银行期初数据录入

（1）由出纳“103”身份登录企业应用平台。

（2）在“业务工作”功能中，双击“财务会计 \ 总账 \ 出纳 \ 银行对账 \ 银行对账期初录入”选项，打开“银行科目选择”窗口，选择需要对账的“工行存款〔100201〕”科目，如图 7 – 1 所示。

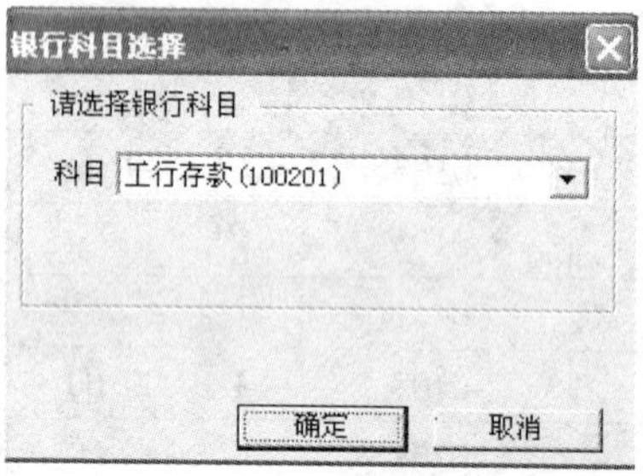

图 7 – 1　银行科目选择

（3）单击“确定”按钮，打开“银行对账期初”窗口，分别录入单位日记账和银行对账单调整前的余额“134 000. 00”和“124 000. 00”，如图 7 – 2 所示。

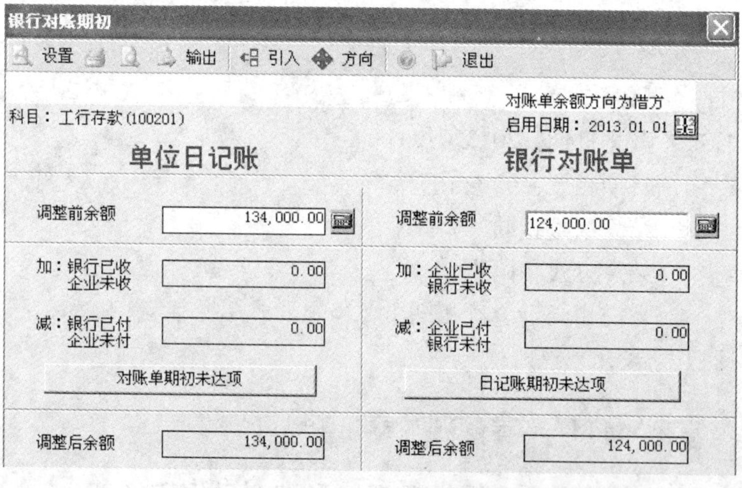

图 7 – 2　银行对账调整前余额录入

（4）单击“对账单期初未达项”按钮，打开“银行方期初”窗口，单击“增加”按钮，依次逐行输入日期、结算方式、票号、借、贷方金额数据，如图7-3所示。

图7-3　银行方期初录入

（5）单击“日记账期初未达项”按钮，打开“企业方期初”窗口，单击“增加”按钮，依次逐行输入凭证日期、结算方式、票号、借、贷方金额、摘要等数据，如图7-4所示。

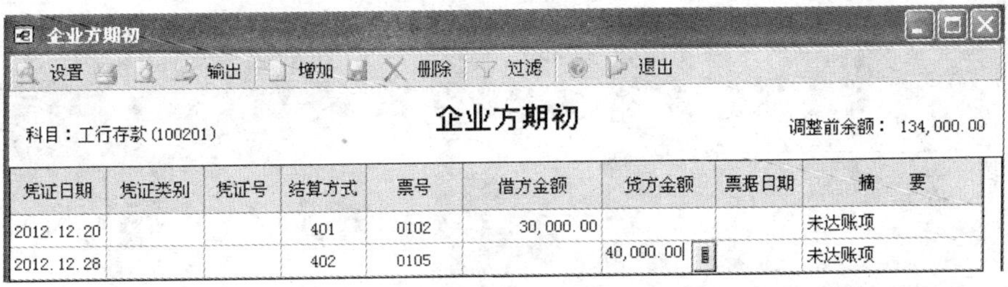

图7-4　企业方期初录入

（6）返回后，银行对账期初余额调节表数据显示平衡，如图7-5所示。

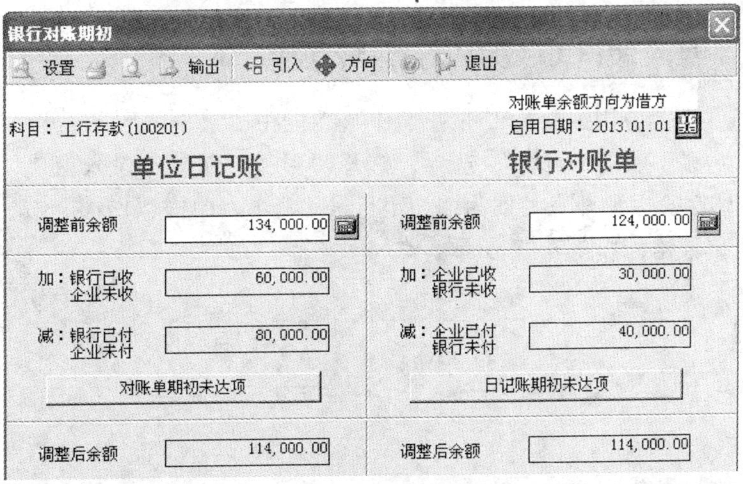

图7-5　期初银行存款余额调节表

（二）查询工行日记账账面余额

（1）项目四中已将银行收、付款业务凭证录入并审核记账，此时只需要查询银行日记账结果。

（2）在企业应用平台的“业务工作”功能中，双击“财务会计\总账\出纳\银行日记账”选项，打开“银行日记账查询条件”窗口，选择“100201 工行存款”科目，进入“工行日记账”界面，可以查看本月企业账面余额为“150 790.00”，如图7-6所示。

银行日记账

科目 100201 工行存款

2013年月	日	凭证号数	摘要	结算号	对方科目	借方	贷方	方向	余额
			上年结转					借	114,000.00
01	01	03-0001	从工行借入短期借款_9_0101_2013.01.01	其他-0101	2001	60,000.00		借	174,000.00
01	01		本日合计			60,000.00		借	174,000.00
01	03	04-0001	采购材料_402_0103_2013.01.03	转账支票-0103	140301,22210101		44,460.00	借	129,540.00
01	03		本日合计				44,460.00	借	129,540.00
01	06	04-0002	归还短期借款_9_0106_2013.01.06	其他-0106	2001		80,000.00	借	49,540.00
01	06		本日合计				80,000.00	借	49,540.00
01	07	03-0002	销售产品_7_0107_2013.01.07	委托收款-0107	6001,22210102	185,445.00		借	234,985.00
01	07		本日合计			185,445.00		借	234,985.00
01	10	04-0003	提取现金_401_0110_2013.01.10	现金支票-0110	1001		28,000.00	借	206,985.00
01	10		本日合计				28,000.00	借	206,985.00
01	15	04-0004	归还欠款_402_0111_2013.01.15	转账支票-0111	220201		50,895.00	借	156,090.00
01	15		本日合计				50,895.00	借	156,090.00
01	20	04-0005	支付水电费_5_0120_2013.01.20	汇兑-0120	5101,6602		4,000.00	借	152,090.00
01	20		本日合计				4,000.00	借	152,090.00
01	25	04-0006	支付固定资产修理费_1_0125_2013.01.25	银行汇票-0125	5101,6602		1,300.00	借	150,790.00
01	25		本日合计				1,300.00	借	150,790.00
01			本月合计			245,445.00	208,655.00	借	150,790.00
01			本年累计			245,445.00	208,655.00	借	150,790.00

图7-6 工行存款日记账

（三）录入2013年1月工行存款对账单

（1）在企业应用平台的“业务工作”功能中，双击“财务会计\总账\出纳\银行对账\银行对账单”选项，打开“银行对账单”录入窗口，对账单上显示2012年12月的业务数据为期初银行未达账项，单击“增加”按钮，录入本期的对账单数据，如图7-7所示。

消息中心 银行对账单

银行对账单

科目：工行存款(100201)

日期	结算方式	票号	借方金额	贷方金额	余额
2012.12.21	9	0101	60,000.00		204,000.00
2012.12.30	9	0106		80,000.00	124,000.00
2013.01.02	401	0110		28,000.00	96,000.00
2013.01.02					

图7-7 银行对账单录入

（2）逐笔录入对账单的借、贷方金额数据，其余额自动计算得出。可查看本期银行的账面余额为“205 550. 00”，如图 7 – 8 所示。

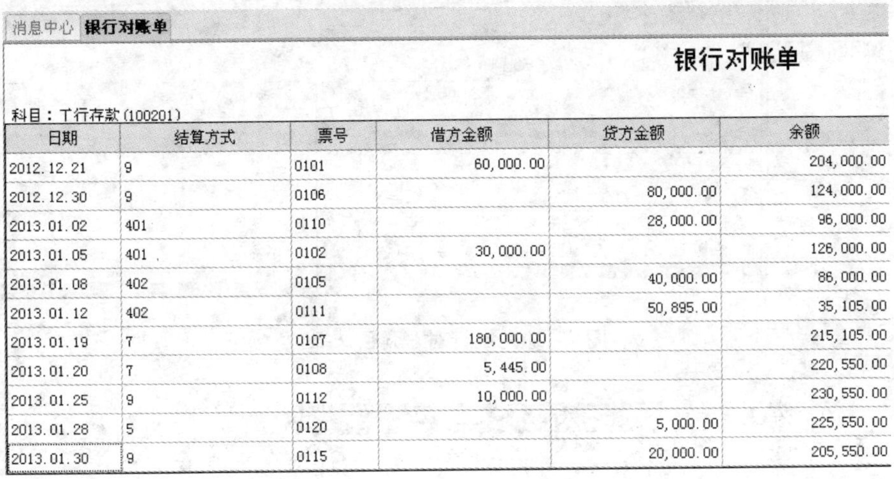

消息中心　银行对账单

银行对账单

科目：工行存款(100201)

日期	结算方式	票号	借方金额	贷方金额	余额
2012.12.21	9	0101	60,000.00		204,000.00
2012.12.30	9	0106		80,000.00	124,000.00
2013.01.02	401	0110		28,000.00	96,000.00
2013.01.05	401	0102	30,000.00		126,000.00
2013.01.08	402	0105		40,000.00	86,000.00
2013.01.12	402	0111		50,895.00	35,105.00
2013.01.19	7	0107	180,000.00		215,105.00
2013.01.20	7	0108	5,445.00		220,550.00
2013.01.25	9	0112	10,000.00		230,550.00
2013.01.28	5	0120		5,000.00	225,550.00
2013.01.30	9	0115		20,000.00	205,550.00

图 7 – 8　银行对账单

（四）银行对账

1. 自动对账

（1）在“业务工作”功能中，双击“财务会计 \ 总账 \ 出纳 \ 银行对账 \ 银行对账”选项，打开“银行科目选择”窗口，选择需要进行银行对账的科目“工行存款〔100201〕”，如图 7 – 9 所示。

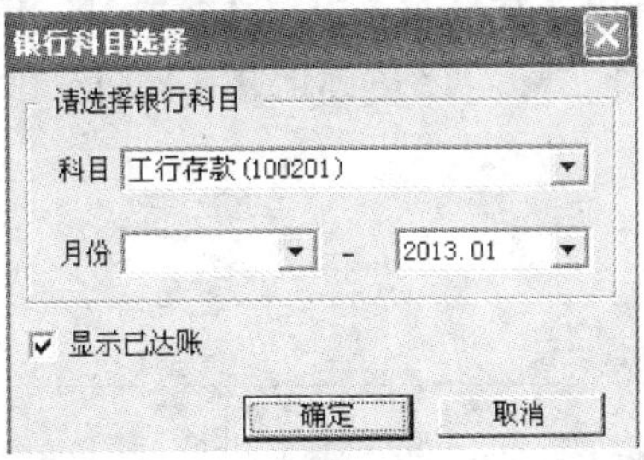

图 7 – 9　银行对账科目选择

（2）单击“确定”按钮，进入银行对账界面，屏幕显示左右两部分数据，分别是对账前的单位日记账和银行对账单数据，如图 7 – 10 所示。

（3）单击“对账”按钮，出现“自动对账”条件设置界面，选择对账截止日期：“2013. 01. 31”，输入日期相差天数：“60”，选择按“结算票号相同”、“结算方式相同”和“方向相同，金额相同”的对账标准，如图 7 – 11 所示。

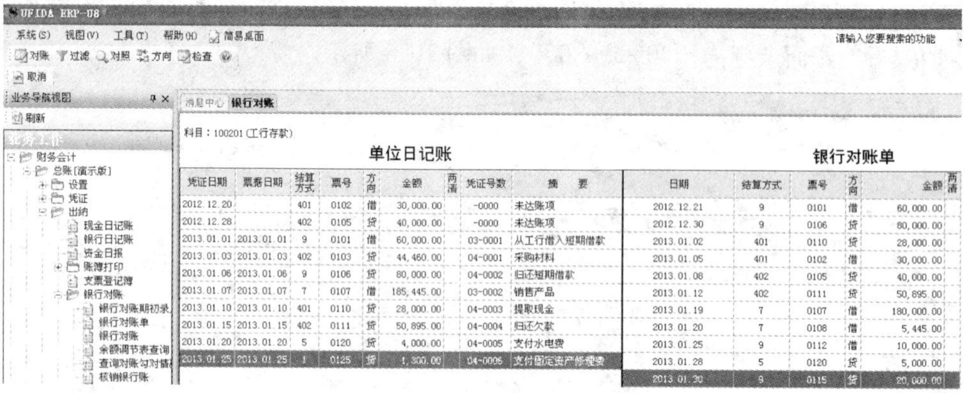

图 7－10　银行对账科目选择

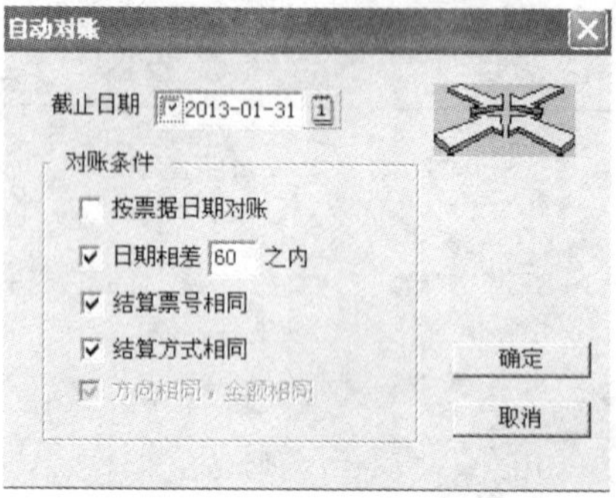

图 7－11　自动对账条件

（4）单击“确定”按钮，软件自动从银行日记账和银行对账单中勾选出已达账项，在“两清”栏中作“○”已达标记并在该行显示为黄色背景，如图 7－12 所示。

图 7－12　自动银行对账

2. 手工对账

银行自动对账只能勾选出企业方和银行方的一对一业务，如果存在双方的一对多、多对一或多对多业务时，必须采用手工对账方式进行补充勾对。在图 7－13 界面中手工勾选出已达账项，双击业务行，则“两清”栏显示“Y”已达标记并对该行标记黄色背景，如图 7－13 所示。

消息中心　银行对账

科目：100201（工行存款）

单位日记账

票据日期	结算方式	票号	方向	金额	两清	凭证号数	摘要
	401	0102	借	30,000.00	○	-0000	未达账项
	402	0105	贷	40,000.00	○	-0000	未达账项
2013.01.01	9	0101	借	60,000.00	○	03-0001	从工行借入短期借
2013.01.03	402	0103	贷	44,460.00		04-0001	采购材料
2013.01.06	9	0106	贷	80,000.00	○	04-0002	归还短期借款
2013.01.07	7	0107	借	185,445.00	Y	03-0002	销售产品
2013.01.10	401	0110	贷	28,000.00	○	04-0003	提取现金
2013.01.15	402	0111	贷	50,895.00	○	04-0004	归还欠款
2013.01.20	5	0120	贷	4,000.00		04-0005	支付水电费
2013.01.25	1	0125	贷	1,300.00		04-0006	支付固定资产修理

银行对账单

日期	结算方式	票号	方向	金额	两清
2012.12.21	9	0101	借	60,000.00	○
2012.12.30	9	0106	贷	80,000.00	○
2013.01.02	401	0110	贷	28,000.00	○
2013.01.05	401	0102	借	30,000.00	○
2013.01.08	402	0105	贷	40,000.00	○
2013.01.12	402	0111	贷	50,895.00	○
2013.01.19	7	0107	借	180,000.00	Y
2013.01.20	7	0108	借	5,445.00	Y
2013.01.25	9	0112	借	10,000.00	
2013.01.28	5	0120	贷	5,000.00	
2013.01.30	9	0115	贷	20,000.00	

图 7－13　手工辅助对账

（五）查询银行存款余额调节表

（1）在“业务工作”功能中，双击“财务会计 \ 总账 \ 出纳 \ 银行对账 \ 余额调节表查询”选项，打开“银行存款余额调节表”查询窗口，如图 7－14 所示。

消息中心　银行存款余额调节表

银行存款余额调节表

银行科目（账户）	对账截止日期	单位账账面余额	对账单账面余额	调整后存款余额
工行存款 (100201)	2013.01.31	170,790.00	205,550.00	155,790.00
中行存款 (100202)		100,000.00	0.00	100,000.00

图 7－14　银行余额调节表查询

（2）选择需要查询的银行科目“工行存款〔100201〕”行并双击或单击上方的“查看”按钮，即可查询到工行存款本期余额调节表内容，如图 7－15 所示。

（3）余额调节表输出成功后，还可以查询银行已达账项、未达账项业务。在“业务工作”功能中，双击“财务会计 \ 总账 \ 出纳 \ 银行对账 \ 查询对账勾对情况”选项，打开“查询银行勾对情况”查询窗口，可以切换到“银行对账单”或“单位日记账”界面查询，如图 7－16 所示。

（4）一定时间当已达账项数量增多时，为了清理内存空间，用户可以删除已达账项。在“业务工作”功能中，双击“财务会计 \ 总账 \ 出纳 \ 银行对账 \ 核销银行账”选项，选择需要删除的用户业务科目，系统提示“您是否确实要进行银行账核销?”信息，如图 7 - 17 所示。单击“是”按钮，则银行和企业方的已达账项被删除。

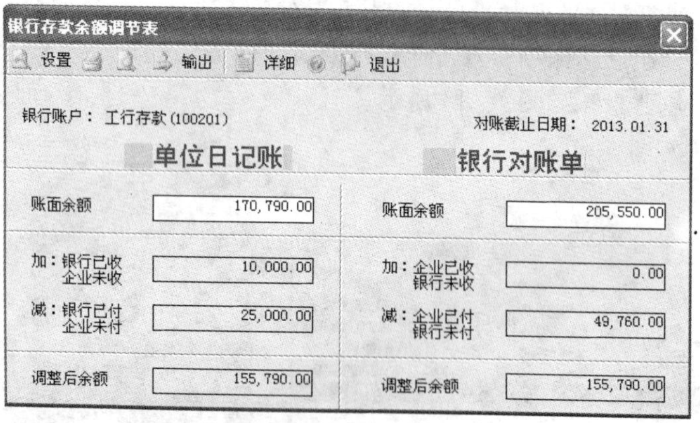

图 7 - 15　工行余额调节表

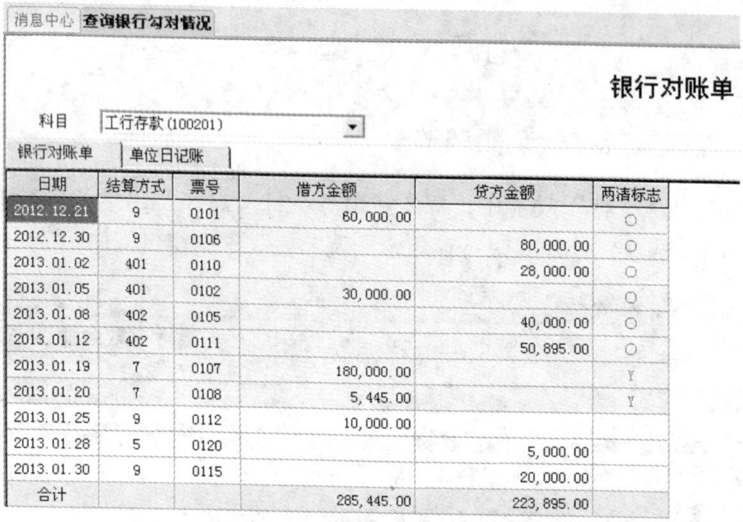

日期	结算方式	票号	借方金额	贷方金额	两清标志
2012.12.21	9	0101	60,000.00		○
2012.12.30	9	0106		80,000.00	○
2013.01.02	401	0110		28,000.00	○
2013.01.05	401	0102	30,000.00		○
2013.01.08	402	0105		40,000.00	○
2013.01.12	402	0111		50,895.00	○
2013.01.19	7	0107	180,000.00		Y
2013.01.20	7	0108	5,445.00		Y
2013.01.25	9	0112	10,000.00		
2013.01.28	5	0120		5,000.00	
2013.01.30	9	0115		20,000.00	
合计			285,445.00	223,895.00	

图 7 - 16　银行勾对情况查询

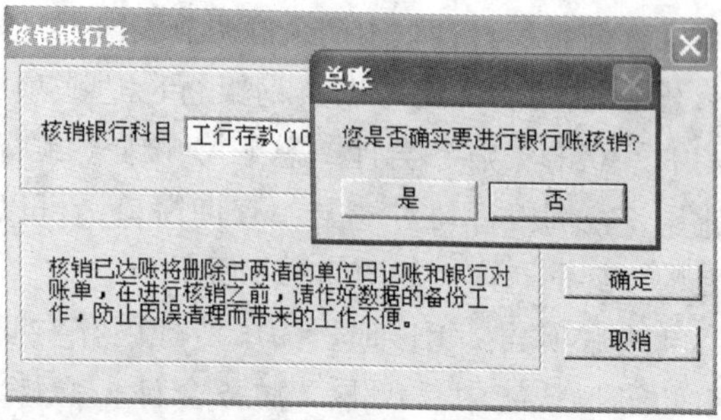

图 7 - 17　核销银行账

（六）查询库存现金、银行日记账和及资金日报表

（1）出纳管理的一个主要内容是查询日记账，在“业务工作”功能中，选择“财务会计\总账\出纳\现金日记账或银行日记账”选项，具体操作步骤见实训项目四。

（2）资金日报表。

①在“业务工作”功能中，双击“财务会计\总账\出纳\资金日报”选项，在“资金日报表查询条件”中选择查询条件，如图7－18所示。

图7－18 资金日报查询

②单击“确定”按钮后，屏幕显示资金日报内容，如图7－19所示。

资金日报表

科目编码	科目名称	币种	今日共借	今日共贷	方向	今日余额	借方笔数	贷方笔数
1001	库存现金			300.00	借	2,950.00		2
1002	银行存款			10,500.00	借	808,090.00		1
合计				10,800.00	借	811,040.00		3
		美元			借	105,000.00		1

图7－19 资金日报表

（七）支票登记簿

由出纳“103”在“业务工作”功能中，双击“财务会计\总账\出纳\支票登记簿”选项，单击“增加”按钮，录入领用支票信息，如图7－20所示。

消息中心 支票登记簿

支票登记簿

科目：工行存款(100201)　　支票张数：0(其中：已报0 未报0)

领用日期	领用部门	领用人	支票号	预计金额	用途	收款人	对方科目	付款银行名称	银行账号	预计转账日期	报销日期
2013.01.05	采购一部	李洋	1101	10,000.00	支付购料款						

图7－20 支票登记簿

支票领用后，当该支票已用（即采购员到财务部报销，会计人员制单填凭证）时，系统会提示“该支票已登记，是否报销?”信息，用户可根据需要选

择。如果选择“是”，则在支票登记簿上对该支票显示为报销状态。

五、实训结果

（1）现金日记账，如表7－3所示。

表7－3 现金日记账

2013年 月	日	凭证号数	摘要	对方科目	借方	贷方	方向	余额
			上年结转				借	5,000.00
01	02	02-0001	预借差旅费	122101		1,400.00	借	3,600.00
01	02		本日合计			1,400.00	借	3,600.00
01	05	02-0002	购买办公用品	6602		500.00	借	3,100.00
01	05		本日合计			500.00	借	3,100.00
01	10	02-0003	发放工资	221101		28,000.00	贷	24,900.00
01	10	04-0003	提取现金	100201	28,000.00		借	3,100.00
01	10		本日合计		28,000.00	28,000.00	借	3,100.00
01	17	01-0001	报销差旅费	122101	150.00		借	3,250.00
01	17		本日合计		150.00		借	3,250.00
01	31	02-0004	[冲销2013.01.05 02-0002号凭证]购买办公月	6602		-500.00	借	3,750.00
01	31	02-0005	修改现付2号凭证	6602		800.00	借	2,950.00
01	31		本日合计			300.00	借	2,950.00
01			本月合计		28,150.00	30,200.00	借	2,950.00
01			本年累计		28,150.00	30,200.00	借	2,950.00

（2）银行日记账，如表7－4所示。

表7－4 银行存款日记账

2013年 月	日	凭证号数	摘要	结算号	对方科目	借方	贷方	方向	余额
			上年结转					借	145,800.00
01	01	03-0001	从工行借入短期借款_9_0101_2013.01.01	其他-0101	2001	60,000.00		借	205,800.00
01	01		本日合计			60,000.00		借	205,800.00
01	03	04-0001	采购材料_402_0103_2013.01.03	转账支票-0103	140301, 22210101		44,460.00	借	161,340.00
01	03		本日合计				44,460.00	借	161,340.00
01	06	04-0002	归还短期借款_9_0106_2013.01.06	其他-0106	2001		80,000.00	借	81,340.00
01	06		本日合计				80,000.00	借	81,340.00
01	07	03-0002	销售产品_7_0107_2013.01.07	委托收款-0107	6001, 22210102	185,445.00		借	266,785.00
01	07		本日合计			185,445.00		借	266,785.00
01	10	04-0003	提取现金_401_0110_2013.01.10	现金支票-0110	1001		28,000.00	借	238,785.00
01	10		本日合计				28,000.00	借	238,785.00
01	15	04-0004	归还欠款_402_0111_2013.01.15	转账支票-0111	220201		50,895.00	借	187,890.00
01	15		本日合计				50,895.00	借	187,890.00
01	20	04-0005	支付水电费_5_0120_2013.01.20	汇兑-0120	5101, 6602		4,000.00	借	183,890.00
01	20		本日合计				4,000.00	借	183,890.00
01	25	04-0006	支付固定资产修理费_1_0125_2013.01.25	银行汇票-0125	5101, 6602		1,300.00	借	182,590.00
01	25		本日合计				1,300.00	借	182,590.00
01	26	03-0003	收到外商投资		4001	636,000.00		借	818,590.00
01	26		本日合计			636,000.00		借	818,590.00
01	31	04-0007	汇兑损益结转		6603		10,500.00	借	808,090.00
01	31		本日合计				10,500.00	借	808,090.00
01			本月合计			881,445.00	219,155.00	借	808,090.00
01			本年累计			881,445.00	219,155.00	借	808,090.00

（3）资金日报（2013.01.01）（有余额无发生额也显示），如表7－5所示。

表7－5　　　　资金日报表

科目编码	科目名称	币种	今日共借	今日共贷	方向	今日余额	借方笔数	贷方笔数
1001	库存现金				借	5,000.00		
1002	银行存款		60,000.00		借	205,800.00	1	
合计			60,000.00		借	210,800.00	1	
		美元			借	5,000.00		

（4）银行存款余额调节表，如表7－6所示。

表7－6　　　　银行存款余额调节表

银行账户：工行存款(100201)　　对账截止日期：2013.01.31

单位日记账		银行对账单	
账面余额	170,790.00	账面余额	205,550.00
加：银行已收企业未收	10,000.00	加：企业已收银行未收	0.00
减：银行已付企业未付	25,000.00	减：企业已付银行未付	49,760.00
调整后余额	155,790.00	调整后余额	155,790.00

（5）备份账套数据，路径为“F：\学生姓名\07”，查看“07”文件夹的备份文件。

实训项目八

往来核算与管理

一、实训目标

通过本次实训，要求学生熟悉往来核算与管理的基本功能结构，了解往来核算与管理的数据处理流程，掌握往来管理的初始设置和日常业务的核算，熟练运用往来管理的方法进行业务操作。

二、实训内容

★ 设置往来分类编码

★ 建立往来核算会计科目

★ 建立往来档案

★ 录入往来初始数据

★ 输入日常往来核算业务

★ 核销往来账

★ 输出往来账表

★ 往来账龄分析

三、实训资料

（一）建账资料

（1）账套号：008。

（2）F：\ 008。

（3）账套名称：实验八。

（4）启用日期：2013.01。

（5）单位名称与简称：往来核算。

（6）企业类型：工业。

（7）行业性质：2007 年新会计制度科目。

（8）账套主管：Demo。

（9）不按行业预置科目。

（10）客户、供应商分类核算。

（11）科目编码级次：4 级（4－2－2－2）。

（12）部门编码级次：2 级（2－2）。

（13）客户、供应商分类编码级次：2 级（2－2）。

（14）其他信息默认。

（15）启用总账系统：2013 年 1 月 1 日。

（二）用户管理

用户管理如表 8－1 所示。

表 8－1　　操作员及权限

编　号	姓　名	权　限
801	陈静	账套主管（取消 Demo 主管身份）
802	高楠	授予公用目录设置、总账系统所有权限

（三）总账系统初始设置

（1）选项设置：可以使用应收、应付系统受控科目。

（2）建立会计科目，如表 8－2 所示。

表 8－2　　会计科目一览表

代码	科目名称	账户格式	类型	辅助核算	方向	年初余额/元
1001	库存现金	金额式	资产		借	1 200.00
1002	银行存款	金额式	资产		借	25 300.00
100201	工行存款	金额式	资产		借	25 300.00
1122	应收账款	金额式	资产	客户往来	借	140 400.00
1221	其他应收款	金额式	资产	个人往来	借	4 600.00
1231	坏账准备	金额式	资产		贷	900.00
1401	材料采购	金额式	资产			
2202	应付账款	金额式	负债	供应商往来	贷	105 300.00
2221	应交税费	金额式	负债		贷	7 200.00
222101	应交增值税	金额式	负债			
22210101	销项税额	金额式	负债			
22210102	进项税额	金额式	负债			
222102	未交增值税	金额式	负债		贷	7 200.00
5001	生产成本	金额式	成本		借	
5105	制造费用	金额式	成本		借	
6001	主营业务收入	金额式	损益		收入	58 100.00
6602	管理费用	金额式	损益		支出	

（3）客户分类及客户档案，如表 8－3 所示。

表 8-3　　客户分类及客户档案

客户分类		客户档案		
编码	名称	编码	名称	简称
01	西北地区	001	恒大公司	恒大
02	东北地区	002	安琪公司	安琪

（4）供应商分类及供应商档案，如表 8-4 所示。

表 8-4　　供应商分类及供应商档案

供应商分类		供应商档案		
编码	名称	编码	名称	简称
01	固定供应商	001	嘉远公司	嘉远
02	临时供应商	002	隆鑫公司	隆鑫

（5）部门及人员档案，如表 8-5 所示。

表 8-5　　部门及人员档案

部门档案		人员档案				
编码	名称	编码	姓名	性别	人员类别	是否业务员
01	办公室	001	李红	女	在职人员	是
02	销售部	002	张惠	女	在职人员	是

（6）设置凭证类别，如表 8-6 所示。

表 8-6　　凭证类别

类别字	类别名称	限制类型	限制科目
收	收款凭证	借方必有	1001，1002
付	付款凭证	贷方必有	1001，1002
转	转账凭证	凭证必无	1001，1002

（7）客户初始未核销往来业务，如表 8-7 所示。

表 8-7　　客户初始未核销往来业务

科目	日期	凭证号	客户	摘要	方向	金额	票号
1122	2012/02/13	转账 16	恒大	销售产品	借	117 000.00	0213
1122	2012/08/19	转账 31	安琪	销售产品	借	23 400.00	0819

（8）个人初始未核销往来业务，如表 8－8 所示。

表 8－8　　个人初始未核销往来业务

科目	日期	凭证号	部门	个人	摘要	方向	金额/元
1221	2012/03/22	转账 15	办公室	李红	出差借款	借	2 000.00
1221	2012/07/16	转账 24	销售部	张惠	出差借款	借	2 600.00

（9）供应商初始未核销往来业务，如表 8－9 所示。

表 8－9　　供应商初始未核销往来业务

科目	日期	凭证号	供应商	摘要	方向	金额/元
2202	2012/05/26	转账 21	嘉远	采购材料	贷	35 100.00
2202	2012/09/21	转账 36	隆鑫	采购材料	贷	70 200.00

（四）该企业 2013 年 1 月发生的往来业务（操作员：高楠）

1.（收 1）1 月 2 日，收回货款，附件：1 张

借：银行存款——工行存款　　117 000.00

　贷：应收账款　　117 000.00

（恒大；0213；发生日期：2013.01.02）

2.（付 1）1 月 6 日，支付料款，附件：2 张

借：应付账款　　35 100.00

（嘉远；发生日期：2013.01.06）

　贷：银行存款——工行存款　　35 100.00

3.（转 1）1 月 9 日，采购材料，附件：3 张

借：材料采购　　20 000.00

　　应交税费——应交增值税——进项税额　　3 400.00

　贷：应付账款　　23 400.00

（隆鑫；发生日期：2013.01.09）

4.（转 2）1 月 11 日，销售产品，附件：2 张

借：应收账款　　117 000.00

（新增西北地区客户：平安公司；0111；发生日期：2013.01.11）

　贷：主营业务收入　　100 000.00

　　应交税费——应交增值税——销项税额　　17 000.00

5.（转 3）1 月 12 日，销售产品，附件：2 张

借：应收账款　　93 600.00

（安琪；0112；发生日期：2013.01.12）

贷：主营业务收入 80 000.00

应交税费——应交增值税——销项税额 13 600.00

6.（转4）1月15日，采购材料，附件：4张

借：材料采购 40 000.00

应交税费——应交增值税——进项税额 6 800.00

贷：应付账款 46 800.00

（嘉远；发生日期：2013.01.15）

7.（付2）1月18日，支付料款，附件：3张

借：应付账款 70 200.00

（隆鑫；发生日期：2013.01.18）

贷：银行存款——工行存款 70 200.00

8.（转5）1月20日，销售产品，附件：2张

借：应收账款 58 500.00

（恒大；0120；发生日期：2013.01.20）

贷：主营业务收入 50 000.00

应交税费——应交增值税——销项税额 8 500.00

9.（收2）1月22日，收回货款，附件：1张

借：银行存款——工行存款 23 400.00

贷：应收账款 23 400.00

（安琪；0819；发生日期：2013.01.22）

10.（收3）1月25日，报销差旅费，附件：5张

借：管理费用 2 100.00

库存现金 500.00

贷：其他应收款 2 600.00

（销售部；张慧；发生日期：2013.01.25）

11.（转6）1月26日，采购材料，附件：4张

借：材料采购 70 000.00

应交税费——应交增值税——进项税额 11 900.00

贷：应付账款 81 900.00

（嘉远；发生日期：2013.01.26）

12.（收4）1月27日，收回货款；附件：1张

借：银行存款——工行存款 36 000.00

贷：应收账款 36 000.00

（恒大；0127；发生日期：2013.01.27）

13.（付3）1月28日，支付料款，附件：2张

借：应付账款 46 800.00

（嘉远；发生日期：2013.01.28）

贷：银行存款——工行存款　　46 800.00

14.（收5）1月30日，收回货款；附件：1张

借：银行存款——工行存款　　22 500.00

贷：应收账款　　22 500.00

（恒大；0130；发生日期：2013.01.30）

（五）凭证审核、记账（操作员：陈静）

（六）核销往来账

1. 自动核销

（1）客户往来按“票号相同两清”标准进行核销。

（2）供应商往来按“逐笔勾对”和“全额勾对”标准进行核销。

（3）个人往来按“逐笔勾对”标准进行核销。

2. 手工核销

1122“应收账款”下恒大客户的58 500.00元。

四、实训指导

（一）新建账套

（1）登录“系统管理”功能，按照资料新建008账套。

①在新建账套过程中，客户和供应商要进行分类核算，如图8-1所示。

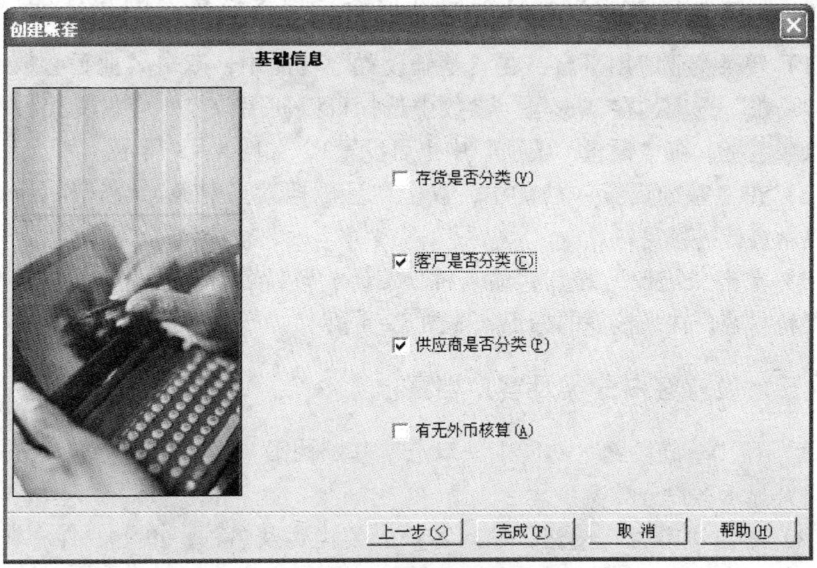

图8-1　选择往来分类核算

②设置客户、供应商分类编码方案分别为2级（2－2），如图8－2所示。

项目	最大级数	最大长度	单级最大长度	第1级	第2级	第3级	第4级	第5级	第6级	第7级	第8级	第9级
科目编码级次	9	15	9			2	2					
客户分类编码级次	5	12	9	2	2							
供应商分类编码级次	5	12	9	2	2							
存货分类编码级次	8	12	9	2	2	2	2	3				
部门编码级次	5	12	9	1	2							
地区分类编码级次	5	12	9	2	3	4						
费用项目分类	5	12	9	1	2							
结算方式编码级次	2	3	3	1	2							
货位编码级次	8	20	9	2	3	4						
收发类别编码级次	3	5	5	1	1	1						
项目设备	8	30	9	2	2							
责任中心分类档案	5	30	9	2	2							
项目要素分类档案	6	30	9	2	2							
客户权限组级次	5	12	9	2	3	4						

图8－2　设置分类编码方案

（2）在“系统管理”功能下，单击“权限\用户”菜单，增加操作员；然后再单击“权限\权限”菜单，进行权限分配。

（二）建立往来核算会计科目（以客户往来核算为例）

（1）登录企业应用平台，在“基础设置”功能中，双击“业务参数\财务会计\总账”选项，在“选项”参数中选择可以使用应收、应付受控科目（或进入总账系统，在“设置\选项”中也可设置），如图8－3所示。

（2）在“基础设置”功能中，双击“基础档案\财务\会计科目”选项，打开显示会计科目窗口。

（3）单击“增加”按钮，输入科目编码、科目名称、科目类型等信息，同时设置科目客户往来核算的标识，如图8－4所示。

（三）设置客户分类及客户档案

（1）在“基础设置”功能中，双击“基础档案\客商信息\客户分类”选项，打开显示客户分类窗口。

（2）单击“增加”按钮，输入客户分类代码及名称，单击“保存”按钮，如图8－5所示。

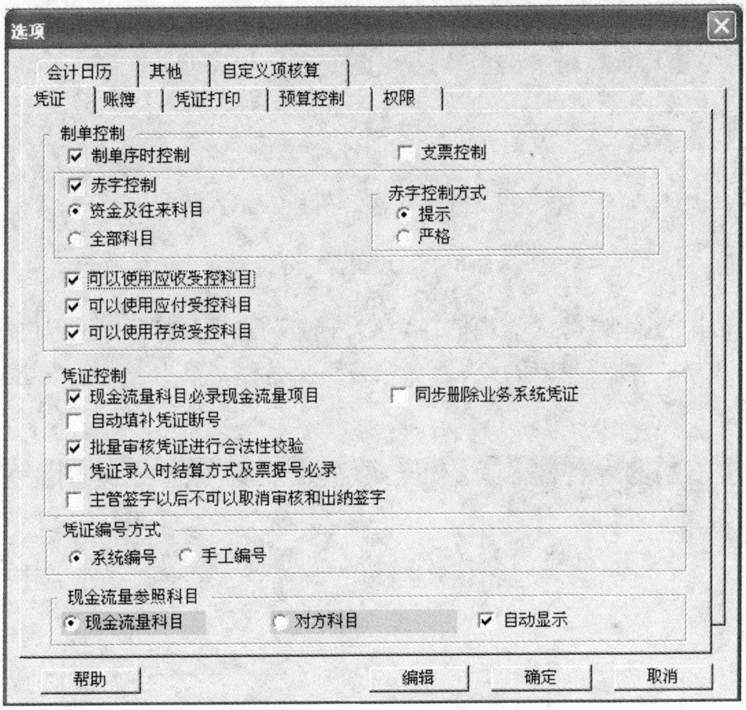

图 8－3　设置使用受控科目

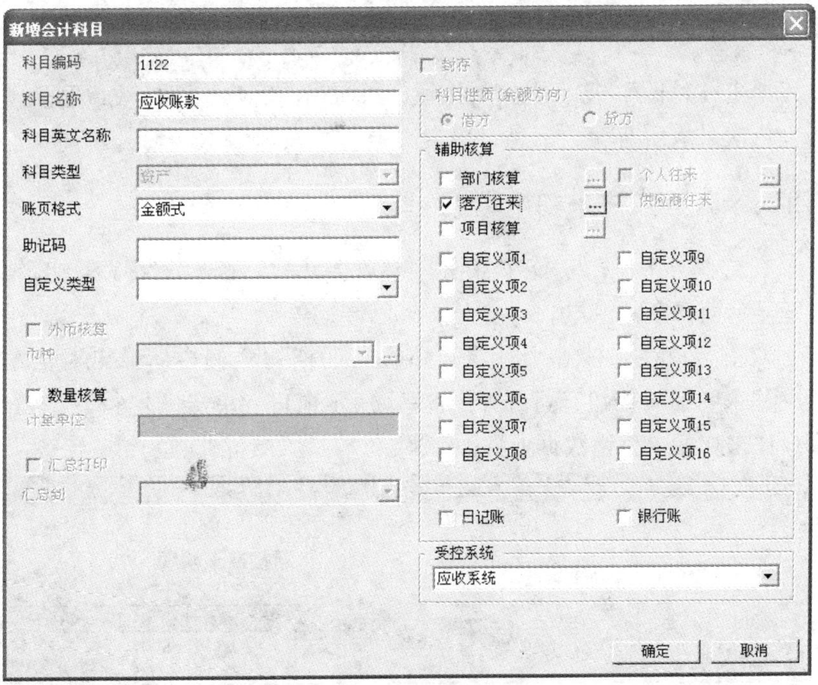

图 8－4　建立客户往来核算会计科目

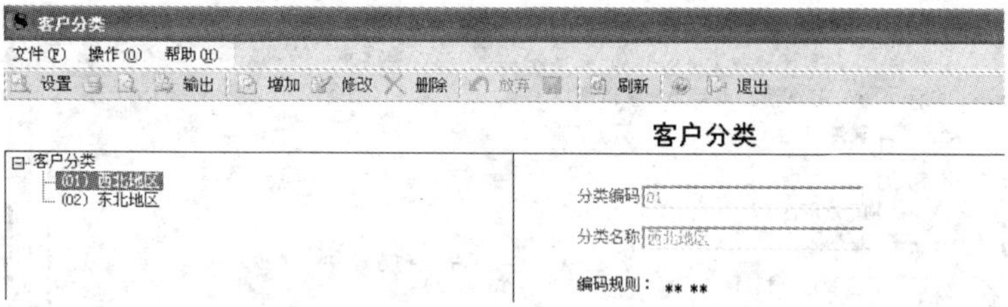

图 8－5　设置客户分类

(3) 双击“基础档案\客商信息\客户档案”选项，打开显示客户档案窗口。

(4) 单击“增加”按钮，输入客户编码及名称，单击“保存”按钮，如图 8－6 所示。

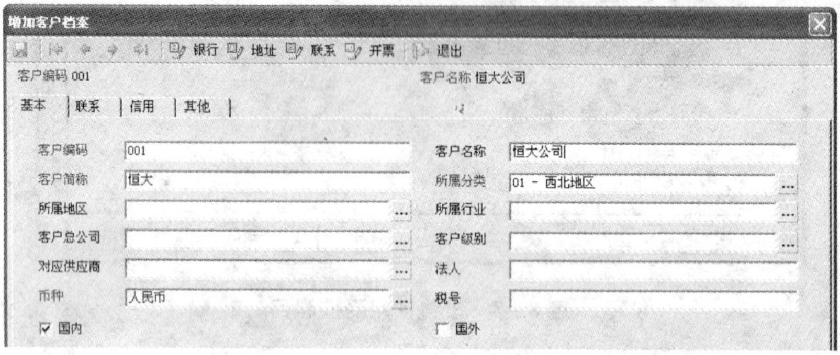

图 8－6　建立客户档案

(5) 单击“修改”或“删除”按钮，可对当前客户进行修改或删除。

(6) 依次录入所有客户信息，单击“退出”按钮。

(四) 录入客户往来初始数据

(1) 在“业务工作”功能中双击“财务会计\总账\设置\期初余额”选项，打开显示期初余额窗口。

(2) 双击客户往来核算会计科目所在行的期初余额栏，弹出对话窗口后，再单击“往来明细”按钮，打开如图 8－7 所示窗口，单击“增行”按钮，即可录入客户往来初始未核销数据业务。

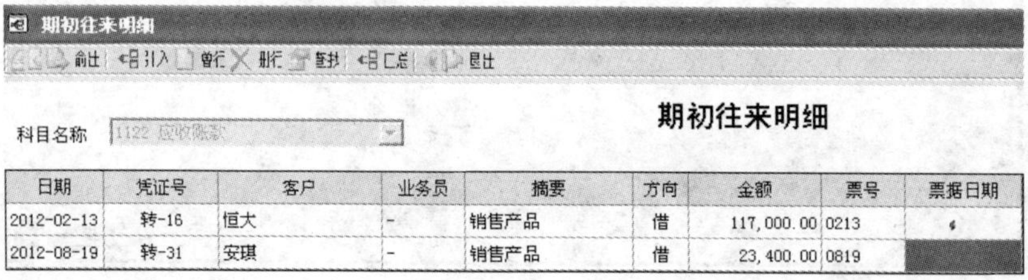

图 8－7　录入客户往来初始数据

（3）录入完毕后，单击“退出”按钮，系统自动汇总每一客户的往来明细业务，如图8－8所示。

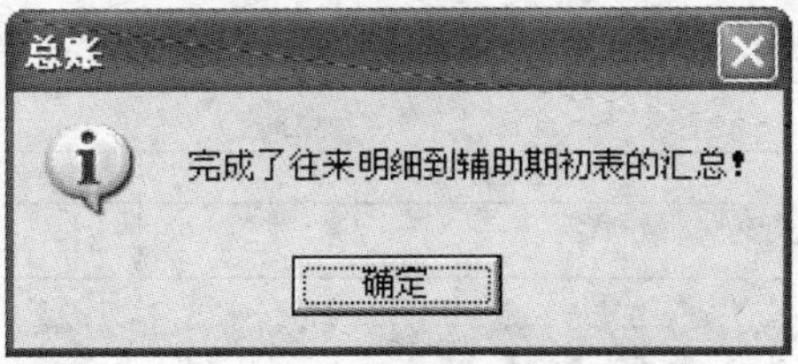

图8－8　自动汇总客户往来期初数据

（4）汇总完后，系统自动弹出汇总后的期初余额，如图8－9所示。

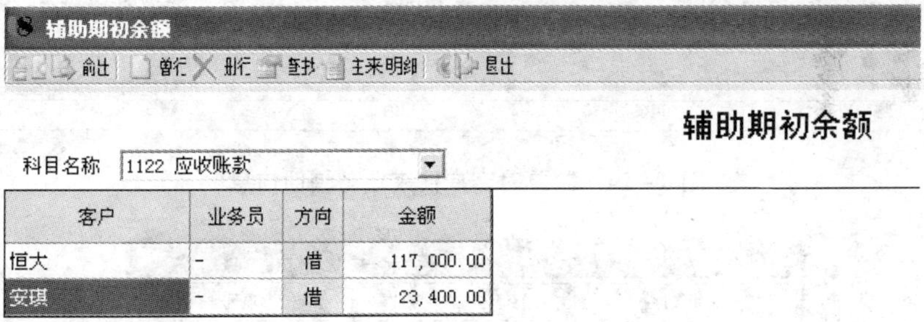

图8－9　显示汇总后期初余额

（5）依次录入每一客户初始未核销往来业务后，单击“退出”按钮即可。

（五）日常往来业务核算

（1）日常业务发生时，进入“业务工作”功能，双击“财务会计＼总账＼凭证＼填制凭证”选项，打开填制凭证的窗口，业务上一旦使用了客户往来核算科目（如1122应收账款等科目），系统就会自动弹出如图8－10所示窗口，用户根据实际情况录入相应的客户信息。

（2）依次填制所有客户往来核算业务后，单击“退出”按钮。

（3）“供应商往来”与“个人往来”的核算方法与“客户往来”类似，在此省略。

（4）将所有凭证进行审核、记账。

（六）核销往来账（以客户往来为例）

（1）在“总账”菜单下，双击“账表＼客户往来辅助账＼客户往来两清”选项，打开对话窗口，选择要两清的往来科目、往来客户、日期、勾对方式和两清条件，如图8－11所示。

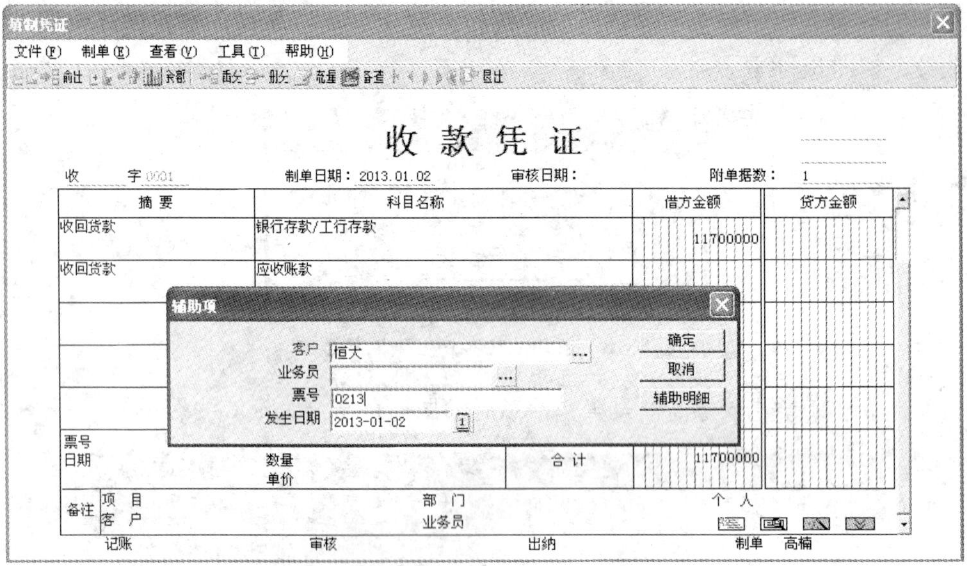

图 8－10 制单时客户往来业务辅助信息

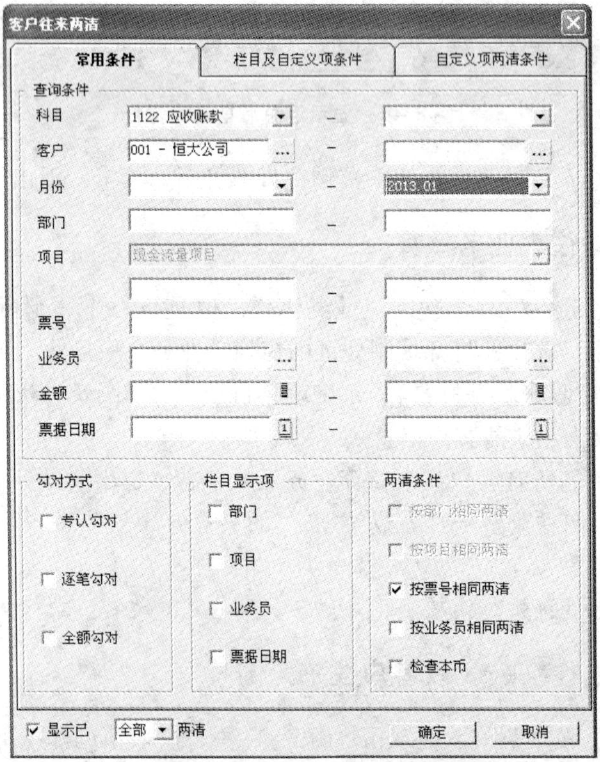

图 8－11 客户往来两清条件

（2）单击“确定”按钮，打开往来核销窗口，再单击“自动”按钮，系统将自动核销往来账，并显示核销结果，如图 8－12 所示。对于自动核销未对上的业务，如确实需两清，可采用手工核对，即在其“两清”栏内双击即可核销。

客户往来两清

科目 1122 应收账款　　客户 001 恒大

开始日期：期初　截止日期：2013.01　余额：平

日期	凭证号	摘要	业务号	借方 本币	贷方 本币	两清
2012.02.13	转-0016	销售产品_1899.	0213	117,000.00		O
2013.01.02	收-0001	收回货款_2013.	0213		117,000.00	O
2013.01.20	转-0005	销售产品_2013.	0120	58,500.00		Y
2013.01.27	收-0004	收回货款_2013.	0127		36,000.00	Y
2013.01.30	收-0005	收回货款_2013.	0130		22,500.00	Y
		合计		175,500.00	175,500.00	

图 8－12　核销往来账

（3）对于核销错误的业务，在其“两清”栏内双击即可去掉核销标志。

（4）核销供应商往来与个人往来业务的方法与客户往来核销类似，在此省略。

（七）往来账表输出（以客户往来为例）

（1）在“总账”菜单下，双击“账表＼客户往来辅助账＼客户往来余额表＼客户余额表”选项，选择往来客户及日期等输出条件，单击“确定”按钮，则可显示输出结果，如图 8－13 所示。

（2）单击“明细”按钮，可切换到明细账，如图 8－14 所示。

（3）单击“凭证”按钮，可查询到光标所在行的记账凭证。

（4）单击“总账”按钮，可切换到该客户的总账。

（5）在“总账”菜单下，双击“账表＼客户往来辅助账＼客户往来余额表＼客户科目余额表”选项，选择往来科目及日期等输出条件，单击“确定”按钮，则可显示输出结果，如图 8－15 所示。

（6）单击“明细”按钮，可切换到明细账，如图 8－16 所示。

（7）在“总账”菜单下，双击“账表＼客户往来辅助账＼客户往来催款单”选项，选择往来科目、客户及截止日期等输出条件，单击“确定”按钮，则可显示输出结果，如图 8－17 所示。

客户余额表　　金额式

客户 001 恒大　　月份：2013.01-2013.01

客户 编码	客户 名称	科目 编号	科目 名称	方向	期初余额 本币	借方 本币	贷方 本币	方向	期末余额 本币
001	恒大	1122	应收账款	借	117,000.00	58,500.00	175,500.00	平	
合计：				借	117,000.00	58,500.00	175,500.00	平	

图 8－13　客户往来余额表

金额式

客户明细账

客户 001 恒大

月份：2013.01-2013.01

2013年		凭证号	客户		科目		摘要	借方	贷方	方向	余额
月	日		编号	名称	编号	名称		本币	本币		本币
			001	恒大	1122	应收账款	上年结转			借	117,000.00
01	02	收-0001	001	恒大	1122	应收账款	收回货款_0213_2013.01.02_-		117,000.00	平	
01	20	转-0005	001	恒大	1122	应收账款	销售产品_0120_2013.01.20_-	58,500.00		借	58,500.00
01	27	收-0004	001	恒大	1122	应收账款	收回货款_0127_2013.01.27_-		36,000.00	借	22,500.00
01	30	收-0005	001	恒大	1122	应收账款	收回货款_0130_2013.01.30_-		22,500.00	平	
			001	恒大	1122	应收账款	小计	58,500.00	175,500.00	平	
							合计：	58,500.00	175,500.00	平	

图 8－14　客户往来明细账

金额式

科目余额表

科目 全部

月份：2013.01-2013.01

科目		客户		方向	期初余额	借方	贷方	方向	期末余额
编码	名称	编号	名称		本币	本币	本币		本币
1122	应收账款	001	恒大	借	117,000.00	58,500.00	175,500.00	平	
1122	应收账款	002	安琪	借	23,400.00	93,600.00	23,400.00	借	93,600.00
1122	应收账款	003	平安	平		117,000.00		借	117,000.00
合计：				借	140,400.00	269,100.00	198,900.00	借	210,600.00

图 8－15　客户科目余额表

金额式

科目明细账

科目 全部

月份：2013.01-2013.01

2013年		凭证号	科目		客户		摘要	借方	贷方	方向	余额
月	日		编号	名称	编号	名称		本币	本币		本币
			1122	应收账款	001	恒大	上年结转			借	117,000.00
01	02	收-0001	1122	应收账款	001	恒大	收回货款_0213_2013.01.02_-		117,000.00	平	
01	20	转-0005	1122	应收账款	001	恒大	销售产品_0120_2013.01.20_-	58,500.00		借	58,500.00
01	27	收-0004	1122	应收账款	001	恒大	收回货款_0127_2013.01.27_-		36,000.00	借	22,500.00
01	30	收-0005	1122	应收账款	001	恒大	收回货款_0130_2013.01.30_-		22,500.00	平	
			1122	应收账款	001	恒大	小计	58,500.00	175,500.00	平	
			1122	应收账款	002	安琪	上年结转			借	23,400.00
01	12	转-0003	1122	应收账款	002	安琪	销售产品_0112_2013.01.12_-	93,600.00		借	117,000.00
01	22	收-0002	1122	应收账款	002	安琪	收回货款_0819_2013.01.22_-		23,400.00	借	93,600.00
			1122	应收账款	002	安琪	小计	93,600.00	23,400.00	借	93,600.00
01	11	转-0002	1122	应收账款	003	平安	销售产品_0111_2013.01.11_-	117,000.00		借	117,000.00
			1122	应收账款	003	平安	小计	117,000.00		借	117,000.00
							合计：	269,100.00	198,900.00	借	210,600.00

图 8－16　客户科目明细账

客户往来催款单

科目 1122 应收账款

客户 全部　　截止日期：2013-01-31

日期	客户 编号	客户 名称	凭证号	摘要	借方 本币	贷方 本币	两清	账龄区间
2012.02.13	001	恒大公司	转-0016	销售产品_恒大_0213_	117,000.00		O	121-365天
2013.01.02	001	恒大公司	收-0001	收回货款_恒大_0213_		117,000.00	O	1-30天
2013.01.20	001	恒大公司	转-0005	销售产品_恒大_0120_	58,500.00		Y	1-30天
2013.01.27	001	恒大公司	收-0004	收回货款_恒大_0127_		36,000.00	Y	1-30天
2013.01.30	001	恒大公司	收-0005	收回货款_恒大_0130_		22,500.00	Y	1-30天
2012.08.19	002	安琪公司	转-0031	销售产品_安琪_0819_	23,400.00		O	121-365天
2013.01.12	002	安琪公司	转-0003	销售产品_安琪_0112_	93,600.00			1-30天
2013.01.22	002	安琪公司	收-0002	收回货款_安琪_0819_		23,400.00	O	1-30天
2013.01.11	003	平安公司	转-0002	销售产品_平安_0111_	117,000.00			1-30天
			总计		409,500.00	198,900.00		
			余额		210,600.00			

图 8－17　客户往来催款单

（八）往来账龄分析（以客户往来为例）

（1）在“总账”菜单下，双击“账表 \ 客户往来辅助账 \ 客户往来账龄分析”选项，选择往来科目、客户及截止日期等输出条件，如图 8－18 所示。

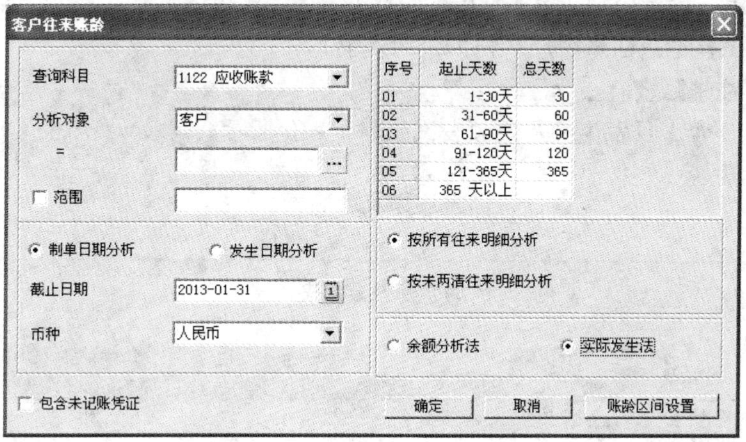

图 8－18　设置往来账龄分析条件

（2）单击“账龄区间设置”按钮，可重新设置账龄区间。

（3）单击“确定”按钮，则可按条件显示输出结果，如图 8－19 所示。

（4）单击“详细”按钮，可切换明细或汇总账龄分析。

（5）单击“比率”按钮，可显示往来业务金额占总额的百分比。

金额式

往来账龄分析

科目 1122 应收账款

客户 全部

币种：人民币

截止日期：2013-01-31

客户 编号	客户 名称	方向	金额	1-30天 金额	1-30天 %	31-60天 金额	31-60天 %	61-90天 金额	61-90天 %	91-120天 金额	91-120天 %	121-365天 金额	121-365天 %	36 金额
001	恒大	借	175,500.00	58,500.00	33.33							117,000.00	66.67	
002	安琪	借	117,000.00	93,600.00	80.00							23,400.00	20.00	
003	平安	借	117,000.00	117,000.00	100.00									
数量总计：	——		3	3								2		
金额总计：	——	借	409,500.00	269,100.00	65.71							140,400.00	34.29	
001	恒大	贷	175,500.00	175,500.00	100.00									
002	安琪	贷	23,400.00	23,400.00	100.00									
数量总计：	——		2	2										
金额总计：	——	贷	198,900.00	198,900.00	100.00									

图 8－19 客户往来账龄分析

五、实训结果

（1）核销往来账。

①自动核销：客户往来（恒大公司 2 笔，安琪公司 2 笔）；供应商往来（嘉远公司 4 笔，隆鑫公司 2 笔）；个人往来（销售部张慧 2 笔）。

②手工核销：往来客户（恒大公司 3 笔）。

（2）往来账表。

①2013 年 1 月发生额及余额表，如表 8－10 所示。

表 8－10　　发生额及余额表

金额式

发生额及余额表

月份：2013.01-2013.01

科目编码	科目名称	期初余额 借方	期初余额 贷方	本期发生 借方	本期发生 贷方	期末余额 借方	期末余额 贷方
1001	库存现金	1,200.00		500.00		1,700.00	
1002	银行存款	25,300.00		198,900.00	152,100.00	72,100.00	
1122	应收账款	140,400.00		269,100.00	198,900.00	210,600.00	
1221	其他应收款	4,600.00			2,600.00	2,000.00	
1231	坏账准备		900.00				900.00
1401	材料采购			130,000.00		130,000.00	
资产小计		171,500.00	900.00	598,500.00	353,600.00	416,400.00	900.00
2202	应付账款		105,300.00	152,100.00	152,100.00		105,300.00
2221	应交税费		7,200.00	22,100.00	39,100.00		24,200.00
负债小计			112,500.00	174,200.00	191,200.00		129,500.00
6001	主营业务收		58,100.00		230,000.00		288,100.00
6602	管理费用			2,100.00		2,100.00	
损益小计			58,100.00	2,100.00	230,000.00	2,100.00	288,100.00
合计		171,500.00	171,500.00	774,800.00	774,800.00	418,500.00	418,500.00

②客户科目明细账，如表 8－11 所示。

表 8－11　　客户科目明细账

金额式

科目明细账

科目　全部　　　　月份：2013.01-2013.01

2013年 月	日	凭证号	科目 编号	科目 名称	客户 编号	客户 名称	摘要	借方 本币	贷方 本币	方向	余额 本币
			1122	应收账款	001	恒大	上年结转			借	117,000.00
01	02	收-0001	1122	应收账款	001	恒大	收回货款_0213_2013.01.02_-		117,000.00	平	
01	20	转-0005	1122	应收账款	001	恒大	销售产品_0120_2013.01.20_-	58,500.00		借	58,500.00
01	27	收-0004	1122	应收账款	001	恒大	收回货款_0127_2013.01.27_-		36,000.00	借	22,500.00
01	30	收-0005	1122	应收账款	001	恒大	收回货款_0130_2013.01.30_-		22,500.00	平	
			1122	应收账款	001	恒大	小计	58,500.00	175,500.00	平	
			1122	应收账款	002	安琪	上年结转			借	23,400.00
01	12	转-0003	1122	应收账款	002	安琪	销售产品_0112_2013.01.12_-	93,600.00		借	117,000.00
01	22	收-0002	1122	应收账款	002	安琪	收回货款_0819_2013.01.22_-		23,400.00	借	93,600.00
			1122	应收账款	002	安琪	小计	93,600.00	23,400.00	借	93,600.00
01	11	转-0002	1122	应收账款	003	平安	销售产品_0111_2013.01.11_-	117,000.00		借	117,000.00
			1122	应收账款	003	平安	小计	117,000.00		借	117,000.00
							合计：	269,100.00	198,900.00	借	210,600.00

③供应商科目明细账，如表 8－12 所示。

表 8－12　　供应商科目明细账

金额式

科目明细账

科目　全部　　　　月份：2013.01-2013.01

2013年 月	日	凭证号	科目 编号	科目 名称	供应商 编号	供应商 名称	摘要	借方 本币	贷方 本币	方向	余额 本币
			2202	应付账款	001	嘉远	上年结转			贷	35,100.00
01	06	付-0001	2202	应付账款	001	嘉远	支付料款_2013.01.06_-	35,100.00		平	
01	15	转-0004	2202	应付账款	001	嘉远	采购材料_2013.01.15_-		46,800.00	贷	46,800.00
01	26	转-0006	2202	应付账款	001	嘉远	采购材料_2013.01.26_-		81,900.00	贷	128,700.00
01	28	付-0003	2202	应付账款	001	嘉远	支付料款_2013.01.28_-	46,800.00		贷	81,900.00
			2202	应付账款	001	嘉远	小计	81,900.00	128,700.00	贷	81,900.00
			2202	应付账款	002	隆鑫	上年结转			贷	70,200.00
01	09	转-0001	2202	应付账款	002	隆鑫	采购材料_2013.01.09_-		23,400.00	贷	93,600.00
01	18	付-0002	2202	应付账款	002	隆鑫	支付料款_2013.01.18_-	70,200.00		贷	23,400.00
			2202	应付账款	002	隆鑫	小计	70,200.00	23,400.00	贷	23,400.00
							合计：	152,100.00	152,100.00	贷	105,300.00

④供应商往来账龄分析，如表 8－13 所示。

表 8－13　　供应商往来账龄分析

往来账龄分析　　金额式

科目　2202 应付账款　　币种：人民币

供应商　全部　　截止日期：2013-01-31

供应商		方向	金额	1-30天		31-60天		61-90天		91-120天		121-365天		365 天以上	
编号	名称			金额	%	金额	%	金额	%	金额	%	金额	%	金额	%
001	嘉远	贷	163,800.00	128,700.00	78.57							35,100.00	21.43		
002	隆鑫	贷	93,600.00	23,400.00	25.00							70,200.00	75.00		
数量总计：	——		2	2								2			
金额总计：	——	贷	257,400.00	152,100.00	59.09							105,300.00	40.91		
001	嘉远	借	81,900.00	81,900.00	100.00										
002	隆鑫	借	70,200.00	70,200.00	100.00										
数量总计：	——		2	2											
金额总计：	——	借	152,100.00	152,100.00	100.00										

（3）备份账套数据，路径为“F：\ 学生姓名 \ 08”，查看“08”文件夹的备份文件。

实训项目九

部门核算与管理

一、实训目标

通过本次实训，要求学生熟悉部门核算与管理的基本功能结构，了解部门核算与管理的数据处理流程，掌握部门管理的初始设置和日常业务的核算，熟练运用部门管理的方法进行业务操作。

二、实训内容

★ 设置部门编码

★ 建立部门核算会计科目

★ 建立部门档案

★ 录入部门初始数据

★ 输入日常部门核算业务

★ 输出部门账表

★ 部门收支分析

三、实训资料

（一）建账资料

（1）账套号：009。

（2）账套路径：F：\009。

（3）账套名称：实验九。

（4）启用日期：2013.01。

（5）单位名称与简称：部门核算。

（6）企业类型：工业。

（7）行业性质：2007年新会计制度科目。

（8）账套主管：Demo。

（9）不按行业预置科目。

（10）科目编码级次：4级（4-2-2-2）。

（11）部门编码级次：2级（2-2）。

（12）其他信息默认。

（13）启用总账系统：2013年1月1日。

（二）用户管理

用户管理如表9-1所示。

表9-1 操作员及权限

编　号	姓　名	权　限
801	郭媛	账套主管（取消Demo主管身份）
802	王婷	授予公用目录设置、总账系统所有权限

（三）总账系统初始设置

（1）建立会计科目，如表9-2所示。

表9-2 会计科目一览表

代码	科目名称	账户格式	类型	辅助核算	方向	年初余额/元
1001	库存现金	金额式	资产		借	
1002	银行存款	金额式	资产		借	
100201	工行存款	金额式	资产		借	
1401	材料采购	金额式	资产		借	
1403	原材料	金额式	资产		借	
1601	固定资产	金额式	资产	部门核算	借	990 000.00
1602	累计折旧	金额式	资产	部门核算	贷	220 000.00
1606	固定资产清理	金额式	资产		借	
2211	应付职工薪酬	金额式	负债		贷	
2221	应交税费	金额式	负债		贷	4 000.00
5001	生产成本	金额式	成本		借	194 000.00
500101	直接材料	金额式	成本	部门核算	借	85 000.00
500102	直接人工	金额式	成本	部门核算	借	64 000.00
500103	制造费用	金额式	成本	部门核算	借	45 000.00
5105	制造费用	金额式	成本	部门核算	借	
6001	主营业务收入	金额式	损益		收入	960 000.00
6602	管理费用	金额式	损益		支出	

（2）部门档案及初始数据，如表9-3所示。

表 9－3　　部门档案及初始数据

元

部门编码	名称	会计科目				
		1601	1602	500101	500102	500103
01	生产部门	800 000.00	210 000.00	85 000.00	64 000.00	45 000.00
0101	一车间	300 000.00	80 000.00	50 000.00	38 000.00	30 000.00
0102	二车间	500 000.00	130 000.00	35 000.00	26 000.00	15 000.00
02	管理部门	190 000.00	10 000.00			
0201	办公室	80 000.00	5 000.00			
0202	财务科	60 000.00	3 000.00			
0203	人事科	50 000.00	2 000.00			
合计		990 000.00	220 000.00	85 000.00	64 000.00	45 000.00

（3）设置凭证类别，如表 9－4 所示。

表 9－4　　凭证类别

类别字	类别名称	限制类型	限制科目
收	收款凭证	借方必有	1001，1002
付	付款凭证	贷方必有	1001，1002
转	转账凭证	凭证必无	1001，1002

（四）该企业 2013 年 1 月份发生如下部门业务（操作员：王婷）

1.（付 1）1 月 2 日，购置打印机，附件：3 张

借：固定资产（办公室）　　6 000.00

　贷：银行存款——工行存款　　6 000.00

2.（付 2）1 月 4 日，购机器设备，附件：3 张

借：固定资产（一车间）　　70 000.00

　　　　　　（二车间）　　50 000.00

　贷：银行存款——工行存款　　120 000.00

3.（转 1）1 月 6 日，生产领料，附件：5 张

借：生产成本——直接材料（一车间）　　8 000.00

　　　　　　　　　　　　（二车间）　　7 000.00

　贷：原材料　　15 000.00

4.（转 2）1 月 11 日，生产领料，附件：4 张

借：生产成本——直接材料（一车间）　　30 000.00

（二车间） 20 000.00
贷：原材料 50 000.00

5.（转3）1月20日，分配工资，附件：3张
借：生产成本——直接人工(一车间) 40 000.00
（二车间） 30 000.00
贷：应付职工薪酬 70 000.00

6.（转4）1月20日，计提职工福利费，附件：1张
借：生产成本——直接人工(一车间) 5 600.00
（二车间） 4 200.00
贷：应付职工薪酬 9 800.00

7.（转5）1月23日，报废固定资产，附件：3张
借：固定资产清理 3 000.00
累计折旧（一车间） 12 000.00
贷：固定资产（一车间） 15 000.00

8.（转6）1月29日，分配制造费用，附件：2张
借：生产成本——制造费用(一车间) 28 000.00
（二车间） 22 000.00
贷：制造费用(一车间) 28 000.00
（二车间） 22 000.00

9.（付3）1月30日，购办公用品，附件：3张
借：固定资产(财务科) 4 000.00
（人事科） 5 000.00
贷：银行存款——工行存款 9 000.00

10.（转7）1月31日，计提折旧，附件：3张
借：制造费用(一车间) 800.00
（二车间） 600.00
管理费用 500.00
贷：累计折旧(一车间) 800.00
（二车间） 600.00
（办公室） 200.00
（财务科） 200.00
（人事科） 100.00

（五）凭证审核、记账（操作员：郭媛）

四、实训指导

（一）新建账套

（1）登录“系统管理”功能，按照资料新建009账套（注意：新建账套过程中设置部门编码规则为2级（2－2）），如图9－1所示。

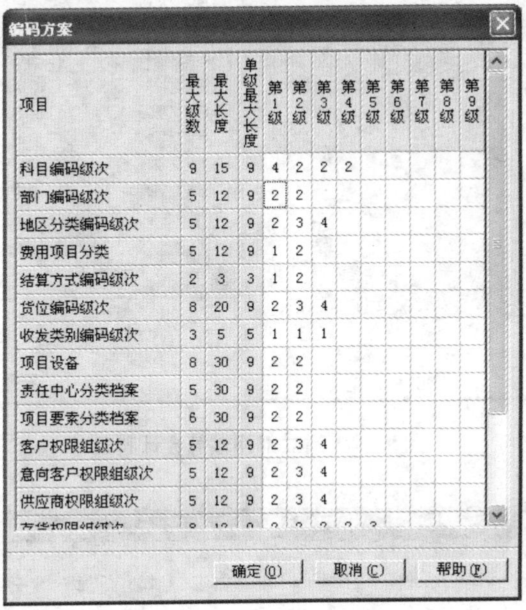

项目	最大级数	最大长度	单级最大长度	第1级	第2级	第3级	第4级	第5级	第6级	第7级	第8级	第9级
科目编码级次	9	15	9	4	2	2	2					
部门编码级次	5	12	9	2	2							
地区分类编码级次	5	12	9	2	3	4						
费用项目分类	5	12	9	1	2							
结算方式编码级次	2	3	3	1	2							
货位编码级次	8	20	9	2	3	4						
收发类别编码级次	3	5	5	1	1	1						
项目设备	8	30	9	2	2							
责任中心分类档案	5	30	9	2	2							
项目要素分类档案	6	30	9	2	2							
客户权限组级次	5	12	9	2	3	4						
意向客户权限组级次	5	12	9	2	3	4						
供应商权限组级次	5	12	9	2	3	4						

图9－1　设置部门编码规则

（2）在“系统管理”功能下，单击“权限\用户”菜单，增加操作员；然后再单击“权限\权限”菜单，进行权限分配。

（二）建立部门核算会计科目

（1）登录企业应用平台，在“基础设置”功能中，双击“基础档案\财务\会计科目”选项，打开显示会计科目窗口。

（2）单击“增加”按钮，输入科目编码、科目名称、科目类型等信息，同时设置科目部门核算的标识，如图9－2所示。

（三）建立部门档案

（1）在“基础设置”功能中，双击“基础档案\机构人员\部门档案”选项，打开显示部门档案窗口。

（2）单击“增加”按钮，输入部门代码及名称，单击“保存”按钮，如图 9－3 所示。

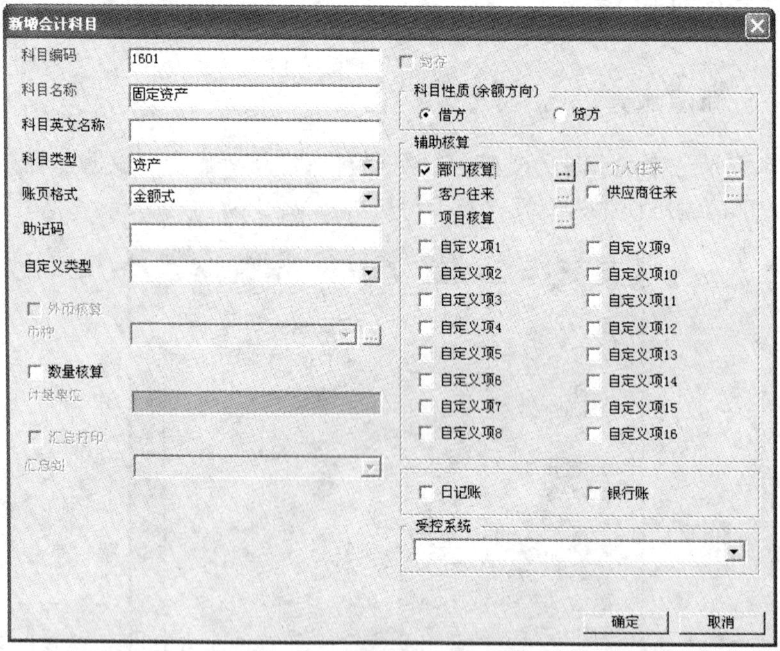

图 9－2　建立部门核算会计科目

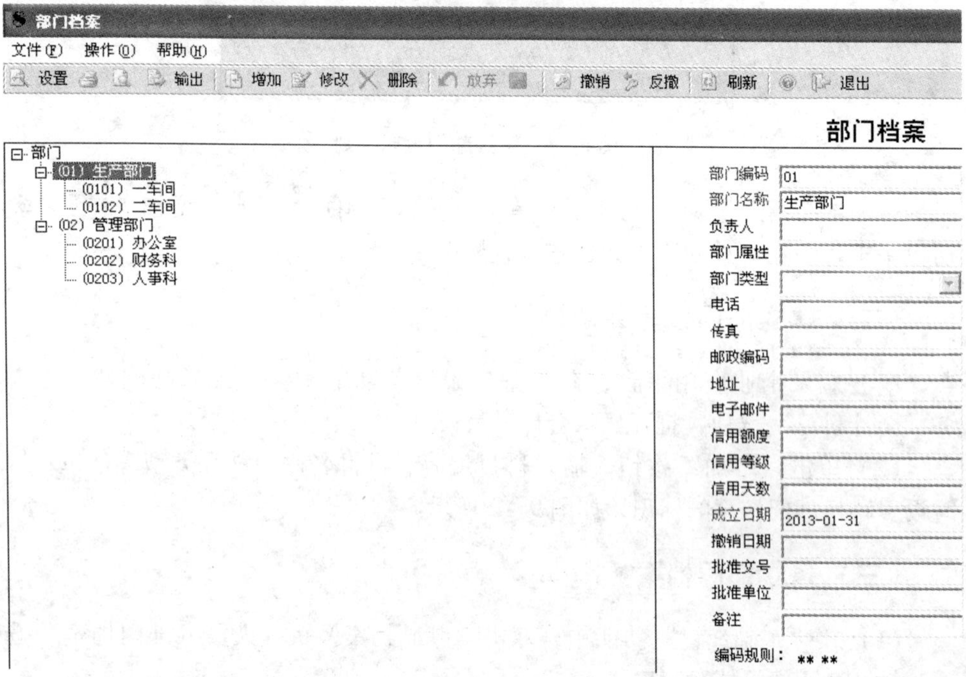

图 9－3　建立部门档案

(3) 单击“修改”或“删除”按钮，可对当前部门进行修改或删除。

(4) 依次录入所有部门信息，单击“退出”按钮即可。

(四) 录入部门初始余额

(1) 在“业务工作”功能中，双击“财务会计\总账\设置\辅助期初余额”选项，打开显示期初余额窗口。

(2) 双击部门核算会计科目所在行的期初余额栏，打开如图9－4所示窗口，单击“增加”按钮，即可按部门装入初始数据。

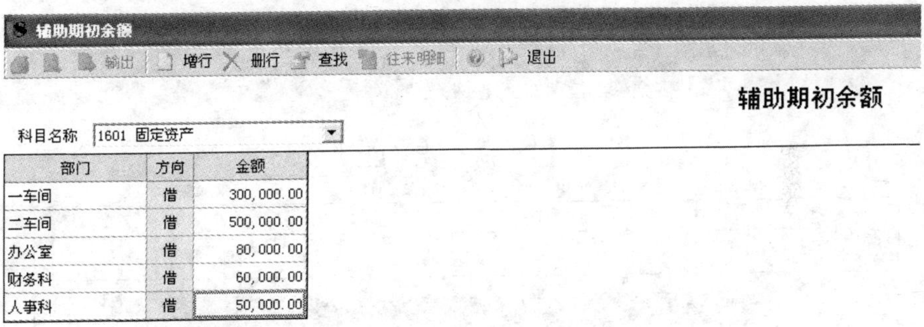

图9－4　装入部门初始数据

(3) 依次装入每一部门初始数据后，单击“退出”按钮即可。

(五) 日常部门业务核算

(1) 日常业务发生时，进入“业务工作”功能，双击“财务会计\总账\凭证\填制凭证”选项，打开“填制凭证”窗口，业务上一旦使用了部门核算科目（如1601固定资产等科目），系统就会自动弹出如图9－5所示窗口，用户根据实际情况录入相应的部门信息。

(2) 依次填制所有部门核算业务后，单击“退出”按钮。

(3) 将所有凭证进行审核、记账。

(六) 输出部门账表

1. 部门总账

(1) 在“总账”菜单中，双击“账表\部门辅助账\部门总账\部门总账”选项，弹出查询窗口，选择某一部门和会计期间，单击“确定”按钮，打开如图9－6所示窗口。

(2) 单击“明细”按钮，即可查询当前部门的明细账，单击“退出”按钮。

2. 部门明细账

(1) 在“总账”菜单中，双击“账表\部门辅助账\部门明细账\部门明细账”选项，弹出查询窗口，选择某一部门和会计期间，单击“确定”按钮，打开如图 9 -7 所示窗口。

（2）单击“凭证”按钮，即可查询当前记录所对应的凭证。

（3）单击“总账”按钮，即可查询当前部门的总账，单击“退出”按钮。

3. 部门多栏账

在“总账”菜单中，双击“账表\部门辅助账\部门明细账\部门多栏式明细账”选项，弹出查询窗口，选择部门核算科目、部门、会计期间和分析方式，单击“确定”按钮，打开如图 9 -8 所示窗口。

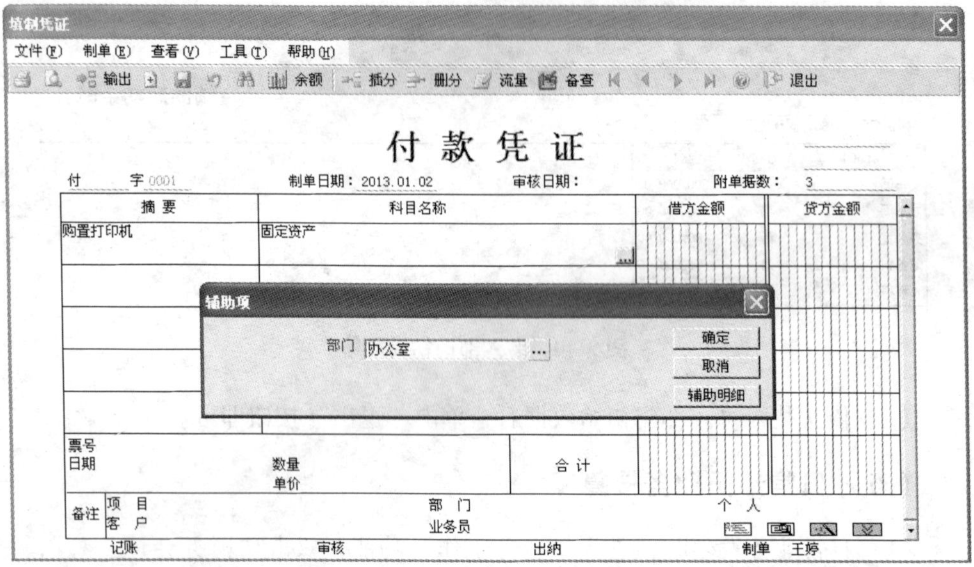

图 9 -5 制单时部门核算业务辅助信息

部门总账

部门 一车间

科目编码	科目名称	方向	期初余额	本期借方发生	本期贷方发生	方向	期末余额
1601	固定资产	借	300,000.00	70,000.00	15,000.00	借	355,000.00
1602	累计折旧	贷	80,000.00	12,000.00	800.00	贷	68,800.00
500101	直接材料	借	50,000.00	38,000.00		借	88,000.00
500102	直接人工	借	38,000.00	45,600.00		借	83,600.00
500103	制造费用	借	30,000.00	28,000.00		借	58,000.00
5105	制造费用	平		800.00	28,000.00	贷	27,200.00
合计		借	338,000.00	194,400.00	43,800.00	借	488,600.00

图 9 -6 部门总账

金额式

部门明细账

部门 一车间

月份：2013.01-2013.01

2013年 月	日	凭证号数	科目编号	科目名称	摘要	借方	贷方	方向	余额
			1601	固定资产	上年结转			借	300,000.00
01	04	付-0002	1601	固定资产	购机器设备	70,000.00		借	370,000.00
01	23	转-0005	1601	固定资产	报废固定资产		15,000.00	借	355,000.00
01					当前合计	70,000.00	15,000.00	借	355,000.00
01					当前累计	70,000.00	15,000.00	借	355,000.00
			1602	累计折旧	上年结转			贷	80,000.00
01	23	转-0005	1602	累计折旧	报废固定资产	12,000.00		贷	68,000.00
01	31	转-0007	1602	累计折旧	计提折旧		800.00	贷	68,800.00
01					当前合计	12,000.00	800.00	贷	68,800.00
01					当前累计	12,000.00	800.00	贷	68,800.00
			500101	直接材料	上年结转			借	50,000.00
01	06	转-0001	500101	直接材料	生产领料	8,000.00		借	58,000.00
01	11	转-0002	500101	直接材料	生产领料	30,000.00		借	88,000.00
01					当前合计	38,000.00		借	88,000.00
01					当前累计	38,000.00		借	88,000.00
			500102	直接人工	上年结转			借	38,000.00
01	20	转-0003	500102	直接人工	分配工资	40,000.00		借	78,000.00
01	20	转-0004	500102	直接人工	计提职工福利费	5,600.00		借	83,600.00
01					当前合计	45,600.00		借	83,600.00
01					当前累计	45,600.00		借	83,600.00
			500103	制造费用	上年结转			借	30,000.00
01	29	转-0006	500103	制造费用	分配制造费用	28,000.00		借	58,000.00
01					当前合计	28,000.00		借	58,000.00

图 9－7　部门明细账

部门多栏账

上级科目：5001 生产成本

部门 一车间

2013年 月	日	凭证号数	摘要	借方	贷方	方向	余额	直接材料 (500101)	直接人工 (500102)	制造费用 (500103)
			上年结转			借	118,000.00	50,000.00	38,000.00	30,000.00
01	06	转-0001	生产领料	8,000.00		借	126,000.00	8,000.00		
01	11	转-0002	生产领料	30,000.00		借	156,000.00	30,000.00		
01	20	转-0003	分配工资	40,000.00		借	196,000.00		40,000.00	
01	20	转-0004	计提职工福利费	5,600.00		借	201,600.00		5,600.00	
01	29	转-0006	分配制造费用	28,000.00		借	229,600.00			28,000.00
01			当前合计	111,600.00		借	229,600.00	38,000.00	45,600.00	28,000.00
01			当前累计	111,600.00		借	229,600.00	88,000.00	83,600.00	58,000.00

图 9－8　部门多栏账

4. 部门收支分析

在“总账”菜单中，双击“账表＼部门辅助账＼部门收支分析”选项，弹出分析窗口，选择分析科目、分析部门和分析时间，单击“确定”按钮，打开如图 9－9 所示窗口。

部门收支分析表

金额式

2013.01-2013.01

全部 | 收入科目 | 费用科目

科目编码	科目名称	统计方式	方向	合计	01 生产部门	0101 一车间	0102 二车间	02 管理部门	0201 办公室	0202 财务科	0203 人事科
				金额	金额	金额	金额	金额	金额	金额	金额
1601	固定资产	期初	借	990,000.00	800,000.00	300,000.00	500,000.00	190,000.00	80,000.00	60,000.00	50,000.00
		借方		135,000.00	120,000.00	70,000.00	50,000.00	15,000.00	6,000.00	4,000.00	5,000.00
		贷方		15,000.00	15,000.00	15,000.00					
		期末	借	1,110,000.00	905,000.00	355,000.00	550,000.00	205,000.00	86,000.00	64,000.00	55,000.00
1602	累计折旧	期初	贷	220,000.00	210,000.00	80,000.00	130,000.00	10,000.00	5,000.00	3,000.00	2,000.00
		借方		12,000.00	12,000.00	12,000.00					
		贷方		1,900.00	1,400.00	800.00	600.00	500.00	200.00	200.00	100.00
		期末	贷	209,900.00	199,400.00	68,800.00	130,600.00	10,500.00	5,200.00	3,200.00	2,100.00
500101	直接材料	期初	借	85,000.00	85,000.00	50,000.00	35,000.00				
		借方		65,000.00	65,000.00	38,000.00	27,000.00				
		贷方									
		期末	借	150,000.00	150,000.00	88,000.00	62,000.00				
500102	直接人工	期初	借	64,000.00	64,000.00	38,000.00	26,000.00				
		借方		79,800.00	79,800.00	45,600.00	34,200.00				
		贷方									
		期末	借	143,800.00	143,800.00	83,600.00	60,200.00				
500103	制造费用	期初	借	45,000.00	45,000.00	30,000.00	15,000.00				
		借方		50,000.00	50,000.00	28,000.00	22,000.00				
		贷方									
		期末	借	95,000.00	95,000.00	58,000.00	37,000.00				
5105	制造费用	期初	借								
		借方		1,400.00	1,400.00	800.00	600.00				

图 9-9　部门收支分析

五、实训结果

（1）部门总账，如表 9-5 所示。

表 9-5　部门总账一览表

元

部门编码	部门名称	期初余额		本期发生额		期末余额	
		方向	金额	借方	贷方	方向	金额
01	生产部门	借	784 000.00	328 200.00	66 400.00	借	1 045 800.00
0101	一车间	借	338 000.00	194 400.00	43 800.00	借	488 600.00
0102	二车间	借	446 000.00	133 800.00	22 600.00	借	557 200.00
02	管理部门	借	180 000.00	15 000.00	500.00	借	194 500.00
0201	办公室	借	75 000.00	6 000.00	200.00	借	80 800.00
0202	财务科	借	57 000.00	4 000.00	200.00	借	60 800.00
0203	人事科	借	48 000.00	5 000.00	100.00	借	52 900.00

（2）备份账套数据，路径为“F：\ 学生姓名 \ 09”，查看“09”文件夹的备份文件。

实训项目十

项目核算与管理

一、实训目标

通过本次实训，要求学生熟悉项目核算与管理的基本功能结构，了解项目核算与管理的数据处理流程，掌握项目管理的初始设置和日常业务的核算，熟练运用项目管理的方法进行业务操作。

二、实训内容

★ 建立项目核算会计科目

★ 建立项目档案

★ 录入项目初始数据

★ 输入日常项目核算业务

★ 输出项目账表

★ 项目统计分析

三、实训资料

（一）建账资料

（1）账套号：010。

（2）账套路径：F：\ 010。

（3）账套名称：实验十。

（4）启用日期：2013. 01。

（5）单位名称与简称：项目核算。

（6）企业类型：工业。

（7）行业性质：2007 年新会计制度科目。

（8）账套主管：Demo。

（9）不按行业预置科目。

（10）科目级数：4 级（4 –2 –2 –2）。

（11）其他信息默认。

（12）启用总账系统：2013 年 1 月 1 日。

（二）用户管理

用户管理，如表 10－1 所示。

表 10－1 操作员及权限

编　号	姓　名	权　限
901	苏林	账套主管（取消 Demo 主管身份）
902	周倩	授予公用目录设置、总账系统所有权限

（三）总账系统初始设置

（1）建立会计科目，如表 10－2 所示。

表 10－2 会计科目一览表

代码	科目名称	账户格式	类型	辅助核算	方向	年初余额/元
1002	银行存款	金额式	资产		借	
100201	工行存款	金额式	资产		借	
1401	材料采购	金额式	资产		借	
1403	原材料	金额式	资产		借	
1405	库存商品	金额式	资产		借	
1601	固定资产	金额式	资产		借	
1604	在建工程	金额式	资产		借	98 000.00
160401	材料费用	金额式	资产	项目核算	借	60 000.00
160402	人工费用	金额式	资产	项目核算	借	17 000.00
160403	其他费用	金额式	资产	项目核算	借	21 000.00
1605	工程物资	金额式	资产		借	
2211	应付职工薪酬	金额式	负债		贷	
4001	实收资本	金额式	权益		贷	158 000.00
5001	生产成本	金额式	成本		借	360 000.00
500101	直接材料	金额式	成本	项目核算	借	200 000.00
500102	直接人工	金额式	成本	项目核算	借	90 000.00
500103	制造费用	金额式	成本	项目核算	借	70 000.00
5105	制造费用	金额式	成本		借	
6001	主营业务收入	金额式	损益		收入	300 000.00

（2）项目档案，如表 10－3 所示。

表 10－3　　项目档案一览表

项目大类	项目级次	项目结构	核算科目	项目分类	项目编号	项目名称	所属分类
工程项目	一级：2 位	默认	160401 160402 160403	01：新建	0101	二车间	01
				02：其他	0201	办公楼	02
产品项目	一级：2 位	默认	500101 500102 500103	03：出口产品	0301	A 产品	03
				04：内销产品	0401	B 产品	04

（3）项目初始累计发生额，如表 10－4 所示。

表 10－4　　项目初始累计发生额

元

核算科目	项目目录			
	二车间	办公楼	A 产品	B 产品
160401	38 000. 00	22 000. 00		
160402	9 000. 00	8 000. 00		
160403	11 000. 00	10 000. 00		
500101			120 000. 00	80 000. 00
500102			50 000. 00	40 000. 00
500103			40 000. 00	30 000. 00
合　计	58 000. 00	40 000. 00	210 000. 00	150 000. 00

（4）设置凭证类别，如表 10－5 所示。

表 10－5　　凭证类别

类别字	类别名称	限制类型	限制科目
收	收款凭证	借方必有	1001，1002
付	付款凭证	贷方必有	1001，1002
转	转账凭证	凭证必无	1001，1002

（四）该企业 2013 年 1 月份发生如下项目业务（操作员：周倩）

1.（转 1）1 月 1 日，生产领料，附件：5 张

借：生产成本——直接材料（A 产品）　　60 000. 00

（B 产品）　　40 000. 00

贷：原材料 100 000.00

2.（转2）1月6日，生产领料，附件：5张

借：生产成本——直接材料(A产品) 30 000.00

(B产品) 20 000.00

贷：原材料 50 000.00

3.（转3）1月9日，工程领料，附件：3张

借：在建工程——材料费用(二车间) 12 000.00

(办公楼) 9 000.00

贷：工程物资 21 000.00

4.（转4）1月18日，分配工资，附件：3张

借：生产成本——直接人工(A产品) 45 000.00

(B产品) 30 000.00

在建工程——人工费用(二车间) 52 000.00

(办公楼) 48 000.00

贷：应付职工薪酬 175 000.00

5.（转5）1月18日，计提职工福利费，附件：1张

借：生产成本——直接人工(A产品) 6 300.00

(B产品) 3 900.00

在建工程——人工费用(二车间) 5 700.00

(办公楼) 4 600.00

贷：应付职工薪酬 20 500.00

6.（转6）1月21日，生产领料，附件：5张

借：生产成本——直接材料(A产品) 40 000.00

(B产品) 30 000.00

贷：原材料 70 000.00

7.（转7）1月23日，工程领料，附件：3张

借：在建工程——材料费用(二车间) 36 000.00

(办公楼) 23 000.00

贷：工程物资 59 000.00

8.（转8）1月29日，分配制造费用，附件：2张

借：生产成本——制造费用(A产品) 36 000.00

(B产品) 24 000.00

在建工程——其他费用(二车间) 50 000.00

（办公楼）　　45 000. 00

贷：制造费用　　155 000. 00

9.（转9）1月30日，二车间交付使用，附件：5张

借：固定资产　　213 700. 00

贷：在建工程——材料费用（二车间）　　86 000. 00

——人工费用（二车间）　　66 700. 00

——其他费用（二车间）　　61 000. 00

10.（转10）1月31日，A产品入库，附件：2张

借：库存商品　　265 000. 00

贷：生产成本——直接材料（A产品）　　160 000. 00

——直接人工（A产品）　　60 000. 00

——制造费用（A产品）　　45 000. 00

11.（转11）1月31日，B产品入库，附件：2张

借：库存商品　　175 000. 00

贷：生产成本——直接材料（B产品）　　100 000. 00

——直接人工（B产品）　　40 000. 00

——制造费用（B产品）　　35 000. 00

（五）凭证审核、记账（操作员：苏林）

四、实训指导

（一）新建账套

（1）登录“系统管理”功能，按照资料新建010账套。

（2）在“系统管理”功能下，单击“权限\用户”菜单，增加操作员；然后再单击“权限\权限”菜单，进行权限分配。

（二）建立项目核算会计科目

（1）登录企业应用平台，在“基础设置”功能中，双击“基础档案\财务\会计科目”选项，打开显示会计科目窗口。

（2）单击“增加”按钮，输入科目编码、科目名称、科目类型等信息，同时设置科目项目核算的标识，如图10-1所示。

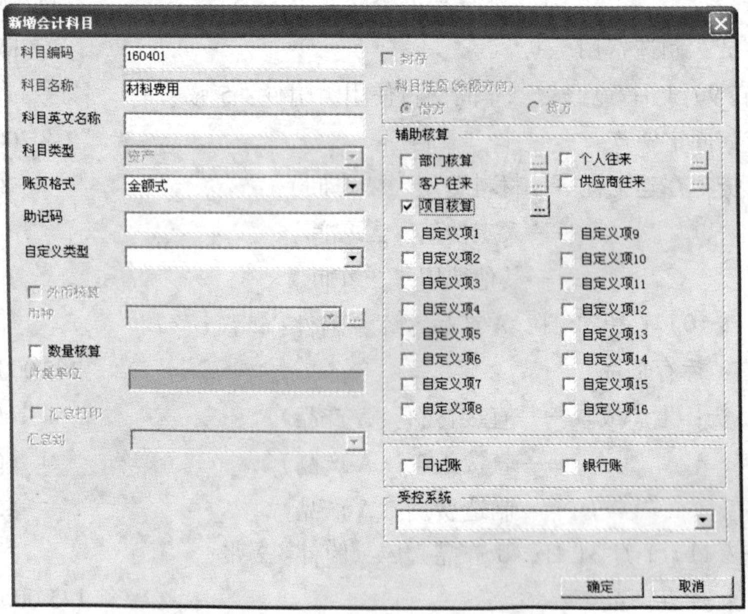

图 10－1 建立项目核算会计科目

（三）建立项目档案

（1）在“基础设置”功能中，双击“基础档案＼财务＼项目目录”选项，打开显示项目档案窗口，如图 10－2 所示。

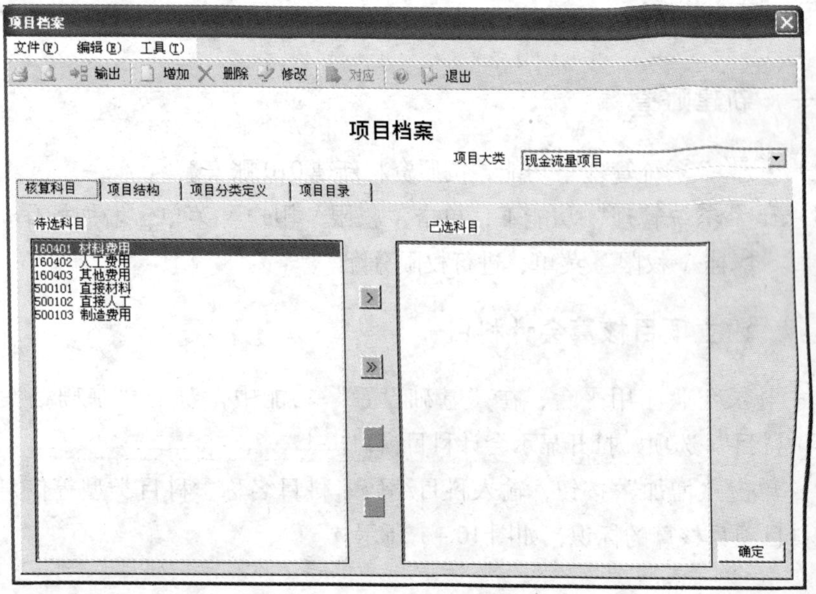

图 10－2 项目档案

（2）单击“增加”按钮，输入项目大类名称，定义项目级次和项目栏目，如图 10－3 所示。

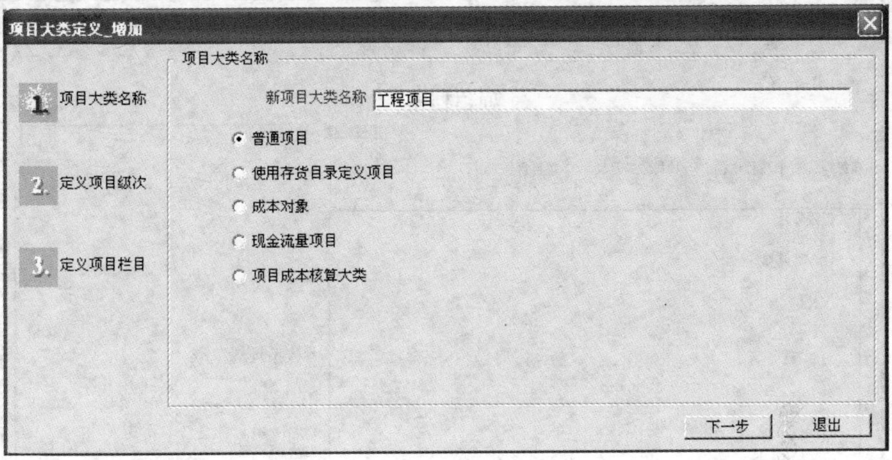

图 10－3　建立项目大类

（3）选定项目大类，单击“核算科目”按钮，选择用于此项目核算的会计科目，单击“确定”按钮，如图 10－4 所示。

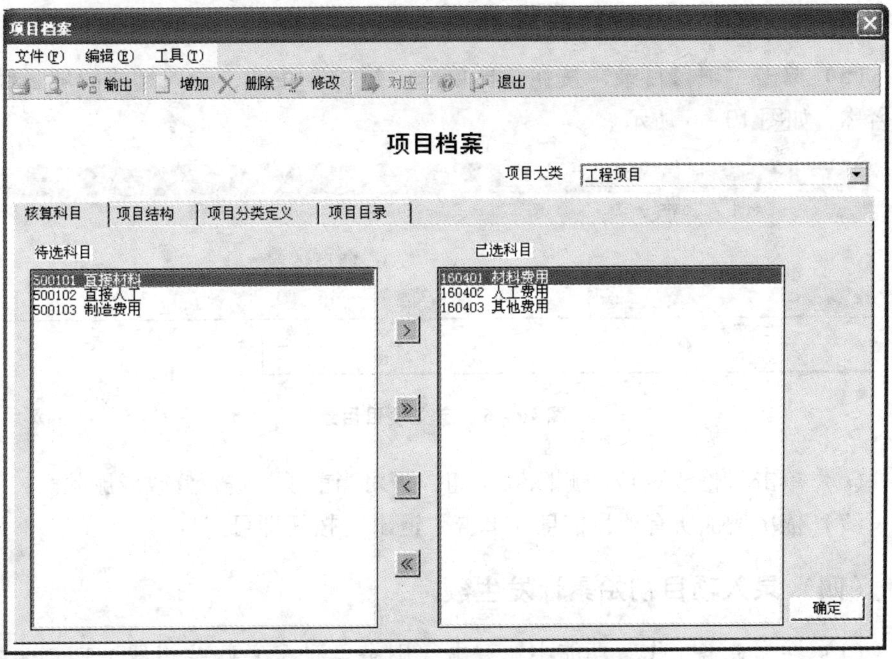

图 10－4　选择项目核算会计科目

（4）单击“项目分类定义”按钮，录入项目分类编码及名称，如图 10－5

所示。

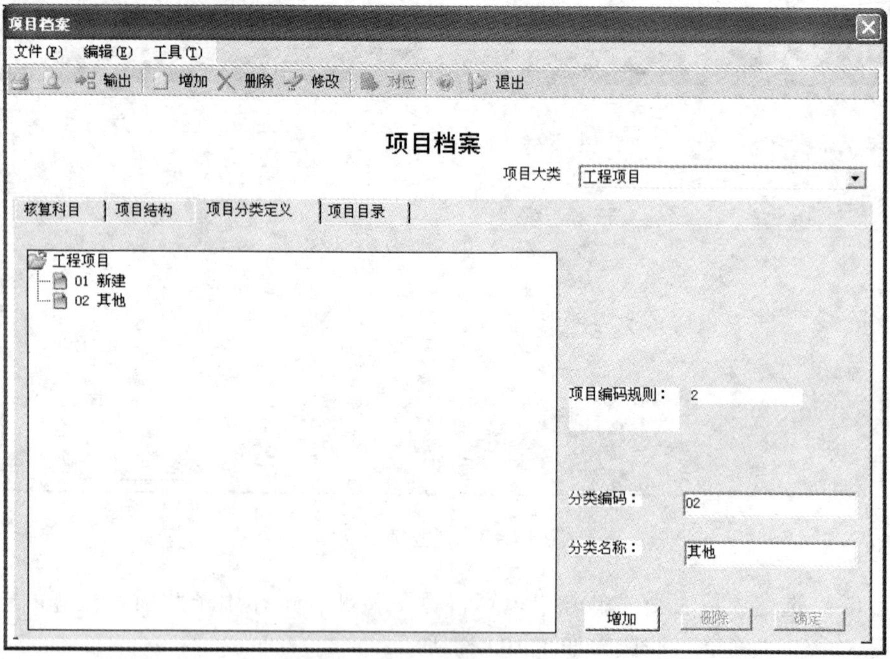

图 10－5 定义项目分类

（5）单击“项目目录”按钮，再单击“维护”按钮，录入具体的项目编码和名称，如图 10－6 所示。

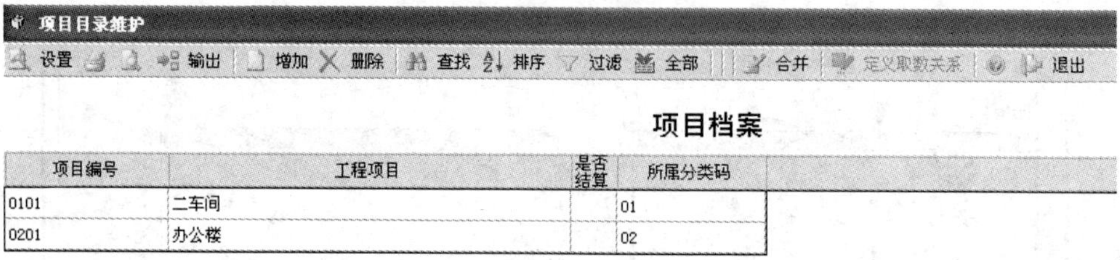

图 10－6 定义项目目录

（6）单击“修改”或“删除”按钮，可对当前项目进行修改或删除。

（7）依次增加所有项目信息，单击“退出”按钮即可。

（四）录入项目初始累计发生额

（1）在“业务工作”功能中，双击“财务会计\总账\设置\期初余额”选项，打开显示期初余额窗口。

（2）双击项目核算会计科目所在行的期初余额栏，打开如图 10－7 所示窗口，单击“增加”按钮，即可按项目装入初始数据。

图 10－7　装入项目初始数据

（3）依次装入每一项目初始数据后，单击“退出”按钮即可。

（五）日常项目业务核算

（1）日常业务发生时，进入“业务工作”功能中，双击“财务会计＼总账＼凭证＼填制凭证”选项，打开“填制凭证”窗口，业务上一旦使用了项目核算科目（如 500101 等科目），系统会自动弹出如图 10－8 所示的窗口，用户根据实际情况录入相应的项目信息。

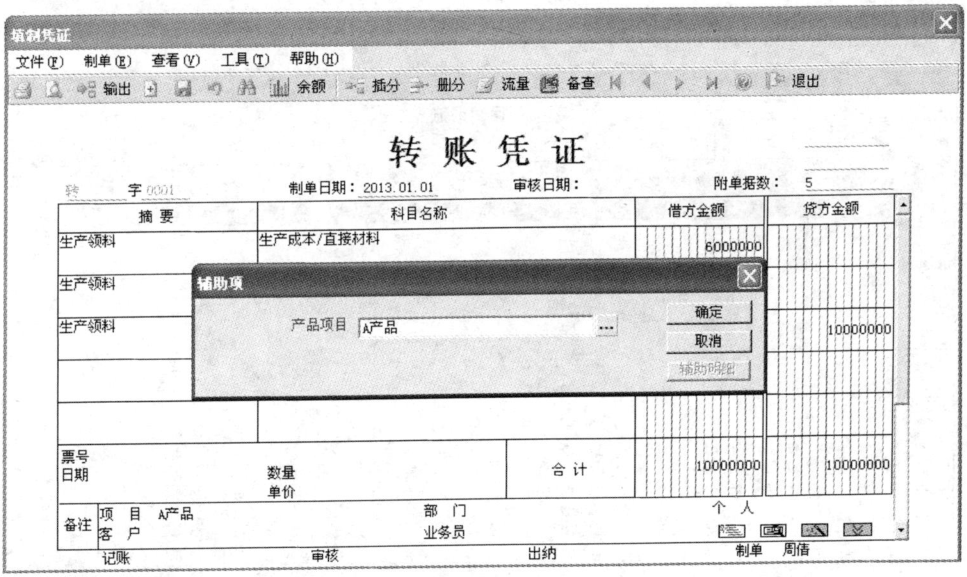

图 10－8　制单时项目业务辅助信息

（2）依次填制所有项目核算业务后，单击“退出”按钮即可。

（3）将所有凭证进行审核、记账。

（六）输出项目账表

1. 项目总账

（1）在“总账”菜单中，双击“账表＼项目辅助账＼项目总账＼项目总账”

选项，弹出查询窗口，选择某一项目和会计期间，单击“确定”按钮，打开如图 10 -9 所示窗口。

项目总账

金额式

部门

月份：2013.01-2013.01

项目编码	工程项目	方向	期初余额	本期借方发生	本期贷方发生	方向	期末余额
0101	二车间	借	58,000.00	155,700.00	213,700.00	平	
0201	办公楼	借	40,000.00	129,600.00		借	169,600.00
	合计	借	98,000.00	285,300.00	213,700.00	借	169,600.00

图 10 -9　项目总账

（2）单击“明细”按钮，即可查询当前项目的明细账，单击“退出”按钮即可。

2. 项目明细账

（1）在“总账”菜单中，双击“账表＼项目辅助账＼项目明细账＼项目明细账”选项，弹出查询窗口，选择某一项目和会计期间，单击“确定”按钮，打开如图 10 -10 所示窗口。

金额式

项目明细账

项目 二车间

部门

月份：2013.01-2013.01

2013年 月	日	凭证号数	科目编码	科目名称	摘要	借方	贷方	方向	余额
			160401	材料费用	上年结转			借	38,000.00
01	09	转-0003	160401	材料费用	工程领料	12,000.00		借	50,000.00
01	23	转-0007	160401	材料费用	工程领料	36,000.00		借	86,000.00
01	30	转-0009	160401	材料费用	二车间交付使用		86,000.00	平	
01					当前合计	48,000.00	86,000.00	平	
01					当前累计	48,000.00	86,000.00	平	
			160402	人工费用	上年结转			借	9,000.00
01	18	转-0004	160402	人工费用	分配工资	52,000.00		借	61,000.00
01	18	转-0005	160402	人工费用	计提职工福利费	5,700.00		借	66,700.00
01	30	转-0009	160402	人工费用	二车间交付使用		66,700.00	平	
01					当前合计	57,700.00	66,700.00	平	
01					当前累计	57,700.00	66,700.00	平	
			160403	其他费用	上年结转			借	11,000.00
01	29	转-0008	160403	其他费用	分配制造费用	50,000.00		借	61,000.00
01	30	转-0009	160403	其他费用	二车间交付使用		61,000.00	平	
01					当前合计	50,000.00	61,000.00	平	
01					当前累计	50,000.00	61,000.00	平	
					合计	155,700.00	213,700.00	平	

图 10 -10　项目明细账

（2）单击“凭证”按钮，即可查询当前记录所对应的凭证。

（3）单击“总账”按钮，即可查询当前项目的总账，单击“退出”按钮即可。

3. 项目多栏账

在“总账”菜单中，双击“账表＼项目辅助账＼项目明细账＼项目多栏式明细账”选项，弹出查询窗口，选择项目核算科目、项目、会计期间和分析方式，单击“确定”按钮，打开如图 10－11 所示窗口。

项目多栏账

部门

项目 二车间

上级科目：1604 在建工程
月份：2013.01-2013.01

2013年 月	日	凭证号数	摘要	借方	贷方	方向	余额	材料费用(160401)	人工费用(160402)	其他费用(160403)
			上年结转			借	58,000.00	38,000.00	9,000.00	11,000.00
01	09	转-0003	工程领料	12,000.00		借	70,000.00	12,000.00		
01	18	转-0004	分配工资	52,000.00		借	122,000.00		52,000.00	
01	18	转-0005	计提职工福利费	5,700.00		借	127,700.00		5,700.00	
01	23	转-0007	工程领料	36,000.00		借	163,700.00	36,000.00		
01	29	转-0008	分配制造费用	50,000.00		借	213,700.00			50,000.00
01	30	转-0009	二车间交付使用		213,700.00	平		-86,000.00	-66,700.00	-61,000.00
01			当前合计	155,700.00	213,700.00	平		-38,000.00	-9,000.00	-11,000.00
01			当前累计	155,700.00	213,700.00	平				

图 10－11　项目多栏账

4. 项目统计分析

在“总账”菜单中，双击“账表＼项目辅助账＼项目统计分析”选项，弹出统计窗口，选择统计项目、统计科目和统计时间，单击“确定”按钮，打开如图 10－12 所示窗口。

项目统计表

金额式

2013.01-2013.01

项目分类及工程项目	项目编号	统计方式	方向	合计 金额	材料费用(160401) 金额	人工费用(160402) 金额	其他费用(160403) 金额
新建(01)		期初	借	58,000.00	38,000.00	9,000.00	11,000.00
		借方		155,700.00	48,000.00	57,700.00	50,000.00
		贷方		213,700.00	86,000.00	66,700.00	61,000.00
		期末	平				
二车间(0101)	0101	期初	借	58,000.00	38,000.00	9,000.00	11,000.00
		借方		155,700.00	48,000.00	57,700.00	50,000.00
		贷方		213,700.00	86,000.00	66,700.00	61,000.00
		期末	平				
其他(02)		期初	借	40,000.00	22,000.00	8,000.00	10,000.00
		借方		129,600.00	32,000.00	52,600.00	45,000.00
		贷方					
		期末	借	169,600.00	54,000.00	60,600.00	55,000.00
办公楼(0201)	0201	期初	借	40,000.00	22,000.00	8,000.00	10,000.00
		借方		129,600.00	32,000.00	52,600.00	45,000.00
		贷方					
		期末	借	169,600.00	54,000.00	60,600.00	55,000.00
合计		期初	借	98,000.00	60,000.00	17,000.00	21,000.00
		借方		285,300.00	80,000.00	110,300.00	95,000.00
		贷方		213,700.00	86,000.00	66,700.00	61,000.00
		期末	借	169,600.00	54,000.00	60,600.00	55,000.00

图 10－12　项目统计分析

五、实训结果

（1）项目总账，如表 10－6 所示。

表 10-6　　项目总账一览表

元

项目名称	期初余额		本期发生额		期末余额	
	借方	金额	借方	贷方	方向	金额
工程项目	借	98 000. 00	285 300. 00	213 700. 00	借	169 600. 00
二车间	借	58 000. 00	155 700. 00	213 700. 00	平	
办公楼	借	40 000. 00	129 600. 00		借	169 600. 00
产品项目	借	360 000. 00	365 200. 00	440 000. 00	借	285 200. 00
A 产品	借	210 000. 00	217 300. 00	265 000. 00	借	162 300. 00
B 产品	借	150 000. 00	147 900. 00	175 000. 00	借	122 900. 00
合计	借	458 000. 00	650 500. 00	653 700. 00	借	454 800. 00

（2）备份账套数据，路径为“F：\ 学生姓名 \ 10”，查看“10”文件夹的备份文件。

实训项目十一

现金流量核算与管理

一、实训目标

通过本次实训，要求学生理解现金流量核算的意义及处理的依据，熟悉指定科目核算现金流量与项目核算现金流量两种不同的核算方法，注意区分指定科目核算现金流量时采用日常辅助登记及期末补充登记两种方法来登记现金流量的时间，了解不同核算方法初始设置的内容及其顺序，熟练掌握现金流量核算两种方法的操作要求和方法。

二、实训内容

★ 指定现金流量科目

★ 设置现金及现金等价物项目核算属性

★ 查询现金流量项目档案

★ 现金流量业务凭证处理

★ 现金流量账表输出

三、实训资料

（一）建账资料

（1）账套号：011。

（2）账套名称：现金流量核算与管理。

（3）账套路径：F：\ 011。

（4）启用日期：2013. 01。

（5）单位名称与简称：实训十一。

（6）企业类型：工业。

（7）行业性质：2007 年新会计制度科目。

（8）账套主管：Demo。

（9）不按行业预置科目。

（10）存货、客户、供应商不分类核算。

（11）有外币业务核算。

（12）科目编码级次：4 级（4 - 2 - 2 - 2）。

(13) 其他信息默认。

(14) 启用总账系统：2013 年 1 月 1 日。

(二) 操作员及其权限

增加自己为会计主管，拥有总账系统中的所有权限。

(三) 指定科目核算“现金流量”相应的初始化工作。

(1) 外币信息。

币符：USD　币名：美元　折算方式：外币 × 汇率 = 本位币

固定汇率：1 月份记账汇率　6.32　其他信息默认

(2) 会计科目及年初余额，如表 11 -1 所示。

表 11 -1　　会计科目及年初余额一览表

科目编码	科目名称	账页格式	方向	期初余额/元
1001	库存现金	金额式	借	5 000.00
1002	银行存款	金额式	借	263 000.00
100201	建设银行存款	金额式	借	200 000.00
100202	工商银行存款	外币金额式 外币核算：USD	借	63 000.00 USD：10 000.00
1012	其他货币资金	金额式	借	120 000.00
1101	交易性金融资产	金额式	借	500 000.00
1132	应收利息	金额式	借	5 000.00
1221	其他应收款	金额式	借	6 000.00
1501	持有至到期投资	金额式	借	450 000.00
1511	长期股权投资	金额式	借	560 000.00
1601	固定资产	金额式	借	890 000.00
1602	累计折旧	金额式	贷	196 000.00
1606	固定资产清理	金额式	借	
2202	应付账款	金额式	贷	600 000.00
2211	应付职工薪酬	金额式	贷	
2221	应交税费	金额式	贷	50 000.00
2231	应付利息	金额式	贷	30 000.00
2501	长期借款	金额式	贷	735 000.00
4001	实收资本	金额式	贷	1 048 000.00

续表

科目编码	科目名称	账页格式	方向	期初余额/元
4002	资本公积	金额式	贷	140 000.00
6001	主营业务收入	金额式	收入	
6111	投资收益	金额式	收入	
6301	营业外收入	金额式	收入	
6602	管理费用	金额式	支出	
6603	财务费用	金额式	支出	

试算平衡数据为：2 603 000

（3）在会计科目中指定 1001、1002、1012 为现金流量科目。

（4）凭证类别，如表 11－2 所示。

表 11－2　　凭证类别一览表

类别字	类别名称	限制类型	限制科目
收	收款凭证	借方必有	1001，1002
付	付款凭证	贷方必有	1001，1002
转	转账凭证	凭证必无	1001，1002

（四）该单位 2013 年 1 月发生的有关现金流量业务（操作员：自己）

1.（收 1）1 月 1 日，销售产品，附件：2 张

借：银行存款——建设银行存款　　585 000.00

　贷：主营业务收入　　500 000.00

　　　应交税费　　85 000.00

（现金流量项目编码：01）

2.（收 2）1 月 2 日，教育费附加返还，附件：1 张

借：银行存款——建设银行存款　　8 600.00

　贷：营业外收入　　8 600.00

（现金流量项目编码：02）

3.（收 3）1 月 3 日，报销差旅费，附件：5 张

借：管理费用　　5 000.00

　　库存现金　　1 000.00

　贷：其他应收款　　6 000.00

（现金流量项目编码：03）

4.（付 1）1 月 4 日，支付料款，附件：2 张

借：应付账款 117 000. 00

贷：银行存款——建设银行存款 117 000. 00

（现金流量项目编码：04）

5.（付 2）1 月 5 日，提取现金，附件：1 张

借：库存现金 80 000. 00

贷：银行存款——建设银行存款 80 000. 00

6.（付 3）1 月 6 日，发放工资（其中，在建工程人员工资为 30 000. 00 元），附件：1 张

借：应付职工薪酬 80 000. 00

贷：库存现金 80 000. 00

（现金流量项目编码：05，金额：50 000. 00；编码：13，金额：30 000. 00）

7.（付 4）1 月 7 日，缴纳税费，附件：3 张

借：应交税费 50 000. 00

贷：银行存款——建设银行存款 50 000. 00

（现金流量项目编码：06）

8.（付 5）1 月 8 日，支付业务招待费，附件：1 张

借：管理费用 1 200. 00

贷：银行存款——建设银行存款 1 200. 00

（现金流量项目编码：07）

9.（收 4）1 月 9 日，出售交易性金融资产，附件：2 张

借：银行存款——建设银行存款 125 000. 00

贷：投资收益 5 000. 00

交易性金融资产 120 000. 00

（现金流量项目编码：09，金额：5 000. 00；编码：08，金额：120 000. 00）

10.（收 5）1 月 10 日，处置固定资产，附件：2 张

借：银行存款——建设银行存款 3 800. 00

贷：固定资产清理 3 800. 00

（现金流量项目编码：10）

11.（收 6）1 月 11 日，出售子公司股份，附件：2 张

借：银行存款——建设银行存款 120 000. 00

贷：长期股权投资 120 000. 00

（现金流量项目编码：11）

12.（付 6）1 月 12 日，购买债券，附件：2 张

借：持有至到期投资 250 000. 00

应收利息 10 000. 00

贷：银行存款——建设银行存款 260 000. 00

（现金流量项目编码：14，金额：250 000. 00；编码：16，金额：10 000. 00）

13.（收 7）1 月 13 日，收到购买债券时支付的利息，附件：1 张

借：银行存款——建设银行存款　　10 000. 00

　贷：应收利息　　10 000. 00

（现金流量项目编码：12）

14.（付 7）1 月 14 日，购买子公司股票，附件：3 张，

借：长期股权投资　　700 000. 00

　贷：银行存款——建设银行存款　　700 000. 00

（现金流量项目编码：15）

15.（收 8）1 月 15 日，收到投资款，附件：1 张

借：银行存款——建设银行存款　　78 000. 00

　贷：实收资本　　78 000. 00

（现金流量项目编码：17）

16.（收 9）1 月 16 日，取得银行借款，附件：1 张

借：银行存款——建设银行存款　　200 000. 00

　贷：长期借款　　200 000. 00

（现金流量项目编码：18）

17.（收 10）1 月 17 日，收到现金捐赠，附件：3 张

借：银行存款——建设银行存款　　50 000. 00

　贷：资本公积　　50 000. 00

（现金流量项目编码：19）

18.（付 8）1 月 18 日，支付借款本息，附件：2 张

借：长期借款　　100 000. 00

　　应付利息　　15 000. 00

　贷：银行存款——建设银行存款　　115 000. 00

（现金流量项目编码：20，金额：100 000. 00；编码：21，金额：15 000. 00）

19.（付 9）1 月 19 日，支付分期付款保险、维修费，附件：1 张

借：固定资产　　25 000. 00

　贷：银行存款——建设银行存款　　25 000. 00

（现金流量项目编码：22）

20.（收 11）1 月 31 日，期末汇兑收益（期末汇率为 6. 32），附件：0 张

借：银行存款——工商银行存款　　200. 00

　贷：财务费用　　200. 00

（现金流量项目编码：23）

（五）凭证审核、记账（操作员：Demo）

（六）项目核算现金流量

将现金与现金等价物科目通过普通项目核算来处理，处理方法同之前的项目核算相同，具体操作参见实训指导。

四、实训指导

（一）根据以前所学知识新建账套、增加操作员及授权、设置外币信息

（二）通过指定“现金流量”核算会计科目实现现金流量核算与管理

1. 指定现金流量会计科目

将现金及现金等价物指定现金流量科目。在“建立会计科目”功能中，选择“编辑\指定科目”菜单，打开“指定科目”窗口，在“指定科目”中，单击最左边的“现金流量科目”，从中间的待选科目中双击库存现金、建行存款、中行存款以及其他货币资金科目，或者选中某一科目后，单击向右的单箭头，都可将现金及现金等价物科目从中间的待选科目选择到右边的已选科目中，单击“确定”按钮即可退出，如图 11－1 所示。

图 11－1 指定现金流量科目

2. 录入现金流量期初余额

科目初始数据仍需在期初余额中完成，双击“业务工作\财务会计\总账\设置\期初余额”选项，输入相应科目初始数据。现金流量初始数据需在现金流量期初录入中完成，双击“业务工作\财务会计\总账\现金流量表\期初录入”选项，打开“现金流量期初录入”窗口。在“现金流量期初录入”窗口中，单击“增行”录入期初数据，如果年初建账就不需录入，如果年中建账就需按详细的现金流量项目来录入期初数据，如图 11－2 所示。

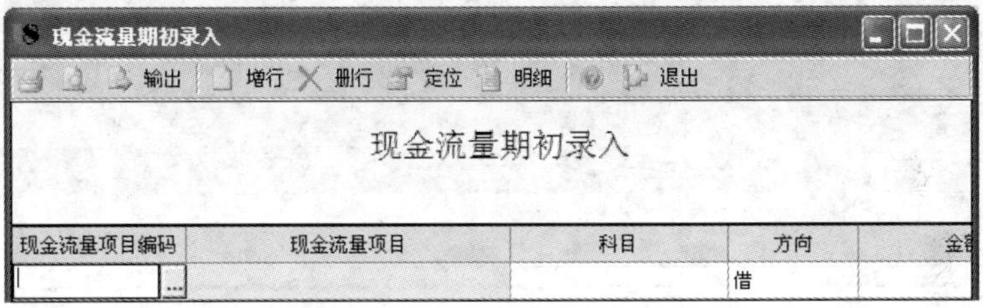

图 11－2　现金流量期初录入

3. 输入现金流量业务

现金流量业务发生时，仍需通过“填制凭证”来实现。日常辅助登记法，在“录入凭证”界面中，单击“流量”常用命令按钮，或在保存凭证时，打开“现金流量录入修改”窗口。在“现金流量录入修改”窗口中，其中的科目、方向、金额自动生成，只需单击参照浏览选择相应的现金流量项目编码，或者直接录入现金流量项目编码，单击“确定”按钮，如图 11－3 所示。

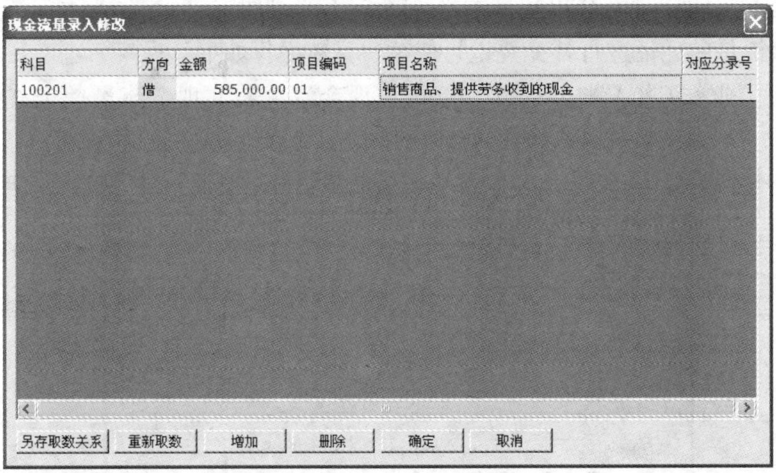

图 11－3　录入现金流量－1

如果本现金流量业务涉及两个或两个以上的现金流量项目时，应分开录入。选择现金流量项目，将自动产生的金额进行修改，还需单击“增加”按钮，再次录入科目代码，还有对应的项目编码和金额，单击“确定”按钮，如图 11 -4 所示。

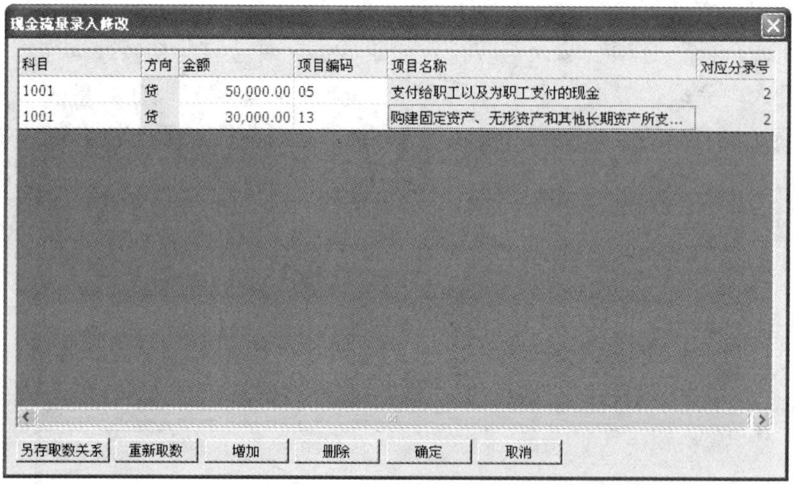

图 11 -4　录入现金流量 -2

注意：如果出现现金内部的增减业务，并且现金流量增减变化相等时，则无现金流量，不需输入现金流量；如果增减不等时，则按差额录入现金流量。

4. 凭证审核、记账

同以前操作。

5. 期末补充登记、修改

如果输入凭证前，在总账参数中，取消“现金流量科目必录现金流量”的选择，在输入凭证时不会出现“录入现金流量”的提示，可在期末记账后，对涉及现金流量的凭证进行补充登记、修改，具体操作如下：

双击“业务工作 \ 财务会计 \ 总账 \ 现金流量表 \ 现金流量凭证查询”选项，打开“现金流量凭证查询”条件窗口，在“现金流量凭证查询”中选择全部凭证、月份为 2013 年 1 月，包含净现金流量为 0 的凭证，如图 11 -5 所示。

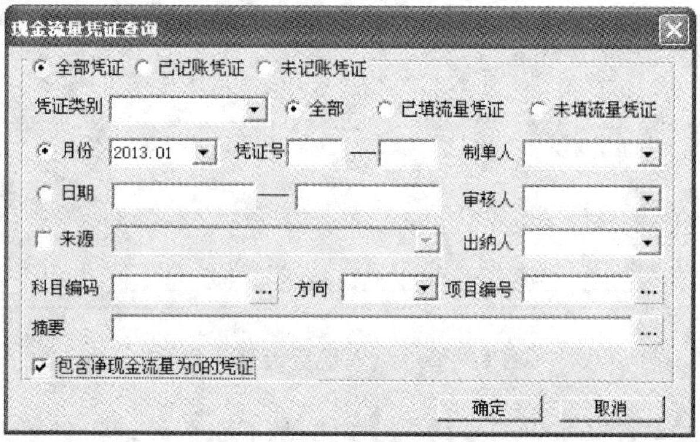

图 11 -5　现金流量凭证查询

单击“确定”按钮，进入“现金流量查询及修改”界面，在凭证列表中依次选择相应的记账凭证，如双击“收 1 号”凭证，出现“金流量录入与修改”窗口，在此录入相应的项目编码或重新调整金额与项目编码，如图 11－6 所示。

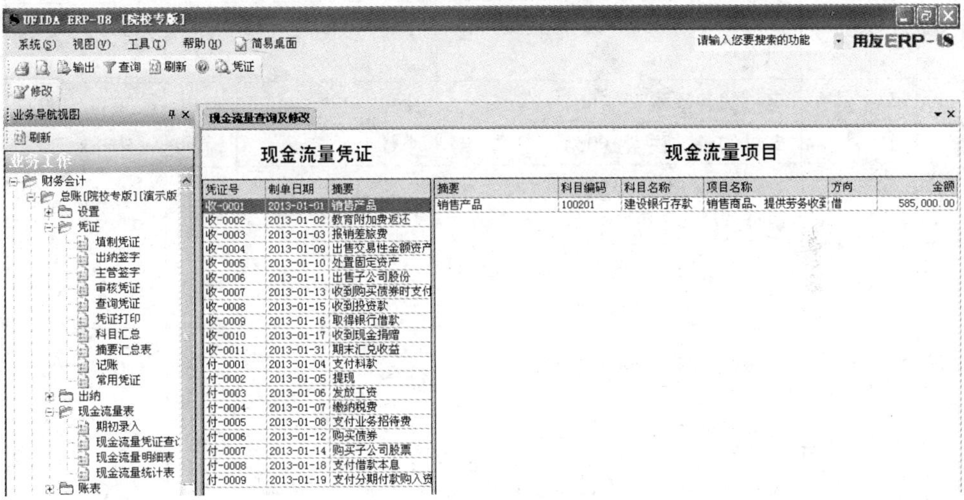

图 11－6　期末补充录入现金流量

6. 输出现金流量明细表与现金流量统计表

（1）现金流量明细表。

双击“业务工作\财务会计\总账\现金流量表\现金流量明细表”选项，可查询本期的现金流量明细表，如表 11－3 所示。

表 11－3　现金流量明细表

2013 年		凭证号	现金流量项目	摘　要	方向	金额/元
月	日					
1	1	收 1	销售商品、提供劳务收到的现金	销售产品	流入	585 000.00
			销售商品、提供劳务收到的现金	小计	流入	585 000.00
1	2	收 2	收到的税费返还	教育附加费返还	流入	8 600.00
			收到的税费返还	小计	流入	8 600.00
1	3	收 3	收到的其他与经营活动的现金	报销差旅费	流入	1 000.00
			收到的其他与经营活动的现金	小计	流入	1 000.00
1	4	付 1	购买商品、接受劳务支付的现金	支付料款	流出	117 000.00
			购买商品、接受劳务支付的现金	小计	流出	117 000.00

续表

2013年		凭证号	现金流量项目	摘要	方向	金额/元
月	日					
1	6	付3	支付给职工以及为职工支付的现金	发放工资	流出	50 000.00
			支付给职工以及为职工支付的现金	小计	流出	50 000.00
1	7	付4	支付的各项税费（06）	交税	流出	50 000.00
			支付的各项税费（06）	小计	流出	50 000.00
1	8	付5	支付的与其他经营活动有关的现金	支付业务招待费	流出	1 200.00
			支付的与其他经营活动有关的现金	小计	流出	1 200.00
1	9	收4	收回投资所收到的现金	出售交易性金融资产	流入	120 000.00
			收回投资所收到的现金	小计	流入	120 000.00
1	9	收4	取得投资收益所收到的现金	出售交易性金融资产	流入	5 000.00
			取得投资收益所收到的现金	小计	流入	5 000.00
1	10	收5	处置固定资产、无形资产和其他长期资产所收回的现金净额	处置固定资产	流入	3 800.00
			处置固定资产、无形资产和其他长期资产所收回的现金净额	小计	流入	3 800.00
1	11	收6	处置子公司及其他营业单位收到的现金净额	出售子公司股份	流入	120 000.00
			处置子公司及其他营业单位收到的现金净额	小计	流入	120 000.00
1	13	收7	收到的其他与投资活动有关的现金	收到购买债券时支付的利息	流入	10 000.00
			收到的其他与投资活动有关的现金	小计	流入	10 000.00
1	6	付3	购建固定资产、无形资产和其他长期资产所支付的现金	发放工资	流出	30 000.00
			购建固定资产、无形资产和其他长期资产所支付的现金	小计	流出	30 000.00
1	12	付6	投资所支付的现金	购买债券	流出	250 000.00
			投资所支付的现金	小计	流出	250 000.00

续表

2013年		凭证号	现金流量项目	摘　要	方向	金额/元
月	日					
1	14	付7	取得子公司及其他营业单位支付的现金净额	购买子公司股票	流出	700 000.00
			取得子公司及其他营业单位支付的现金净额	小计	流出	700 000.00
1	12	付6	支付的其他与投资活动有关的现金	购买债券	流出	10 000.00
			支付的其他与投资活动有关的现金	小计	流出	10 000.00
1	15	收8	吸收投资所收到的现金	收到投资款	流入	78 000.00
			吸收投资所收到的现金	小计	流入	78 000.00
1	16	收9	借款所收到的现金	取得银行借款	流入	200 000.00
			借款所收到的现金	小计	流入	200 000.00
1	17	收10	收到的其他与筹资活动有关的现金	收到现金捐赠	流入	50 000.00
			收到的其他与筹资活动有关的现金	小计	流入	50 000.00
1	18	付8	偿还债务所支付的现金	支付借款本息	流出	100 000.00
			偿还债务所支付的现金	小计	流出	100 000.00
1	18	付8	分配股利、利润或偿还利息所支付的现金	支付借款本息	流出	15 000.00
			分配股利、利润或偿还利息所支付的现金	小计	流出	15 000.00
1	19	付9	支付的其他与筹资活动有关的现金	支付分期付款保险维修费	流出	25 000.00
			支付的其他与筹资活动有关的现金	小计	流出	25 000.00
1	31	收11	汇率变动对现金的影响	期末汇兑收益	流入	200.00
			汇率变动对现金的影响	小计	流入	200.00

（2）现金流量统计表。

双击“业务工作 \ 财务会计 \ 总账 \ 现金流量表 \ 现金流量统计表”选项，可查询本期的现金流量统计表，如表 11－4 所示。

图 11－4 现金流量统计表

现金流量项目	方向	金额/元
销售商品、提供劳务收到的现金（01）	流入	585 000.00
收到的税费返还（02）	流入	8 600.00
收到的其他与经营活动的现金（03）	流入	1 000.00
现金流入（0101）（分类小计）	净流入	594 600.00
购买商品、接受劳务支付的现金（04）	流出	117 000.00
支付给职工以及为职工支付的现金（05）	流出	50 000.00
支付的各项税费（06）	流出	50 000.00
支付的与其他经营活动有关的现金（07）	流出	1 200.00
现金流出（0102）（分类小计）	净流出	218 200.00
经营活动（01）（分类小计）	净流入	376 400.00
收回投资所收到的现金（08）	流入	120 000.00
取得投资收益所收到的现金（09）	流入	5 000.00
处置固定资产、无形资产和其他长期资产所收回的现金净额（10）	流入	3 800.00
处置子公司及其他营业单位收到的现金净额（11）	流入	120 000.00
收到的其他与投资活动有关的现金（12）	流入	10 000.00
现金流入（0201）（分类小计）	净流入	258 800.00
购建固定资产、无形资产和其他长期资产所支付的现金（13）	流出	30 000.00
投资所支付的现金（14）	流出	250 000.00
取得子公司及其他营业单位支付的现金净额（15）	流出	700 000.00
支付的其他与投资活动有关的现金（16）	流出	10 000.00
现金流出（0202）（分类小计）	净流出	990 000.00
投资活动（02）（分类小计）	净流出	731 200.00
吸收投资所收到的现金（17）	流入	78 000.00
借款所收到的现金（18）	流入	200 000.00
收到的其他与筹资活动有关的现金（19）	流入	50 000.00
现金流入（0301）（分类小计）	净流入	328 000.00
偿还债务所支付的现金（20）	流出	100 000.00
分配股利、利润或偿还利息所支付的现金（21）	流出	15 000.00
支付的其他与筹资活动有关的现金（22）	流出	25 000.00
现金流出（0302）（分类小计）	净流出	140 000.00
筹资活动（03）（分类小计）	净流入	188 000.00
汇率变动对现金的影响（23）	流入	200.00
汇率变动（0401）（分类小计）	净流入	200.00
汇率变动（04）（分类小计）	净流入	200.00

（三）通过项目核算方法实现现金流量核算与管理

1. 建立现金流量项目核算的会计科目

可重新建立一套账用来完成下面的业务处理，前面的处理即资料都相同，这里介绍不同的部分。建立会计科目时，要为库存现金、银行存款（建设银行存款、工商银行存款）、其他货币资金科目选择项目核算，如图 11 -7 所示。

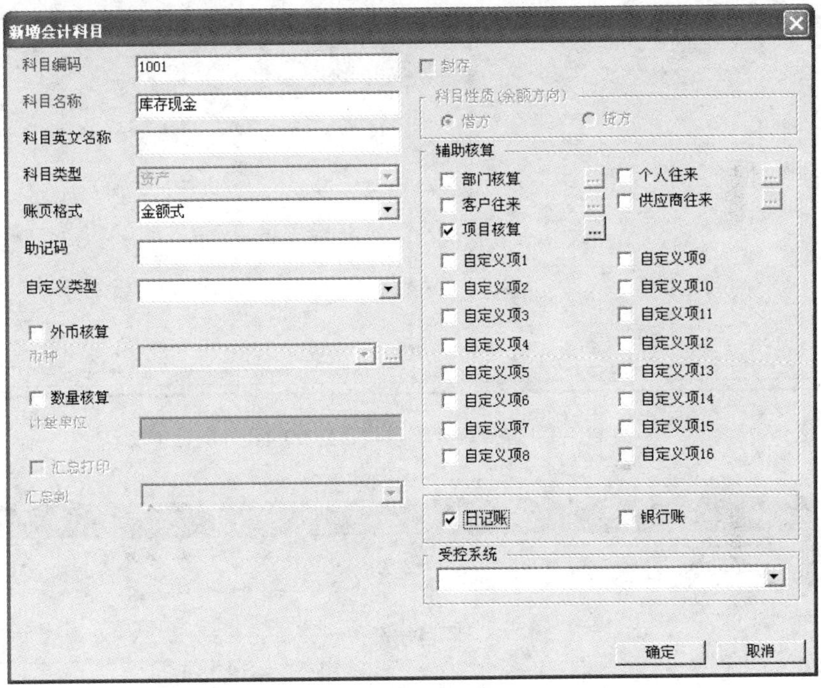

图 11 -7　建立现金流量项目辅助核算的会计科目

2. 设置现金流量项目档案

大多数的软件都按当时的会计准则预置了现金流量项目信息，在此仅做一些补充和修改即可。

（1）设置核算会计科目。

双击“基础档案\财务\项目目录\选取现金流量项目\核算科目选项卡”选项，将已选择项目核算的现金及更多等价物科目从待选科目选到已选科目中，单击右下角的“确定”按钮，如图 11 -8 所示。

（2）项目分类定义。

在“项目分类定义选项卡”选项中单击下面的“增加”按钮，在右下角输入分类编码：“06”，分类名称：“与现金流量变化无关业务”，单击右下角的“确定”按钮，在左边的树形框内出现增加的新分类核算，如图 11 -9 所示。

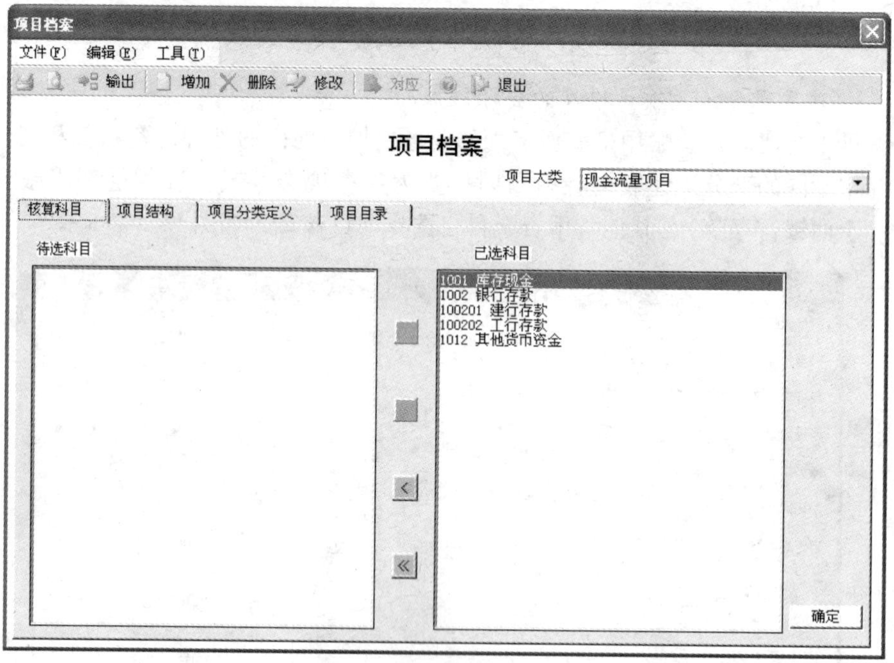

图 11-8 选择现金流量项目核算的会计科目

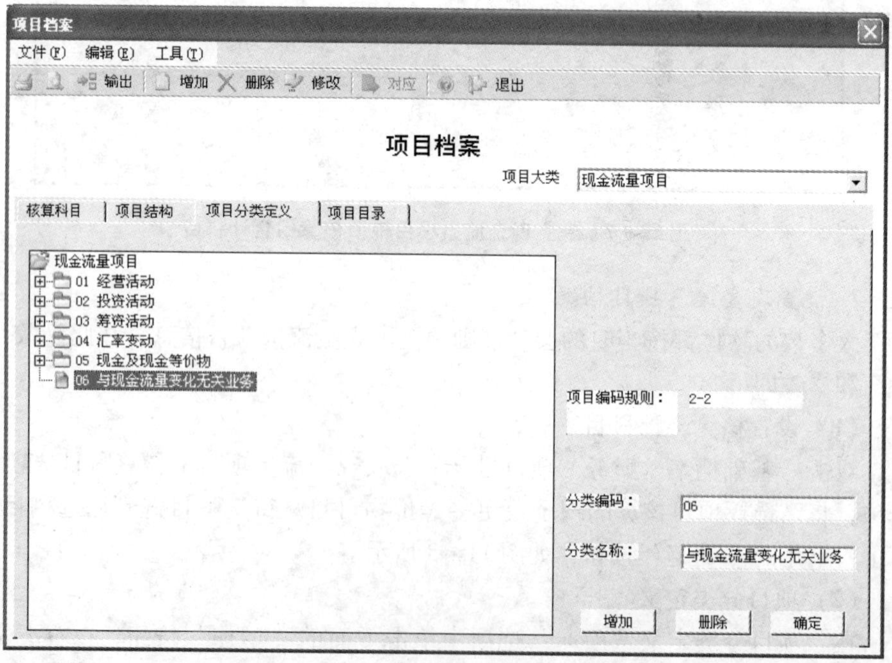

图 11-9 项目分类定义

(3) 项目目录。

在“项目录选项卡”选项中单击右边的“维护”按钮，在“项目目录维护”窗口中输入需新增项目的项目编码：“25”，现金流量名称：“与现金流量变化无关业务”，所属分类码：“06”，方向：“流入”，如图 11－10 所示。

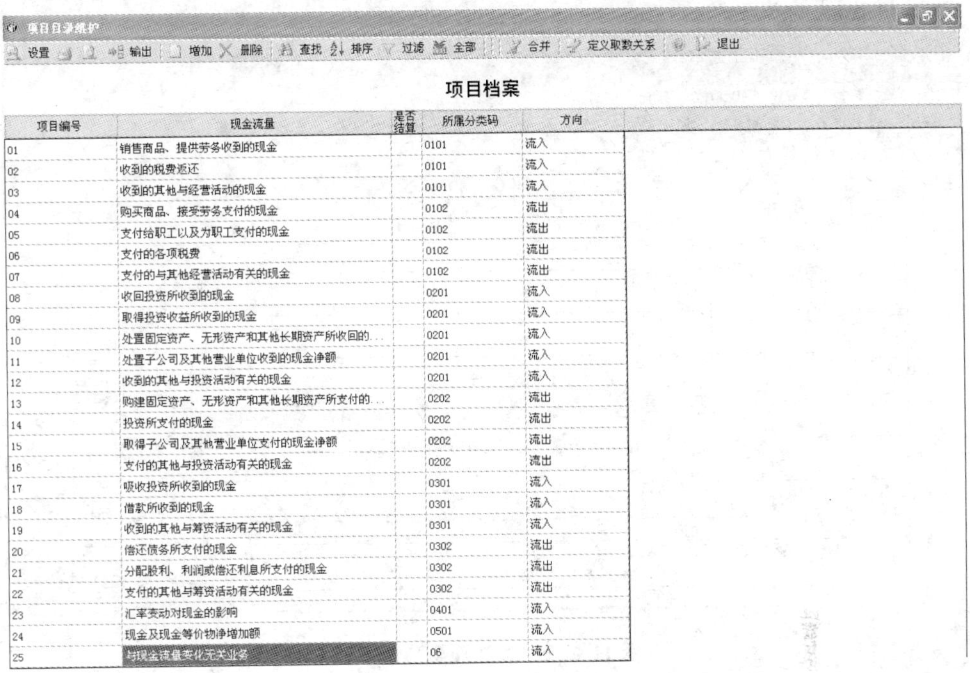

项目编号	现金流量	是否结算	所属分类码	方向
01	销售商品、提供劳务收到的现金		0101	流入
02	收到的税费返还		0101	流入
03	收到的其他与经营活动的现金		0101	流入
04	购买商品、接受劳务支付的现金		0102	流出
05	支付给职工以及为职工支付的现金		0102	流出
06	支付的各项税费		0102	流出
07	支付的与其他经营活动有关的现金		0102	流出
08	收回投资所收到的现金		0201	流入
09	取得投资收益所收到的现金		0201	流入
10	处置固定资产、无形资产和其他长期资产所收回的...		0201	流入
11	处置子公司及其他营业单位收到的现金净额		0201	流入
12	收到的其他与投资活动有关的现金		0201	流入
13	购建固定资产、无形资产和其他长期资产所支付的...		0202	流出
14	投资所支付的现金		0202	流出
15	取得子公司及其他营业单位支付的现金净额		0202	流出
16	支付的其他与投资活动有关的现金		0202	流出
17	吸收投资所收到的现金		0301	流入
18	借款所收到的现金		0301	流入
19	收到的其他与筹资活动有关的现金		0301	流入
20	偿还债务所支付的现金		0302	流出
21	分配股利、利润或偿还利息所支付的现金		0302	流出
22	支付的其他与筹资活动有关的现金		0302	流出
23	汇率变动对现金的影响		0401	流入
24	现金及现金等价物净增加额		0501	流入
25	与现金流量变化无关业务		06	流入

图 11－10　现金流量项目录

3. 录入现金流量项目的初始数据

录入方法与项目初始数据录入相同，双击“业务工作＼财务会计＼总账＼设置＼期初余额”选项，打开“期初录入”窗口，在“期初录入”中双击期初余额栏，打开“辅助期初余额”窗口，在“辅助期初余额”中录入现金流量项目的目录及金额，如果启用月份为 1，那么录入的项目是新增的与现金流量变化无关业务，如果是年中建账的话，则需按详细的现金流量项目来录入期初数据，如图 11－11 所示。

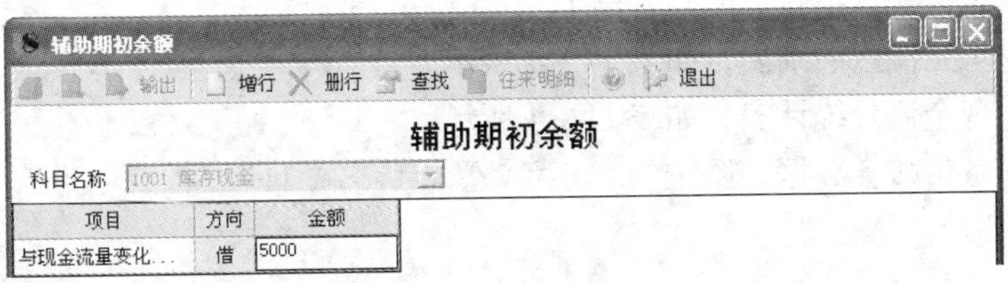

项目	方向	金额
与现金流量变化...	借	5000

图 11－11　项目核算现金流量期初数据输入

4. 输入涉及现金流量的记账凭证

输入凭证时，在输入完成现金及现金等价物的会计科目后，出现“项目核算”对话框，选择或输入现金流量表中的项目代码，单击“确定”按钮，如果现金流量业务包括两个或两个以上的现金流量项目时，则需将科目分开来录入，如图 11－12 所示。

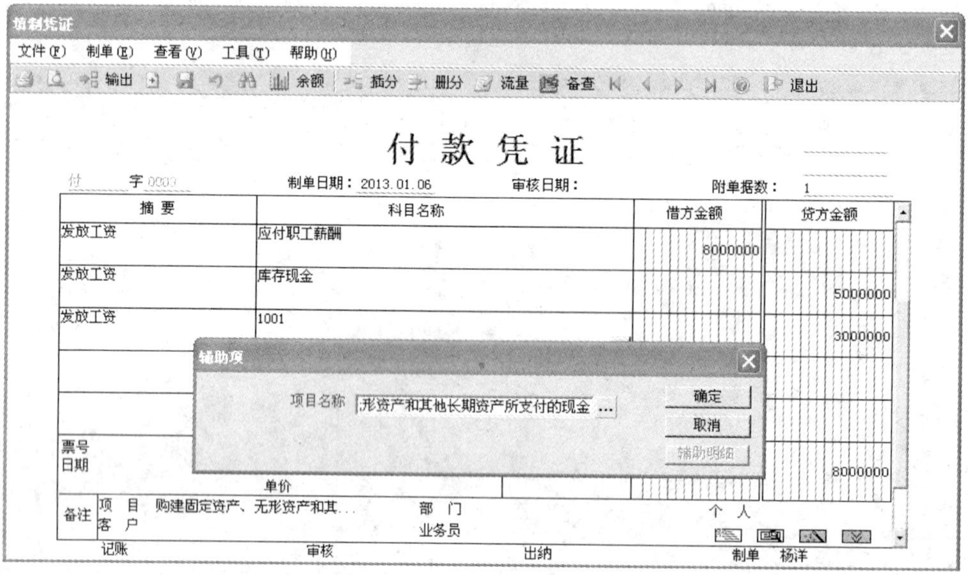

图 11－12 确认现金流量项目

5. 凭证审核、记账

所有的凭证录入完成后，换人对凭证进行审核、记账。

6. 输出现金流量项目账

双击“账表＼项目辅助账”选项，可以查询现金流量项目账所有类型账表的数据。如图 11－13 所示。

五、实训结果

（1）现金流量项目总账，如图 11－13 所示。

（2）现金流量明细表，如表 11－3 所示。

（3）现金流量统计表，如表 11－4 所示。

（4）备份账套数据，路径为“F：＼学生姓名＼11”，查看“11”文件夹的备份文件。

项目总账

金额式

部门

月份：2013.01-2013.01

项目编码	项目名称	方向	期初余额	本期借方发生	本期贷方发生	方向	期末余额
01	销售商品、提供劳务收到的	平		585,000.00		借	585,000.00
02	收到的税费返还	平		8,600.00		借	8,600.00
03	收到的其他与经营活动的现	平		1,000.00		借	1,000.00
04	购买商品、接受劳务支付的	平			117,000.00	贷	117,000.00
05	支付给职工以及为职工支付	平			50,000.00	贷	50,000.00
06	支付的各项税费	平			50,000.00	贷	50,000.00
07	支付的与其他经营活动有关	平			1,200.00	贷	1,200.00
08	收回投资所收到的现金	平		120,000.00		借	120,000.00
09	取得投资收益所收到的现金	平		5,000.00		借	5,000.00
10	处置固定资产、无形资产和	平		3,800.00		借	3,800.00
11	处置子公司及其他营业单位	平		120,000.00		借	120,000.00
12	收到的其他与投资活动有关	平		10,000.00		借	10,000.00
13	购建固定资产、无形资产和	平			30,000.00	贷	30,000.00
14	投资所支付的现金	平			250,000.00	贷	250,000.00
15	取得子公司及其他营业单位	平			700,000.00	贷	700,000.00
16	支付的其他与投资活动有关	平			10,000.00	贷	10,000.00
17	吸收投资所收到的现金	平		78,000.00		借	78,000.00
18	借款所收到的现金	平		200,000.00		借	200,000.00
19	收到的其他与筹资活动有关	平		50,000.00		借	50,000.00
20	偿还债务所支付的现金	平			100,000.00	贷	100,000.00
21	分配股利、利润或偿还利息	平			15,000.00	贷	15,000.00
22	支付的其他与筹资活动有关	平			25,000.00	贷	25,000.00
23	汇率变动对现金的影响	平		200.00		借	200.00

图 11－13　现金流量项目总账

实训项目十二

总账系统综合实验

一、实训目标

通过本次实训，要求学生在规定的时间内独立完成实训任务，加强对总账系统知识的理解，熟练掌握总账系统所学内容的操作要求和方法，提高学生的综合账务处理能力。

二、实训内容

★ 系统管理
★ 账务系统初始化
★ 日常账务处理
★ 期末账务处理
★ 辅助账务处理

三、实训资料

（一）建账资料

（1）账套号：012。
（2）账套名称：所在班级 + 账务综合。
（3）账套路径：F：\ 012。
（4）启用会计期：2013.01。
（5）单位名称：新世纪有限责任公司。
（6）单位简称：新世纪，法人代表：李玉。
（7）企业类型：工业。
（8）行业性质：2007 年新会计制度科目。
（9）账套主管：Demo。
（10）不选择“按行业性质预置科目”。
（11）存货不分类，客户、供应商分类。

(12) 有外币业务核算。

(13) 科目编码级次：4 级 (4 - 2 - 2 - 2)。

(14) 部门：2 级 (2 - 2)。

(15) 客户分类：2 级 (2 - 2)。

(16) 供应商分类 2 级 (2 - 2)。

(17) 其他信息默认。

(18) 启用总账系统：2013 年 1 月 1 日。

(二) 用户及其权限

用户及其权限，如表 12 - 1 所示。

表 12 - 1　　用户及其权限一览表

编号	姓名	认证方式	口令	权　限
1	自己姓名	用户 + 口令	1	011 账套主管
2	丁玲	用户 + 口令	2	公用目录设置，总账（现金流量期初录入、填制凭证、凭证整理、实时销账查询、查询凭证、科目汇总、期末）
3	李海	用户 + 口令	3	总账（出纳签字、出纳）
4	王萌	用户 + 口令	4	总账（审核凭证、查询凭证、记账、账表）
demo	demo			取消账套主管

(三) 基础设置—基础档案（操作员：自己）

(1) 部门档案及固定资产初余额，如表 12 - 2 所示。

表 12 - 2　　部门档案及固定资产初余额一览表

部门编码	部门名称	固定资产（年初余额）/元
01	生产部门	
0101	一车间	1 500 000
0102	二车间	1 800 000
02	管理部门	
0201	财务科	120 000
03	销售部门	450 000
	合计	3 870 000

(2) 客户分类、档案及未结清往来业务，如表 12 - 3 所示。

表 12 -3　　客户分类、档案及未结清往来业务一览表

客户分类	分类编码			分类名称				
	01			长期客户				
	02			短期客户				
客户档案	编码	简称	所属分类	科目	业务发生日期	摘要	方向	金额/元
	0101	天美	01	应收账款	2012. 05. 17	销售	借	702 000
	0201	百丽	02	应收账款	2012. 10. 12	销售	贷	350 000

（3）供应商分类、档案及未结清往来业务，如表 12 -4 所示。

表 12 -4　　供应商分类、档案及未结清往来业务一览表

供应商分类	分类编码			分类名称				
	01			固定供应商				
	02			临时供应商				
供应商档案	编码	简称	所属分类	科目	业务发生日期	摘要	方向	金额/元
	0101	秦阳	01	应付账款	2012. 08. 15	采购	贷	585 000
	0201	国贸	02	应付账款	2012. 09. 10	采购	借	200 000

（4）外币设置。

币符：USD　　币名：美元　　折算方式：外币 × 汇率 = 本位币

固定汇率　　1 月份记账汇率 6. 3　　其他信息默认

（5）会计科目及年初余额，如表 12 -5 所示。

表 12 -5　　会计科目及年初余额一览表

科目编码	科目名称	类型	账页格式	辅助核算	方向	年初余额/元
1001	库存现金	资产	金额式	日记	借	5 600
1002	银行存款	资产	金额式	日记	借	463 000
100201	工行存款	资产	金额式	日记、银行	借	400 000
100202	建行存款	资产	外币金额	日记	借	63 000
1122	应收账款	资产	金额式	客户	借	352 000
1123	预付账款	资产	金额式		借	12 000
112301	C 公司	资产	金额式		借	25 000
112302	D 公司	资产	金额式		贷	13 000
1131	应收股利	资产	金额式		借	45 000
1132	应收利息	资产	金额式		借	36 000

续表

科目编码	科目名称	类型	账页格式	辅助核算	方向	年初余额/元
1221	其他应收款	资产	金额式		借	101 000
1231	坏账准备	资产	金额式		贷	8 080
1403	原材料	资产	金额式		借	44 000
140301	甲材料	资产	数量金额 单位：公斤		借	20 000 数量：2 000
140302	乙材料	资产	数量金额 单位：公斤		借	24 000 数量：1 500
1405	库存商品	资产	金额式		借	520 000
140501	A 产品	资产	数量金额 单位：台		借	360 000 数量：9 000
140502	B 产品	资产	数量金额 单位：盒		借	160 000 数量：8 000
1471	存货跌价准备	资产	金额式		贷	2 300
1501	持有至到期投资	资产	金额式		借	586 000
150101	成本	资产	金额式		借	500 000
150102	利息调整	资产	金额式		借	86 000
1503	可供出售金融资产	资产	金额式		借	800 000
1511	长期股权投资	资产	金额式		借	1 425 000
151101	成本	资产	金额式		借	1 425 000
1521	投资性房地产	资产	金额式		借	1 634 000
152101	写字楼	资产	金额式		借	1 634 000
1522	投资性房地产累计折旧	资产	金额式		贷	163 400
1523	投资性房地产减值准备	资产	金额式		贷	42 000
1532	未实现融资收益	资产	金额式		贷	
1601	固定资产	资产	金额式	部门	借	3 870 000
1602	累计折旧	资产	金额式		贷	387 000
1603	固定资产减值准备	资产	金额式		贷	56 000
1604	在建工程	资产	金额式	项目	借	120 000
1605	工程物资	资产	金额式		借	46 000
1701	无形资产	资产	金额式		借	980 000
170101	商标权	资产	金额式		借	980 000
2202	应付账款	负债	金额式	供应商	贷	385 000
2203	预收账款	负债	金额式		贷	14 000
220301	E 公司	负债	金额式		贷	56 000

续表

科目编码	科目名称	类型	账页格式	辅助核算	方向	年初余额/元
220302	F公司	负债	金额式		借	42 000
2211	应付职工薪酬	负债	金额式		贷	
221101	工资	负债	金额式		贷	
221102	非货币性福利	负债	金额式		贷	
221103	带薪休假	负债	金额式		贷	
2221	应交税费	负债	金额式		贷	656 000
222101	应交增值税	负债	金额式		贷	
22210101	进项税	负债	金额式		贷	
22210102	销项税	负债	金额式		贷	
22210103	转出未交增值税	负债	金额式		贷	
222102	未交增值税	负债	金额式		贷	656 000
2401	递延收益	负债	金额式		贷	
2701	长期应付款	负债	金额式		贷	838 000
2801	预计负债	负债	金额式		贷	
2901	递延所得税负债	负债	金额式		贷	
4001	实收资本	权益	金额式		贷	7 059 820
4002	资本公积	权益	金额式		贷	453 000
4101	盈余公积	权益	金额式		贷	289 000
4103	本年利润	权益	金额式		贷	
4104	利润分配	权益	金额式		贷	742 000
410401	未分配利润	权益	金额式		贷	742 000
5001	生产成本	成本	金额式		借	56 000
500101	直接材料	成本	金额式	项目	借	34 000
500102	直接人工	成本	金额式	项目	借	12 000
500103	制造费用	成本	金额式	项目	借	10 000
5002	辅助生产成本	成本	金额式		借	
5101	制造费用	成本	金额式		借	
5201	劳务成本	成本	金额式		借	
6001	主营业务收入	损益	金额式		收入	
6051	其他业务收入	损益	金额式		收入	
6111	投资收益	损益	金额式		收入	
6401	主营业务成本	损益	金额式		支出	
6402	其他业务成本	损益	金额式		支出	
6602	管理费用	损益	金额式		支出	

续表

科目编码	科目名称	类型	账页格式	辅助核算	方向	年初余额/元
6603	财务费用	损益	金额式		支出	
6701	资产减值损失	损益	金额式		支出	
670101	房地产减值损失	损益	金额式		支出	
670102	固定资产减值损失	损益	金额式		支出	
670103	存货减值损失	损益	金额式		支出	
6711	营业外支出	损益	金额式		支出	
6801	所得税费用	损益	金额式		支出	

科目共 81 个，其中资产 37 个，负债 18 个，权益 6 个，成本 7 个，损益 13 个。

（6）指定科目。现金总账科目：1001；银行总账科目：1002；现金流量科目：1001、100201、100202。

（7）项目目录。

①项目大类及分类，如表 12－6 所示。

表 12－6　　项目大类及分类一览表

项目大类名称	级次	核算科目	项目分类		项目目录		年初余额/元
			编码	名称	编码	名称	
工程（普通）	1 级 2 位	在建工程	01	新建	01	厂房	80 000
			02	改造	02	生产线	40 000
产品（普通）	1 级 2 位	直接材料 直接人工 制造费用	03	高端	03	A 产品	
			04	中端	04	B 产品	

②产品余额表，如表 12－7 所示。

表 12－7　　产品余额表一览表

名　　称	核算科目	年初余额/元
A 产品	直接材料	20 000
	直接人工	6 000
	制造费用	5 500
B 产品	直接材料	14 000
	直接人工	6 000
	制造费用	4 500

（8）凭证类别，如表 12－8 所示。

表 12－8　　凭证类别一览表

类别字	类别名称	限制类型	限制科目
收	收款凭证	借方必有	1001，1002
付	付款凭证	贷方必有	1001，1002
转	转账凭证	凭证必无	1001，1002

（9）收付结算，如表 12－9 所示。

表 12－9　　收付结算一览表

结算方式编码	1	2	3	4
结算方式名称	现金支票	转账支票	委托收款	其他
是否票据管理	是	是	否	否

（10）业务参数。

财务会计中总账参数：选择支票控制，可以使用应收、应付受控科目，取消现金流量科目必录现金流量项目，其他参数默认。

（四）业务工作—财务会计—总账—初始部分

（1）设置——录入期初余额。

期初余额试算平衡数据：10 436 820。

（2）出纳——银行对账——银行对账期初录入，如表 12－10 所示。

表 12－10　工行存款 2012 年 12 月余额调节表（对账单余额方向为借方）

单位日记账		金额	银行对账单		金额/元
	结算方式、票号	400 000		结算方式、票号	420 000
加：银收企未收	委托收款　1223	66 000	加：企收银未收	其他　1226	55 000
减：银付企未付	其他　1224	13 000	减：企付银未付	转账支票　1225	22 000
调整后的余额		453 000	调整后的余额		453 000

假设其中的未达账项的日期均为 2012. 12. 31。

（3）期末——转账定义。

①自定义转账。

转账序号：1，　转账说明：转出本月未交增值税，　凭证类别：转账凭证

科目编码：22210103，　方向：借，　金额公式：借贷平衡差额

科目编码：222102，　方向：贷，　金额公式：净发生额（222101，月）

②汇兑损益。

凭证类别：收款凭证，　汇兑损益入账科目：6603，　是否计算汇兑损益：Y

③期间损益。

凭证类别：转账凭证，　本年利润科目：4103

（五）业务工作—财务会计—总账—日常业务

2013 年 1 月发生如下经济业务，由丁玲完成凭证处理，由李海完成出纳签字，由王萌完成凭证审核、记账。

1.（转 1）1 月 1 日，采购材料，附件：2 张

借：原材料——甲材料（数量：90 000　单价：10）　900 000. 00

　　应交税费——应交增值税（进项税）　153 000. 00

　贷：应付账款（供应商：秦阳）　1 053 000. 00

2.（付 1）1 月 1 日，购买股票（注意登记支票），附件：2 张

借：长期股权投资——成本　163 400. 00

　　应收股利　600. 00

　贷：银行存款——工行存款（结算方式：转支　票号：0101）　164 000. 00

3.（付 2）1 月 2 日，写字楼对外出租（注意登记支票），附件：3 张

借：投资性房地产——写字楼　120 000. 00

　贷：银行存款——工行存款（结算方式：转支　票号：0102）　120 000. 00

4.（转 2）1 月 2 日，计提房地产折旧，附件：3 张

借：其他业务成本　750. 00

　贷：投资性房地产累计折旧　750. 00

5.（收 1）1 月 3 日，收到租金，附件：1 张

借：银行存款——工行存款（结算方式：委托　票号：1223）　66 000. 00

　贷：其他业务收入　66 000. 00

6.（付 3）1 月 3 日，房地产日常维修，附件：3 张

借：其他业务成本　13 000. 00

　贷：银行存款——工行存款（结算方式：其他　票号：1224）　13 000. 00

7.（转 3）1 月 4 日，计提减值准备，附件：1 张

借：资产减值损失——房地产减值损失　30 000. 00

　贷：投资性房地产减值准备　30 000. 00

8.（付 4）1 月 4 日，购入工程物资，附件：2 张

借：工程物资　35 100. 00

　贷：银行存款——工行存款（结算方式：委托　票号：0104）　35 100. 00

9.（转 4）1 月 5 日，工程领料，附件：1 张

借：在建工程（项目：厂房）　37 440. 00

贷：原材料——乙材料（数量：2340　单价：16）　37 440. 00

10.（转 5）1 月 5 日，工程领用物资，附件：1 张

借：在建工程（项目：厂房）　27 250. 00

贷：工程物资　27 250. 00

11.（转 6）1 月 6 日，工程物资盘亏、报废及毁损，附件：4 张

借：在建工程（项目：厂房）　1 800. 00

其他应收款　3 000. 00

贷：工程物资　4 800. 00

12.（转 7）1 月 6 日，辅助车间为工程提供劳务，附件：1 张

借：在建工程（项目：厂房）　3 500. 00

贷：辅助生产成本　3 500. 00

13.（转 8）1 月 7 日，计提工程人员职工薪酬，附件：1 张

借：在建工程（项目：厂房）　65 800. 00

贷：应付职工新酬——工资　65 800. 00

14.（转 9）1 月 7 日，工程完工交付使用，附件：3 张

借：固定资产（新增部门：代码 0103　名称　三车间）　215 790. 00

贷：在建工程（项目：厂房）　215 790. 00

15.（转 10）1 月 8 日，固定资产转入改扩建，附件：3 张

借：在建工程（项目：生产线）　384 376. 66

累计折旧　183 623. 34

贷：固定资产（部门：二车间）　568 000. 00

16.（付 5）1 月 8 日，改扩建工程支出（注意登记支票），附件：3 张

借：在建工程（项目：生产线）　26 890. 00

贷：银行存款——工行存款（结算方式：转支　票号：0108）　26 890. 00

17.（转 11）1 月 9 日，工程完工支付使用，附件：1 张

借：固定资产（部门：二车间）　411 266. 66

贷：在建工程（项目：生产线）　411 266. 66

18.（转 12）1 月 9 日，分期付款购买商标权，附件：4 张

借：无形资产——商标权　497 380. 00

未实现融资收益　102 620. 00

贷：长期应付款　600 000. 00

19.（付 6）1 月 10 日，付款，附件：1 张

借：长期应付款　20 000. 00

贷：银行存款——工行存款（结算方式：其他　票号：0110）　20 000. 00

20.（转 13）1 月 10 日，确认费用，附件：1 张

借：财务费用　4 973. 00

贷：未实现融资收益　4 973. 00

21.（转 14）1 月 11 日，以库存商品换入生产设备，附件：2 张

借：固定资产（部门：三车间）　87 750. 00

贷：主营业务收入　75 000. 00

应交税费——应交增值税（销项税额）　12 750. 00

22.（转 15）1 月 11 日，结转视同销售成本，附件：1 张

借：主营业务成本　40 000. 00

贷：库存商品——A 产品（数量：1 000　单价：40）　40 000. 00

23.（转 16）1 月 12 日，计提固定资产准备，附件：1 张

借：资产减值损失——固定资产减值损失　50 350. 00

贷：固定资产减值准备　50 350. 00

24.（转 17）1 月 12 日，以产品发放非货币性福利，附件：1 张

借：应付职工薪酬——非货币性福利　32 760. 00

贷：主营业务收入　28 000. 00

应交税费——应交增值税（销项税额）　4 760. 00

25.（转 18）1 月 13 日，分配非货币福利，附件：1 张

借：生产成本——直接人工(A 产品）　12 846. 00

（B 产品）　15 000. 00

管理费用　4 914. 00

贷：应付职工薪酬——非货币性福利　32 760. 00

26.（转 19）1 月 13 日，实际发放时，附件：1 张

借：主营业务成本　20 000. 00

贷：库存商品——A 产品（数量：300　单价：40）　12 000. 00

库存商品——B 产品（数量：400　单价：20）　8 000. 00

27.（付 7）1 月 14 日，支付未使用带薪休假，附件：1 张

借：应付职工薪酬——带薪休假　500. 00

贷：库存现金　500. 00

28.（转 20）1 月 14 日，债务重组，附件：4 张

借：库存商品——A 产品（数量：2 000 件　单价：40）　80 000. 00

应交税费——应交增值税（进项税额）　13 600. 00

在建工程（新增项目：编码 05　名称　设备　分类码：01）

85 000. 00

坏账准备　1 800. 00

营业外支出　53 600. 00

贷：应收账款（客户：天美）　234 000. 00

29.（付 8）1 月 15 日，支付安装成本，附件：1 张

借：在建工程（项目：设备） 1 500.00
　贷：银行存款——工行存款（结算方式：其他　票号：0115） 1 500.00

30.（转21）1月15日，安装后交付使用，附件：1张
借：固定资产（部门：三车间） 86 500.00
　贷：在建工程（项目：设备） 86 500.00

31.（转22）1月16日，确认或有负债，附件：1张
借：管理费用 3 000.00
　　营业外支出 19 000.00
贷：预计负债 22 000.00

32.（转23）1月16日，销售产品，附件：1张
借：应收账款（客户：天美） 117 000.00
　贷：主营业务收入 100 000.00
　　　应交税费——应交增值税（销项税额） 17 000.00

33.（转24）1月17日，结转销售成本，附件：1张
借：主营业务成本 60 000.00
　贷：库存商品——B产品（数量：3 000　单价：20） 60 000.00

34.（收2）1月17日，收到货款（有现金折扣），附件：1张
借：银行存款——工行存款（结算方式：其他　票号：0117） 115 000.00
　　财务费用 2 000.00
　贷：应收账款（客户：天美） 117 000.00

35.（付9）1月18日，销售退回（注意登记支票），附件：2张
借：主营业务收入 5 000.00
　　应交税费——应交增值税（销项税额） 850.00
　贷：银行存款——工行存款（结算方式：转支　票号：0118） 5 850.00

36.（转25）1月18日，结转销售退回成本，附件：1张
借：库存商品——B产品（数量：130　单价：20） 2 600.00
　贷：主营业务成本 2 600.00

37.（收3）1月19日，预收劳务款，附件：1张
借：银行存款——工行存款（结算方式：转支　票号：0119） 440 000.00
　贷：预收账款——E公司 440 000.00

38.（转26）1月19日，实际劳务成本，附件：1张
借：劳务成本 280 000.00
　贷：应付职工薪酬——工资 280 000.00

39.（转27）1月20日，确认劳务收入，附件：1张
借：预收账款——E公司 440 000.00
　贷：主营业务收入 440 000.00

40.（转 28）1 月 20 日，结转劳务成本，附件：1 张

借：主营业务成本　280 000. 00

　贷：劳务成本　280 000. 00

41.（转 29）1 月 21 日，确认应收财政补贴款，附件：1 张

借：其他应收款　390 000. 00

　贷：递延收益　390 000. 00

42.（收 4）1 月 21 日，实际收到财政补贴款，附件：1 张

借：银行存款——工行存款（结算方式：转支　票号：0121）390 000. 00

　贷：其他应收款　390 000. 00

43.（转 30）1 月 22 日，计入当期收益，附件：1 张

借：递延收益　130 000. 00

　贷：营业外收入（编码：6301　方向：收入）　130 000. 00

44.（转 31）1 月 22 日，调整股票价值，附件：2 张

借：可供出售金融资产　400 000. 00

　贷：资本公积　400 000. 00

45.（转 32）1 月 23 日，调整所得税，附件：1 张

借：资本公积　100 000. 00

　贷：递延所得税负债　100 000. 00

46.（付 10）1 月 23 日，购入债券（注意登记支票），附件：2 张

借：持有至到期投资——成本　1 250 000. 00

　贷：银行存款——工行存款（结算方式：转支　票号：0123）1 000 000. 00

　　持有至到期投资——利息调整　250 000. 00

47.（转 33）1 月 24 日，确认利息，附件：1 张

借：应收利息　59 000. 00

　持有至到期投资——利息调整　41 000. 00

　贷：投资收益　100 000. 00

48.（收 5）1 月 24 日，收到票面利息款，附件：1 张

借：银行存款——工行存款（结算方式：委托　票号：0124）　59 000. 00

　贷：应收利息　59 000. 00

49.（转 34）1 月 25 日，计提存货跌价准备，附件：1 张

借：存货跌价准备　15 000. 00

　贷：资产减值损失——存货减值损失　15 000. 00

50.（转 35）1 月 26 日，生产领料，附件：1 张

借：生成成本——直接材料(A 产品)　40 000. 00

　　　　　　　　　　　（B 产品）　20 000. 00

　贷：原材料——甲材料（数量：6 000　单价 10）　60 000. 00

51.（转 36）1 月 26 日，分配工资，附件：1 张

借：生成成本——直接人工(A 产品）　　120 000. 00

　　　　　　　　　　(B 产品）　　80 000. 00

　　　　　　　　　　制造费用　　40 000. 00

　　　　　　　　　　管理费用　　50 000. 00

　贷：应付职工薪酬——工资　　290 000. 00

52.（转 37）1 月 27 日，结转制造费用，附件：1 张

借：生成成本——制造费用(A 产品）　　28 000. 00

　　　　　　　　　　(B 产品）　　12 000. 00

　贷：制造费用　　40 000. 00

53.（转 38）1 月 28 日，A 产品完工入库，附件：3 张

借：库存商品——A 产品（数量：4625 单价：40）　　185 000. 00

　贷：生产成本——直接材料（A 产品）　　45 000. 00

　　　生产成本——直接人工（A 产品）　　120 000. 00

　　　生产成本——制造费用（A 产品）　　20 000. 00

54.（转 39）1 月 30 日，本月应交所得税，附件：1 张

借：所得税费用　　47 553. 25

　贷：应交税费——应交所得税（新增编码 222103 方向：贷）　47 553. 25

（六）业务工作—财务会计—总账—期末业务（由丁玲完成转账生成）

（1）转账生成。

①自定义转账生成。

借：应交税费——应交增值税（转出未交增值税）　　－132 940. 00

　贷：应交税费——未交增值税　　－132 940. 00

②汇兑损益结转。

在基础设置——基础档案——财务——外币设置中设置期末汇率为 6. 32

借：银行存款——建行存款　　200. 00

　贷：财务费用　　200. 00

③以上两笔业务出纳签字、审核、记账后，分别收入与支出结转期间损益。

注意：需在转账定义—期间损益，为新增的损益科目定义本年利润科目。

按收入结转生成的凭证数据如下：

借：主营业务收入　　638 000. 00

　　其他业务收入　　66 000. 00

　　投资收益　　100 000. 00

　　营业外收入　　130 000. 00

　贷：本年利润　　934 000. 00

按支出结转生成的凭证数据如下：

借：本年利润　661 340.25

　贷：主营业务成本　397 400.00

　　其他业务成本　13 750.00

　　管理费用　57 914.00

　　财务费用　6 773.00

　　资产减值损失——房地产减值损失　30 000.00

　　资产减值损失——固定资产减值损失　50 350.00

　　资产减值损失——存货减值损失　-15 000.00

　　营业外支出　72 600.00

　　所得税费用　47 553.25

（2）由账套主管完成审核、记账、对账与结账。

试算平衡数据：13 574 393。

（七）业务工作—财务会计—总账—出纳（李海）

（1）期末银行对账单，如表 12-11 所示。

表 12-11　　工行存款 2013 年 1 月对账单

元

日期	结算方式	票号	借方金额	贷方金额	余额
2013.01.01					420 000
2013.01.02	4	1226	55 000		
2013.01.03	2	1225		22 000	
2013.01.04	2	0101		164 000	
2013.01.05	2	0102		120 000	
2013.01.08	3	0104		35 100	
2013.01.12	2	0108		26 890	
2013.01.14	4	0110		20 000	
2013.01.16	4	0115		1 500	
2013.01.19	4	0117	115 000		
2013.01.20	2	0118		5 850	
2013.01.21	2	0123		1 000 000	
2013.01.24	2	0119	440 000		
2013.01.25	1	0125	425 000		
2013.01.26	3	0120	20 000		79 660

（2）自动银行对账。

对账标准：截止日期：2013.01.31，日期相差31天，结算方式票号相同。

自动对账结果：14笔已达账项，各有两笔未达账项。

（3）查询银行余额调节表。

（八）业务工作—财务会计—总账—现金流量表（账套主管）

（1）现金流量凭证查询，补充登记现金流量，如表12－12所示。

表12－12　补充登记现金流量

凭证字	现流代码	凭证字	现流代码	凭证字	现流代码	凭证字	现流代码
收1	03	收2	01	收3	01	收4	03
收5	09	收6	23	付1	14 （163 400） 16 （600）	付2	14
付3	07	付4	13	付5	13	付6	13
付7	05	付8	13	付9	07	付10	14

（2）查询现金流量明细表与现金流量统计表。

（九）业务工作—财务会计—总账—账表

（1）科目账：查询余额表。

（2）客户往来辅助账：客户往来两清（天美：逐笔勾对2笔）。

（3）供应商往来辅助账：供应商往来两清。

四、实训指导（略）

五、实训结果

（1）银行存款余额调节表，如图12－1所示。

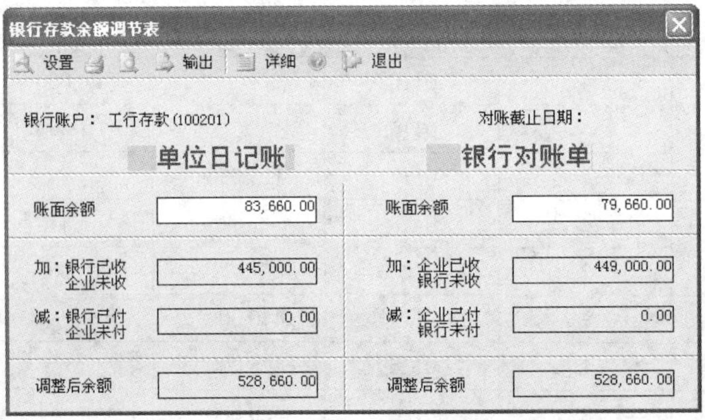

图12－1　银行存款余额调节

（2）现金流量统计表，如图 12－2 所示。

现金流量项目	方向	金额
销售商品、提供劳务收到的现金(01)	流入	555,000.00
收到的其他与经营活动的现金(03)	流入	456,000.00
现金流入(0101)(分类小计)	净流入	1,011,000.00
支付给职工以及为职工支付的现金(05)	流出	500.00
支付的与其他经营活动有关的现金(07)	流出	18,850.00
现金流出(0102)(分类小计)	净流出	19,350.00
经营活动(01)(分类小计)	净流入	991,650.00
取得投资收益所收到的现金(09)	流入	59,000.00
现金流入(0201)(分类小计)	净流入	59,000.00
购建固定资产、无形资产和其他长期资产所支付的现金	流出	83,490.00
投资所支付的现金(14)	流出	1,283,400.00
支付的其他与投资活动有关的现金(16)	流出	600.00
现金流出(0202)(分类小计)	净流出	1,367,490.00
投资活动(02)(分类小计)	净流出	1,308,490.00
汇率变动对现金的影响(23)	流入	200.00
汇率变动(0401)(分类小计)	净流入	200.00
汇率变动(04)(分类小计)	净流入	200.00

图 12－2　现金流量统计表

（3）科目余额表，如图 12－3 所示。

科目编码	科目名称	期初余额		本期发生		期末余额	
		借方	贷方	借方	贷方	借方	贷方
1001	库存现金	5,600.00			500.00	5,100.00	
1002	银行存款	463,000.00		1,070,200.00	1,386,340.00	146,860.00	
1122	应收账款	352,000.00		117,000.00	351,000.00	118,000.00	
1123	预付账款	12,000.00				12,000.00	
1131	应收股利	45,000.00		600.00		45,600.00	
1132	应收利息	36,000.00		59,000.00	59,000.00	36,000.00	
1221	其他应收款	101,000.00		393,000.00	390,000.00	104,000.00	
1231	坏账准备		8,080.00	1,800.00			6,280.00
1403	原材料	44,000.00		900,000.00	97,440.00	846,560.00	
1405	库存商品	520,000.00		267,600.00	120,000.00	667,600.00	
1471	存货跌价准备		2,300.00	15,000.00		12,700.00	
1501	持有至到期投资	586,000.00		1,291,000.00	250,000.00	1,627,000.00	
1503	可供出售金融资产	800,000.00		400,000.00		1,200,000.00	
1511	长期股权投资	1,425,000.00		163,400.00		1,588,400.00	
1521	投资性房地产	1,634,000.00		120,000.00		1,754,000.00	
1522	投资性房地产累计		163,400.00		750.00		164,150.00
1523	投资性房地产减值		42,000.00		30,000.00		72,000.00
1532	未实现融资收益			102,620.00	4,973.00	97,647.00	
1601	固定资产	3,870,000.00		801,306.66	568,000.00	4,103,306.66	
1602	累计折旧		387,000.00	183,623.34			203,376.66
1603	固定资产减值准备		56,000.00		50,350.00		106,350.00
1604	在建工程	120,000.00		633,556.66	713,556.66	40,000.00	
1605	工程物资	46,000.00		35,100.00	32,050.00	49,050.00	
1701	无形资产	980,000.00		497,380.00		1,477,380.00	

图 12－3　科目余额表

科目编码	科目名称	期初余额		本期发生		期末余额	
		借方	贷方	借方	贷方	借方	贷方
资产小计		11,039,600.0	658,780.00	7,052,186.66	4,053,959.66	13,931,203.66	552,156.66
2202	应付账款		385,000.00		1,053,000.00		1,438,000.00
2203	预收账款		14,000.00	440,000.00	440,000.00		14,000.00
2211	应付职工薪酬			33,260.00	668,560.00		635,300.00
2221	应交税费		656,000.00	34,510.00	-50,876.75		570,613.25
2401	递延收益			130,000.00	390,000.00		260,000.00
2701	长期应付款		838,000.00	20,000.00	600,000.00		1,418,000.00
2801	预计负债				22,000.00		22,000.00
2901	递延所得税负债				100,000.00		100,000.00
负债小计			1,893,000.0	657,770.00	3,222,683.25		4,457,913.25
4001	实收资本		7,059,820.0				7,059,820.00
4002	资本公积		453,000.00	100,000.00	400,000.00		753,000.00
4101	盈余公积		289,000.00				289,000.00
4103	本年利润			661,340.25	934,000.00		272,659.75
4104	利润分配		742,000.00				742,000.00
权益小计			8,543,820.0	761,340.25	1,334,000.00		9,116,479.75
5001	生产成本	56,000.00		327,846.00	185,000.00	198,846.00	
5002	辅助生产成本				3,500.00		3,500.00
5101	制造费用			40,000.00	40,000.00		
5201	劳务成本			280,000.00	280,000.00		
成本小计		56,000.00		647,846.00	508,500.00	198,846.00	3,500.00
6001	主营业务收入			643,000.00	643,000.00		
6051	其他业务收入			66,000.00	66,000.00		
6111	投资收益			100,000.00	100,000.00		
6301	营业外收入			130,000.00	130,000.00		
6401	主营业务成本			400,000.00	400,000.00		
6402	其他业务成本			13,750.00	13,750.00		
6602	管理费用			57,914.00	57,914.00		
6603	财务费用			6,973.00	6,973.00		
6701	资产减值损失			80,350.00	80,350.00		
6711	营业外支出			72,600.00	72,600.00		
6801	所得税费用			47,553.25	47,553.25		
损益小计				1,618,140.25	1,618,140.25		
合计		11,095,600.0	11,095,600.	10,737,283.16	10,737,283.16	14,130,049.66	14,130,049.66

图 12－3 科目余额表（续）

（4）客户往来两清单，如图 12－4 所示。

客户往来勾对结果

科目	客户	专认勾对	逐笔勾对	全额勾对	部门勾对	项目勾对	票号勾对	业务员勾
1122(应收账款)	天美		2					

图 12－4 客户往来两清单

（5）备份账套数据，路径为“F：\ 学生姓名 \ 12”，查看“12”文件夹的备份文件。

实训项目十三

报表系统初始设置

一、实训目标

通过本次实验，要求学生熟悉 UFO 报表管理系统基本功能及报表初始设置的具体内容，掌握报表管理格式设计与公式定义的具体内容及操作方法，理解报表管理子系统的数据状态与格式状态的区别。

二、实训内容

★ 文件管理
★ 文件保护
★ 自定义报表格式
★ 套用报表模板
★ 设置关键字
★ 定义单元计算公式
★ 定义单元审核公式

三、实训资料

（一）实训准备

（1）引入“F：\ 学生姓名 \ 12”文件夹中备份的账套数据，即恢复实训项目十二的数据结果。

（2）以账套主管的身份进入企业应用平台。

（3）进入 UFO 系统。

（二）新建报表

（1）新建资产负债表。

（2）新建利润表。

（3）新建现金流量表。

（三）保存报表

（1）保存路径为“F：\ 学生姓名 \ 13”，文件名为新建报表名。
（2）另存为：更改自己的报表存储路径到桌面，文件名保持不变。

（四）删除报表

（1）删除桌面上资产负债表的结构。
（2）删除桌面上保存的所有报表文件。

（五）设置口令

（1）给资产负债表、利润表、现金流量表设置口令。
①文件口令：打开口令为1。
②格式保护口令：保护口令为“2”。
（2）修改所有打开口令和保护口令，口令自行设置。

（六）自定义利润表格式。

（1）打开报表：打开新建的利润表。
（2）利润表格式，如表13－1所示。

表13－1　　利润表

会企02表
编制单位：新世纪有限责任公司　　　年　　月　　　单位：元

项　　目	本期金额	上期金额
一、营业收入		
减：营业成本		
营业税金及附加		
销售费用		
管理费用		
财务费用		
资产减值损失		
加：公允价值变动收益（损失以“－”号填列）		
投资收益		
其中：对联营企业和合营企业的投资收益		
二、营业利润		
加：营业外收入		
减：营业外支出		

续表

项　　目	本期金额	上期金额
其中：非流动资产处置损失		
三、利润总额（亏损总额以“-”号填列）		
减：所得税费用		
四、净利润（净亏损以“-”号填列）		
五、每股收益		
（一）基本每股收益		
（二）稀释每股收益		

（3）格式设计内容：确定表尺寸→设置行高和列宽→组合单元→画表格线→输入固定不变的文字内容→设置单元属性。

（4）保存利润表。

（七）自定义资产负债表格式

（1）打开报表：打开新建的资产负债表。

（2）资产负债表格式，如表13-2所示。

表13-2　　**资产负债表**

会企01表

编制单位：新世纪有限责任公司　　年　　月　　日　　单位：元

资　　产	期末余额	年初余额	负债及所有者权益（或股东权益）	期末余额	年初余额
流动资产：			流动负债：		
货币资金			短期借款		
交易性金融资产			交易性金融负债		
应收票据			应付票据		
应收账款			应付账款		
预付账款			预收账款		
应收利息			应付职工薪酬		
应收股利			应交税费		
其他应收款			应付利息		
存货			应付股利		
一年内到期的非流动资产			其他应付款		
其他流动资产			一年内到期的非流动负债		
流动资产合计			其他流动负债		
非流动资产：			流动负债合计		

续表

资　　产	期末余额	年初余额	负债及所有者权益（或股东权益）	期末余额	年初余额
可供出售金融资产			非流动负债：		
持有至到期投资			长期借款		
长期应收款			应付债券		
长期股权投资			长期应付款		
投资性房地产			专项应付款		
固定资产			预计负债		
在建工程			递延所得税负债		
工程物资			其他非流动负债		
固定资产清理			非流动负债合计		
生产性生物资产			负债合计		
油气资产			所有者权益（或股东权益）		
无形资产			实收资本（或股本）		
开发支出			资本公积		
商誉			减：库存股		
长期待摊费用			盈余公积		
递延所得税资产			未分配利润		
其他非流动资产			所有者权益（或股东权益）合计		
非流动资产合计					
资产总计			负债和所有者权益（或股东权益）总计		

（3）格式设计内容操作方法与利润表相同。

（4）保存资产负债表。

（八）套用报表模板定义现金流量表格式

（1）打开报表：打开新建的资产负债表。

（2）套用模板。

①您所在行业：2007 年新会计制度科目。

②财务报表：现金流量表。

（3）修改套用模板后生的报表格式，如表 13－3 所示。

表 13－3　　**现金流量表**

会企 03 表

编制单位：新世纪有限责任公司　　年　　月　　单位：元

项　　目	本期金额	上期金额
一、经营活动产生的现金流量		
销售商品、提供劳务收到的现金		
收到的税费返还		
收到其他与经营活动有关的现金		
经营活动现金流入小计		
购买商品、接受劳务支付的现金		
支付给职工以及为职工支付的现金		
支付的各项税费		
支付其他与经营活动有关的现金		
经营活动现金流出小计		
经营活动产生的现金流量净额		
二、投资活动产生的现金流量		
收回投资收到的现金		
取得投资收益收到的现金		
处置固定资产、无形资产和其他长期资产收回的现金净额		
处置子公司及其他营业单位收到的现金净额		
收到其他与投资活动有关的现金		
投资活动现金流入小计		
购建固定资产、无形资产和其他长期资产支付的现金		
投资支付的现金		
取得子公司及其他营业单位支付的现金净额		
支付其他与投资活动有关的现金		
投资活动现金流出小计		
投资活动产生的现金流量净额		
三、筹资活动产生的现金流量		
吸收投资收到的现金		
取得借款收到的现金		
收到其他与筹资活动有关的现金		
筹资活动现金流入小计		
偿还债务支付的现金		
分配股利、利润或偿付利息支付的现金		

续表

项　　目	本期金额	上期金额
支付其他与筹资活动有关的现金		
筹资活动现金流出小计		
筹资活动产生的现金流量净额		
四、汇率变动对现金及现金等价物的影响		
五、现金及现金等价物净增加额		
加：期初现金及现金等价物余额		
六、期末现金及现金等价物余额		

（4）保存现金流量表。

（九）设置关键字

（1）设置资产负债表关键字：年、月、日。

（2）设置利润表关键字：年、月。

（3）设置现金流量表关键字：年、月。

（十）定义单元计算公式

（1）定义资产负债表公式（根据实训项目十二提供的实验数据），主要采用账务取数函数的期初、期末余额函数和本表取数函数实现单元公式的定义，本期金额参考公式如表 13－4 所示。

表 13－4　　　　资产负债表参考单元公式

项　　目	计算公式
货币资金期末余额	B6 = QM("1001",月,,,,,,,,,) + QM("1002",月,,,,,,,,,)
货币资金年初余额	C6 = QC("1001",全年,,,,,,,,,) + QC("1002",全年,,,,,,,,,)
应收账款期末余额	B9 = QM("1122",月,"借",,,"",,,,,) + QM("2203",月,"借",,,"",,,,,) - QM("1231",月,,,,,,,,,)
应收账款年初余额	C9 = QC("1122",全年,"借",,,"",,,,,) - QC("1231",全年,,,,,,,,,) + QC("2203",全年,"借",,,"",,,,,)
预付账款期末余额	B10 = QM("1123",月,"借",,,"",,,,,) + QM("2202",月,"借",,,"",,,,,)
预付账款年初余额	C10 = QC("1123",全年,"借",,,"",,,,,) + QC("2202",全年,"借",,,"",,,,,)
应收利息期末余额	B11 = QM("1132",月,,,,,,,,,)

续表

项　目	计算公式
应收利息年初余额	C11 = QC("1132",全年,,,,,,,,,)
应收股利期末余额	B12 = QM("1131",月,,,,,,,,,)
应收股利年初余额	C12 = QC("1131",全年,,,,,,,,,)
其他应收款期末余额	B13 = QM("1221",月,,,,,,,,,)
其他应收款年初余额	C13 = QC("1221",全年,,,,,,,,,)
存货期末余额	B14 = QM("1403",月,,,,,,,,,) + QM("1405",月,,,,,,,,,) - QM("1471",月,,,,,,,,,) + QM("5001",月,,,,,,,,,) + QM("5002",月,,,,,,,,,)
存货年初余额	C14 = QC("1403",全年,,,,,,,,,) + QC("1405",全年,,,,,,,,,) - QC("1471",全年,,,,,,,,,) + QC("5001",全年,,,,,,,,,) + QC("5002",全年,,,,,,,,,)
流动资产期末余额合计	B17 = PTOTAL(B6:B16)
流动资产年初余额合计	C17 = PTOTAL(C6:C16)
可供出售金融资产期末余额	B19 = QM("1503",月,,,,,,,,,)
可供出售金融资产年初余额	C19 = QC("1503",全年,,,,,,,,,)
持有至到期投资期末余额	B20 = QM("1501",月,,,,,,,,,)
持有至到期投资年初余额	C20 = QC("1501",全年,,,,,,,,,)
长期应收款期末余额	B21 = -QM("1532",月,,,,,,,,,)
长期应收款年初余额	C21 = -QM("1532",全年,,,,,,,,,)
长期股权投资期末余额	B22 = QM("1511",月,,,,,,,,,)
长期股权投资年初余额	C22 = QC("1511",全年,,,,,,,,,)
投资性房地产期末余额	B23 = QM("1521",月,,,,,,,,,) - QM("1522",月,,,,,,,,,) - QM("1523",月,,,,,,,,,)
投资性房地产年初余额	C23 = QC("1521",全年,,,,,,,,,) - QC("1522",年,,,,,,,,,) - QC("1523",全年,,,,,,,,,)
固定资产期末余额	B24 = QM("1601",月,,,,,,,,,) - QM("1602",月,,,,,,,,,) - QM("1603",月,,,,,,,,,)
固定资产年初余额	C24 = QC("1601",全年,,,,,,,,,) - QC("1602",全年,,,,,,,,,) - QC("1603",全年,,,,,,,,,)
在建工程期末余额	B25 = QM("1604",月,,,,,,,,,)
在建工程年初余额	C25 = QC("1604",全年,,,,,,,,,)
工程物资期末余额	B26 = QM("1605",月,,,,,,,,,)
工程物资年初余额	C26 = QC("1605",全年,,,,,,,,,)
无形资产期末余额	B30 = QM("1701",月,,,,,,,,,)
无形资产年初余额	C30 = QC("1701",全年,,,,,,,,,)

续表

项　目	计算公式
非流动资产期末合计	B36 = PTOTAL(b19:b35)
非流动资产年初合计	C36 = PTOTAL(c19:c35)
资产期末总计	B37 = b17 + b36
资产年初总计	C37 = c17 + c36
应付账款期末余额	E9 = QM("2202",月,"贷",,,"",,,,,) + QM("1123",月,"贷",,,"",,,,,)
应付账款年初余额	F9 = QC("2202",全年,"贷",,,"",,,,,) + QC("1123",全年,"贷",,,"",,,,,)
预收账款期末余额	E10 = QM("2203",月,"贷",,,"",,,,,) + QM("1122",月,"贷",,,"",,,,,)
预收账款年初余额	F10 = QC("2203",全年,"贷",,,"",,,,,) + QC("1122",全年,"贷",,,"",,,,,)
应付职工薪酬期末余额	E11 = QM("2211",月,,,,,,,,,)
应付职工薪酬年初余额	F11 = QC("2211",全年,,,,,,,,,)
应交税费期末余额	E12 = QM("2221",月,,,,,,,,,)
应交税费年初余额	F12 = QC("2221",全年,,,,,,,,,)
其他流动负债期末余额	E17 = QM("2401",月,,,,,,,,,)
其他流动负债年初余额	F17 = QC("2401",全年,,,,,,,,,)
流动负债期末合计	E18 = PTOTAL(e6:e17)
流动负债年初合计	F18 = PTOTAL(f6:f17)
长期应付款期末余额	E22 = QM("2701",月,,,,,,,,,)
长期应付款年初余额	F22 = QC("2701",全年,,,,,,,,,)
预计负债期末余额	E24 = QM("2801",月,,,,,,,,,)
预计负债年初余额	F24 = QC("2801",全年,,,,,,,,,)
递延所得税负债期末余额	E25 = QM("2901",月,,,,,,,,,)
递延所得税负债年初余额	F25 = QC("2901",全年,,,,,,,,,)
非流动负债期末合计	E27 = PTOTAL(E20:E26)
非流动负债年初合计	F27 = PTOTAL(f20:f26)
负债期末余额合计	E28 = e18 + e27
负债年初余额合计	F28 = f18 + f27
实收资本(或股本)期末余额	E30 = QM("4001",月,,,,,,,,,)
实收资本(或股本)年初余额	F30 = QC("4001",全年,,,,,,,,,)
资本公积期末余额	E31 = QM("4002",月,,,,,,,,,)
资本公积年初余额	F31 = QC("4002",全年,,,,,,,,,)

续表

项　　目	计算公式
盈余公积期末余额	E33 = QM("4101",月,,,,,,,,,)
盈余公积年初余额	F33 = QC("4101",全年,,,,,,,,,)
未分配利润期末余额	E34 = QM("4104",月,,,,,,,,,) + QM("4103",月,,,,,,,,,)
未分配利润年初余额	F34 = QC (" 4104 ", 全 年,,,,,,,,,) + QC (" 4103 ", 全年,,,,,,,,,)
所有者权益(或股东权益)期末余额合计	E35 = e30 + e31 - e32 + e33 + e34
所有者权益(或股东权益)年初余额合计	F35 = f30 + f31 - f32 + f33 + f34
负债和所有者权益(或股东权益)期末余额总计	E37 = e28 + e35
负债和所有者权益(或股东权益)年初余额总计	F37 = f28 + f35

（2）定义利润表公式，主要采用账务取数函数中的发生额、条件发生额函数和本表取数函数实现，本期金额参考公式如表 13 - 5 所示。

表 13 - 5　　　　利润表参考单元公式

项　　目	计算公式
营业收入	B5 = TFS("6001",月,借,"期间损益结转"," = ",,,,,,,) + FS("6051",月,"贷",,,,,)
营业成本	B6 = TFS("6401",月,贷,"期间损益结转"," = ",,,,,,,) + FS("6402",月,"借",,,,,)
管理费用	B9 = FS("6602",月,"借",,,"",,)
财务费用	B10 = TFS("6603",月,贷,"期间损益结转"," = ",,,,,,,)
资产减值损失	B11 = TFS("6701",月,贷,"期间损益结转"," = ",,,,,,,)
投资收益	B13 = TFS("6111",月,借,"期间损益结转"," = ",,,,,,,) - TFS("6111",月,贷,"期间损益结转"," = ",,,,,,,)
营业利润	B15 = b5 - PTOTAL(b6:b13)
营业外收入	B16 = fs("6301",月,"贷",,,,,,,,)
营业外支出	B17 = FS("6711",月,"借",,,"",,)
利润总额(亏损总额以“-”号填列)	B19 = b15 + b16 - b17
所得税费用	B20 = FS("6801",月,"借",,,,,)
净利润(净亏损以“-”号填列)	B21 = b19 - b20

上期金额计算公式：

在数据状态下，在命令窗中输入“LET c = ‘利润表’→b RELATION 年 WITH‘利润表’→年，月 WITH“利润表”→月 +1”。

（3）定义现金流量表公式，主要采用账务取数函数中的现金流量取数函数和本表取数函数实现，本期金额参考公式如表 13 - 6 所示。

表 13 - 6　　现金流量表参考单元公式

项　目	计算公式
销售商品、提供劳务收到的现金	B6 = XJLL(, ,"流入","01", , , ,月, , , , , ,)
收到的税费返还	B7 = XJLL(, ,"流入","02", , , ,月, , , , , ,)
收到其他与经营活动有关的现金	B8 = XJLL(, ,"流入","03", , , ,月, , , , , ,)
经营活动现金流入小计	B9 = PTOTAL(B6:B8)
购买商品、接受劳务支付的现金	B10 = XJLL(, ,"流出","04", , , ,月, , , , , ,)
支付给职工以及为职工支付的现金	B11 = XJLL(, ,"流出","05", , , ,月, , , , , ,)
支付的各项税费	B12 = XJLL(, ,"流出","06", , , ,月, , , , , ,)
支付其他与经营活动有关的现金	B13 = XJLL(, ,"流出","07", , , ,月, , , , , ,)
经营活动现金流出小计	B14 = PTOTAL(B10:B13)
经营活动产生的现金流量净额	B15 = B9 - B14
收回投资收到的现金	B17 = XJLL(, ,"流入","08", , , ,月, , , , , ,)
取得投资收益收到的现金	B18 = XJLL(, ,"流入","09", , , ,月, , , , , ,)
处置固定资产、无形资产和其他长期资产收回的现金净额	B19 = XJLL(, ,"流入","10", , , ,月, , , , , ,) - XJLL(, ,"流出","10", , , ,月, , , , , ,)
处置子公司及其他营业单位收到的现金净额	B20 = XJLL(, ,"流入","11", , , ,月, , , , , ,) - XJLL(, ,"流出","11", , , ,月, , , , , ,)
收到其他与投资活动有关的现金	B21 = XJLL(, ,"流入","12", , , ,月, , , , , ,)
投资活动现金流入小计	B22 = PTOTAL(B17:B21)
购建固定资产、无形资产和其他长期资产支付的现金	B23 = XJLL(, ,"流出","13", , , ,月, , , , , ,)
投资支付的现金	B24 = XJLL(, ,"流出","14", , , ,月, , , , , ,)
取得子公司及其他营业单位支付的现金净额	B25 = XJLL(, ,"流出","15", , , ,月, , , , , ,) - XJLL(, ,"流入","15", , , ,月, , , , , ,)
支付其他与投资活动有关的现金	B26 = XJLL(, ,"流出","16", , , ,月, , , , , ,)
投资活动现金流出小计	B27 = PTOTAL(B23:B26)
投资活动产生的现金流量净额	B28 = B22 - B27
吸收投资收到的现金	B30 = XJLL(, ,"流入","17", , , ,月, , , , , ,)

续表

项　目	计算公式
取得借款收到的现金	B31 = XJLL(, ,"流入","18", , , , ,月, , , , , ,)
收到其他与筹资活动有关的现金	B32 = XJLL(, ,"流入","19", , , , ,月, , , , , ,)
筹资活动现金流入小计	B33 = PTOTAL(B30:B32)
偿还债务支付的现金	B34 = XJLL(, ,"流出","20", , , , ,月, , , , , ,)
分配股利、利润或偿付利息支付的现金	B35 = XJLL(, ,"流出","21", , , , ,月, , , , , ,)
支付其他与筹资活动有关的现金	B36 = XJLL(, ,"流出","22", , , , ,月, , , , , ,)
筹资活动现金流出小计	B37 = PTOTAL(B34:B36)
筹资活动产生的现金流量净额	B38 = B33 - B37
汇率变动对现金及现金等价物的影响	B39 = XJLL(, ,"流入","23", , , , ,月, , , , , ,) - XJLL(, ,"流出","23", , , , ,月, , , , , ,)
现金及现金等价物净增加额	B40 = B15 + B28 + B38 + B39
期初现金及现金等价物余额	B41 = QC("1001",月, , , , , , , , ,) + QC("1002",月, , , , , , , , ,)
期末现金及现金等价物余额	B42 = QM("1001",月, , , , , , , , ,) + QM("1002",月, , , , , , , , ,)

上期金额计算公式：

在数据状态下，在命令窗口中输入“LET c = ‘现金流量表 1’→b RELATION 年 WITH‘现金流量表 1’→年，月 WITH‘现金流量表 1’→月 + 1”。

（十一）定义单元审核公式

定义资产负债表的审核公式：资产 = 负债 + 所有者权益（B37 = E37，C37 = F37）。

四、实训指导

（一）启动 UFO 报表

以“账套主管”作为操作员，选择“011”账套，操作日期为“2013 年 1 月 31 日”，登录到企业应用平台，双击“业务工作 \ 财务会计 \ UFO 报表 [院校专版]”选项，如图 13 - 1 所示。

（二）新建报表

在“UFO 报表”界面中，选择“文件 \ 新建”菜单，或者在工具栏中单击

“新建”按钮，打开“UFO 报表— [report1]”窗口，如图 13 – 2 所示。

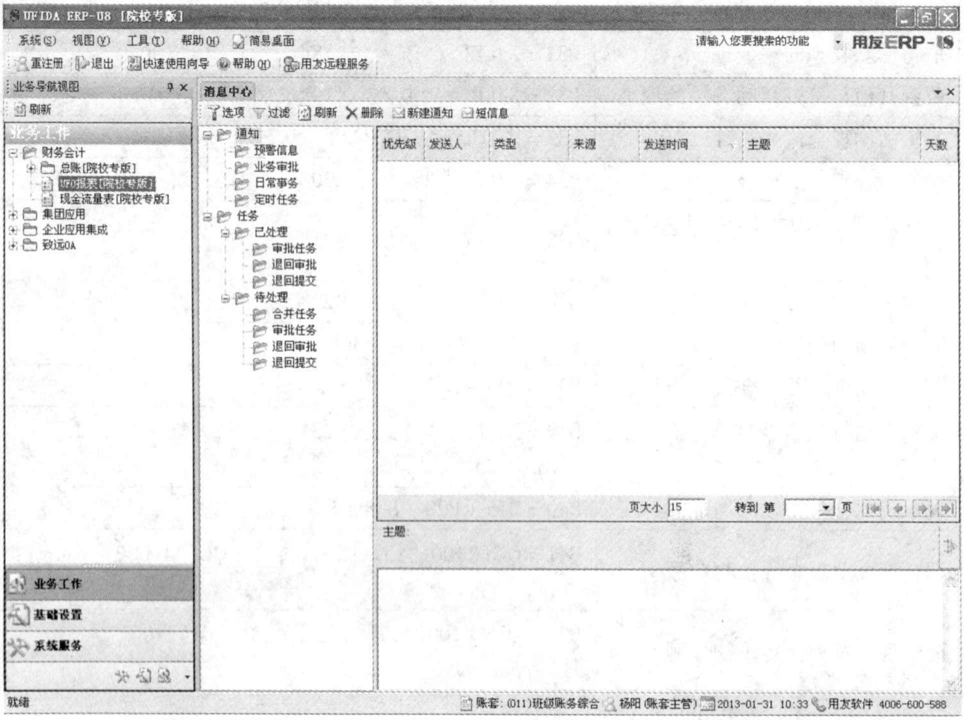

图 13 – 1　业务工作窗口

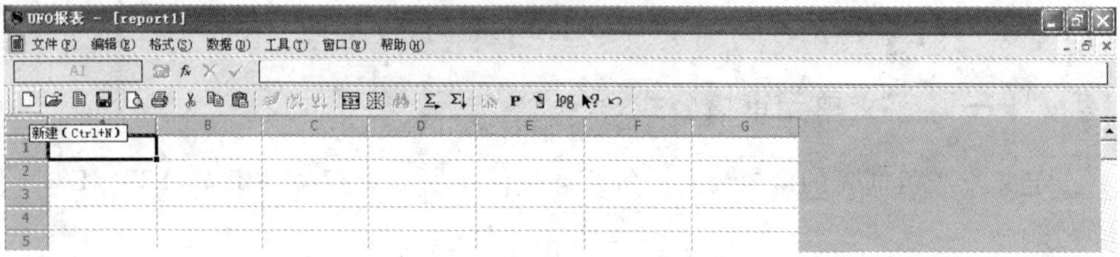

图 13 – 2　新建报表

（三）保存报表

（1）保存新报表。

通过上述新建报表操作，在 UFO 报表系统中生成了一张名为“report1”的空白报表。在“UFO 报表”界面中，选择“文件 \ 保存”菜单，或者在工具栏中单击“保存”按钮；在“另存为”中，单击“保存在”旁边的下拉按钮，选择要存放的路径，如“f：\ 自己文件夹 \ 报表”；在文件名中输入要新建报表的名称，如“资产负债表 . rep”，单击“另存为”就可创建一个新的会计报表文件，如图 13 – 3 所示。

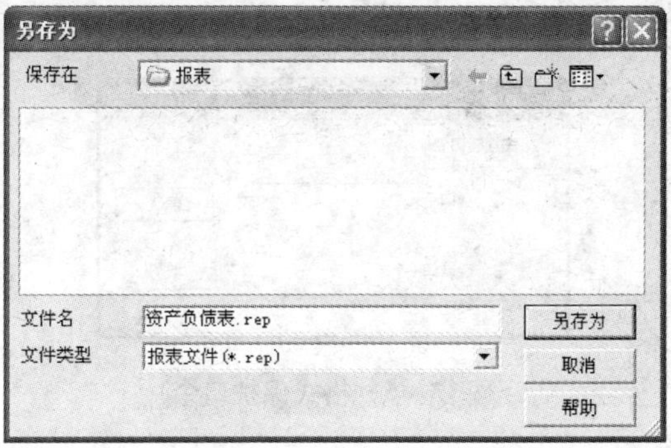

图 13－3　保存新报表

（2）复制报表。

更改报表存储路径的操作方法与保存报表相似，选择“文件\另存为”菜单，只需在图 13－3 中将保存的路径改为桌面即可。

（3）关闭报表。

在“UFO 报表”界面中，选择“文件\关闭”菜单，或者单击“关闭”按钮。

（四）删除报表

（1）在“UFO 报表”界面中，选择“文件\打开”菜单，在打开的窗口中选择报表，如桌面资产负债表，可选择“编辑\选择全部”菜单，然后选择“编辑\清除”菜单即可。

（2）在保存报表的位置找到已存储的报表，如桌面资产负债表，右击鼠标选“删除”即可。

（五）设置文件口令

（1）在“UFO 报表”界面中，选择“文件\文件口令”菜单，打开“设置文件口令”窗口，在“设置文件口令”窗口中输入新口令，并输入确认新口令，单击“确定”按钮，如图 13－4 所示。

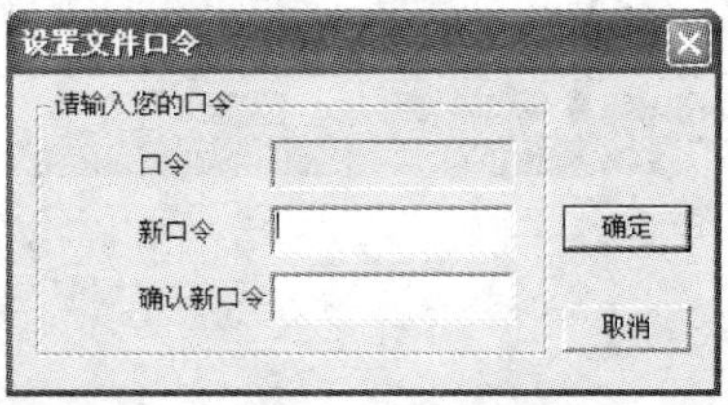

图 13－4　设置文件口令

（2）在“UFO 报表”界面中，选择“格式\保护\格式加锁”菜单，在

“格式加锁”窗口中输入格式保护口令，如图 13－5 所示。

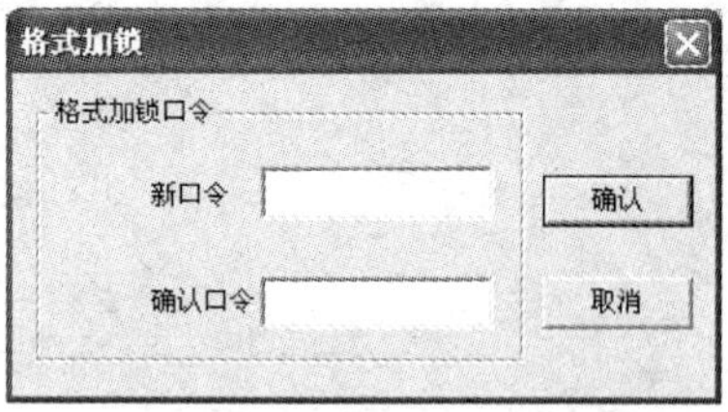

图 13－5　格式保护口令

（六）自定义报表格式

（1）打开新建的利润表。

选择“文件＼打开”菜单，打开“打开”窗口。在“打开”窗口中选择存储报表的路径，选择利润表，单击“打开”按钮，如图 13－6 所示。

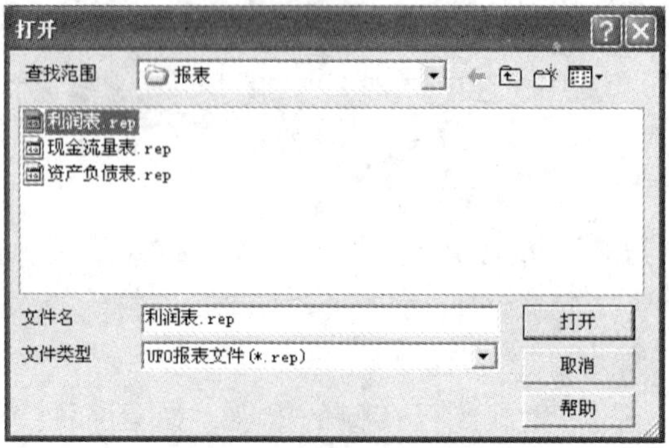

图 13－6　打开报表

（2）状态转换。

单击报表底部左下角的“格式＼数据”按钮，使当前状态变为“格式”状态，如图 13－7 所示。

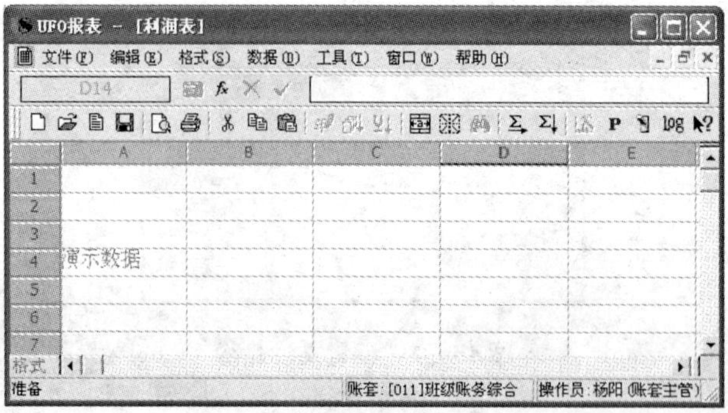

图 13－7　切换格式＼数据状态

（3）设置表尺寸。

选择“编辑\表尺寸”菜单，在“表尺寸”窗口中输入利润表的行数（24行）和列数（3列），单击“确认”按钮，可出现设定尺寸的空表。如果设定的表尺寸不能满足用户的要求，可以重新设置表尺寸，也可以通过“编辑”菜单下的“插入”或“删除”子功能来增加或删除相应的行或列，如图13－8所示。

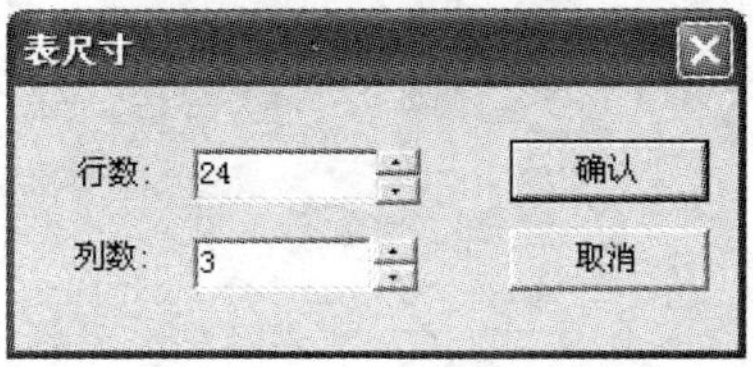

图13－8　设置表尺寸

（4）设置行高或列宽。

选中需要调整单元所在的行，选择“格式\行高”或“格式\列宽”菜单，打开“行高”或“列宽”窗口，在“行高”或“列宽”中输入相应行高的数字或列宽的数字，单击“确定”按钮。也可以通过在报表界面中拉宽和拉高行或列的标识（两行或两列的交接处，一直按住鼠标左键，直到鼠标形状发生变化后，可通过上下或左右移动来实现）直接调整，如图13－9所示（以列宽为例）。

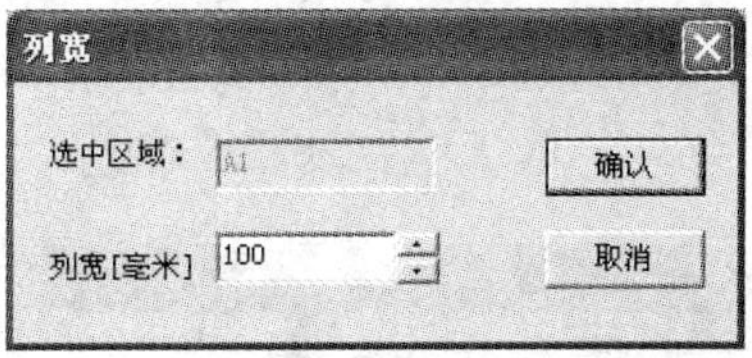

图13－9　设置列宽

（5）设置组合单元。

选中需要组合的区域，选择“格式\组合单元”菜单，打开“组合单元”窗口，在“组合单元”中单击组合方式（如选择按行组合），所选区域出现组合后的单元（三行一列的表元）。如果不想组合单元的话，则可单击“取消组合”按钮取消已组合的单元，如图13－10所示。

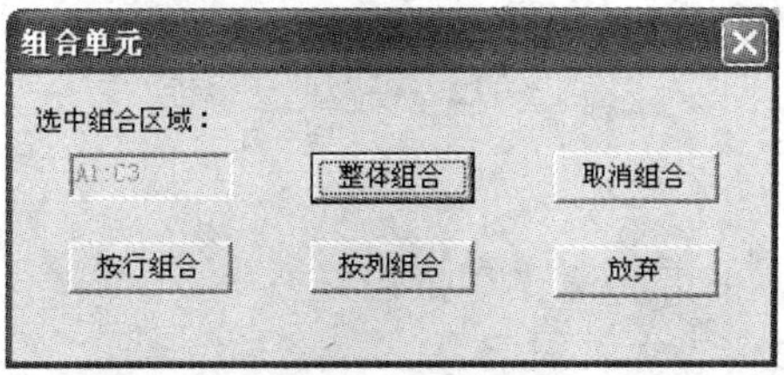

图13－10　设置组合单元

（6）画表格线。

选中报表中需要画线的区域，选择“格式\区域画线”菜单，打开“区域画线”窗口，在“区域画线”中选择画线的类型和样式，单击“确认”按钮，即可出现画线后的表格，如图13－11所示。

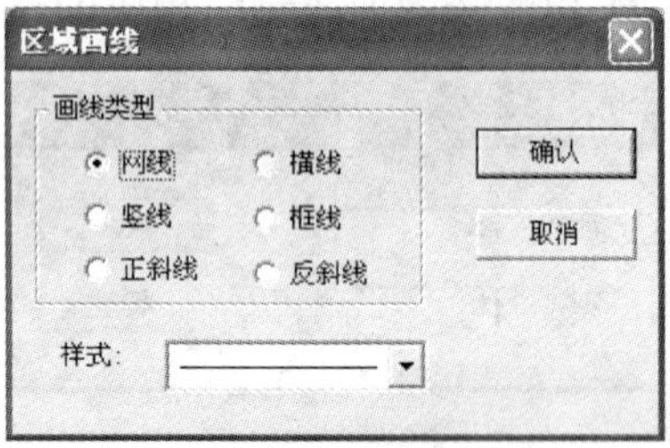

图13－11　画表格线

（7）输入报表项目（即固定单元数据，多为字符型数据）。

单击需要输入内容的表元或组合表元，在该表元或组合表元中直接输入相应的文字内容。

（8）设置单元属性。

选中要设置单元属性的区域，选择“格式\单元属性”菜单，或者右击鼠标选择“单元属性”菜单，打开“单元格属性”窗口，该窗口共有四个选项卡：单元类型、字体图案、对齐、边框，可对整个表格进行格式化，如图13－12所示。

注意：在设置字体颜色时，尽量不要设置成红色，以便和关键字进行区别。

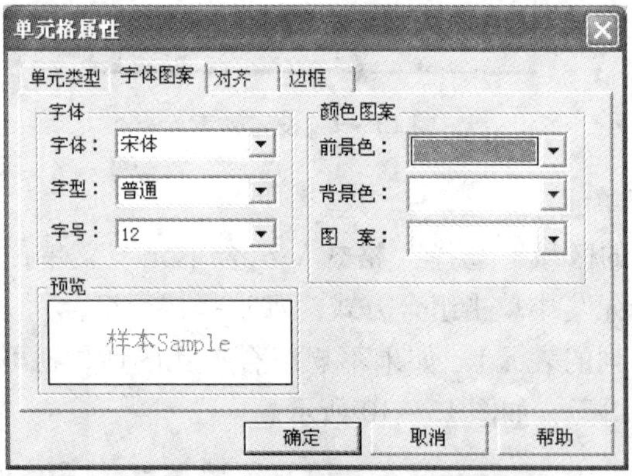

图13－12　设置单元属性

（9）保存报表结构。

上述操作完成后，单击“保存”按钮。

（10）定义资产负债表。

资产负债表的定义过程和利润表相同，这里不再赘述。

（七）设置关键字

（1）设置关键字。

选择要设置关键字的区域，选择“数据 \ 关键字 \ 设置”菜单，打开“设置关键字”窗口，在“设置关键字”窗口中选择或自定义一个关键字名称，单击“确定”按钮，所选单元中便可出现红颜色的关键字，如图 13 – 13 所示。

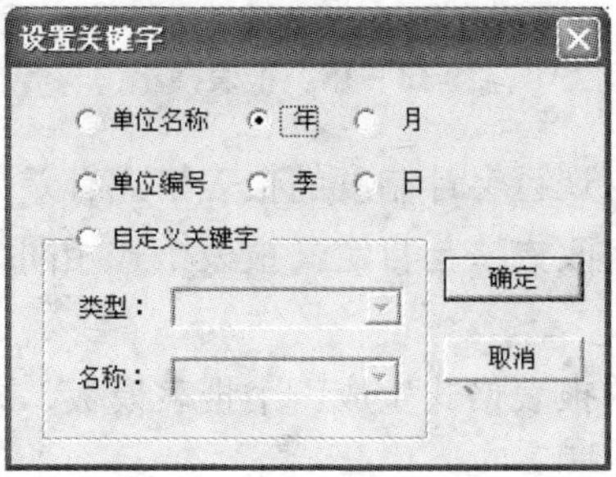

图 13 – 13　设置关键字

（2）关键字偏移。

设置好的关键字不能通过单元属性调整位置，只能通过关键字偏移实现。选择“数据关键字 \ 偏移”菜单，打开“定义关键字偏移”窗口，在“定义关键字偏移”窗口中输入偏移的数字，可移动关键字在表格中的位置，负数表示向左偏移，正数表示向右偏移，如图 13 – 14 所示。

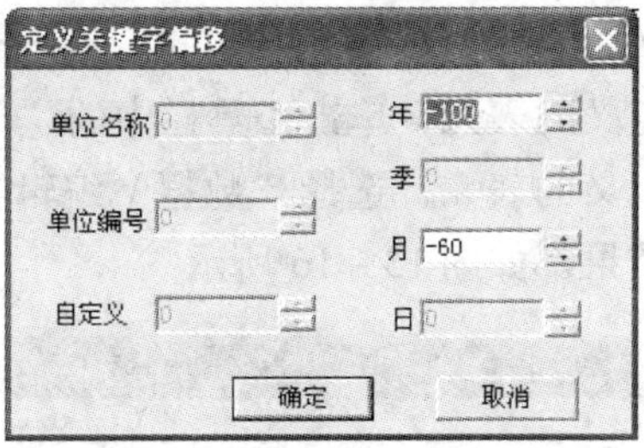

图 13 – 14　关键字偏移

（3）不想使用的关键字时，也可以通过选择“数据 \ 关键字 \ 取消”菜单实现，一次可取消设置好的多个关键字。

（八）套用报表模板

（1）套用系统预置的模板。

打开现金流量表，选取“格式”状态，选择“格式 \ 报表模板”菜单，打开“报表模板”窗口，在“报表模板”窗口中选择要使用的报表的行业和报表名称，如图 13－15 所示。

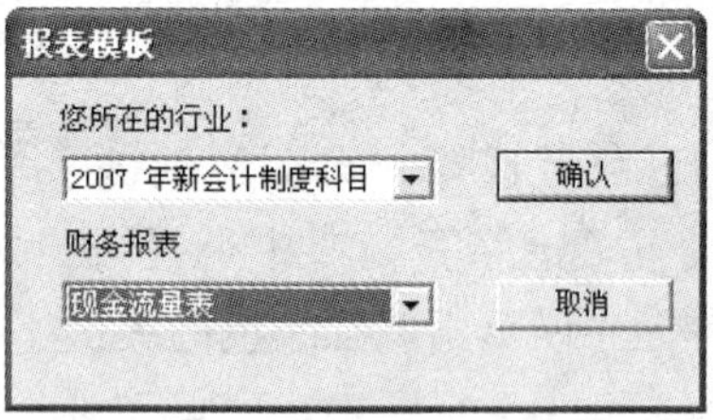

图 13－15　报表模板

新生成的报表可能与现行会计制度的报表格式有差异，可通过修改格式生成用户需要的报表格式，修改方法与自定义报表格式相同。

（2）生成报表模板。

可以把自己定义好的报表格式生成一个报表模板，方便以后套用。套用方法和套用系统预置的模板相同。

选择“格式\ 自定义模板”菜单，打开“自定义模板”窗口，在“自定义模板”窗口中选取相应的行业后，单击“下一步”按钮，选取模板名，单击“增加”按钮，在“添加模板”中选择已定义的报表名，再单击“添加”按钮，最后单击“完成”按钮，一张新的报表模板就生成了。

（九）定义报表单元计算公式

（1）进入报表计算公式定义状态：共有三种方法可以实现。

第一种，在需要定义的表元直接按【＝】键。

第二种，单击需要定义的表元，单击工具栏中的“fx”按钮。

第三种，单击需要定义的表元，选择“数据\ 编辑公式\ 单元公式”菜单。

不管哪种方法，其结果都如图 13－16 所示。

图 13－16　定义单元计算公式

（2）直接输入公式。

在“定义公式”窗口中，按取数公式的格式直接输入计算公式，这种方法虽然快，但是要求用户熟悉计算公式中函数的格式，其缺点是输入时容易出错。

（3）引导输入公式。

在“定义公式”窗口中，单击“函数向导”按钮，打开“函数向导”窗口，在“函数向导”窗口中选择函数分类（外部报表大多使用用友账务函数），选择需要使用的函数名，如图 13－17 所示。

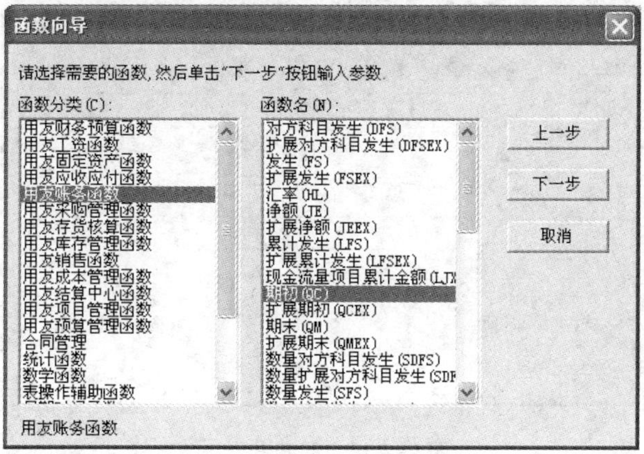

图 13－17　函数向导－1

单击“下一步”按钮，打开“用友账务函数”窗口，在“用友账务函数”窗口中直接输入函数格式，如图 13－18 所示。

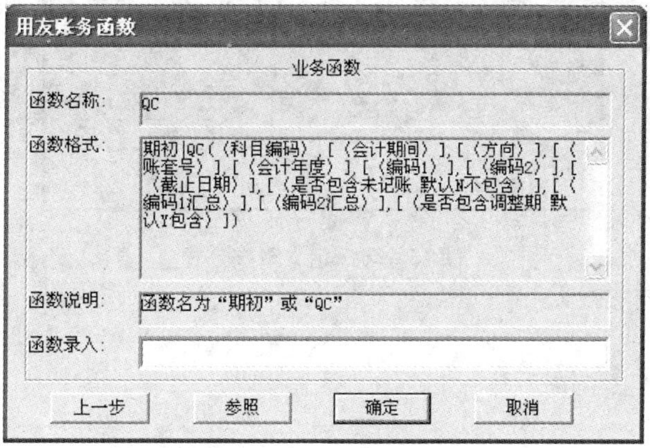

图 13－18　函数向导－2

也可以在“用友账务函数”中，单击“参照”按钮，打开“账务函数”窗口，如图 13－19 所示。在“账务函数”中依次确认每个函数参数的具体取值，单击“确定”按钮，返回到图 13－18 所示窗口，单击“确定”，返回到图 13－16 所示窗口，如果计算公式输入完成，单击“完成”按钮，如果没有完成，可重复单击函数向导继续输入内容。

（十）定义报表审核公式

选择“数据\编辑公式\审核公式”菜单，打开“审核公式”窗口，在

"审核公式"窗口中输入审核公式和不满足审核关系的提示信息，单击"确定"按钮，完成报表审核公式的定义，如图 13－20 所示。

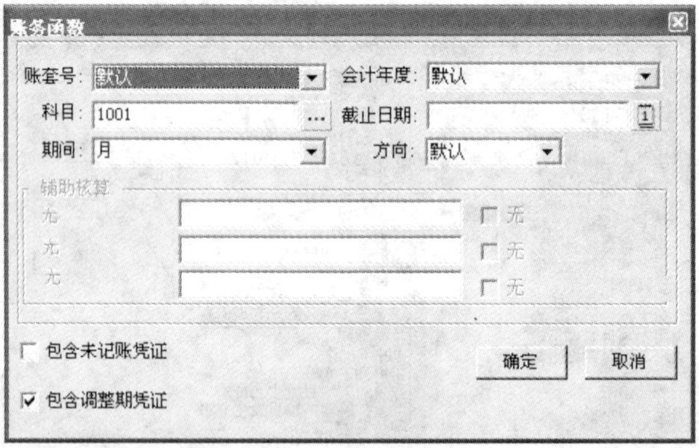

图 13－19　函数向导－3

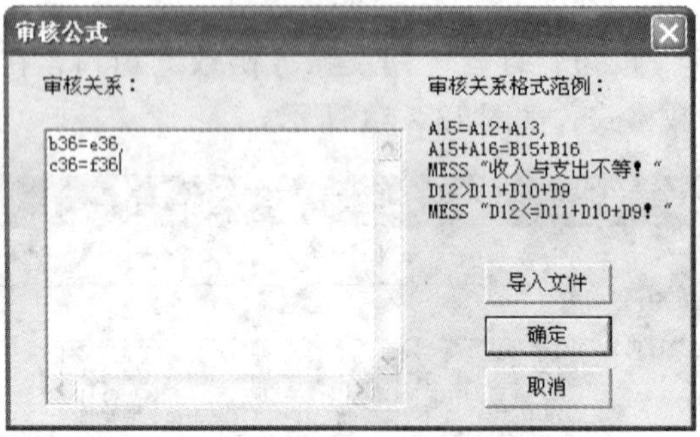

图 13－20　定义审核公式

五、实训结果

（1）在 UFO 中新建了资产负债表、利润表及现金流量表。

（2）为系统中新建的报表设置了打开口令和保护口令。

（3）在报表系统中定义了资产负债表、利润表和现金流量表的最新格式。

（4）定义了资产负债表、利润表和现金流量表的单元计算公式，为自动编制报表提供了必要的条件。

（5）定义了资产负债表有关项目的审核公式，为自动审核报表提供了必要的条件。

（6）完全保存了三个外部会计报表的结构和公式。

实训项目十四

报表系统数据处理与输出

一、实训目标

通过本次实验，要求学生掌握报表管理系统数据处理与输出的具体内容及操作方法，理解并熟悉 UFO 报表管理系统的不同表页的应用。

二、实训内容

★ 编制报表
★ 查询报表
★ 审核报表
★ 报表汇总
★ 报表分析
★ 舍位平衡
★ 报表排序

三、实训资料

（一）实验准备

（1）引入“F：\ 学生姓名 \ 12”文件夹中备份的账套数据，即恢复实训项目十二的数据结果。

（2）以“账套主管”的身份进入企业应用平台。

（二）编制和查询 012 账套 2013 年 1 月份的会计报表

（1）资产负债表（通过追加表页，在第 2 页录入 2 月份关键字，编制 2 月份的资产负债表，查看 2 月份的年初余额有没有发生变化）。

（2）利润表（通过追加表页，在第 2 页录入 2 月份关键字，编制 2 月份的利润表，生成上期数）。

（3）现金流量表（通过追加表页，在第 2 页录入 2 月份关键字，编制 2 月份的现金流量表，生成上期数）。

（三）审核资产负债表（略）

（四）报表汇总

（1）在报表管理系统中，新建财务部职工工资表并定义报表的格式和表元计算公式，如表 14－1 所示。

表 14－1　　财务部职工工资表

元

姓　　名	基本工资	岗位工资	工资合计
刘强	＝1 000.00	＝300.00	＝PTOTAL（b3：c3）
王芳	＝1 100.00	＝200.00	＝PTOTAL（b4：c4）
黄民	＝900.00	＝300.00	＝PTOTAL（b5：c5）
张婷	＝1 200.00	＝500.00	＝PTOTAL（b6：c6）
合计	＝PTOTAL（b3：b6）	＝PTOTAL（c3：c6）	＝PTOTAL（d3：d6）

（2）编制第 1 页工资表。

（3）按照“物理位置”汇总所有工资表的表页。

①第一次、第二次汇总到本表的最后一张表页。

②第三次汇总到新的报表：报表名称为第一季度工资汇总表（保存路径与原工资表相同）。

（五）报表透视分析：分析工资表中的基本工资

（1）分析区域：B3：B7。

（2）列标字串：基本工资。

（六）报表图形分析

（1）分析资产负债表的第一页。

（2）分析资产负债表的所有者权益部分（D30：F35）。

（3）确定数据组：行；　　　　　　操作范围：当前表页。

（4）图表格式：立体成组直方图。

（5）图表名称：所有者权益分析表。

（6）图表标题：权益构成。

（7）*X* 轴：项目；　　　　　　　*Y* 轴：金额。

（七）舍位平衡

（1）在报表管理系统中，新建项目统计表。

（2）格式与单元公式，如表 14－2 所示。

表 14－2　　项目统计表

元

项　目	材料费	人工费	合　计
会计信息系统设计与实施	=1 234. 71	=7 546. 35	= ptotal（b3：c3）
改建 1 号食堂	=7 865. 42	=4 287. 38	= ptotal（b4：c4）
购建 2 个新的计算机实训室	=3 462. 52	=8 755. 46	= ptotal（b5：c5）
合计	= ptotal（b3：b5）	= ptotal（c3：c5）	= ptotal（d3：d5）

（3）舍位平衡设置。

舍位平衡表名：项目统计舍位平衡表

舍位范围：B3：D6

舍位位数：2 位

舍位公式：B6 = b3 + b4 + b5，
C6 = c3 + c4 + c5，
D6 = d3 + d4 + d5

（八）报表排序

（1）打开现金流量表。

（2）对现金流量表按月递减排序。

四、实训指导

（一）打开要编制的资产负债表、利润表及现金流量表

（二）新增表页

（1）在“UFO 报表—资产负债表”中，将工作状态切换成“数据”状态，选择“编辑 \ 追加 \ 表页”菜单，打开“追加表页”窗口，或者选择“编辑 \ 插入 \ 表页”菜单，打开“插入表页”窗口，输入要追加或插入的表页页数，生成新的表页，如图 14－1 所示。

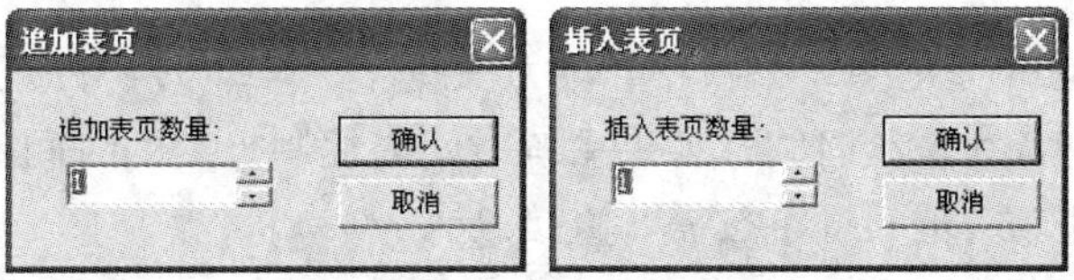

图 14－1　增加表页

注意：追加的表页的页码是在当前表页页码的基础上加 1 页，插入的表页的页码是在当前表页页码的基础上减 1 页。

（2）选择表页：不同表页进行切换时，可通过单击“页码”旁边的左右按钮实现，如图 14－2 所示。

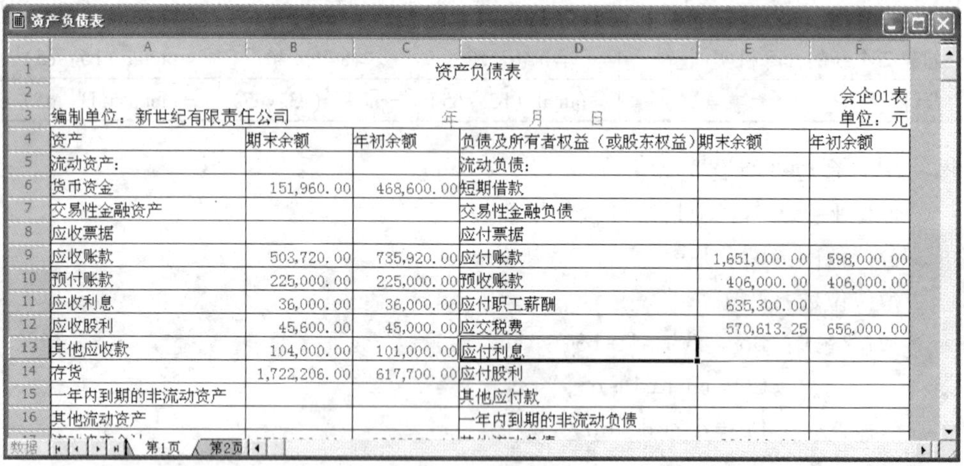

图 14－2 切换表页

（三）录入关键字

（1）在“数据”状态下，选择要编制报表的表页页码，使之成为当前表页。

（2）选择“数据 \ 关键字 \ 录入”菜单，打开“录入关键字”窗口，如图 14－3 所示。

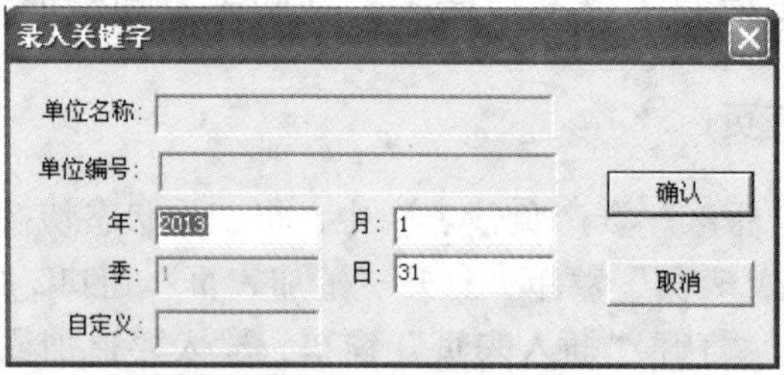

图 14－3 录入关键字

（3）在“录入关键字”窗口中，输入关键字（年、月、日）的值，其中年、月、日关键字默认为系统时间，如果系统时间与编制报表的时间不同，可直接在图 14－3 中修改。其他关键字按需要直接录入。

（4）只能录入定义的关键字，尚未定义的关键字不能录入。

（5）录入完成后单击“确认”按钮，系统询问用户是否要重算当前页。单击“是”按钮，计算机自动根据录入的关键字计算报表数据；单击“否”按钮，计算机不进行数据的处理，如图 14 -4 所示。

图 14 -4　表页重算

（四）生成报表数据

（1）在“数据”状态下，选择“数据\选择表页重算”菜单，弹出如图 14 -4提示框，单击“是”按钮，计算机自动根据录入的关键字计算取数，并将数据显示在当前表页中。在编制每月会计报表时都会采取此功能从而实现报表的生成。

（2）选择“数据\整表重算”菜单，计算机会根据每张表页上的“关键字”值对每张表页进行重新计算取数，并将计算的结果显示在每张表页上。当本表涉及表间取数公式时，应采用此功能实现报表的生成。

（3）选择“数据\计算时提示选择账套”菜单，就会在该菜单前打上对勾。计算机在自动计算取数之前，提示用户要选择账套。如果没有选择此功能，那么系统将按照进入报表时选择的账套（或者单元公式中定义的账套）计算取数。

（4）对于已生成报表不需进行重新计算时，选择“数据\表页不计算”菜单，就会在该菜单前打上对勾，则当前表页被锁定，不管执行上述的哪种生成报表的形式，都不会再对当前表页中的数据进行再处理。

（5）生成的表页中如果出现“########”字符，表示该单元太窄，将单元拉宽后即可显示正常数据。

（五）审核报表

（1）审核的报表必须是，已经通过计算生成数据的表页。

（2）在“数据”状态下，选择“数据\审核”菜单，计算机自动按照已定义好的“审核公式”审核表内的数据关系是否正确，如果当报表数据不符合审核公式时，将通过错误信息来提示用户哪里出错。如果审核正确时，将在报表左下方出现“完全正确”提示信息，表示当前报表各项内容正确，审核成功。

（3）如果出现错误信息的话，应修改相应的计算公式或数据后，再重新生成报表进行审核，直到审核成功。

（4）如果审核功能不能使用，则表示本表尚未定义审核公式。

（六）报表汇总

（1）汇总表页的条件：汇总的表页是通过计算有数据的表页。

（2）选择汇总表页的方向。

新建工资表，在“格式”状态下完成报表格式定义与单元公式定义，在“数据”状态下，编制第1页，选择“数据＼汇总＼表页”菜单，打开“表页汇总”窗口，在“表页汇总—汇总方向”中，选择将汇总数据结果保存在本表的最后一张表页上。如图14－5所示。

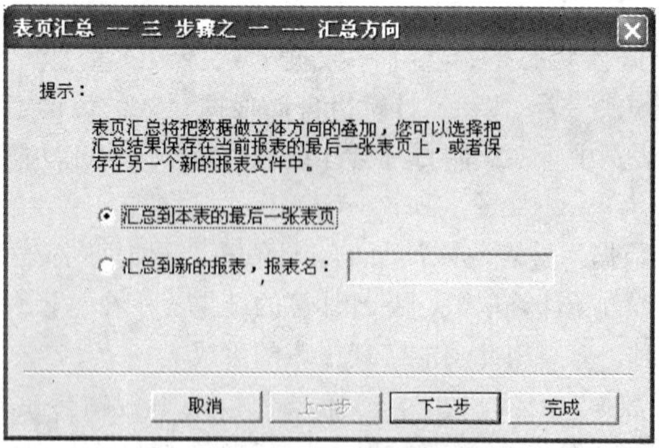

图14－5 选定汇总表位置

如果汇总到新的报表，则需要输入汇总后的新报表名，如第一季度工资汇总表，如图14－6所示。

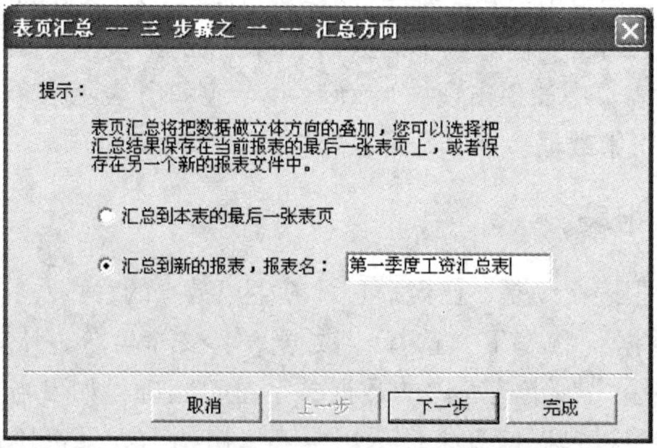

图14－6 汇总报表生成新的报表

（3）确定汇总条件。

单击“下一步”按钮，打开“表页汇总—汇总条件”窗口，如果要汇总报表中所有表页，直接单击“下一步”按钮；如果只汇总报表中的部分表页，则要输入汇总条件，如图 14 -7 所示。

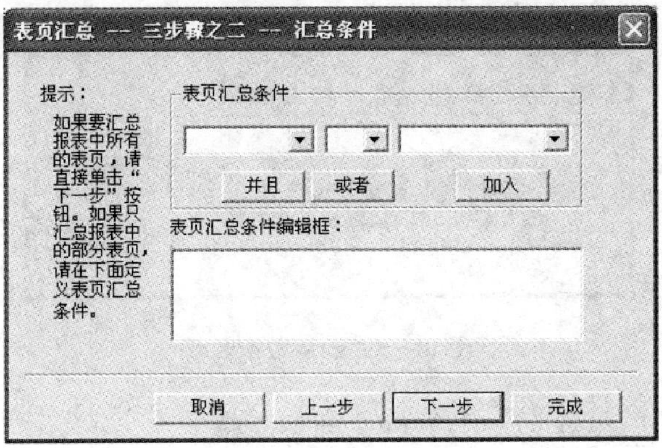

图 14 -7　确定汇总条件

（4）选择汇总位置。

可以按物理位置汇总，也可按可变区内的关键字进行汇总，如图 14 -8 所示。

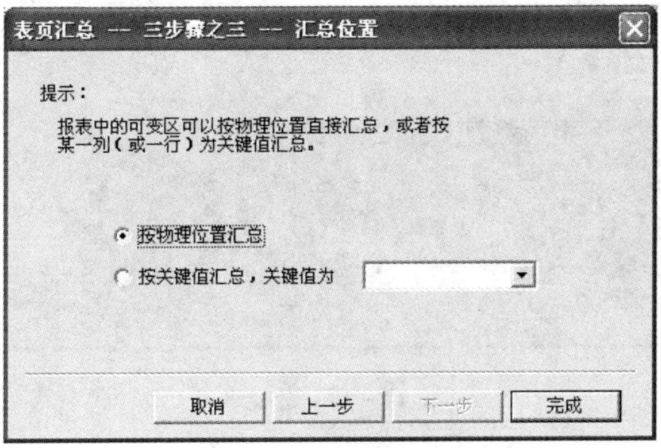

图 14 -8　选择汇总位置

（5）单击“完成”按钮，完成表页的汇总。重复上述操作，可完成第二次汇总，两次汇总后工资表中共有三张表页。第三次汇总后会生成一张新的报表。

注意：汇总后的表页自动打上“表页不计算”对勾。

（七）报表透视分析

（1）打开需要透视的工资表，将其切换到数据状态，选择第一张表页。

（2）选择“数据\透视”菜单，打开“多区域透视”窗口。在“多区域透视”中输入透视区域（可在操作前先选中透视区域）及列标说明，如图 14 -9

所示。

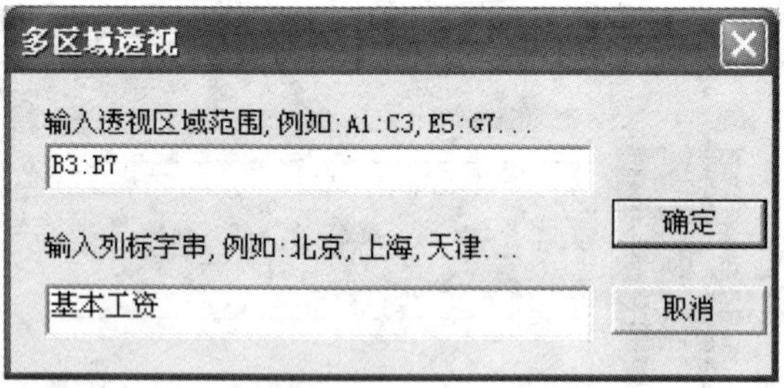

图 14－9　确认透视区域

（3）在“多区域透视”中单击“确认”按钮，生成透视后的报表，如图14－10所示。生成的透视结果可保存，也可不保存。如需要保存，则单击“保存”按钮，选择保存路径及输入报表名后即可。

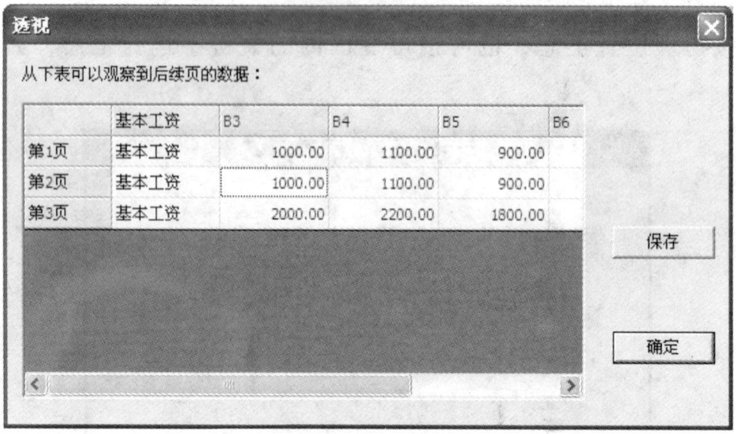

图 14－10　透视表

（八）报表图形分析

（1）打开要进行图形分析的资产负债表，将其切换到数据状态并选择第一张表页。

（2）选择要进行图形分析的单元区域，选择“工具\插入图表对象”菜单，打开“区域作图”窗口，如图 14－11 所示。

（3）在“区域作图”中，选择并输入对应项目内容，单击“确认”按钮，出现要分析的图形，如图 14－12 所示。通过单击鼠标右键对生成的图形作出修改。

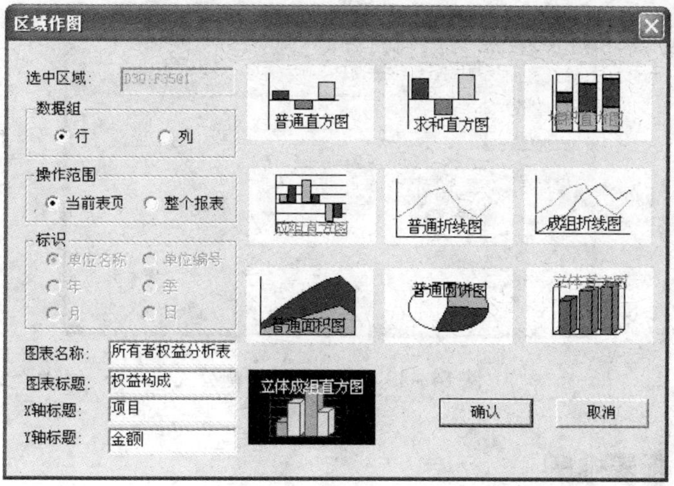

图 14－11　图形分析

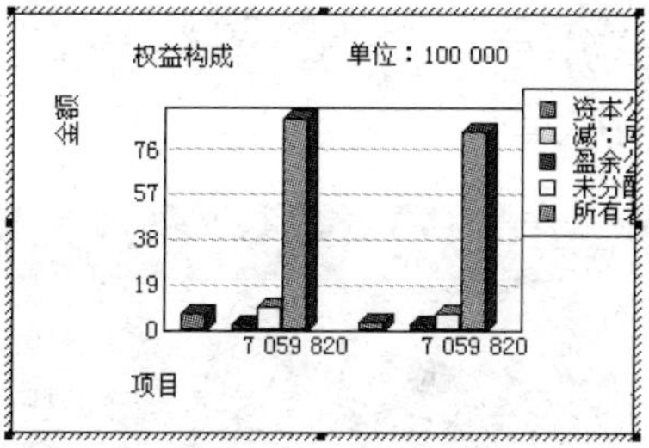

图 14－12　分析图表

注意：图表不单独存在，保存报表可保存图表，图表的修改通过单击鼠标右键实现。

（九）舍位平衡

（1）新建项目统计表，在“格式”状态下完成报表格式定义与单元公式定义，在“数据”状态下，编制第 1 页，再切换到“格式”状态。

（2）选择“数据＼编辑公式＼舍位公式”菜单，打开“舍位平衡公式”窗口，在“舍位平衡公式”中输入相应的内容，单击“完成”按钮，如图 14－13 所示。

（3）切换到“数据”状态，选择第一张表页，使其成为当前页。选择“数据＼舍位平衡”菜单，计算机按定义好的公式进行自动舍位，进行相应的数据调整，最后生成舍位后的报表。

（4）舍位后的报表保存在系统默认的位置，打开后即可看到舍位后的报表。

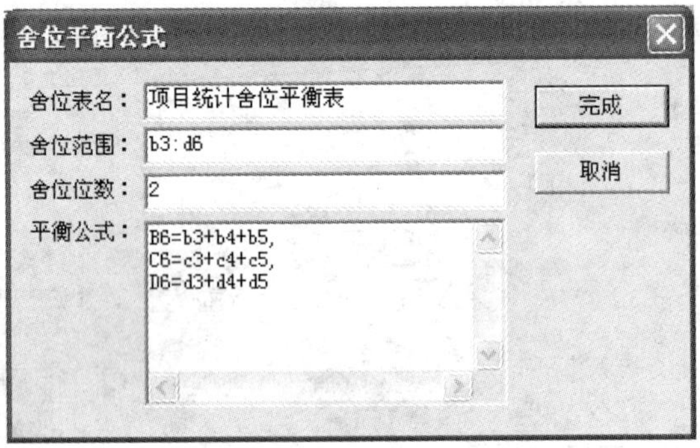

图 14-13　定义舍位平衡公式

（十）报表排序

（1）打开现金流量表，并将其切换到“数据”状态。

（2）选择“数据\排序\表页”菜单，打开“表页排序”窗口，在“表页排序”中选择第一关键值为“月”，排序方式为“递减”，单击“确认”按钮，完成排序，如图 14-14 所示。

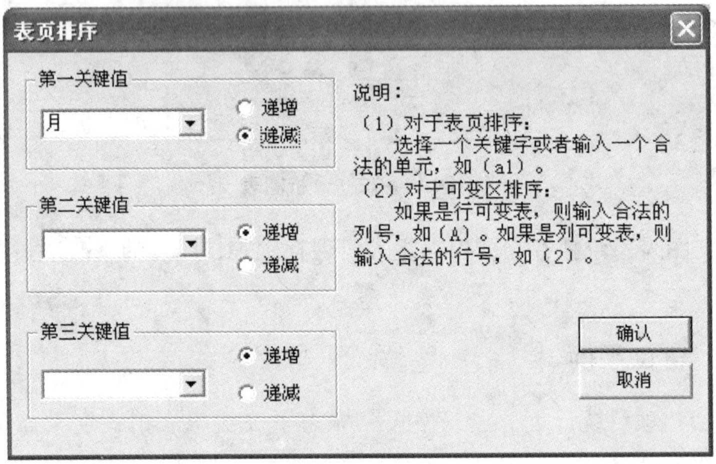

图 14-14　报表排序

（3）完成后查第 1 页显示 2 月份报表，第 2 页显示 1 月份报表。

五、实训结果

（1）资产负债表，如表 14-3 所示。

表 14－3　　　　　　　　**资产负债表**

会企 01 表

编制单位：新世纪有限责任公司　　　　2013 年 1 月 31 日　　　　单位：元

资　　产	期末余额	年初余额	负债及所有者权益（或股东权益）	期末余额	年初余额
流动资产：			流动负债：		
货币资金	151 960. 00	468 600. 00	短期借款		
交易性金融资产			交易性余融负债		
应收票据			应付票据		
应收账款	503 720. 00	735 920. 00	应付账款	1 651 000. 00	598 000. 00
预付账款	225 000. 00	225 000. 00	预收账款	406 000. 00	406 000. 00
应收利息	36 000. 00	36 000. 00	应付职工薪酬	635 300. 00	
应收股利	45 600. 00	45 000. 00	应交税费	570 613. 25	656 000. 00
其他应收款	104 000. 00	101 000. 00	应付利息		
存货	1 722 206. 00	617 700. 00	应付股利		
一年内到期的非流动资产			其他应付款		
其他流动资产			一年内到期的非流动负债		
流动资产合计	2 788 486. 00	2 229 220. 00	其他流动负债	260 000. 00	
非流动资产：			流动负债合计	3 522 913. 25	1 660 000. 00
可供出售金融资产	1 200 000. 00	800 000. 00	非流动负债：		
持有至到期投资	1 627 000. 00	586 000. 00	长期借款		
长期应收款	97 647. 00		应付债券		
长期股权投资	1 588 400. 00	1 425 000. 00	长期应付款	1 418 000. 00	838 000. 00
投资性房地产	1 517 850. 00	1 428 600. 00	专项应付款		
固定资产	3 793 580. 00	3 427 000. 00	预计负债	22 000. 00	
在建工程	40 000. 00	120 000. 00	递延所得税负债	100 000. 00	
工程物资	49 050. 00	46 000. 00	其他非流动负债		
固定资产清理			非流动负债合计	1 540 000. 00	838 000. 00
生产性生物资产			负债合计	5 062 913. 25	2 498 000. 00
油气资产			所有者权益（或股东权益）		
无形资产	1477380. 00	980 000. 00	实收资本（或股本）	7 059 820. 00	7059 820. 00
开发支出			资本公积	753 000. 00	453 000. 00
商誉			减：库存股		

续表

资　　产	期末余额	年初余额	负债及所有者权益（或股东权益）	期末余额	年初余额
长期待摊费用			盈余公积	289 000. 00	289 000. 00
递延所得税资产			未分配利润	1 014 659. 75	742 000. 00
其他非流动资产			所有者权益（或股东权益）	9 116 479. 75	8 543 820. 00
非流动资产合计	11390907. 00	881 260 0. 00			
资产总计	14179393. 00	11 041 820. 00	负债和所有者权益（或股权益）	14 179 393. 00	11 041 820. 00

（2）利润表，如表 14 –4 所示。

表 14 –4　　　　利润表

会企 02 表

编制单位：新世纪有限责任公司　　　　2013 年 1 月　　　　单位：元

项　　目	本期金额	上期金额
一、营业收入	704 000. 00	
减：营业成本	411 150. 00	
营业税金及附加		
销售费用		
管理费用	57 914. 00	
财务费用	6 773. 00	
资产减值损失	65 350. 00	
加：公允价值变动收益（损失以“ –”号填列）		
投资收益	100 000. 00	
其中：对联营企业和合营企业的投资收益		
二、营业利润	262 813. 00	
加：营业外收入	130 000. 00	
减：营业外支出	72 600. 00	
其中：非流动资产处置损失		
三、利润总额（亏损总额以“ –”号填列）	320 213. 00	
减：所得税费用	47 553. 25	
四、净利润（净亏损以“ –”号填列）	272 659. 75	
五、每股收益		
（一）基本每股收益		
（二）稀释每股收益		

（3）现金流量表，如表14－5所示。

表14－5　　**现金流量表**

会企03表

编制单位：新世纪有限责任公司　　2013年1月　　单位：元

项　目	本期金额	上期金额
一、经营活动产生的现金流量：		
销售商品、提供劳务收到的现金	555 000.00	
收到的税费返还		
收到其他与经营活动有关的现金	456 000.00	
经营活动现金流入小计	1 011 000.00	
购买商品、接受劳务支付的现金		
支付给职工以及为职工支付的现金	500.00	
支付的各项税费		
支付其他与经营活动有关的现金	18 850.00	
经营活动现金流出小计	19 350.00	
经营活动产生的现金流量净额	991 650.00	
二、投资活动产生的现金流量：		
收回投资收到的现金		
取得投资收益收到的现金	59 000.00	
处置固定资产、无形资产和其他长期资产收回的现金净额		
处置子公司及其他营业单位收到的现金净额		
收到其他与投资活动有关的现金		
投资活动现金流入小计	59 000.00	
购建固定资产、无形资产和其他长期资产支付的现金	83 490.00	
投资支付的现金	1 283 400.00	
取得子公司及其他营业单位支付的现金净额		
支付其他与投资活动有关的现金	600.00	
投资活动现金流出小计	1 367 490.00	
投资活动产生的现金流量净额	－1 308 490.00	
三、筹资活动产生的现金流量：		
吸收投资收到的现金		
取得借款收到的现金		
收到其他与筹资活动有关的现金		
筹资活动现金流入小计		
偿还债务支付的现金		

续表

项　　目	本期金额	上期金额
分配股利、利润或偿付利息支付的现金		
支付其他与筹资活动有关的现金		
筹资活动现金流出小计		
筹资活动产生的现金流量净额		
四、汇率变动对现金及现金等价物的影响	200.00	
五、现金及现金等价物净增加额	-316 640.00	
加：期初现金及现金等价物余额	468 600.00	
六、期末现金及现金等价物余额	151 960.00	

（4）第一季度工资汇总表，如表14-6所示。

表14-6　　第一季度工资汇总表

元

姓　　名	基本工资	岗位工资	工资合计
刘强	4 000.00	1 200.00	5 200.00
王芳	4 400.00	800.00	5 200.00
黄民	3 600.00	1 200.00	4 800.00
张婷	4 800.00	2 000.00	6 800.00
合计	1 6800.00	5 200.00	2 2000.00

（5）透视分析表，如表14-7所示。

表14-7　　透视分析表

元

基本工资	B3	B4	B5	B6
基本工资	1 000.00	1 100.00	9 00.00	1 200.00
基本工资	1 000.00	1 100.00	9 00.00	1 200.00
基本工资	2 000.00	2 200.00	1 800.00	2 400.00

（6）舍位平衡表，如表14-8所示。

表14-8　　舍位平衡表

元

项　目	材料费	人工费	合　计
会计信息系统设计与实施	12.35	75.46	87.81
改建1号食堂	78.65	42.87	121.53
购建两个新的计算机实训室	34.63	87.56	122.18
合计	125.63	205.89	331.52

实训项目十五

薪资管理系统

一、实训目标

通过本次实训，要求学生熟悉薪资管理系统的基本结构和功能；了解薪资管理系统初始设置的内容及其顺序；理解计算机自动进行薪资核算的工作原理；熟练掌握薪资核算的操作要求和方法。

二、实训内容

★ 建立薪资管理账套　　★ 系统初始设置
★ 录入工资变动数据　　★ 计算汇总工资
★ 计算个人所得税　　★ 设置工资分摊
★ 查询工资报表　　★ 月末处理

三、实训资料

（一）实训准备

（1）引入“F：\ 学生姓名 \ 04”文件夹中备份的数据，即恢复 101 账套实训项目四的数据。

（2）新增会计科目：221103 工会经费、221104 职工教育经费、221105 住房公积金、6601 销售费用。

（二）薪资账套参数

（1）启用薪资管理系统：启用日期：2013. 01. 01。

（2）工资类别个数：单个。

（3）本位币种：人民币（RMB）。

(4) 个人所得税：代扣。
(5) 扣零处理：扣零至元。

(三) 人员附加信息。

(1) 技术职称。
(2) 学历。

(四) 设置代发银行

(1) 银行编码：001。
(2) 银行名称：中国银行咸阳分行。
(3) 个人账户规则：定长；账号长度：8 位；自动带出的账号长度：5 位。

(五) 建立人员档案

建立人员档案，如表 15 – 1 所示。

表 15 – 1　　人员档案一览表

职员编码	姓名	性别	人员类别	行政部门	账号	技术职称	学历
10001	郭海鹏	男	管理人员	财务部	95566001	高级	本科
10002	曹宇阳	男	管理人员	财务部	95566002	中级	研究生
10003	钟雨欣	女	管理人员	财务部	95566003	中级	本科
10004	吉　雯	女	管理人员	财务部	95566004	初级	本科
20101	曾雨晨	男	采购人员	采购一部	95566005	中级	研究生
20201	白　芳	女	采购人员	采购二部	95566006	初级	大专
30101	李　洋	女	销售人员	销售一部	95566007	高级	本科
30201	杨丽丽	女	销售人员	销售二部	95566008	初级	本科
40101	王　泽	男	生产人员	一车间	95566009	高级	大专
40102	阎　超	男	生产人员	一车间	95566010	中级	研究生
40201	崔志帧	男	生产人员	二车间	95566011	中级	本科
40202	祝欣静	女	生产人员	二车间	95566012	初级	大专

(六) 定义工资项目

定义工资项目（按顺序排列），如表 15 – 2 所示。

表 15 – 2　　工资项目一览表

工资项目	项目类型	长度	小数	增减项
基本工资	数值型	10	2	增项
工龄	数值型	10	2	其他
工龄工资	数值型	10	2	增项
奖金	数值型	10	2	增项
交通补助	数值型	10	2	增项
餐补	数值型	10	2	增项
日工资	数值型	10	2	其他
加班天数	数值型	4	2	其他
加班费	数值型	10	2	增项
应发合计	数值型	10	2	增项
事假天数	数值型	4	2	其他
病假天数	数值型	4	2	其他
请假扣款	数值型	10	2	减项
住房公积金	数值型	10	2	减项
代扣款	数值型	10	2	减项
代扣税	数值型	10	2	减项
扣款合计	数值型	10	2	减项
实发合计	数值型	10	2	增项
上月扣零	数值型	10	2	其他
本月扣零	数值型	10	2	其他

（七）定义工资项目公式

定义工资项目公式，如表 15 – 3 所示。

表 15 – 3　　工资项目公式

工资项目	公式定义
基本工资	财务部：1 700 元；采购一部：1 600 元；采购二部：1 500 元；销售一部：1 800元；销售二部：2 000 元；一车间：2 200 元；二车间：2 300 元
工龄工资	工龄 * 50
奖金	管理人员：1 200 元；采购人员：1 300 元；销售人员：1 600 元；生产人员：1 500 元
交通补助	100 元

续表

工资项目	公式定义
餐补	220 元
日工资	（基本工资＋工龄工资）/22
加班费	日工资＊加班天数
应发合计	基本工资＋工龄工资＋奖金＋交通补助＋餐补＋加班费
请假扣款	（日工资＊事假天数）＋（日工资＊病假天数＊0.5）
住房公积金	应发合计＊0.03
扣款合计	请假扣款＋住房公积金＋代扣款＋代扣税
实发合计	应发合计－扣款合计

（八）工资数据

2013 年 1 月工资数据，如表 15－4 所示。

表 15－4　　2013 年 1 月工资变动数据

职员编码	姓名	工龄	加班天数	事假天数	病假天数	代扣款/元
10001	郭海鹏	22 年				120.00
10002	曹宇阳	18 年	3 天			100.00
10003	钟雨欣	20 年		2 天		120.00
10004	吉　雯	17 年				90.00
20101	曾雨晨	13 年				70.00
20201	白　芳	15 年				80.00
30101	李　洋	16 年			1 天	90.00
30201	杨丽丽	14 年				80.00
40101	王　泽	15 年				90.00
40102	阎　超	12 年	2 天			60.00
40201	崔志帧	16 年				90.00
40202	祝欣静	11 年			3 天	60.00

（九）扣缴个人所得税

（1）所得项目：工资。

（2）对应工资项目：应发合计。

（3）纳税基数：3 500.00 元。

（十）定义银行代发工资格式

定义银行代发工资格式，如表 15－5 所示。

表 15－5　　银行代发工资格式

项目名称	数据类型	长度	小数位	数据来源
单位编号	字符型	10	0	会电 1 班
人员编号	字符型	5	0	人员编号
账号	字符型	8	0	账号
姓名	字符型	8	0	人员姓名
金额	数字型	10	2	实发合计
录入日期	字符型	8	0	20130131

（十一）工资分摊设置

工资分摊设置，如表 15－6 所示。

表 15－6　　工资分摊设置

元

<table>
<tr><th colspan="3">分摊类型</th><th>工资费用
（100%）</th><th>福利费
（5%）</th><th>工会经费
（2%）</th><th>教育经费
（2.5%）</th><th>住房公积金
（10%）</th></tr>
<tr><td>财务部</td><td>管理人员</td><td rowspan="4">借方科目</td><td>6 602</td><td>6 602</td><td>6 602</td><td>6 602</td><td>6 602</td></tr>
<tr><td>采购部</td><td>采购人员</td><td>6 602</td><td>6 602</td><td>6 602</td><td>6 602</td><td>6 602</td></tr>
<tr><td>销售部</td><td>销售人员</td><td>6 601</td><td>6 601</td><td>6 601</td><td>6 601</td><td>6 601</td></tr>
<tr><td>生产部</td><td>生产人员</td><td>500 102</td><td>500 102</td><td>500 102</td><td>500 102</td><td>500 102</td></tr>
<tr><td colspan="3">贷方科目</td><td>221 101</td><td>221 102</td><td>221 103</td><td>221 104</td><td>221 105</td></tr>
</table>

（十二）月末处理

（1）进行 2013 年 1 月份工资计算与个人所得税申报。

（2）对当月生成的机制凭证进行查询、修改、红冲和删除等操作。

（3）结账处理：将“加班天数”、“事假天数”、“病假天数”和“代扣款”4 个项目清空为零。

（4）在总账系统中，查询当月的工资凭证。

四、实训指导

（一）启用薪资管理系统

（1）以账套主管“郭海鹏”身份登录用友 ERP-U8 \ 企业应用平台。

（2）在“基础设置”功能下，双击“基本信息 \ 系统启用”选项，设定启用薪资管理系统的日期为“2013 年 1 月 1 日”，如图 15－1 所示。

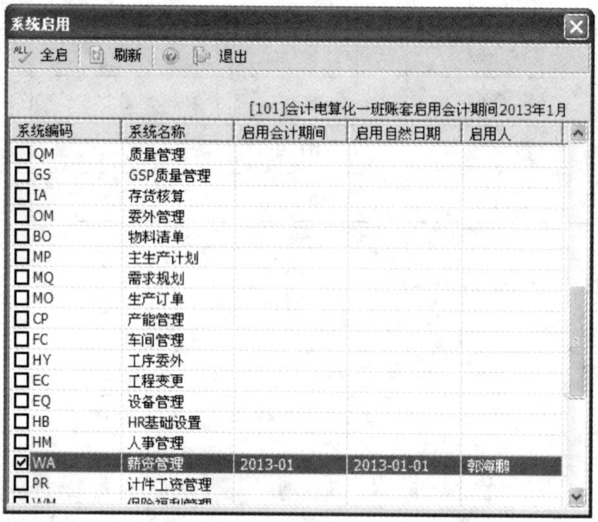

图 15－1　薪资管理系统启用

（3）薪资管理系统启用后，需重新注册。

（二）建立薪资管理账套

（1）在“业务工作”功能中，双击“人力资源 \ 薪资管理”选项，打开薪资管理系统，系统弹出“薪资管理”对话框，如图 15－2 所示。

图 15－2　设置工资类别

（2）单击“确定”按钮，打开“建立工资账套 \ 参数设置”窗口，选择单个工资类别，默认币别为人民币，如图 15－3 所示。

（3）单击“下一步”按钮，打开“建立工资账套 \ 扣税设置”窗口，选择代扣个人所得税，如图 15－4 所示。

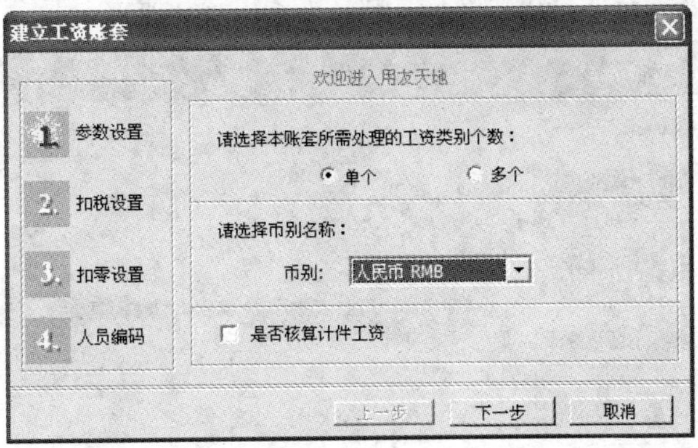

图 15－3　建立工资账套—参数设置

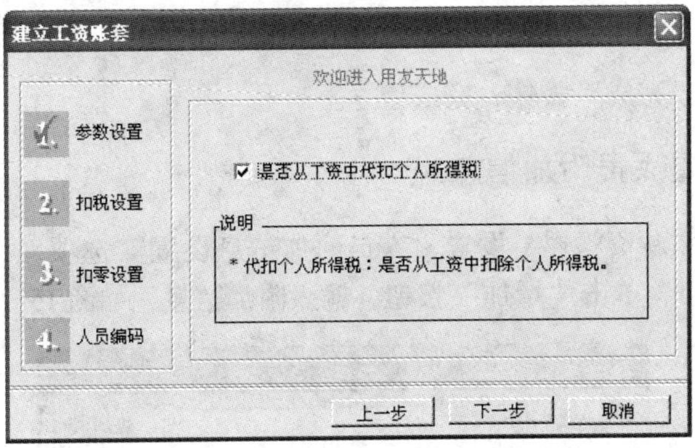

图 15－4　建立工资账套—扣税设置

（4）单击“下一步”按钮，打开“建立工资账套 \ 扣零设置”窗口，选择“扣零至元”，如图 15－5 所示。

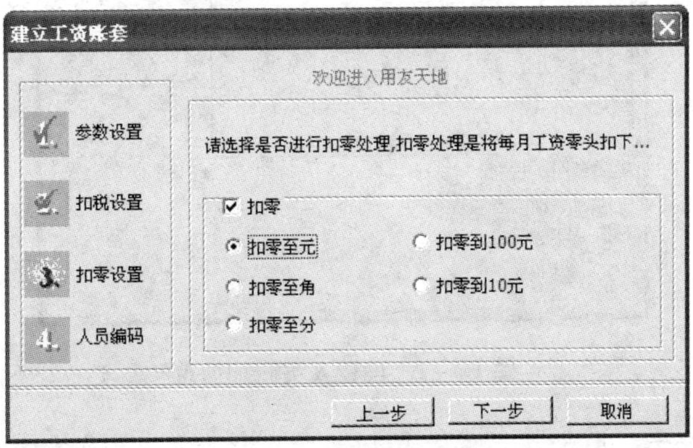

图 15－5　建立工资账套—扣零设置

（5）单击“下一步”按钮，打开“建立工资账套\人员编码”窗口，提示人员编码同公共平台人员编码保持一致，如图15－6所示。

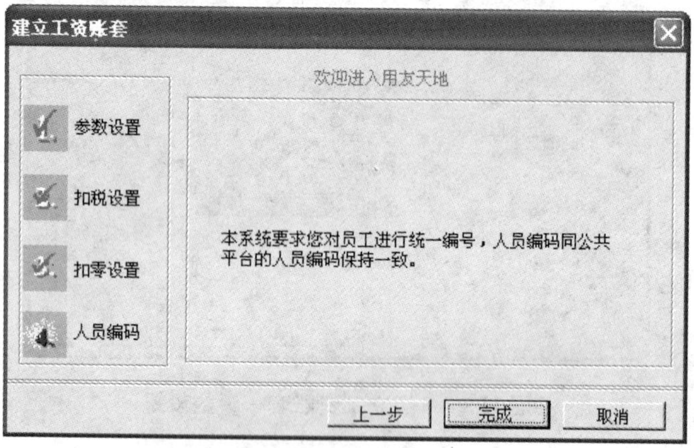

图15－6 建立工资账套—人员编码

（6）单击“完成”按钮，完成建立。

（三）设置人员附加信息

（1）双击“薪资管理\设置\人员附加信息设置”选项，打开“人员附加信息设置”窗口，单击“增加”按钮，输入附加信息，如图15－7所示。

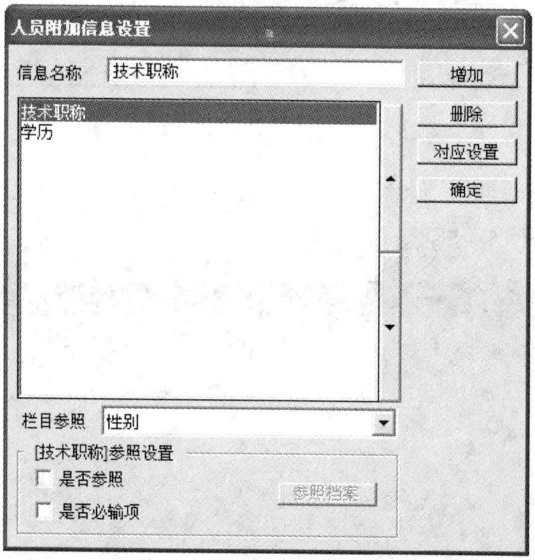

图15－7 设置人员附加信息

（2）输入完毕，单击“返回”按钮。

（四）设置代发银行

（1）在“基础设置”功能下，双击“基础档案\收付结算\银行档案”选项，单击“增加”按钮，输入代发银行及账号长度等信息，如图 15-8 所示。

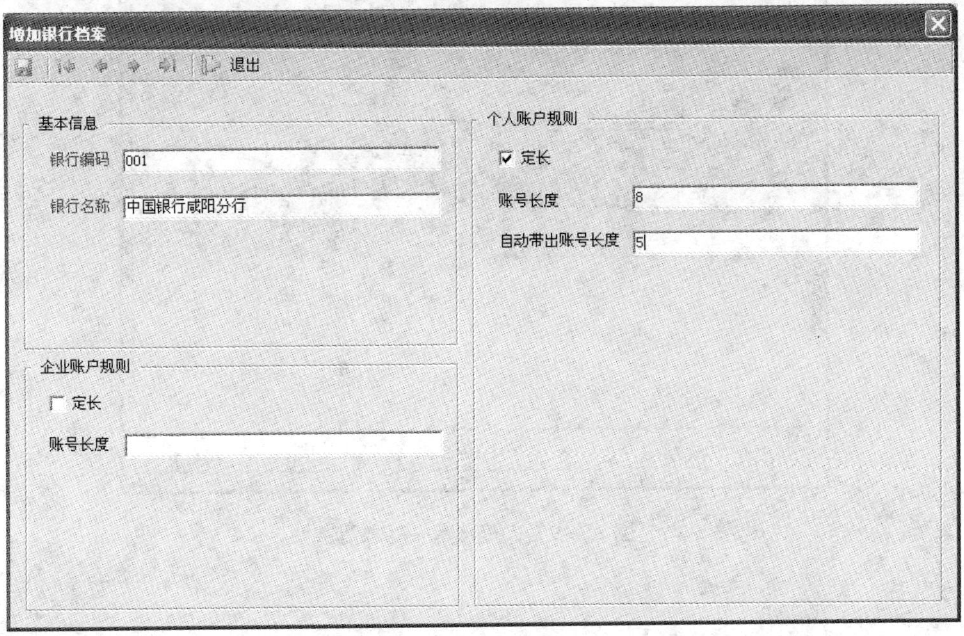

图 15-8　设置代发银行

（2）输入完毕，单击“返回”按钮。

（五）设置人员档案

（1）在“业务工作”功能中，双击“薪资管理\设置\人员档案”选项，打开“人员档案明细”窗口，单击“增加”按钮，输入人员档案基本信息，如图 15-9 所示。

（2）单击“附加信息”选项，输入技术职称和学历，如图 15-10 所示。

（3）依次输入所有人员档案信息，单击“退出”按钮。

（六）设置工资项目

（1）在“薪资管理”功能下，双击“设置\工资项目设置”选项，打开“工资项目设置”窗口，单击“增加”按钮，输入工资项目基本信息，如图 15-11所示。

（2）依次输入完毕后，单击“上移或下移”按钮，调整好工资项目排列顺序，单击“确定”按钮。

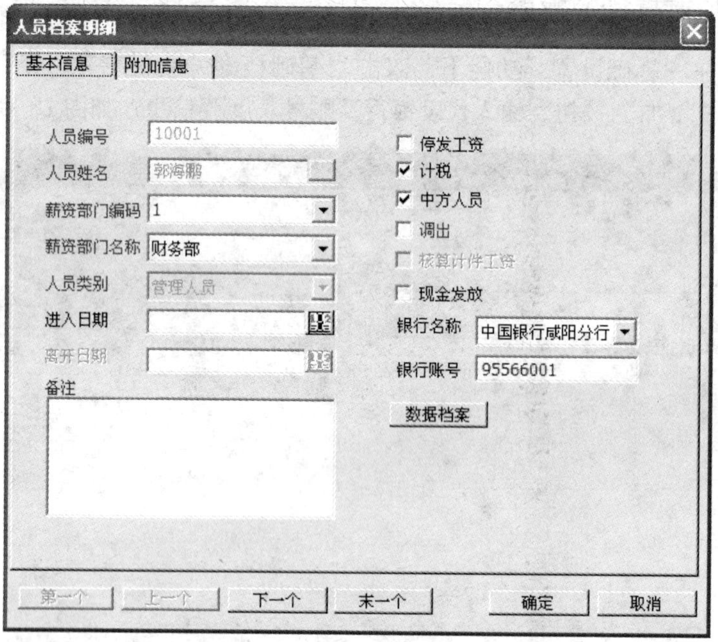

图 15-9 人员档案—基本信息

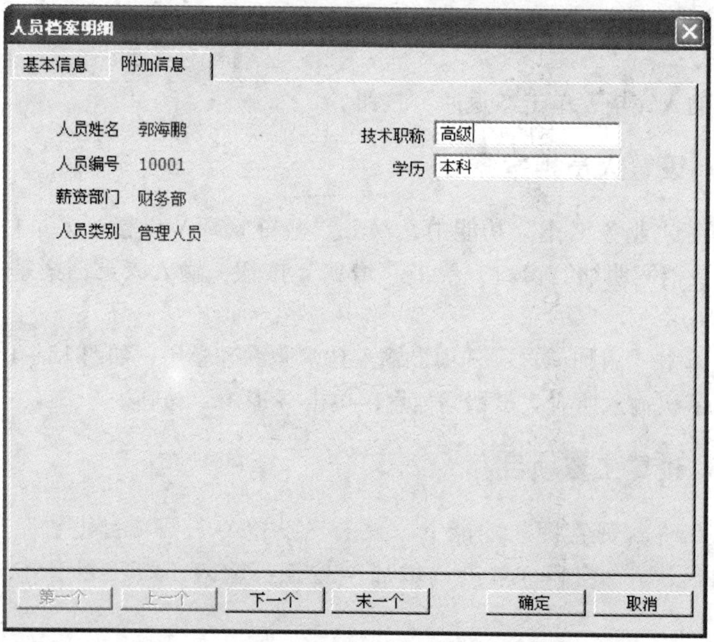

图 15-10 人员档案—附加信息

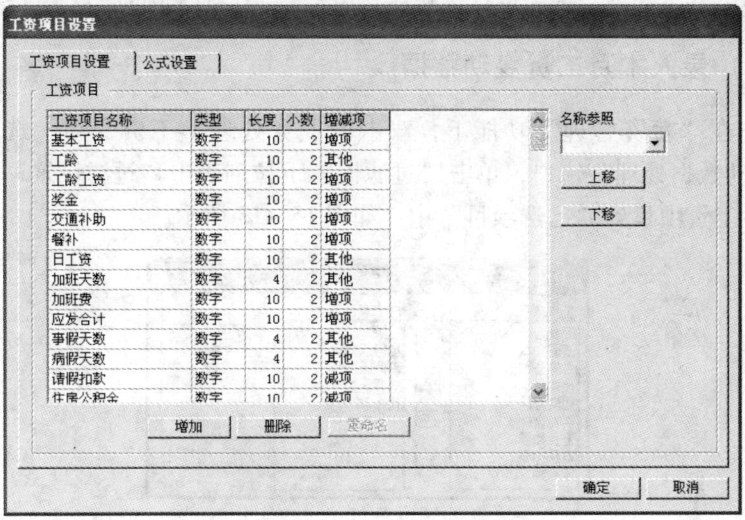

图 15－11　设置工资项目

（七）设置工资项目计算公式

（1）在“设置\ 工资项目设置”选项中单击“公式设置”选项卡，打开“工资项目设置”窗口，单击“增加”按钮，再单击“参照”按钮，选择“基本工资”，输入其计算公式，如图 15－12 所示。

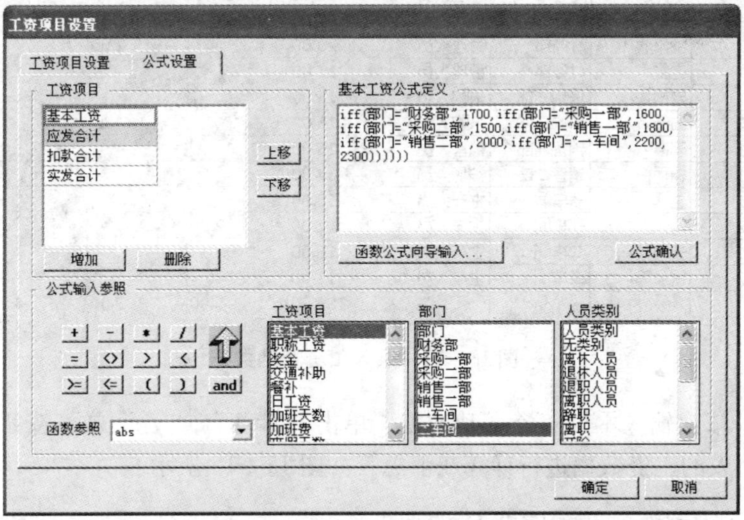

图 15－12　工资项目公式设置

（2）输入公式后，单击公式“确认”按钮，公式格式正确，将保存所设公式。

（3）以此方法依次增加其他工资项目公式，增加完毕，单击“上移或下移”

按钮，调整好工资项目的先后计算顺序，单击“确定”按钮。

（八）录入本月工资变动数据

（1）在“薪资管理”功能下，双击“业务处理＼工资变动”选项，打开“工资变动数据处理”窗口，单击“过滤器”下拉列表中“过滤设置”选项，选择变动性工资项目到“已选项目”中，如图 15－13 所示。

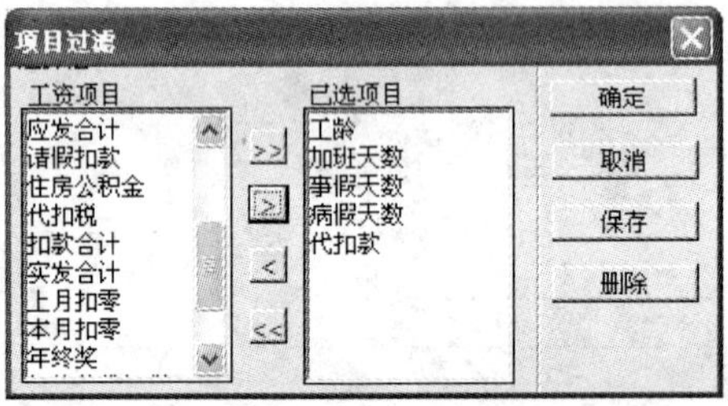

图 15－13 工资变动窗口

（2）单击“确认”按钮，此时每个人的工资项目只显示已选定的项目，如图 15－14 所示。

工资变动

过滤器　　　定位器

选择	人员编号	姓名	部门	人员类别	工龄	加班天数	事假天数	病假天数	代扣款
	10001	郭海鹏	财务部	管理人员	22.00				120.00
	10002	曹宇阳	财务部	管理人员	18.00	3.00			100.00
	10003	钟雨欣	财务部	管理人员	20.00		2.00		120.00
	10004	吉雯	财务部	管理人员	17.00				90.00
	20101	曾雨辰	采购一部	采购人员	13.00				70.00
	20201	白芳	采购二部	采购人员	15.00				80.00
	30101	李洋	销售一部	销售人员	16.00			1.00	90.00
	30201	杨丽丽	销售二部	销售人员	14.00				80.00
	40101	王泽	一车间	生产人员	15.00				90.00
	40102	闫超	一车间	生产人员	12.00	2.00			60.00
	40201	崔志帧	二车间	生产人员	16.00				90.00
	40202	祝欣静	二车间	生产人员	11.00			3.00	60.00
合计					189.00	5.00	2.00	4.00	1,050.00

图 15－14 录入工资变动数据

（3）依次输入本期工资变动数据，单击“计算”或“汇总”按钮，系统自动对每个人的工资数据进行计算或汇总，如图 15－15 所示。

（九）扣缴个人所得税处理

（1）在“薪资管理”功能下，双击“设置＼选项”选项，打开选项窗口，单击“扣税设置”卡片，打开“个人所得税设置”窗口，再单击“编辑”按钮，选择扣税项目为“应发工资”，如图 15－16 所示。

工资变动

过滤器　　□ 定位器

选择	人员编号	姓名	部门	人员类别	基本工资	工龄	工龄工资	奖金	交通补助	餐补
	10001	郭海鹏	财务部	管理人员	1,700.00	22.00	1,100.00	1,200.00	100.00	220.00
	10002	曹宇阳	财务部	管理人员	1,700.00	18.00	900.00	1,200.00	100.00	220.00
	10003	钟雨欣	财务部	管理人员	1,700.00	20.00	1,000.00	1,200.00	100.00	220.00
	10004	吉雯	财务部	管理人员	1,700.00	17.00	850.00	1,200.00	100.00	220.00
	20101	曾雨辰	采购一部	采购人员	1,600.00	13.00	650.00	1,300.00	100.00	220.00
	20201	白芳	采购二部	采购人员	1,500.00	15.00	750.00	1,300.00	100.00	220.00
	30101	李洋	销售一部	销售人员	1,800.00	16.00	800.00	1,600.00	100.00	220.00
	30201	杨丽丽	销售二部	销售人员	2,000.00	14.00	700.00	1,600.00	100.00	220.00
	40101	王泽	一车间	生产人员	2,200.00	15.00	750.00	1,500.00	100.00	220.00
	40102	闫超	一车间	生产人员	2,200.00	12.00	600.00	1,500.00	100.00	220.00
	40201	崔志帧	二车间	生产人员	2,300.00	16.00	800.00	1,500.00	100.00	220.00
	40202	祝欣静	二车间	生产人员	2,300.00	11.00	550.00	1,500.00	100.00	220.00
合计					22,700.00	189.00	9,450.00	16,600.00	1,200.00	2,640.00

图 15 - 15　工资计算

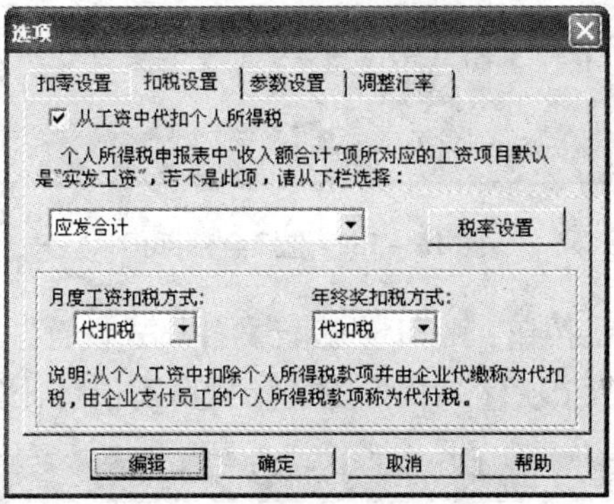

图 15 - 16　个人所得税设置

（2）在个人所得税设置窗口中单击"税率设置"按钮，打开"税率表设置"窗口，调整纳税基数为 3 500，税率表按系统默认，单击"确认"按钮，如图 15 - 17所示。

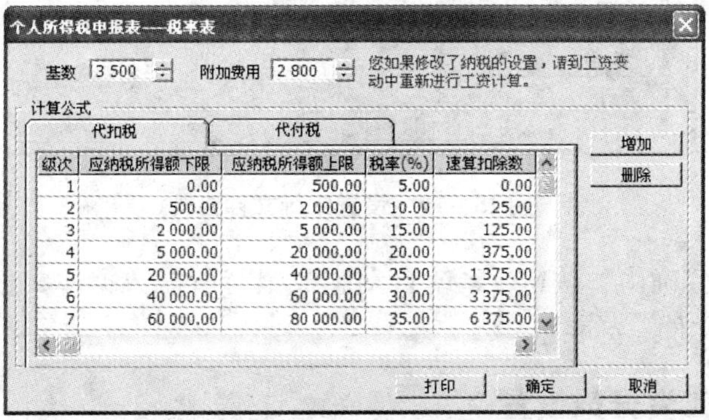

图 15 - 17　纳税基数设置

(3) 由于计税项目和税率进行了重新设置，因此，双击“业务处理\工资变动”选项，打开“工资变动”窗口，单击“计算”按钮，系统自动重新计算每个人的应纳税所得额和应缴个人所得税。

(十) 银行代发工资设置

(1) 在“薪资管理”功能下，双击“业务处理\银行代发”选项，系统弹出“请选择部门范围”窗口，全部选定，如图15－18所示。

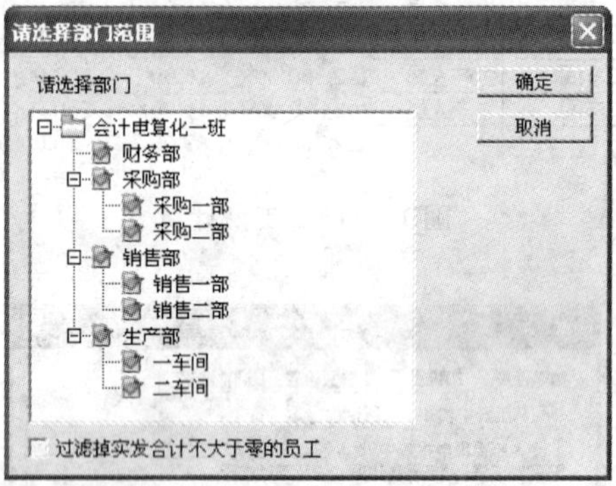

图15－18 选择全部部门

(2) 单击“确定”按钮，打开“银行文件格式设置”窗口，选择代发银行，单击“插入行”按钮，依次输入代发工资格式所需信息，如图15－19所示。

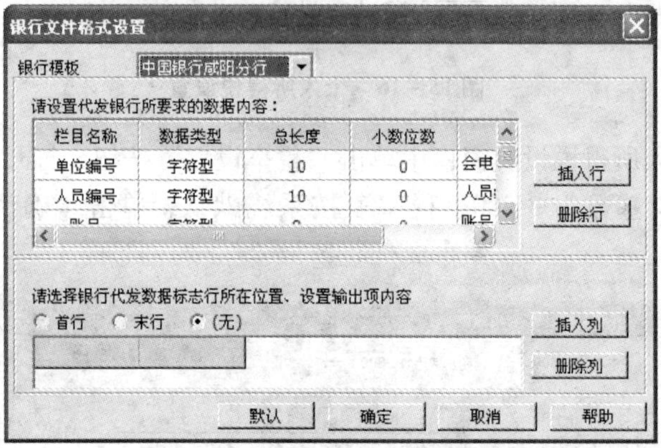

图15－19 设置银行文件格式

(3) 单击“确认”按钮，系统自动生成银行所需数据库文件，同时显示设置的银行代发文件一览表。

(十一) 工资分摊设置

(1) 在“薪资管理”功能下，双击“业务处理\工资分摊”选项，选择分摊计提的月份和核算部门，选择计提分配方式和“明细到工资项目”选项，如图 15－20 所示。

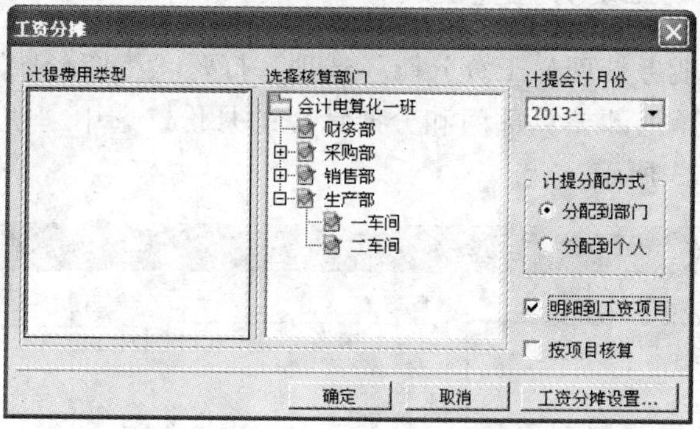

图 15－20　工资分摊设置

（2）单击“工资分摊设置”按钮，打开“分摊类型设置”窗口，如图 15－21所示。

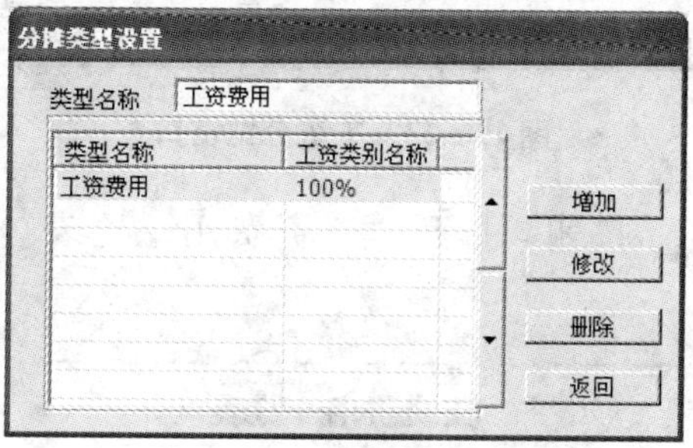

图 15－21　工资分摊类型设置

（3）单击“增加”按钮，进行工资分摊类型设置，如图 15－22 所示。

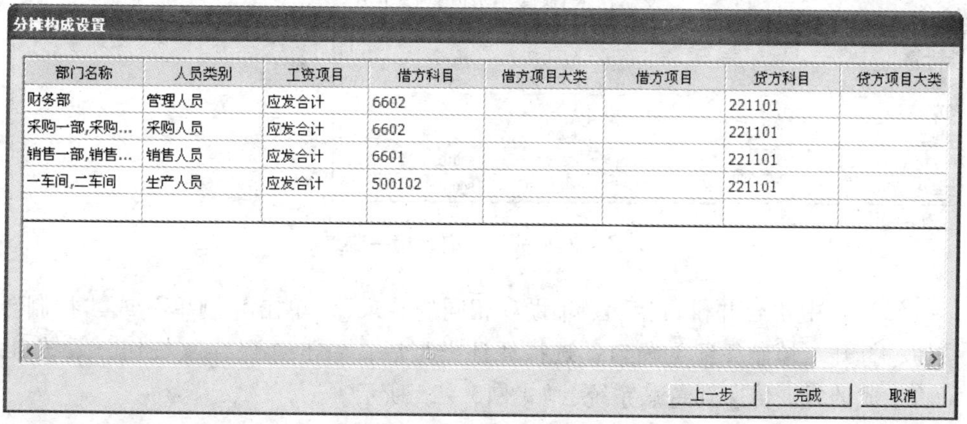

部门名称	人员类别	工资项目	借方科目	借方项目大类	借方项目	贷方科目	贷方项目大类
财务部	管理人员	应发合计	6602			221101	
采购一部,采购…	采购人员	应发合计	6602			221101	
销售一部,销售…	销售人员	应发合计	6601			221101	
一车间,二车间	生产人员	应发合计	500102			221101	

图 15－22　工资费用分摊设置

（4）单击“完成”按钮，以此方法依次增加其他相关工资分摊类型设置。

（十二）生成工资分摊凭证

（1）双击“业务处理\ 工资分摊”选项，打开“工资分摊”窗口，选择计提费用类型，选择全部核算部门和分摊计提的月份，选中“明细到工资项目”选项，如图 15－23 所示。

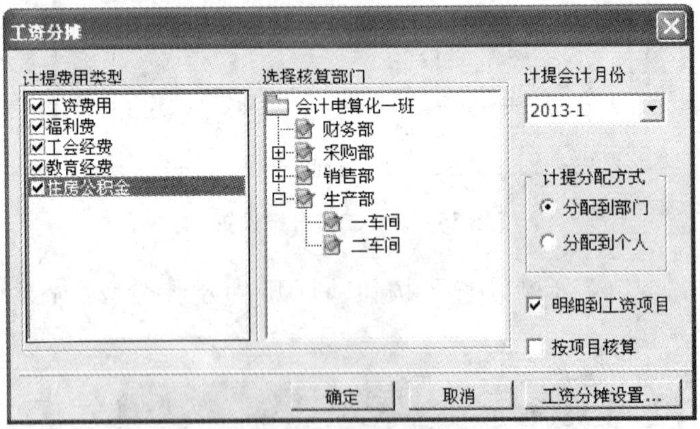

图 15－23　工资分摊窗口

（2）单击“确定”按钮，打开“工资费用一览表”窗口，如图 15－24 所示。

工资费用一览表

☑ 合并科目相同、辅助项相同的分录

类型 工资费用　　　　计提会计月份　1月

部门名称	人员类别	应发合计		
		分配金额	借方科目	贷方科目
财务部	管理人员	17 084.54	6602	221101
采购一部	采购人员	3 870.00	6602	221101
采购二部		3 870.00	6602	221101
销售一部	销售人员	4 520.00	6601	221101
销售二部		4 620.00	6601	221101
一车间	生产人员	9 644.54	500102	221101
二车间		9 590.00	500102	221101

图 15－24　分摊工资费用一览表

（3）选中“合并科目相同、辅助项相同的分录”，单击“制单”或“批制”按钮，打开“填制凭证”窗口，选择凭证类型后，单击“保存”按钮，系统自动将生成的凭证传递到总账系统，如图 15－25 所示。

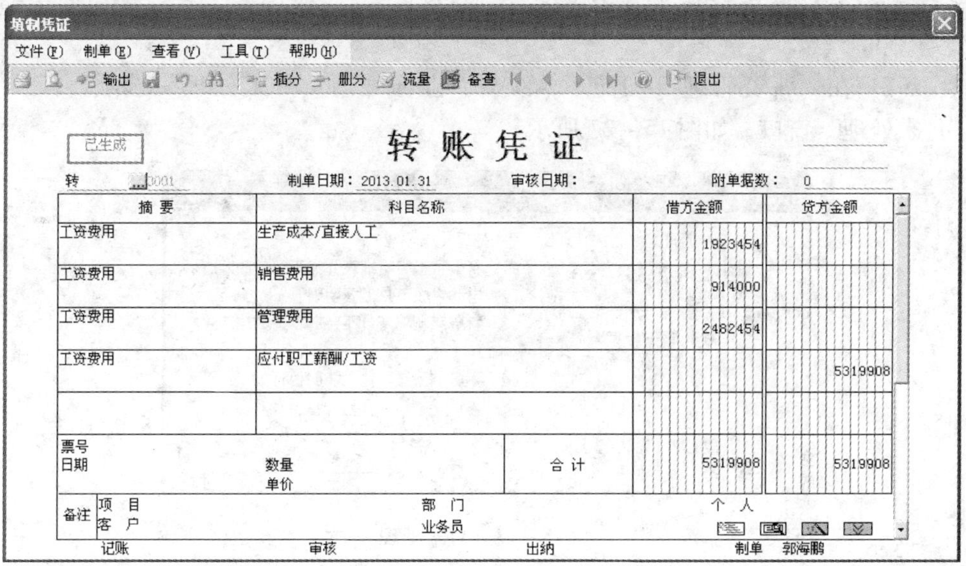

图 15－25　生成凭证

（十三）查询凭证

（1）在“薪资管理”功能下，双击“统计分析\凭证查询”选项，打开“凭证查询”窗口，如图 15－26 所示。

业务日期	业务类型	业务号	制单人	凭证日期	凭证号	标志
2013-01-31	工资费用	1	郭海鹏	2013-01-31	转-1	未审核
2013-01-31	福利费	2	郭海鹏	2013-01-31	转-2	未审核
2013-01-31	工会经费	3	郭海鹏	2013-01-31	转-3	未审核
2013-01-31	教育经费	4	郭海鹏	2013-01-31	转-4	未审核
2013-01-31	住房公积金	5	郭海鹏	2013-01-31	转-5	未审核

图 15－26　凭证查询

（2）单击“删除”按钮，可以删除当前未记账凭证，该凭证在总账系统中出现“作废”标志。

（3）单击“冲销”按钮，可以冲销在总账系统中已记账凭证。

（十四）工资账表查询

在“薪资管理”功能下，双击“统计分析\账表”选项，系统提供了用于本月工资发放和统计的各种工资表及工资分析表，用户可根据需要从中选择要查询的报表进行查看。

（十五）月末处理

（1）在“薪资管理”功能下，双击“业务处理＼月末处理”选项，打开“月末处理”窗口，如图 15－27 所示。

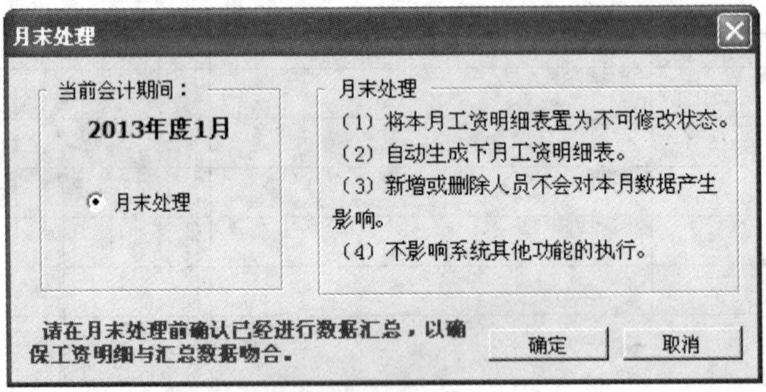

图 15－27　月末处理

（2）单击“确认”按钮，系统提示“是否选择清零项”，单击“是”按钮，选择需清零项目，如图 15－28 所示。

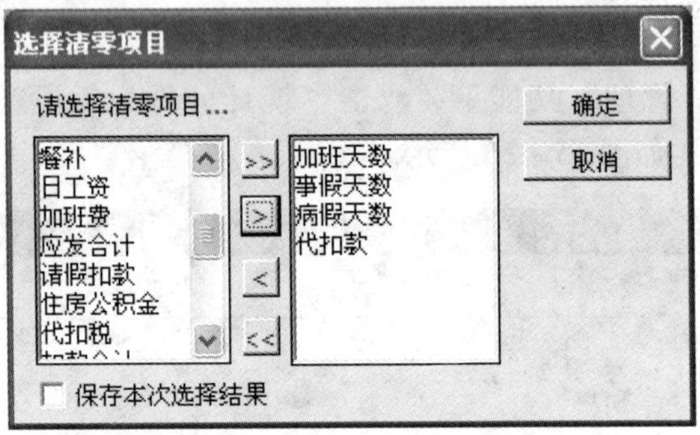

图 15－28　选择清零项目

（3）单击“确认”按钮，系统提示“月末处理完毕!”。

注意：“反结账”功能的使用必须登录到已结账月的下月才能执行。

五、实训结果

（一）机制凭证（5 账）

1. 分配工资费用

借：管理费用	24 824. 54
销售费用	9 140. 00

　　生产成本——直接人工　　19 234.54

　贷：应付职工薪酬——工资　　53 199.08

2. 计提福利费

借：管理费用　　1 241.23

　　销售费用　　457.00

　　生产成本——直接人工　　961.73

　贷：应付职工薪酬——福利　　2 659.96

3. 计提工会经费

借：管理费用　　496.49

　　销售费用　　182.80

　　生产成本——直接人工　　384.69

　贷：应付职工薪酬——工会经费　　1 063.98

4. 计提职工教育经费

借：管理费用　　620.61

　　销售费用　　228.50

　　生产成本——直接人工　　480.86

　贷：应付职工薪酬——职工教育经费　　1 329.97

5. 计提住房公积金

借：管理费用　　2 482.45

　　销售费用　　914.00

　　生产成本——直接人工　　1 923.45

　贷：应付职工薪酬——住房公积金　　5 319.90

（二）2013 年 1 月工资数据（见表 15 –7）

表 15 –7　　2013 年 1 月工资数据

元

选择	人员编号	姓名	部门	人员类别	基本工资	工龄	工龄工资	奖金	交通补助	餐补
	10001	郭海鹏	财务部	管理人员	1,700.00	22.00	1,100.00	1,200.00	100.00	220.00
	10002	曹宇阳	财务部	管理人员	1,700.00	18.00	900.00	1,200.00	100.00	220.00
	10003	钟雨欣	财务部	管理人员	1,700.00	20.00	1,000.00	1,200.00	100.00	220.00
	10004	吉雯	财务部	管理人员	1,700.00	17.00	850.00	1,200.00	100.00	220.00
	20101	曾雨辰	采购一部	采购人员	1,600.00	13.00	650.00	1,300.00	100.00	220.00
	20201	白芳	采购二部	采购人员	1,500.00	15.00	750.00	1,300.00	100.00	220.00
	30101	李洋	销售一部	销售人员	1,800.00	16.00	800.00	1,600.00	100.00	220.00
	30201	杨丽丽	销售二部	销售人员	2,000.00	14.00	700.00	1,600.00	100.00	220.00
	40101	王泽	一车间	生产人员	2,200.00	15.00	750.00	1,500.00	100.00	220.00
	40102	闫超	一车间	生产人员	2,200.00	12.00	600.00	1,500.00	100.00	220.00
	40201	崔志帧	二车间	生产人员	2,300.00	16.00	800.00	1,500.00	100.00	220.00
	40202	祝欣静	二车间	生产人员	2,300.00	11.00	550.00	1,500.00	100.00	220.00
合计					22,700.00	189.00	9,450.00	16,600.00	1,200.00	2,640.00

续表

日工资	班天	加班费	应发合计	假天数	假天数	请假扣款	房公积金	代扣款	代扣税	实发合计	扣款合计	本月扣零
127.27			4,320.00				129.60	120.00	57.00	4,010.00	306.60	3.40
118.18	3.00	354.54	4,474.54				134.24	100.00	72.45	4,160.00	306.69	7.85
122.73			4,220.00	2.00		245.46	126.60	120.00	47.00	3,680.00	539.06	0.94
115.91			4,070.00				122.10	90.00	32.00	3,820.00	244.10	5.90
102.27			3,870.00				116.10	70.00	18.50	3,660.00	204.60	5.40
102.27			3,870.00				116.10	80.00	18.50	3,650.00	214.60	5.40
118.18			4,520.00		1.00	59.09	135.60	90.00	77.00	4,150.00	361.69	8.31
122.73			4,620.00				138.60	80.00	87.00	4,310.00	305.60	4.40
134.09			4,770.00				143.10	90.00	102.00	4,430.00	335.10	4.90
127.27	2.00	254.54	4,874.54				146.24	60.00	112.45	4,550.00	318.69	5.85
140.91			4,920.00				147.60	90.00	117.00	4,560.00	354.60	5.40
129.55			4,670.00		3.00	194.33	140.10	60.00	92.00	4,180.00	486.43	3.57
1,461.36	5.00	609.08	53,199.08	2.00	4.00	498.88	1,595.98	,050.00	832.90	49,160.00	3,977.76	61.32

（三）银行代发工资数据（见表 15 –8）

表 15 –8　　银行代发工资数据

元

银行代发一览表

名称：中国银行咸阳分行

单位编号	人员编号	账号	姓名	金额	录入日期
会电1班	10001	95566001	郭海鹏	4 010.00	20130131
会电1班	10002	95566002	曹宇阳	4 160.00	20130131
会电1班	10003	95566003	钟雨欣	3 680.00	20130131
会电1班	10004	95566004	吉雯	3 820.00	20130131
会电1班	20101	95566005	曾雨辰	3 660.00	20130131
会电1班	20201	95566006	白芳	3 650.00	20130131
会电1班	30101	95566007	李洋	4 150.00	20130131
会电1班	30201	95566008	杨丽丽	4 310.00	20130131
会电1班	40101	95566009	王泽	4 430.00	20130131
会电1班	40102	95566010	闫超	4 550.00	20130131
会电1班	40201	95566011	崔志帧	4 560.00	20130131
会电1班	40202	95566012	祝欣静	4 180.00	20130131
合计				49 160.00	

（四）1 月个人所得税申报表（见表 15－9）

表 15－9　　个人所得税申报表

元

所得税申报

输出　税率　栏目　内容　邮件　过滤　定位　退出

个人所得税申报表

2013年01月01日—2013年12月31日

姓名	所得项目	所属期间(起)	所属期间(止)	收入额	减费用额	应纳税所…	税率	速算扣除数	应纳税额	已扣缴税款
郭海鹏	工资	20130101	20131231	4 320.00	3 500.00	820.00	10	25.00	57.00	57.00
曹宇阳	工资	20130101	20131231	4 474.54	3 500.00	974.54	10	25.00	72.45	72.45
钟雨欣	工资	20130101	20131231	4 220.00	3 500.00	720.00	10	25.00	47.00	47.00
吉雯	工资	20130101	20131231	4 070.00	3 500.00	570.00	10	25.00	32.00	32.00
曾雨辰	工资	20130101	20131231	3 870.00	3 500.00	370.00	5	0.00	18.50	18.50
白芳	工资	20130101	20131231	3 870.00	3 500.00	370.00	5	0.00	18.50	18.50
李洋	工资	20130101	20131231	4 520.00	3 500.00	1 020.00	10	25.00	77.00	77.00
杨丽丽	工资	20130101	20131231	4 620.00	3 500.00	1 120.00	10	25.00	87.00	87.00
王泽	工资	20130101	20131231	4 770.00	3 500.00	1 270.00	10	25.00	102.00	102.00
闫超	工资	20130101	20131231	4 874.54	3 500.00	1 374.54	10	25.00	112.45	112.45
崔志帧	工资	20130101	20131231	4 920.00	3 500.00	1 420.00	10	25.00	117.00	117.00
祝欣静	工资	20130101	20131231	4 670.00	3 500.00	1 170.00	10	25.00	92.00	92.00
合计				53 199.08	42 000.00	11 199.08		250.00	832.90	832.90

（五）备份账套数据，路径为"F:\学生姓名\15"，查看"15"文件夹的备份文件

实训项目十六

固定资产管理系统

一、实训目标

通过本次实训，要求学生熟悉固定资产管理系统的基本结构和功能；了解固定资产管理系统初始设置的内容及其顺序；理解计算机自动进行固定资产核算的工作原理；熟练掌握固定资产核算的操作要求和方法。

二、实训内容

★ 启用固定资产系统

★ 系统初始设置

★ 固定资产业务处理

★ 计提固定资产折旧

★ 查询固定资产账表

★ 生成固定资产凭证

★ 月末处理

三、实训资料

（一）实训准备

（1）引入“F：\ 学生姓名 \ 04”文件夹中备份的数据，即恢复 101 账套实训项目四的数据。

（2）新增会计科目：1606 固定资产清理并装入贷方期初余额：739 890.00 元、1603 固定资产减值准备、1604 在建工程、6601 销售费用。

（3）修改“1602 累计折旧”贷方余额为：398 110.00 元。

（4）删除“1601 固定资产”初始余额，并修改该科目为“分部门”核算。

（5）“1601 固定资产”科目的初始余额，如表 16－1 所示。

表 16－1　　固定资产期初余额一览表

元

部门编码	部门名称	借方余额
1	财务部	280 000. 00
2	采购部	170 000. 00
201	采购一部	160 000. 00
202	采购二部	10 000. 00
3	销售部	228 000. 00
301	销售一部	220 000. 00
302	销售二部	8 000. 00
4	生产部	1 120 000. 00
401	一车间	620 000. 00
402	二车间	500 000. 00

（二）固定资产账套参数

（1）启用日期：2013 年 01 月 01 日。

（2）本账套计提折旧，主要折旧方法为：平均年限法（一）。

（3）折旧分配周期：1 个月。

（4）折旧要求：当（月初已计提月份 = 可使用月份 －1）时，将剩余折旧全部提足（工作量法除外）。

（5）资产类别编码：3 级（222）。

（6）自动编码方式：类别编码 + 序号。

（7）卡片序号长度：2 位。

（8）与账务系统进行对账，对账科目为：固定资产 1601；累计折旧 1602。

（9）结账要求：在对账不平的情况下允许固定资产月末结账。

（10）制单要求：业务发生后立即制单，月末结账前一定要完成制单登账业务。

（11）缺省入账科目：固定资产：1601；累计折旧：1602；减值准备：1603。

（12）卡片减少删除时限：5 年。

（13）卡片关联图片文件存放路径：F：\ 15 \ 图片。

（三）部门及其对应折旧科目（见表 16－2）

表 16－2　　部门及其对应折旧科目

部门编码	部门名称	对应折旧科目
1	财务部	管理费用（6602）
2	采购部	管理费用（6602）
3	销售部	销售费用（6601）
4	生产部	制造费用（5101）

（四）固定资产类别（见表 16－3）

表 16－3　　固定资产类别一览表

类别编码	类别名称	计量单位	计提属性	卡片样式
01	建筑物	元	正常计提	通用样式
02	办公设备	元	正常计提	通用样式
03	机器设备	元	正常计提	通用样式
04	交通工具	元	正常计提	通用样式
05	其他	元	正常计提	通用样式

（五）增减方式对应入账科目（见表 16－4）

表 16－4　　增减方式对应入账科目

增减方式	对应入账科目
增加方式：	
直接购入	银行存款——工行存款（100201）
在建工程转入	在建工程（1604）
减少方式：	
出售	固定资产清理（1606）
报废	固定资产清理（1606）

（六）固定资产原始卡片（见表16－5）

表16－5　　固定资产原始卡片一览表

资产名称	资产类别	所在部门	增加方式	使用状态	预计年限/工作量	折旧方法	启用日期	折旧月份/工作量	原值/元	累计折旧/元
办公楼	01	1	在建	在用	600	平均年限法（一）	2009.12.01	36	280 000	84 000
一车间	01	401	在建	在用	180	平均年限法（一）	2009.12.01	36	300 000	90 000
二车间	01	402	在建	在用	180	平均年限法（一）	2009.12.01	36	350 000	105 000
联想电脑	02	202	购入	在用	60	年数总和法	2010.12.01	24	10 000	4 000
方正电脑	02	302	购入	在用	60	年数总和法	2010.12.01	24	8 000	3 200
数控机床	03	401	购入	在用	（240）60 000小时	工作量法	2010.01.01	8 000小时	320 000	48 030
切割机	03	402	购入	在用	（240）60 000小时	工作量法	2010.01.01	8 000小时	150 000	23 280
卡车	04	201	购入	在用	120	双倍余额递减法（一）	2009.12.01	36	160 000	17 500
货车	04	301	购入	在用	120	双倍余额递减法（一）	2010.12.01	24	220 000	23 100
合　计									1 798 000	398 110

（七）固定资产系统业务处理

（1）2013年1月12日，为二车间购进电焊机设备一台，原值为110 000.00元，预计使用20年（240个月），预计净残值4 000.00元，采用平均年限法（一）计提折旧。

（2）2013年1月固定资产工作量统计，如表16－6所示。

表16－6　　工作量统计

固定资产名称	数控机床	切割机
工作量/小时	320	260

（3）2013年1月31日，计提本月折旧。

（4）2013年1月31日，将采购二部不能使用的联想电脑报废。

（八）查询本月数据

（1）卡片管理：查询每项固定资产卡片信息。

（2）折旧清单：查询当月固定资产计提折旧情况。

（3）查询凭证：查询当月业务所生成的相关凭证。

（九）审核记账（操作员：曹宇阳）

将自动传递到总账系统的凭证审核并记账，以便固定资产系统期末对账。

（十）月末处理

（1）与总账系统对账。
（2）月末结账。
（3）反结账。

四、实训指导

（一）启用固定资产管理系统

（1）以账套主管“郭海鹏”身份登录用友 ERP-U8 \ 企业应用平台。

（2）在“基础设置”功能下，双击“基本信息 \ 系统启用”选项，设定启用固定资产管理系统的日期为 2013 年 1 月 1 日，如图 16－1 所示。

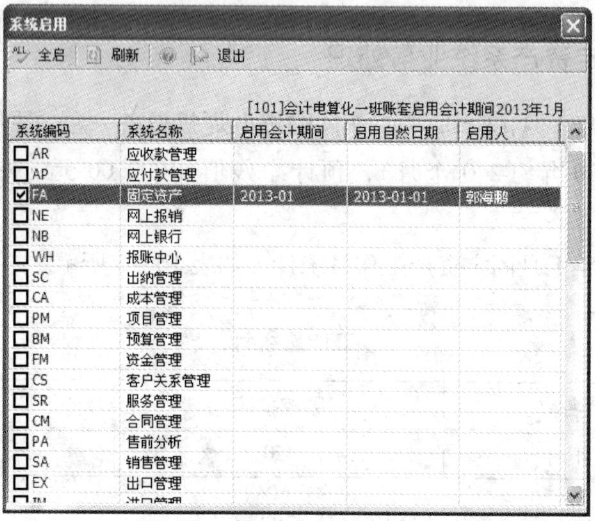

图 16－1　固定资产管理系统启用

（3）固定资产管理系统启用后，需重新注册。

（二）设置账套参数

（1）在“业务工作”功能中，双击“财务会计 \ 固定资产”选项，打开固定资产管理系统，系统弹出“固定资产”对话框，如图 16－2 所示。

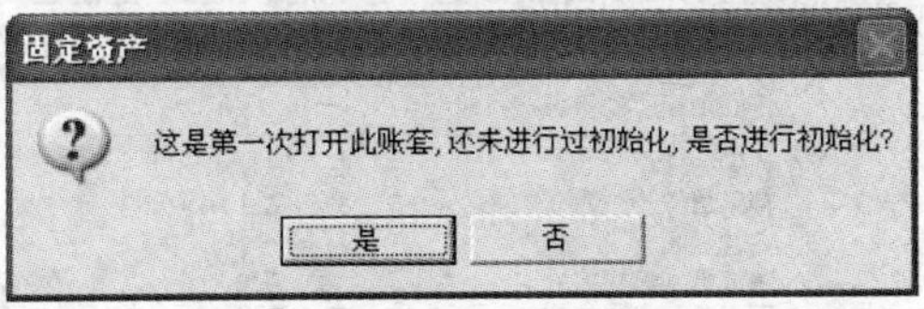

图 16－2　账套初始化选择

（2）单击“是”按钮，打开“初始化账套向导”窗口，如图 16－3 所示。

（3）单击“下一步”，依次按照本单位的账套参数选择相应的基本信息，如图 16－4 所示。

（4）单击“完成”按钮，系统弹出如图 16－5 所示窗口。

（5）单击“是”按钮，系统提示“已成功初始化本固定资产账套!”信息，单击“确定”按钮。

（三）选项设置

（1）在“业务工作”功能中，双击“固定资产＼设置＼选项”选项，打开“选项”窗口，单击“编辑”按钮，对选项设置进行修改或补充。

（2）在“选项”界面中，单击“与账务系统接口”选项卡，选中“业务发生后立即制单”和“月末结账前一定要完成制单登账业务”选项，输入缺省入账科目，如图 16－6 所示。

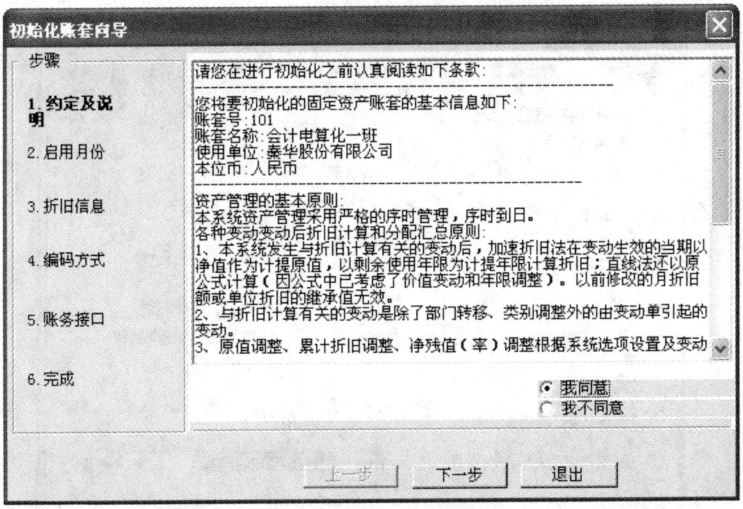

图 16－3　初始化账套向导

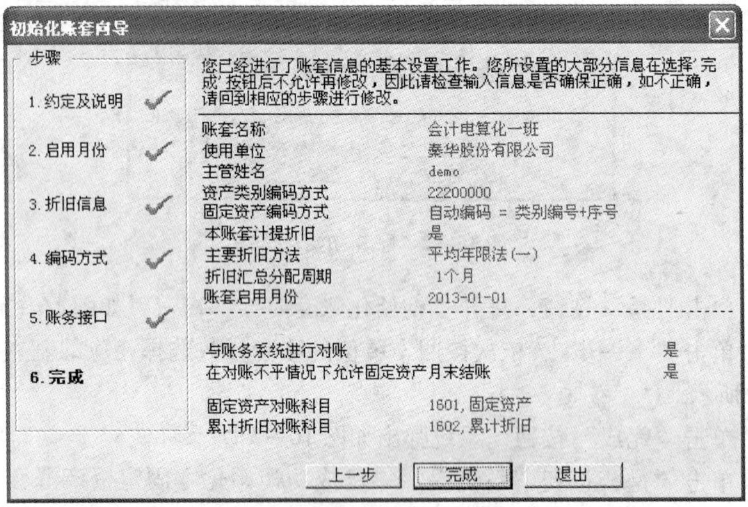

图 16－4 账套初始设置

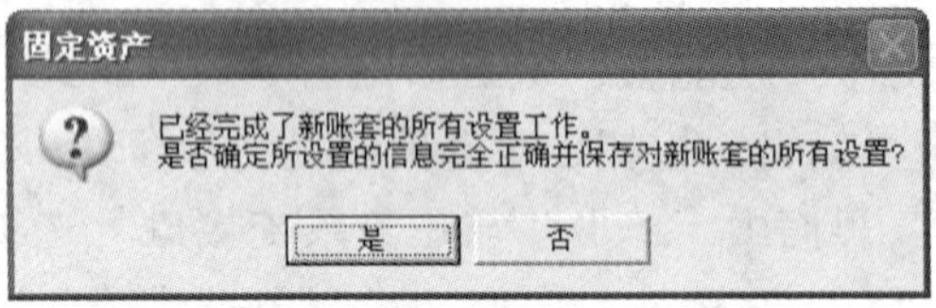

图 16－5 保存账套初始设置

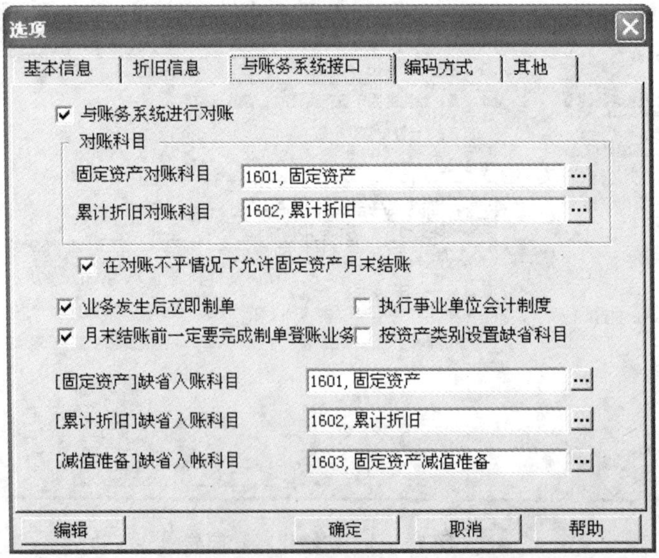

图 16－6 选项—与账务系统接口

（3）单击“其他”按钮，输入卡片可删除时限及图片文件存放路径，如图16－7所示。

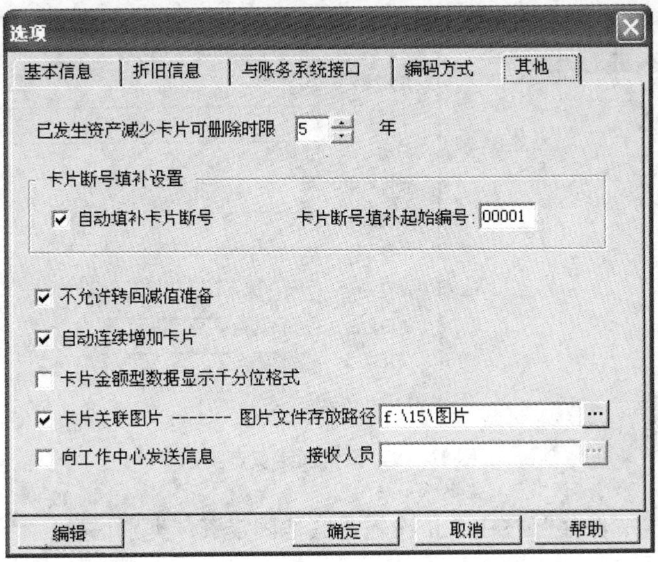

图16－7　选项—其他

（4）设置完后，单击“确定”按钮。

（四）设置部门及其对应折旧科目

（1）在“业务工作”功能中，双击“固定资产\设置\部门对应折旧科目”选项，打开“部门对应折旧科目”窗口，选择部门，单击“修改”按钮，输入该部门对应的折旧科目，如图16－8所示。

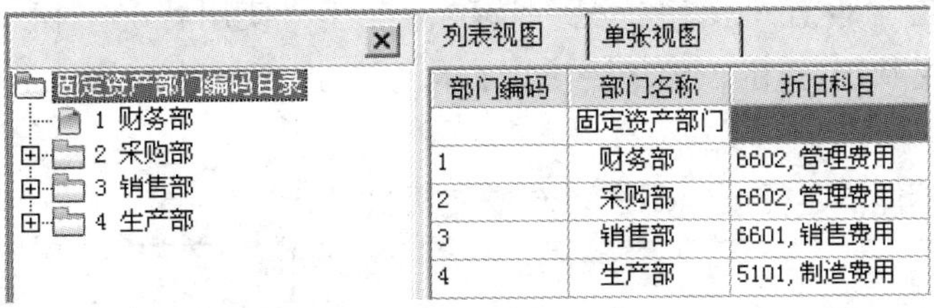

图16－8　设置部门对应折旧科目

（2）系统提示“是否将所有下级部门的折旧科目替换?”信息，单击“是”按钮，依次输入其他部门折旧科目，单击“保存”按钮。

（五）设置固定资产类别

（1）双击“设置\资产类别”选项，打开“资产类别”窗口，单击“增加”按钮，输入固定资产的类别名称、计量单位、计提属性等信息，如图 16－9 所示。

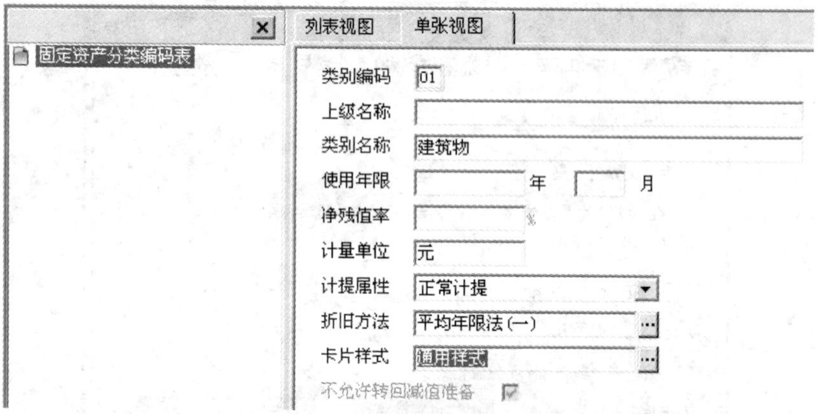

图 16－9 设置固定资产类别

（2）单击“保存”按钮，依次输入其他固定资产类别信息。

（六）设置增减方式对应入账科目

（1）双击“设置\增减方式”选项，打开“增减方式”窗口，系统已预置了一些增减方式，用户可对其进行添加或修改。选择相应方式，单击“修改”按钮，输入其对应入账科目，如图 16－10 所示。

（2）单击“保存”按钮，依次输入其他方式对应的入账科目。

（七）设置使用状况

（1）双击“设置\使用状况”选项，打开“使用状况”窗口，系统已预置了一些使用状况，用户可直接使用，但不能进行修改和删除，如图 16－11 所示。

（2）如不能满足需要，用户可新增使用状况。

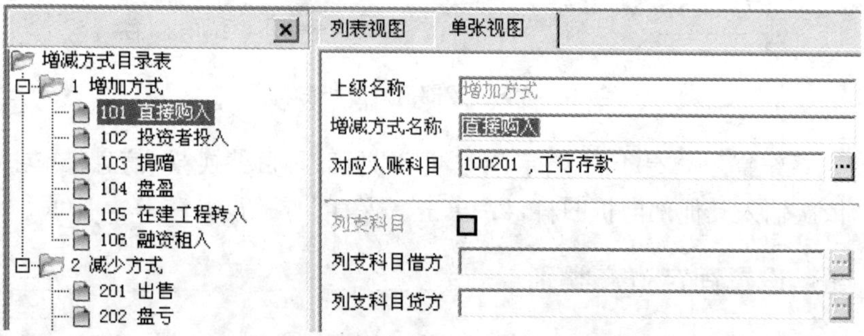

图 16－10 设置增减方式对应入账科目

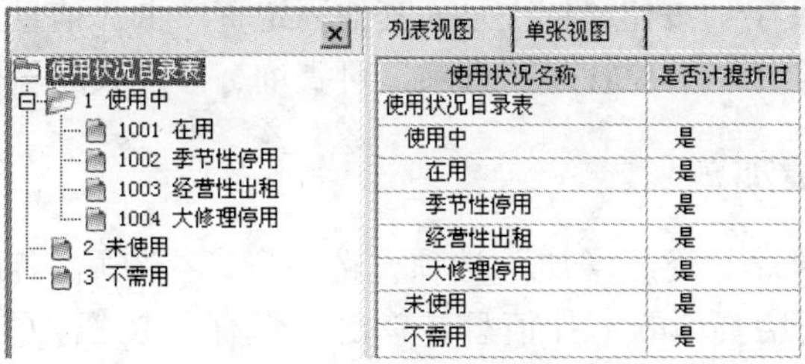

图 16－11　设置使用状况

（八）设置折旧方法

（1）双击“设置\折旧方法”选项，打开“折旧方法”窗口，系统已预置了一些折旧方法，用户可直接使用，但不能进行修改和删除，如图 16－12 所示。

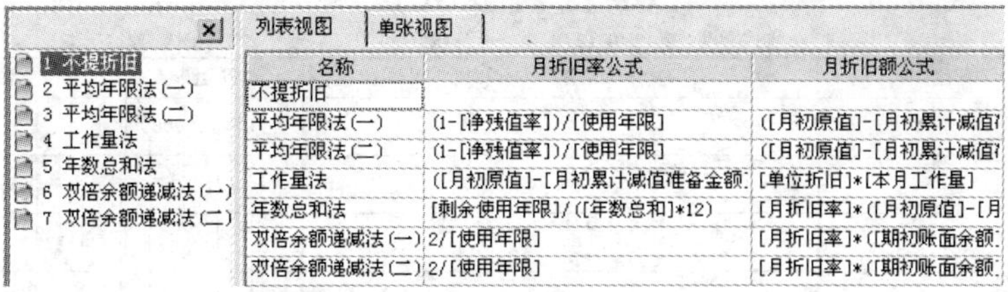

图 16－12　设置折旧方法

（2）如不能满足需要，用户可新增折旧方法。

（九）录入原始卡片

（1）双击“卡片\录入原始卡片”选项，打开“资产类别参照”窗口，选择资产类别，单击“确认”按钮，打开“固定资产卡片”窗口，录入资产卡片信息，如图 16－13 所示。

图 16－13　录入原始卡片

（2）单击“保存”按钮，依次录入其他固定资产卡片信息。

（3）双击“卡片\ 卡片管理”选项，可查询、修改或删除已录入卡片信息。

（十）资产增加

（1）双击“卡片\ 资产增加”选项，选择资产类别后，打开“固定资产卡片”窗口，录入新增资产的卡片信息，单击“保存”按钮，系统自动弹出“填制凭证”窗口，如图 16－14 所示。

（2）选择凭证类型、修改制单日期后，单击“保存”按钮。

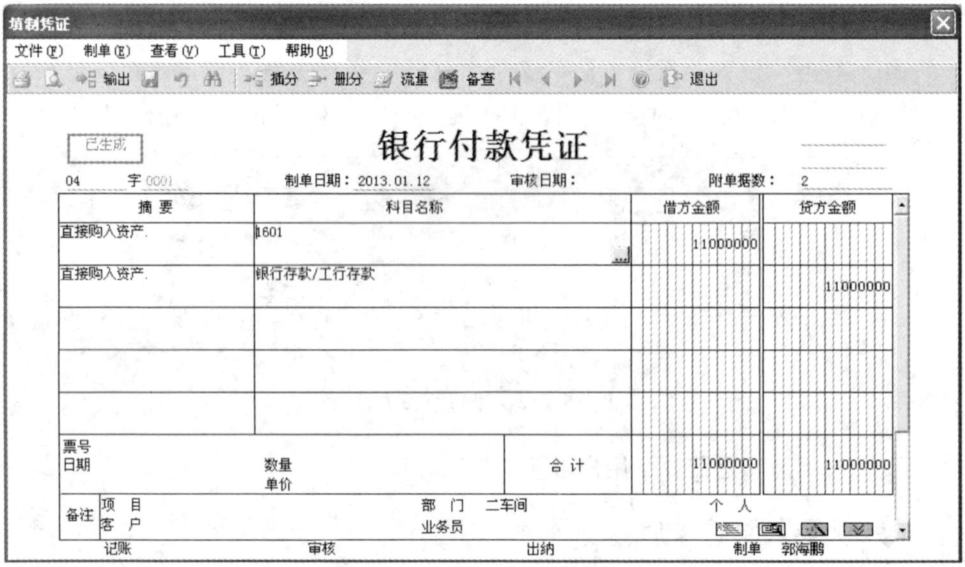

图 16－14 资产增加生成凭证

（十一）当月工作量录入

（1）双击“处理\ 工作量输入”选项，打开“工作量输入”窗口，分别录入当月资产工作量，系统自动生成累计工作量，如图 16－15 所示。

卡片编号	固定资产名称	*	工作总量	上期间工作量	本月工作量	累计工作量
00006	数控机床		60 000	0	320	8 320
00007	切割机		60 000	0	260	8 260

图 16－15 录入当月工作量

（2）单击“保存”按钮。

（十二）计提折旧

（1）双击“处理\ 计提本月折旧”选项，依次单击“是”按钮，系统自动计提本月折旧，显示“折旧清单”窗口，如图 16－16 所示。

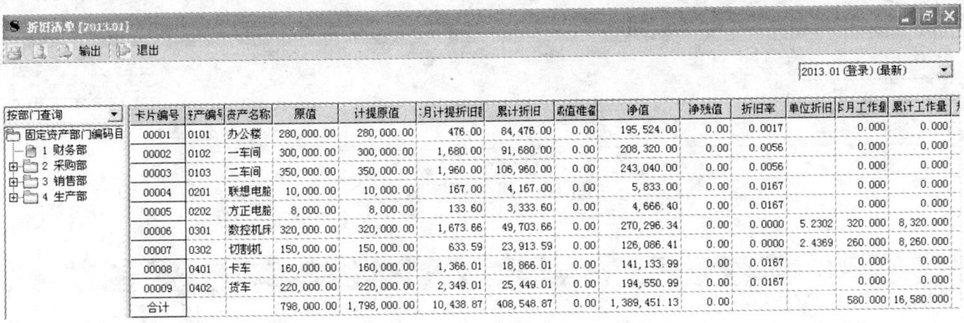

卡片编号	产编号	资产名称	原值	计提原值	月计提折旧	累计折旧	值准备	净值	净残值	折旧率	单位折旧	月工作量	累计工作量
00001	0101	办公楼	280,000.00	280,000.00	476.00	84,476.00	0.00	195,524.00	0.00	0.0017		0.000	0.000
00002	0102	一车间	300,000.00	300,000.00	1,680.00	91,680.00	0.00	208,320.00	0.00	0.0056		0.000	0.000
00003	0103	二车间	350,000.00	350,000.00	1,960.00	106,960.00	0.00	243,040.00	0.00	0.0056		0.000	0.000
00004	0201	联想电脑	10,000.00	10,000.00	167.00	4,167.00	0.00	5,833.00	0.00	0.0167		0.000	0.000
00005	0202	方正电脑	8,000.00	8,000.00	133.60	3,333.60	0.00	4,666.40	0.00	0.0167		0.000	0.000
00006	0301	数控机床	320,000.00	320,000.00	1,673.66	49,703.66	0.00	270,296.34	0.00	0.0000	5.2302	320.000	8,320.000
00007	0302	切割机	150,000.00	150,000.00	633.59	23,913.59	0.00	126,086.41	0.00	0.0000	2.4369	260.000	8,260.000
00008	0401	卡车	160,000.00	160,000.00	1,366.01	18,866.01	0.00	141,133.99	0.00	0.0167		0.000	0.000
00009	0402	货车	220,000.00	220,000.00	2,349.01	25,449.01	0.00	194,550.99	0.00	0.0167		0.000	0.000
合计			798,000.00	1,798,000.00	10,438.87	408,548.87	0.00	1,389,451.13	0.00			580.000	16,580.000

图 16－16　折旧清单

（2）单击“退出”按钮，系统弹出“填制凭证”窗口，选择凭证类型、制单日期后，单击“保存”按钮，如图 16－17 所示。

（十三）资产减少

（1）双击“卡片＼资产减少”选项，输入卡片编号及资产编号，单击“增加”按钮，如图 16－18 所示。

（2）单击“确定”按钮，系统自动弹出“填制凭证”窗口，选择凭证类型、制单日期后（注意：需手动修改累计折旧金额为 4 167.00），单击“保存”按钮，如图 16－19 所示。

（十四）卡片及变动单管理

进入“卡片管理”及“变动单管理”选项，可查询当月固定资产卡片和资产变动情况，但不能进行修改和删除操作。

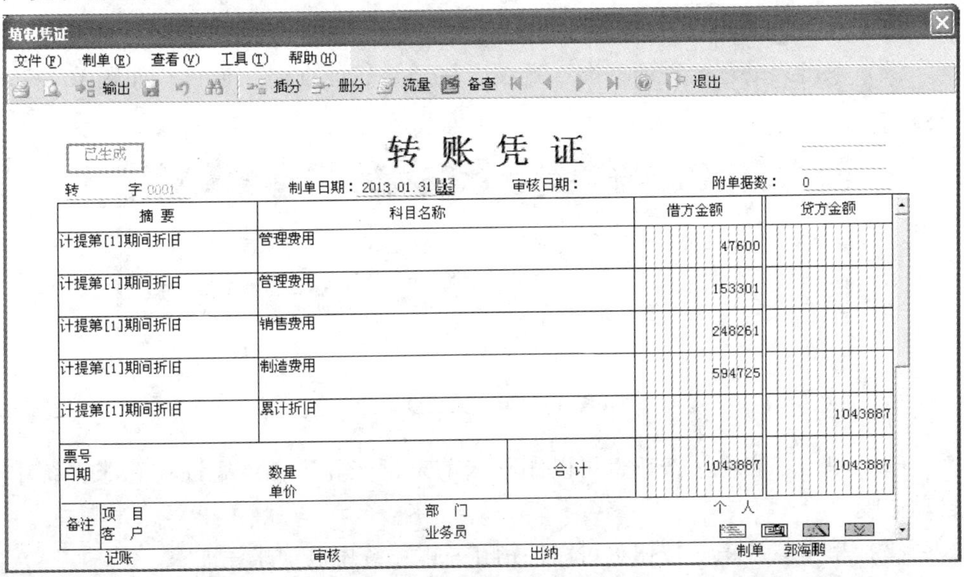

图 16－17　生成计提折旧凭证

图 16－18　资产减少

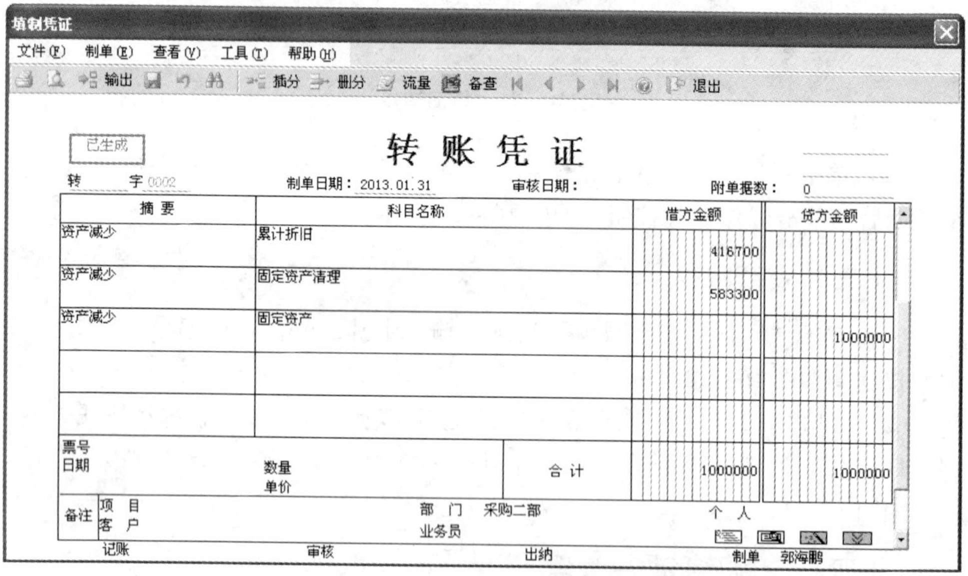

图 16－19　资产减少凭证

（十五）凭证查询

（1）双击“处理\凭证查询”选项，打开“凭证查询”窗口，如图 16－20 所示。

图 16－20　凭证查询

（2）单击“删除”按钮，可以删除当前未记账凭证，该凭证在总账系统中自动作废。

（3）单击“冲销”按钮，可以冲销在总账系统中已记账凭证。

（十六）期末对账

（1）先进入总账系统，将固定资产管理系统传递过来的凭证审核、记账。

（2）再进入固定资产管理系统，双击“处理\对账”选项，显示与总账对账结果，如图 16－21 所示。

图 16－21　期末与总账对账

（3）单击“确定”按钮，如果对账结果不一致，应检查修改，直到平衡。

（十七）月末结账

（1）双击“处理\月末结账”选项，打开如图 16－22 所示窗口。

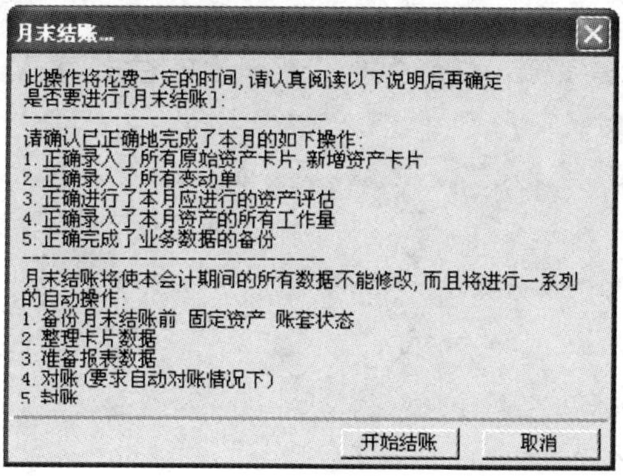

图 16－22　期末结账

（2）单击“开始结账”按钮，系统自动进行结账，直到单击“确定”按钮完成。

（3）双击“处理\恢复月末结账前状态”选项，系统可自动恢复到结账前状态。

五、实训结果

（一）固定资产折旧清单，如图 16 –16 所示

（二）机制凭证：3 张

1. 增加资产

借：固定资产（二车间）	110 000. 00	
贷：工行存款		110 000. 00

2. 计提折旧

借：管理费用	2 009. 01	
销售费用	2 482. 61	
制造费用	5 947. 25	
贷：累计折旧		10 438. 87

3. 减少资产

借：固定资产清理	5 833. 00	
累计折旧	4 167. 00	
贷：固定资产（采购二部）		10 000. 00

（三）备份账套数据，路径为“F：\ 学生姓名 \ 16”，查看“16”文件夹的备份文件

附录一

上机测试题

一、考试准备

（1）修改系统日期为“2013.01.31”。

（2）在F：\根目录下，建立“自己姓名”命名的文件夹。

二、系统管理

（一）建账资料

（1）账套代码：临时指定。

（2）账套名称：所在班级。

（3）账套路径：F：\自己姓名。

（4）启用日期：2013年01月。

（5）单位名称：自己姓名。

（6）企业类型：工业。

（7）行业性质：2007年新会计制度科目。

（8）账套主管：Demo。

（9）不按行业预置科目。

（10）对客户和供应商进行分类。

（11）本账套有外币核算科目。

（12）科目编码：4级（4－2－2－2）。

（13）客户编码：2级（2－2）。

（14）供应商编码：2级（2－2）。

（15）部门编码：2级（2－2）。

（16）其他参数：默认。

（17）总账系统启用日期：2013年1月1日。

（二）操作员管理

编码	姓名	口令	操作权限
001	张娇	自行设置	账套主管（注：要取消Demo账套主管的权限）
002	李海	自行设置	总账系统的所有权限

三、账套初始设置

（一）选项设置

制单序时控制；可以使用“应收”、“应付”受控科目；出纳凭证必须经由出纳签字；其他默认。

（二）外币设置

币符	币名	1月初记账汇率	1月末调整汇率	其他参数
USD	美元	6.22	6.23	默认

（三）部门及余额一览表

部门编码	部门名称	固定资产科目年初余额
01	财务部	200 000.00
02	生产部	300 000.00

（四）职员一览表

编码	姓名	性别	人员类别	所属部门
0101	张娇	女	在职人员	财务部
0102	李海	男	在职人员	财务部
0201	王平	男	在职人员	生产部
0202	赵丽	女	在职人员	生产部

（五）客户往来档案一览表（分类：01 省内/02 省外）

元

代码	名称	简称	类别	发生时间	摘要	方向	初始数据
01	天源公司	天源	01	2012.6.15	销货	借	186 000.00
02	利丰公司	利丰	02	2012.9.25	销货	贷	6 000.00

（六）供应商档案一览表（分类：01 固定/02 临时）

元

代码	名称	简称	类别	发生时间	摘要	方向	初始数据
01	兴华公司	兴华	01	2012.10.18	购料	贷	228 000.00
02	华跃公司	华跃	02	2012.12.20	购料	借	20 000.00

（七）会计科目及其年初余额一览表

（共26个科目　试算平衡数据：1 053 000.00）

元

科目代码	科目名称	账户格式	辅助核算	方向	年初余额
1001	库存现金	金额式	日记账	借	6 000.00
1002	银行存款	金额式		借	150 000.00
100201	工行存款	金额式	日记．银行账	借	118 900.00
100202	中行存款	外币金额式/USD	日记账	借	31 100.00 USD：5 000.00
1122	应收账款	金额式	客户往来	借	180 000.00
1231	坏账准备	金额式		贷	8 000.00
1403	原材料	金额式		借	50 000.00
140301	甲材料	数量金额式/件		借	50 000.00 1 000/件
1405	库存商品	金额式		借	170 000.00
140501	A产品	数量金额式/台		借	170 000.00 50/台
1601	固定资产	金额式	部门核算	借	500 000.00
1602	累计折旧	金额式		贷	60 000.00
2202	应付账款	金额式	供应商往来	贷	208 000.00
2221	应交税费	金额式		贷	6 000.00
222101	应交增值税	金额式			
22210101	进项税	金额式			
22210102	销项税	金额式			
222102	未交增值税	金额式		贷	6 000.00
4001	实收资本	金额式		贷	789 000.00
4103	本年利润	金额式			
4104	利润分配	金额式		贷	50 000.00
5001	生产成本	金额式	项目核算	借	65 000.00
5101	制造费用	金额式	项目核算	借	
6001	主营业务收入	金额式		收入	
6602	管理费用	金额式		支出	
6603	财务费用	金额式		支出	

注意：指定“1001”为现金总账科目；“1002”为银行总账科目。

（八）项目档案一览表

大类名称	项目级次	项目结构	核算科目	项目分类	项目编号	项目名称	初始数据
产品	一级：2 位	默认	5001,5101	01：内销	01	A 产品	65 000.00

（九）凭证类型设置

类别字	类别名称	限制类型	限制科目
收款	收款凭证	借方必有	1001，1002
付款	付款凭证	贷方必有	1001，1002
转账	转账凭证	凭证必无	1001，1002

（十）结算方式一览表

结算方式编码	结算方式名称
1	现金支票
2	转账支票
3	委托收款
4	其他

（十一）工行存款余额调节表（期初）

2012 年 12 月 31 日工行存款余额调节表

项目	结算	金额	项目	结算	金额
日记账余额		118 900.00	对账单余额		101 900.00
减：银付我未付 （2012.12.11）	委托收款 （1211）	8 000.00	加：我收银未收 （2012.11.20）	转账支票 （1120）	9 000.00
调节后余额	110 900.00		调节后余额	110 900.00	

（十二）转账定义

转账类型	初始设置
自定义转账	编号：0001　摘要：计提折旧　凭证类型：转账 借：制造费用　（A 产品）（期初余额）（1601）（月）（借）（生产部）＊0.01 　　管理费用　（期初余额）（1601）（月）（借）（财务部）＊0.02 　贷：累计折旧　（借贷平衡差额）

续表

转账类型	初始设置
对应结转	编号：0001 摘要：结转制造费用 凭证类型：转账 转出科目：制造费用 转入科目：生产成本 结转系数：1.0
汇兑损益	凭证类别：收款 汇兑损益转入科目：财务费用（6603）
期间损益	凭证类别：转账 本年利润科目代码：4103

四、日常账务处理（操作员：李海）

1. 1月1日，支付欠款，附件：2张

借：应付账款（兴华公司） 8 000.00

贷：银行存款——工行存款（委托收款：1211） 8 000.00

2. 1月5日，收回货款，附件：3张

借：银行存款——工行存款（转账支票：0101） 186 000.00

贷：应收账款（天源公司） 186 000.00

3. 1月10日，采购材料，附件：3张

借：原材料——甲材料（7000件＊5元） 35 000.00

应交税费——应交增值税——进项税 5 950.00

贷：银行存款——工行存款（委托收款：0110） 40 950.00

4. 1月15日，提取现金，附件：1张

借：库存现金 10 000.00

贷：银行存款——工行存款（现金支票：0105） 10 000.00

5. 1月20日，销售产品，附件：2张

借：应收账款（天源公司） 58 500.00

贷：主营业务收入 50 000.00

应交税费——应交增值税——销项税 8 500.00

6. 1月25日，生产领料，附件：4张

借：生产成本（A产品） 40 000.00

贷：原材料——甲材料（8000件＊5元） 40 000.00

7. 1月30日，产品入库，附件：1张

借：库存商品——A产品（20台＊3400元） 68 000.00

贷：生产成本（A产品） 68 000.00

8. 1月31日，由操作员“张娇”对凭证进行出纳签字、审核签字和记账

五、期末及辅助账务处理

（一）月末自动转账生成（注：期间损益生成2张凭证；生成后要及时入账）——共生成5张机制凭证

（二）期末自动银行对账

1. 2013年1月31日工行存款对账单。

日期	结算方式	票号	借方金额	贷方金额	余额
2013. 01. 05	转账支票	1120	9 000. 00		
2013. 01. 10	委托收款	0110		40 950. 00	
2013. 01. 15	现金支票	0105		10 000. 00	
2013. 01. 20	转账支票	0120	58 500. 00		118 450. 00

2. 自动对账标准

（1）截止日期：2013. 01. 31；相差天数：90天。

（2）“结算方式+结算号+金额+方向”。

（三）往来核销

客户往来两清（天源公司2笔）。

（四）月末对账与结账（略）

六、会计报表

（1）自定义下列报表的格式和取数公式。

资产负债表（简易）

编报单位：所在班级　　　　年　　月　　日　　　　单位：元

资产	期末余额	年初余额	权益	期末余额	年初余额
货币资金			应付账款		
应收账款			应交税费		
预付账款			预收账款		
存货			实收资本		
固定资产			未分配利润		
资产合计			权益合计		

注：年、月、日要定义为关键字

（2）编制本单位 2013 年 01 月的资产负债表。

（3）审核资产负债表。

审核公式：年初资产合计 = 年初权益合计

期末资产合计 = 期末权益合计

七、备份数据

（1）将账套数据备份到“F：\ 自己姓名”文件夹中。

（2）将资产负债表备份到“F：\ 自己姓名”文件夹中。

附录二

上机测试题参考答案

一、已记账凭证（7 +5 =12 张）

凭证共 12张　☐已审核 12 张　☐未审核 0 张　⊙ 凭证号排序　○ 制单日

制单日期	凭证编号	摘要	借方金额合计	贷方金额合计	制单人	审核人	系统名	备注	审核日期
2013-1-5	收 - 0001	收回货款	¥186,000	¥186,000	李海	张娇			2013-1-31
2013-1-31	收 - 0002	汇兑损益结转	¥50	¥50	李海	张娇			2013-1-31
2013-1-1	付 - 0001	支付货款	¥8,000	¥8,000	李海	张娇			2013-1-31
2013-1-10	付 - 0002	采购材料	¥40,950	¥40,950	李海	张娇			2013-1-31
2013-1-15	付 - 0003	提取现金	¥10,000	¥10,000	李海	张娇			2013-1-31
2013-1-20	转 - 0001	销售产品	¥58,500	¥58,500	李海	张娇			2013-1-31
2013-1-25	转 - 0002	生产领料	¥40,000	¥40,000	李海	张娇			2013-1-31
2013-1-30	转 - 0003	产品入库	¥68,000	¥68,000	李海	张娇			2013-1-31
2013-1-31	转 - 0004	计提折旧	¥7,000	¥7,000	李海	张娇			2013-1-31
2013-1-31	转 - 0005	结转制造费用	¥3,000	¥3,000	李海	张娇			2013-1-31
2013-1-31	转 - 0006	期间损益结转	¥50,000	¥50,000	李海	张娇			2013-1-31
2013-1-31	转 - 0007	期间损益结转	¥3,950	¥3,950	李海	张娇			2013-1-31
		合计	¥475,450	¥475,450					

二、科目余额表

科目编码	科目名称	期初余额		本期发生		期末余额	
		借方	贷方	借方	贷方	借方	贷方
1001	库存现金	6,000.00		10,000.00		16,000.00	
1002	银行存款	150,000.00		186,050.00	58,950.00	277,100.00	
100201	工行存款	118,900.00		186,000.00	58,950.00	245,950.00	
100202	中行存款	31,100.00		50.00		31,150.00	
1122	应收账款	180,000.00		58,500.00	186,000.00	52,500.00	
1231	坏账准备		8,000.00				8,000.00
1403	原材料	50,000.00		35,000.00	40,000.00	45,000.00	
140301	甲材料	50,000.00		35,000.00	40,000.00	45,000.00	
1405	库存商品	170,000.00		68,000.00		238,000.00	
140501	A产品	170,000.00		68,000.00		238,000.00	
1601	固定资产	500,000.00				500,000.00	
1602	累计折旧		60,000.00		7,000.00		67,000.00
资产小计		1,056,000.00	68,000.00	357,550.00	291,950.00	1,128,600.00	75,000.00
2202	应付账款		208,000.00	8,000.00			200,000.00

续表

科目编码	科目名称	期初余额		本期发生		期末余额	
		借方	贷方	借方	贷方	借方	贷方
2221	应交税费		6,000.00	5,950.00	8,500.00		8,550.00
222101	应交增值税			5,950.00	8,500.00		2,550.00
22210101	进项税			5,950.00		5,950.00	
22210102	销项税				8,500.00		8,500.00
222102	未交增值税		6,000.00				6,000.00
负债小计			214,000.00	13,950.00	8,500.00		208,550.00
4001	实收资本		789,000.00				789,000.00
4103	本年利润			3,950.00	50,000.00		46,050.00
4104	利润分配		50,000.00				50,000.00
权益小计			839,000.00	3,950.00	50,000.00		885,050.00
5001	生产成本	65,000.00		43,000.00	68,000.00	40,000.00	
5101	制造费用			3,000.00	3,000.00		
成本小计		65,000.00		46,000.00	71,000.00	40,000.00	
6001	主营业务收入			50,000.00	50,000.00		
6602	管理费用			4,000.00	4,000.00		
损益小计				54,000.00	54,000.00		
合计		1,121,000.00	1,121,000.00	475,450.00	475,450.00	1,168,600.00	1,168,600.00

三、银行存款余额调节表

银行存款余额调节表

设置　输出　详细　退出

银行账户：工行存款(100201)　　对账截止日期：

单位日记账		银行对账单	
账面余额	245,950.00	账面余额	118,450.00
加：银行已收企业未收	58,500.00	加：企业已收银行未收	186,000.00
减：银行已付企业未付	0.00	减：企业已付银行未付	0.00
调整后余额	304,450.00	调整后余额	304,450.00

四、往来两清

客户往来两清

科目　1122 应收帐款

客户　01 天源

日期	凭证号	摘要	业务号	借方	贷方	两清
				本币	本币	
2012.06.15		销货_1899.12.30		186,000.00		O
2013.01.05	收-0001	收回货款_2013.01.05			186,000.00	O
2013.01.20	转-0001	销售产品_2013.01.20		58,500.00		
		合计		244,500.00	186,000.00	

五、会计报表

资产负债表（简易）

编报单位：××班　　　2013 年 1 月 31 日　　　单位：元

资产	期末余额	年初余额	权益	期末余额	年初余额
货币资金	293 100.00	156 000.00	应付账款	220 000.00	228 000.00
应收账款	50 500.00	178 000.00	应交税费	8 550.00	6 000.00
预付账款	20 000.00	20 000.00	预收账款	6 000.00	6 000.00
存货	323 000.00	285 000.00	实收资本	789 000.00	789 000.00
固定资产	433 000.00	440 000.00	未分配利润	96 050.00	50 000.00
资产合计	1 119 600.00	1 079 000.00	权益合计	1 119 600.00	1 079 000.00

附录三

期末集中实训指导

实验一　系统管理

一、实验目的

通过本次实验，理解系统管理在整个管理软件中的地位与作用；掌握系统管理中设置操作员、建立账套和设置操作员权限的主要内容和操作方法；熟悉修改账套、账套输出和引入的方法。

二、实验内容

★ 启动系统管理　★ 新建账套　★ 增加操作员
★ 分工授权　★ 修改账套　★ 备份账套
★ 删除账套　★ 引入账套

三、实验资料

先在 F：\ 根目录下建立一个“班级姓名学号”文件夹，在其中平行地建立“手工备份账套”、“自动备份账套”和“报表备份”三个文件夹；在“手工备份账套”文件夹中再分别建立“01”、“02”、“03”、“04”、“05”、“08”和“09”七个文件夹；在“报表备份”文件夹中再建立“06”和“07”两个文件夹。

（一）建立账套（以系统管理员的身份操作）

（1）账套号：自行编号（如 851）。　（2）账套名称：用友软件集中实训。

（3）账套路径：F：\ 班级姓名学号。

（4）启用日期：2013. 01，会计期间按公历制划分为 12 个月。

（5）单位名称：宏大技术有限公司。　（6）单位简称：宏大公司。

（7）记账本位币：人民币（RMB）。　（8）企业类型：工业。

（9）行业性质：2007 年新会计制度科目。（10）账套主管：Demo。

（11）“不得”按行业性质预置一级会计科目。

（12）分类信息：存货、客户、供应商分类核算，该企业无外币核算。

（13）编码方案：科目：5 级（42222）； 存货分类：3 级（122）；
客户分类：2 级（22） 供应商分类：2 级（22）；
部门：2 级（23）； 其余：采用参数值默认。

（14）启用系统：总账、网上银行；启用日期：2013.01.01。

（二）操作员管理（以系统管理员 admin 的身份操作）

编号	姓名	口令	所属部门	权限（851 账套）
01	王香	自行设置	财务部	公用目录设置、总账系统、固定资产和薪资管理系统的全部权限
02	郭栋	自行设置	财务部	公用目录设置、总账系统全部权限
03	曹强	自行设置	财务部	账套主管的全部权限
04	曾峰	自行设置	财务部	公用目录设置、总账系统中填制凭证、出纳签字、日记账、现金日记账、银行日记账、资金日报、支票登记簿、银行对账期初录入、银行对账单录入、银行账勾对、余额调节表查询、查询勾对情况、核销银行账；薪资管理系统的全部权限

注意：认证方式是“用户＋口令”；权限：取消 Demo 操作员是 851 账套主管的权限。

（三）修改账套（以 851 账套主管曹强的身份操作）

（1）设置 851 账套有外币核算要求。

（2）将会计科目的编码级次由 5 级（42222）改为 4 级（4222）。

（3）将数据精度的开票单价改为 4 位小数。

（四）备份账套（以系统管理员的身份操作）

（1）手动备份：将 851 账套备份到“F：\ 班级姓名学号 \ 手工备份账套 \ 01”文件夹中。

（2）自动备份：将 851 账套按下列设置进行自动备份。

计划编号	001	开始时间	10：30（也可根据具体情况来设置）
计划名称	备份 851 账套	有效触发	1 小时
备份类型	账套备份	保留天数	0 天
发生频率	每天	备份路径	F：\ 班级姓名学号 \ 自动备份账套

（五）删除账套（以系统管理员的身份操作）

将新建的 851 账套从用友软件系统中删除掉，系统要强制用户备份数据，备份在“F：\ 班级姓名学号 \ 手工备份账套 \ 01”文件夹中（注意：覆盖已有的备份）。

（六）查看账套备份文件夹（打开“F：\ 班级姓名学号 \ 手工备份账套 \ 01”文件夹）

在相同路径下，同一个账套只能有一组备份数据，其主文件名为“Uferpact. lst”。

（七）引入账套（以系统管理员的身份操作）

（1）在“新建”账套菜单下的“已存账套”窗口中，查看 851 账套已不存在。

（2）将备份在硬盘“F：\ 班级姓名学号 \ 手工备份账套 \ 01”文件夹中的账套数据“Uferpact. lst”恢复到系统中（注意：账套存放路径与建账时相同，即“F：\ 班级姓名学号 \ ”。）

（3）在“新建”账套等菜单下查看 851 账套已经存在。

四、实验结果

（1）在用友软件系统中，建立了一套 851 电子账簿。

（2）为 851 账套增设了操作员并进行了财务分工授权。

（3）对 851 账套数据已作安全备份（注意：以后每次实验操作结果都要备份到指定的文件夹中，以备调用恢复）。

实验二　基础设置

一、实验目的

通过本次实验，应了解账套基础档案设置包括的主要内容；掌握账套基础档案设置操作的权限和方法；理解基础档案设置是系统运行的基础，熟悉它们在整个系统中的共享作用；了解凭证类型及其控制参数设置的必要性；理解设置基础档案对日常业务处理的影响。

二、实验内容

★ 部门与职员档案　　★ 客户分类及其档案

★ 供应商分类及其档案　　★ 存货分类及其档案

★ 会计科目　　★ 外币设置

★ 项目目录　　★ 凭证类别

★ 结算方式　　★ 常用摘要

三、实验资料

(一) 部门档案一览表

编号	名称	部门属性	负责人(在“修改”状态下再进行)
01	综合部	管理	王凯
02	财务部	财务	曹强
03	生产部	生产	邓川
04	市场部	销售	赵山

(二) 人员类别(注意:所有人员都是在职人员)

1001:行政人员　　1002:生产人员　　1003:财务人员

1004:采购人员　　1005:营销人员

(三) 职员档案一览表

人员编码	人员名称	性别	人员类别	行政部门	人员属性	业务员	操作员
0101	王凯	男	行政人员	综合部	负责人	是	
0102	钟华	女	行政人员	综合部	一般职员	是	
0201	曹强	男	财务人员	财务部	负责人	是	是:03
0202	王香	女	财务人员	财务部	一般职员	是	是:01
0203	郭栋	男	财务人员	财务部	一般职员	是	是:02
0204	曾峰	男	财务人员	财务部	一般职员	是	是:04
0301	邓川	男	生产人员	生产部	负责人	是	
0302	王刚	男	生产人员	生产部	一般职员	是	
0303	李超	男	生产人员	生产部	一般职员	是	
0304	罗汉	男	生产人员	生产部	一般职员	是	
0305	原庄	男	生产人员	生产部	一般职员	是	
0306	文亮	男	生产人员	生产部	一般职员	是	
0307	米利	女	生产人员	生产部	一般职员	是	
0308	张帅	男	生产人员	生产部	一般职员	是	
0309	马阳	男	生产人员	生产部	一般职员	是	
0310	陈晨	女	生产人员	生产部	一般职员	是	
0401	赵山	男	采购人员	市场部	负责人	是	
0402	康侠	女	营销人员	市场部	一般职员	是	

(四) 客户分类表

客户分类编码	客户分类名称
01	长期客户
02	中期客户
03	短期客户

（五）客户档案一览表

编码	名称	简称	分类	法人	税号	开户银行	账号	默认值
AA	陕西华秦公司	华秦	01	钱汇	43214	工行咸阳分行	777888	是
BB	广西三洋公司	三洋	02	杨豪	54325	工行南宁分行	666777	是
CC	山西永达公司	永达	03	张立	65436	工行太原分行	555666	是

（六）供应商分类表

供应商分类编码	供应商分类名称
01	中原地区
02	西北地区
03	西南地区

（七）供应商档案一览表

编码	名称	简称	分类	税号	开户银行	账号	法人
DD	山西飞天公司	飞天	01	12345	工行太原分行	333222	曹军
EE	陕西向阳公司	向阳	02	23456	工行咸阳分行	222111	赵民
FF	广西光大公司	光大	03	34567	工行南宁分行	111999	杜启

（八）存货分类表

存货分类编码	存货分类名称
1	原材料
2	库存商品
3	周转材料

（九）计量分组与单位设置一览表

计量分组	组编码	1
	组名称	无换算关系组
	类别	无换算
单位	01	公斤
	02	件
	03	个

（十）存货档案一览表

存货编号	存货名称	规格型号	分类	存货代码	计量单位	税率/%	存货属性
01	甲材料	Y—01	1	CL	公斤	17	外购、生产耗用
02	乙产品	S—02	2	SP	件	17	外销
03	刀具	D—03	3	DJ	个	17	外购、生产耗用

（十一）外币及其汇率

币符：$；币名：美元；折算方式：直接方式，即：外币 * 汇率 = 本位币；

记账汇率：采用固定汇率；　　其他：默认；

2013 年 1 月初记账汇率：1 美元 = 6.50 元人民币；

2013 年 1 月末调整汇率：1 美元 = 6.55 元人民币（注意：到期末时再录入）；

（十二）宏大公司 2013 年 01 月会计科目及其期初余额一览表

科目编码	科目名称	账页格式	辅项核算	方向	年初余额/元
1001	库存现金	金额式	日记账	借	6 400.00
1002	银行存款	金额式	日记账	借	265 000.00
100201	工行存款	金额式	日记账、银行账	借	200 000.00
100202	中行存款	外币金额式 $	日记账	借	65 000.00 美元：10 000
1012	其他货币资金	金额式		借	60 000.00
1101	交易性金融资产	金额式		借	15 000.00
110101	三个月以内的债券投资	金额式		借	5 000.00
110102	其他短期投资	金额式		借	10 000.00
1121	应收票据	金额式		借	45 000.00
1122	应收账款	金额式	客户往来	借	90 000.00
1123	预付账款	金额式	供应商往来	借	25 500.00
1132	应收利息	金额式		借	
113201	债券持有期间利息	金额式		借	
113202	购买债券时支付的利息	金额式		借	
1221	其他应收款	金额式	个人往来	借	10 000.00
1231	坏账准备	金额式		贷	7 250.00
123101	应收票据准备金	金额式		贷	2 250.00
123102	应收账款准备金	金额式		贷	4 500.00
123103	其他应收款准备金	金额式		贷	500.00
1403	原材料	金额式		借	140 000.00
140301	甲材料	数量金额式 /公斤		借	80 000.00 数量：40 000 单价：2.00
140302	丙材料	数量金额式 /公斤		借	60 000.00 数量：20 000 单价：3.00
1405	库存商品	金额式		借	490 000.00

续表

科目编码	科目名称	账页格式	辅项核算	方向	年初余额/元
140501	乙产品	数量金额式/件		借	240 000.00 数量：60 000 单价：4.00
140502	丁产品	数量金额式/件		借	250 000.00 数量：50 000 单价：5.00
1411	周转材料	金额式		借	36 000.00
141101	包装物	金额式		借	22 000.00
141102	低值易耗品	金额式		借	14 000.00
1501	持有至到期投资	金额式		借	60 000.00
150101	债券投资	金额式		借	60 000.00
15010101	面值	金额式		借	52 000.00
15010102	应计利息	金额式		借	8 000.00
1601	固定资产	金额式	部门核算	借	100 000.00
1602	累计折旧	金额式		贷	50 000.00
1604	在建工程	金额式		借	186 000.00
160401	材料费用	金额式	项目核算	借	100 000.00
160402	人工费用	金额式	项目核算	借	80 000.00
160403	其他费用	金额式	项目核算	借	6 000.00
1605	工程物资	金额式		借	100 000.00
1606	固定资产清理	金额式		借	10 000.00
1701	无形资产	金额式		借	50 000.00
1702	累计摊销	金额式		贷	
1801	长期待摊费用	金额式		借	41 100.00
2001	短期借款	金额式		贷	150 000.00
2201	应付票据	金额式		贷	20 000.00
2202	应付账款	金额式	供应商往来	贷	180 000.00
2203	预收账款	金额式	客户往来	贷	60 000.00
2211	应付职工薪酬	金额式		贷	30 000.00
221101	工资	金额式		贷	
221102	职工福利	金额式		贷	30 000.00
221103	医疗保险	金额式		贷	
221104	养老保险	金额式		贷	
221105	失业保险	金额式		贷	
221106	住房公积金	金额式		贷	

续表

科目编码	科目名称	账页格式	辅项核算	方向	年初余额/元
221107	工会经费	金额式		贷	
221108	职工教育经费	金额式		贷	
2221	应交税费	金额式		贷	55 000.00
222101	应交增值税	金额式		贷	
22210101	进项税额	金额式		贷	
22210102	销项税额	金额式		贷	
22210103	转出未交增值税	金额式		贷	
22210104	转出多交增值税	金额式		贷	
222102	未交增值税	金额式		贷	35 000.00
222103	应交所得税	金额式		贷	15 000.00
222104	应交城建税	金额式		贷	5 000.00
222105	其他应交款	金额式		贷	
2232	应付股利	金额式		贷	
2241	其他应付款	金额式		贷	25 000.00
2501	长期借款	金额式		贷	20 000.00
250101	本金	金额式		贷	20 000.00
250102	应计利息	金额式		贷	
2502	应付债券	金额式		贷	300 000.00
250201	债券面值	金额式		贷	300 000.00
250202	应计利息	金额式		贷	
4001	实收资本	金额式		贷	900 000.00
4002	资本公积	金额式		贷	50 000.00
4101	盈余公积	金额式		贷	37 750.00
4103	本年利润	金额式		贷	
4104	利润分配	金额式		贷	50 000.00
410401	未分配利润	金额式		贷	50 000.00
5001	基本生产成本	金额式		借	205 000.00
500101	直接材料	金额式	项目核算	借	130 000.00
500102	直接人工	金额式	项目核算	借	50 000.00
500103	制造费用	金额式	项目核算	借	25 000.00
5101	制造费用	金额式		借	
510101	人工费用	金额式	项目核算	借	
510102	折旧费用	金额式	项目核算	借	
510103	其他费用	金额式	项目核算	借	

续表

科目编码	科目名称	账页格式	辅项核算	方向	年初余额/元
6001	主营业务收入	金额式		收入	
6051	其他业务收入	金额式		收入	
6111	投资收益	金额式		收入	
6401	主营业务成本	金额式		支出	
6403	营业税金及附加	金额式		支出	
6601	销售费用	金额式		支出	
6602	管理费用	金额式		支出	
660201	人工费用	金额式		支出	
660202	折旧费用	金额式		支出	
660203	其他费用	金额式		支出	
6603	财务费用	金额式		支出	
660301	利息支出	金额式		支出	
660302	汇兑损益	金额式		支出	
660303	其他支出	金额式		支出	
6901	以前年度损益调整	金额式		支出	

注意：期初余额在“实验三总账系统初始设置”中再录入。

（十三）将1001科目指定为现金总账科目；1002科目指定为银行总账科目

（十四）将1001、100201、100202、1012、110101五个科目指定为现金流量科目

（十五）凭证类型

类别字	类别名称	限制类型	限制科目
收	收款凭证	借方必有	1001，1002
付	付款凭证	贷方必有	1001，1002
转	转账凭证	凭证必无	1001，1002

（十六）项目档案

1. 建立项目大类

（1）大类名称：分为“产品”和“工程”两大类。

（2）“普通”项目。

（3）项目级次：一级（2位）。

（4）项目名称：分别修改为：产品、工程。

2. 指定核算科目

项目	核算科目
产品	500101 直接材料；500102 直接人工；500103 制造费用； 510101 人工费用；510102 折旧费用；510103 其他费用
工程	160401 材料费用；160402 人工费用；160403 其他费用

3. 项目分类及其目录一览表

项目大类	产　品		工　程	
分类编码	11		22	
项目分类名称	民用商品		自建工程	
项目编号	1101	1102	2203	2204
项目名称	乙产品	丁产品	办公楼	生产用房

（十七）结算方式

编　码	结算方式	票据管理
1	银行汇票	
2	支票	√
201	现金支票	√
202	转账支票	√
3	其他结算方式	

（十八）银行档案

银行编号	银行名称	企业账户规则		个人银行规则		
		定长	账户长度	定长	账户长度	自动带出
88	河滨市东风路招商银行	√	12	√	11	9

（十九）常用摘要

摘要编码	摘要内容	摘要编码	摘要内容
001	提取现金	006	生产领料
002	发放工资	007	销售产品
003	报销差费	008	购买材料
004	支付料款	009	预收货款
005	收回货款	010	预付料款

四、实验结果

（1）设置了部门、职员、存货、客户和供应商档案。

（2）设置了美元外币及其记账汇率。

（3）建立了103个会计科目，其中，资产43个、负债31个、权益6个、成本8个、损益15个；并指定了出纳的专管科目和现金流量科目。

（4）建立了两个项目档案。

（5）为本账套日常账务处理设置了凭证类型、结算方式和常用摘要。

实验三　总账系统初始设置

一、实验目的

通过本次实验，理解基础设置与总账系统初始设置的关系；理解设置总账控制参数的必要性；理解设置明细权限实质；理解定义常用凭证的意义；熟练掌握会计科目及其辅助核算项目初始数据录入的方法和要求。

二、实验内容

★ 设置总账控制参数　★ 录入科目初始数据　★ 录入辅项初始数据
★ 数据权限分配　★ 金额权限分配　★ 设置常用凭证

三、实验资料

（一）总账控制参数

选项卡	参数设置
凭证	制单序时控制；支票控制；可以使用应收、应付受控科目；自动填补凭证短号；凭证由系统自动编号；自动显示现金流量科目；其余选项取消
账簿、凭证打印	默认系统设置
权限	允许修改和作废他人填制的凭证；凭证审核控制到操作员；出纳凭证必须经出纳签字；凭证必须经由会计主管签字；可以查询他人凭证
会计日历	会计期间默认系统设置；数量、单价和本位币小数位均为2
其他	外币核算采用固定汇率；部门、个人、项目按编码方式排序

（二）辅助核算项目的初始余额

1. 未核销客户往来业务一览表

元

往来科目	日期	凭证号	客户	业务员	摘要	方向	金额	票据号
1122	2011/11/25	转账45	山西永达公司	康侠	销售产品	借	40 000.00	0103

续表

往来科目	日期	凭证号	客户	业务员	摘要	方向	金额	票据号
1122	2012/06/14	转账 19	广西三洋公司	康侠	销售产品	借	50 000.00	0295
2203	2012/12/20	收款 32	陕西华秦公司	康侠	预收货款	贷	60 000.00	0586

2. 未核销供应商往来业务一览表

元

往来科目	日期	凭证号	供应商	业务员	摘要	方向	金额
2202	2012/05/16	转账 22	广西光大公司	赵山	购买材料	贷	50 000.00
2202	2012/08/22	转账 33	广西光大公司	赵山	购买材料	贷	30 000.00
2202	2012/09/24	转账 53	陕西向阳公司	钟华	购买材料	贷	100 000.00
1123	2012/12/20	付款 39	山西飞天公司	王凯	预付料款	借	25 500.00

3. 未核销个人往来业务一览表

元

日期	凭证号	部门	个人	摘要	方向	金额
2012/11/17	付款 11	生产部	罗汉	借款	借	4 500.00
2012/11/23	付款 25	生产部	原庄	借款	借	3 000.00
2012/12/19	付款 15	市场部	康侠	借款	借	2 500.00

4. 固定资产余额一览表

元

部门名称	综合部	财务部	生产部	市场部	合计
期初余额	10 000.00	10 000.00	60 000.00	20 000.00	100 000.00

5. 项目目录初始余额一览表

元

项目名称	乙产品		丁产品	办公楼		生产用房
	科目	金额	金额	科目	金额	金额
初始累计发生额	500101	80 000.00	50 000.00	160401	60 000.00	40 000.00
	500102	30 000.00	20 000.00	160402	50 000.00	30 000.00
	500103	15 000.00	10 000.00	160403	4 000.00	2 000.00
	合计	125 000.00	80 000.00	合计	114 000.00	72 000.00

（三）明细权限

权限 / 操作员	数据权限		金额权限（以 1002 科目为例）		
	查账权限	制单权限	级别一 50 000 元	级别二 100 000 元	级别三 200 000 元
王香	所有科目	所有科目	√		
郭栋	所有科目	所有科目		√	
曾峰	1001，1002，100201，100202	所有科目			√

（四）常用凭证

编码	摘要	凭证类型	借方科目	贷方科目
01	提取现金	付款凭证	1001	100201
02	报销差费	转账凭证	660203	1221
03	支付料款	付款凭证	2202	100201
04	收回货款	收款凭证	100201	1122
05	生产领料	转账凭证	500101	140301/140302

四、实验结果

（1）期初平衡数据：1 877 750.00，其中：资产：1 672 750.00；负债：840 000.00；成本：205 000.00；权益：1 037 750.00。

（2）为日常账务处理设置了业务控制参数、科目使用权限和常用凭证。

实验四　总账系统日常账务处理

一、实验目的

通过本次实验，理解记账凭证是总账系统日常业务的主要工作和数据来源；了解常用摘要和常用凭证的调用方法；掌握记账凭证填制、修改、红冲、删除、出纳签字、凭证审核、记账和反记账的操作要求和方法；熟悉支票登记簿登记、报销的使用前提和操作方法。

二、实验内容

★ 填制记账凭证　★ 调用常用摘要与凭证　★ 查询汇总凭证
★ 修改凭证　★ 作废与恢复凭证　★ 删除凭证
★ 凭证审核签字　★ 凭证记账与反记账　★ 红冲凭证

三、实验资料

（一）宏大公司 2013 年 1 月份发生以下经济业务（以郭栋的身份来录入）

注意：现金流量业务既可以采用“日常辅助核算法”，也可以采用“期末补充核算法”来核算。

1.（收款 1）1 月 3 日，收回货款，附件：1 张

借：银行存款——工行存款　　40 000.00

（转账支票：0103；发生日期：2013.01.03）

贷：应收账款 40 000.00

（永达；康侠；0103；发生日期：2011.11.25）

2.（收款2）1月3日，收回外埠存款，附件：2张

借：银行存款——工行存款 2 500.00

（其他结算：0103；发生日期：2013.01.03）

贷：其他货币资金 2 500.00

3.（付款1）1月4日，支付料款，附件：1张

借：应付账款 80 000.00

（光大；赵山；发生日期：2012.08.22）

贷：银行存款——工行存款 80 000.00

（转账支票：0104；发生日期：2013.01.04）

（支票登记信息：2013.01.04；市场部：赵山；用途：支付料款）

4.（转账1）1月5日，生产领料，附件：2张

借：基本生产成本——直接材料(乙产品) 10 000.00

（丁产品） 9 000.00

贷：原材料——甲材料（5 000公斤 * 2.00） 10 000.00

——丙材料（3 000公斤 * 3.00） 9 000.00

5.（付款2）1月10日，提取现金，附件：1张（调用常用凭证）

借：库存现金 27 000.00

贷：银行存款——工行存款 27 000.00

（现金支票：0110；发生日期：2013.01.10）

（支票登记信息：2013.01.10；财务部；曾峰；用途：备发工资）

6.（付款3）1月10日，发放工资，附件：1张

借：应付职工薪酬——工资 27 000.00

贷：库存现金 27 000.00

（说明：在建工程人员的工资：7 500.00）

7.（转账2）1月11日，分配工资费用，附件：1张

借：在建工程——人工费用(办公楼) 4 500.00

（生产用房） 3 000.00

基本生产成本——直接人工(乙产品) 9 000.00

（丁产品） 7 000.00

制造费用——人工费用(乙产品) 1 000.00

（丁产品） 1 000.00

管理费用——人工费用 1 500.00

贷：应付职工薪酬——工资 27 000.00

8.（付款4）1月11日，交纳税金，附件：3张

借：应交税费——未交增值税 35 000.00

——应交所得税 15 000.00

——应交城建税 5 000.00

贷：银行存款——工行存款 55 000.00

（其他结算：0111；发生日期：2013.01.11）

9.（收款3）1月15日，收回货款，附件：1张（调用常用凭证）

借：银行存款——工行存款 50 000.00

（其他结算：0115；发生日期：2013.01.15）

贷：应收账款 50 000.00

（三洋；康侠；0115；发生日期：2012.06.14）

10.（收款4）1月15日，出售股票，附件：1张

借：银行存款——工行存款 10 000.00

（转账支票：0115；发生日期：2013.01.15）

贷：交易性金融资产——其他短期投资 10 000.00

（说明：本金：8 000.00；收益：2 000.00）

11.（付款5）1月16日，支付料款，附件：1张（调用常用凭证）

借：应付账款 60 000.00

（向阳；钟华；0116；发生日期：2012.09.24）

贷：银行存款——工行存款 60 000.00

（转账支票：0116；发生日期：2013.01.16）

（支票登记信息：2013.01.16；市场部：赵山；支付料款）

12.（收款5）1月16日，收到罚金，附件：1张

借：库存现金 500.00

贷：营业外收入（代码：6301；余额方向：收入） 500.00

13.（收款6）1月17日，收到债券利息，附件：2张

借：银行存款——工行存款 8 000.00

（转账支票：0117；发生日期：2013.01.17）

贷：持有至到期投资——债券投资——应计利息 8 000.00

14.（付款6）1月17日，购买工程物资，附件：3张

借：工程物资 50 000.00

贷：银行存款——工行存款 50 000.00

（其他结算：0117；发生日期：2013.01.17）

15.（转账3）1月18日，工程领料，附件：2张

借：在建工程——材料费用(办公楼) 55 000.00

（生产用房） 45 000.00

贷：工程物资 100 000.00

16. （收款7）1月18日，接受捐赠，附件：1张

借：银行存款——工行存款 50 000.00

（转账支票：0118；发生日期：2013.01.18）

贷：资本公积 50 000.00

17. （收款8）1月19日，银行借款及其手续费，附件：4张

借：银行存款——工行存款 200 000.00

（转账支票：0119；发生日期：2013.01.19）

财务费用——其他支出 1 000.00

贷：长期借款——本金 200 000.00

库存现金 1 000.00

18. （转账4）1月20日，销售产品，附件：2张

借：应收票据 100 000.00

应收账款 134 000.00

（中期客户：编号YY：保安公司）

（钟华；单据号：0120；发生日期：2013.01.20）

贷：主营业务收入 200 000.00

应交税费——应交增值税——销项税额 34 000.00

19. （转账5）1月21日，结转销售成本，附件：2张

借：主营业务成本 110 000.00

贷：库存商品——乙产品（15 000件*4） 60 000.00

——丁产品（10 000件*5） 50 000.00

20. （转账6）1月22日，计提折旧，附件：1张

借：制造费用——折旧费用(乙产品) 1 000.00

（丁产品） 1 500.00

销售费用 1 000.00

管理费用——折旧费用 1 000.00

贷：累计折旧 4 500.00

21. （付款7）1月23日，购买债券，附件：3张

借：持有至到期投资——债券投资——面值 60 000.00

应收利息——购买债券时支付的利息 1 000.00

贷：银行存款——工行存款 61 000.00

（转账支票：0123；发生日期：2013.01.23）

（支票登记信息：2013.01.23；综合部：钟华；买债券）

22. （付款8）1月24日，采购材料，附件：3张

借：原材料——甲材料（5 000公斤*2.10） 10 500.00

应交税费——未交增值税 2 124.00

贷：银行存款——工行存款　　12 624. 00

（转账支票：0124；发生日期：2013. 01. 24）

（支票登记信息：2013. 01. 24；市场部：赵山；支付料款）

23.（收款 9）1 月 24 日，收到租金，附件：1 张

借：库存现金　　10 000. 00

贷：其他业务收入　　10 000. 00

24.（转账 7）1 月 25 日，计提利息，附件：1 张

借：财务费用——利息支出　　15 000. 00

贷：长期借款——应计利息　　15 000. 00

25.（付款 9）1 月 26 日，无形资产摊销，附件：1 张

借：财务费用——其他支出　　3 500. 00

贷：无形资产　　3 500. 00

（不能保存时，更正为：转账 8）

26.（收款 10）1 月 28 日，收到到期汇票款，附件：1 张

借：银行存款——工行存款　　30 000. 00

（其他结算：0128；发生日期：2011. 01. 28）

贷：应收票据　　30 000. 00

27.（收款 11）1 月 29 日，收到外商投资，附件：3 张

借：银行存款——中行存款　　65 000. 00

（其他结算：0133；发生日期：2013. 01. 29）

（美元：10 000. 00；记账汇率：6. 50）

资本公积　　300. 00

贷：实收资本　　65 300. 00

28.（收款 12）1 月 29 日，残值收入，附件：2 张

借：库存现金　　500. 00

贷：固定资产清理　　500. 00

29.（付款 9）1 月 29 日，清理费用，附件：1 张

借：固定资产清理　　1 500. 00

贷：银行存款——工行存款　　1 500. 00

（其他结算：0129；发生日期：2013. 01. 29）

30.（转账 9）1 月 29 日，结转清理净损失，附件：3 张

借：营业外支出（代码：6711；余额方向：支出）　　5 000. 00

贷：固定资产清理　　5 000. 00

31.（收款 13）1 月 30 日，收到债券利息，附件：1 张

借：库存现金　　1 000. 00

贷：应收利息——购买债券时支付的利息　　1 000. 00

32. （转账 10）1 月 30 日，购买股票，附件：3 张

借：交易性金融资产——其他短期投资　　30 000.00

　贷：其他货币资金　　30 000.00

33. （转账 11）1 月 30 日，领用物料，附件：2 张

借：管理费用——其他费用　　13 000.00

　贷：周转材料——包装物　　8 000.00

　　　　　　——低值易耗品　　5 000.00

34. （付款 10）1 月 30 日，报销广告费和差旅费，附件：3 张

借：销售费用　　12 000.00

　　管理费用——其他费用　　2 500.00

　贷：银行存款——工行存款　　10 000.00

　　　（其他结算：0130；发生日期：2013.01.30）

　　　其他应收款　　4 500.00

　　　（生产部：罗汉；发生日期：2012.11.17）

35. （转账 12）1 月 31 日，完工产品入库，附件：4 张

借：库存商品——乙产品（14 000 件 *5）　　70 000.00

　贷：基本生产成本——直接材料（乙产品）　　42 000.00

　　　　　　　　——直接人工（乙产品）　　20 000.00

　　　　　　　　——制造费用（乙产品）　　8 000.00

36. （转账 13）1 月 31 日，本月应交税费，附件：1 张

借：营业税金及附加　　4 000.00

　贷：应交税费——应交城建税　　2 800.00

　　　　　　——其他应交款　　1 200.00

37. （转账 14）1 月 31 日，结转本月收入，附件：无

借：主营业务收入　　100 000.00

　贷：本年利润　　100 000.00

38. （转账 15）1 月 31 日，计提债券利息，附件：1 张

借：持有至到期投资——债券投资——应计利息　　10 000.00

　贷：投资收益　　10 000.00

39. （转账 16）1 月 31 日，应交所得税，附件：1 张

借：所得税费用　　15 280.63

　　　（代码：6801；余额方向：支出）

　贷：应交税费——应交所得税　　15 280.63

40. （付款 11）1 月 31 日，支付借款本息，附件：2 张

借：短期借款　　52 000.00

　贷：银行存款——工行存款　　52 000.00

（其他结算：0131；发生日期：2013.01.31）

（说明：本金：50 000.00　利息：2 000.00）

41.（转账 17）1 月 31 日，计提坏账准备金，附件：1 张

借：管理费用——其他费用　　10 000.00

　贷：坏账准备——应收账款准备金　　10 000.00

42.（转账 18）1 月 31 日，冲提坏账准备，附件：1 张

借：坏账准备——其他应收款准备金　　225.00

　贷：资产减值损失（代码：6701；余额方向：支出）　　225.00

（二）“无痕迹”修改凭证

1. 修改收款 10 凭证中的金额

借：银行存款——工行存款　　35 000.00

（注意：要修改现流信息）

　贷：应收票据　　35 000.00

2. 修改付款 8 凭证中的科目和金额

借：原材料——甲材料（10 000 公斤 * 2.10）　　21 000.00

　　应交税费——应交增值税——进项税额　　3 570.00

　贷：银行存款——工行存款　　12 285.00

（注意：要修改现流信息）

　　应付票据　　12 285.00

3. 修改转账 7 凭证中的金额

借：财务费用——利息支出　　1 500.00

　贷：长期借款——应计利息　　1 500.00

4. 修改转账 8 凭证（已作废）的中的科目和金额

借：管理费用——其他费用　　2 000.00

　贷：累计摊销　　2 000.00

（三）作废与删除凭证

先删除转账 14 并重新整理编号，再作废转账 10 凭证。

（四）凭证主管、审核和出纳签字（练习取消凭证签字）

（五）记账（练习：反记账）

（六）红冲凭证

郭栋冲销转账 16 凭证（即原转账 17），并进行记账。

四、实验结果

1. 已记账凭证共计：42 张。其中，收款：13 张；付款：11 张；转账：18 张（有 1 张作废）

2. 总账科目发生额及余额表

元

科目		期初余额		本期发生		期末余额	
代码	名称	借方	贷方	借方	贷方	借方	贷方
1001	库存现金	6 400		39 000	28 000	17 400	
1002	银行存款	265 000		460 500	408 785	316 715	
1012	其他货币资金	60 000			2 500	57 500	
1101	交易性金融资产	15 000			10 000	5 000	
1121	应收票据	45 000		100 000	35 000	110 000	
1122	应收账款	90 000		134 000	90 000	134 000	
1123	预付账款	25 500				25 500	
1132	应收利息			1 000	1 000		
1221	其他应收款	10 000			4 500	5 500	
1231	坏账准备		7 250	225			7 025
1403	原材料	140 000		21 000	19 000	142 000	
1405	库存商品	490 000		70 000	110 000	450 000	
1411	周转材料	36 000			13 000	23 000	
1501	持有至到期投资	60 000		70 000	8 000	122 000	
1601	固定资产	100 000				100 000	
1602	累计折旧		50000		4 500		54 500
1604	在建工程	186 000		107 500		293 500	
1605	工程物资	100 000		50 000	100 000	50 000	
1606	固定资产清理	10 000		1 500	5 500	6 000	
1701	无形资产	50 000				50 000	
1702	累计摊销				2 000		2 000
1801	长期待摊费用	41 100				41 100	
2001	短期借款		150000	52 000			98 000
2201	应付票据		20000		12 285		32 285
2202	应付账款		180000	140 000			40 000
2203	预收账款		60 000				60 000
2211	应付职工薪酬		30 000	27 000	27 000		30 000
2221	应交税费		55 000	58 570	53 280. 63		49 710. 63
2241	其他应付款		25 000				25 000
2501	长期借款		20 000		201 500		221 500
2502	应付债券		300 000				300 000
4001	实收资本		900 000		65 300		965 300
4002	资本公积		50 000	300	50 000		99 700
4101	盈余公积		37 750				37 750

续表

科目		期初余额		本期发生		期末余额	
代码	名称	借方	贷方	借方	贷方	借方	贷方
4104	利润分配		50 000				50 000
5001	基本生产成本	205 000		35 000	70 000	170 000	
5101	制造费用			4 500		4 500	
6001	主营业务收入				200 000		200 000
6051	其他业务收入				10 000		10 000
6111	投资收益				10 000		10 000
6301	营业外收入				500		500
6401	主营业务成本			110 000		110 000	
6403	营业税金及附加			4 000		4 000	
6601	销售费用			13 000		13 000	
6602	管理费用			20 000		20 000	
6603	财务费用			2 500		2 500	
6701	资产减值损失				225		225
6711	营业外支出			5 000		5 000	
6801	所得税费用			15 280. 63		15 280. 63	
合计		1 935 000. 00		1 541 875. 63		2 293 495. 63	

实验五　总账系统期末账务处理

一、实验目的

通过本次实验，了解期末账务处理包括的内容及其操作顺序；掌握银行对账初始设置和核对的操作方法；熟悉几种自动转账定义与生成的操作方法和要求；理解在结账前进行对账与试算平衡的意义；了解多栏账查询的前提与方法；掌握往来账核销的方法与要求；熟悉部门、项目、往来和日记账的查询方法。

二、实验内容

★ 银行对账　★ 自动转账定义　★ 自动转账生成
★ 对账与试算平衡　★ 结账与反结账　★ 多栏账定义
★ 辅助账管理　★ 账表查询

三、实验资料

（一）工行存款余额调节表（2012 年 12 月 31 日）

元

项　目	结算号	金额	项　目	结算号	金额
公司账：日记账余额		200 000	银行账：对账单余额		180 000
加：银收我未收（2012. 12. 03）	转账支票 0103	40 000	加：我收银未收（2012. 12. 10；收款：23）	转账支票 1213	10 000
减：银付我未付（2012. 12. 08）	转账支票 0104	80 000	减：我付银未付（2012. 12. 21；付款：45）	转账支票 1224	30 000
调整后的存款余额		160 000	调整后的存款余额		160 000

（二）2013 年 01 月 31 日工行存款对账单

元

日　期	结算方式	结算号	借方金额	贷方金额	余　额
2013. 01. 03	转账支票	1213	10 000. 00		190 000. 00
2013. 01. 03	其他结算	0103	2 500. 00		192 500. 00
2013. 01. 05	转账支票	1224		30 000. 00	162 500. 00
2013. 01. 10	现金支票	0110		27 000. 00	135 500. 00
2013. 01. 11	其他结算	0112		55 000. 00	80 500. 00
2013. 01. 13	转账支票	0113	80 000. 00		160 500. 00
2013. 01. 15	其他结算	0115	50 000. 00		210 500. 00
2013. 01. 15	转账支票	0115	10 000. 00		220 500. 00
2013. 01. 16	转账支票	0116		60 000. 00	160 500. 00
2013. 01. 17	转账支票	0117	8 000. 00		168 500. 00
2013. 01. 18	转账支票	0118	50 000. 00		218 500. 00
2013. 01. 19	转账支票	0119	200 000. 00		418 500. 00
2013. 01. 23	转账支票	0123		61 000. 00	357 500. 00
2013. 01. 24	转账支票	0124		12 285. 00	345 215. 00
2013. 01. 28	转账支票	0128		15 000. 00	330 215. 00
2013. 01. 29	其他结算	0129		1 500. 00	328 715. 00
2013. 01. 30	其他结算	0130		10 000. 00	318 715. 00
2013. 01. 31	其他结算	0131		52 000. 00	266 715. 00
合计			410 500. 00	323 785. 00	266 715. 00

（三）期末银行对账

（1）自动银行对账：截至日期：2013.01.31；日期相差在60天以内；

对账标准：双方的“金额+结算号+结算方式+方向”必须相同。

（2）手工核对日记账与对账单中的55 000.00元未达账项。

（四）定义自动转账凭证

1. 转账序号：0003；转账说明：转出本月未交增值税；凭证类型：转账

借：应交税费——应交增值税——转出未交增值税

（净发生额）（222101）（本月）

贷：应交税费——未交增值税 （借贷平衡差额）

2. 转账序号：0006；转账说明：计提职工薪酬；凭证类型：转账

借：在建工程——人工费用(办公楼)

（借方发生额）（160402，月，借）*0.435

（生产用房）

（借方发生额）（160402，月，借）*0.435

基本生产成本——直接人工(乙产品)

（借方发生额）（500102，月，借）*0.435

（丁产品）

（借方发生额）（500102，月，借）*0.435

制造费用——人工费用(乙产品)

（借方发生额）（510101，月，借）*0.435

（丁产品）

（借方发生额）（510101，月，借）*0.435

管理费用——人工费用 （借方发生额）（660201，月，借）*0.435

贷：应付职工薪酬——职工福利（贷方发生额）（221101，月，贷）*0.05

应付职工薪酬——医疗保险（贷方发生额）（221101，月，贷）*0.10

应付职工薪酬——养老保险（贷方发生额）（221101，月，贷）*0.10

应付职工薪酬——失业保险（贷方发生额）（221101，月，贷）*0.05

应付职工薪酬——住房公积金（贷方发生额）（221101，月，贷）*0.10

应付职工薪酬——工会经费（贷方发生额）（221101，月，贷）*0.02

应付职工薪酬——职工教育经费

（贷方发生额）（221101，月，贷）*0.015

3. 转账序号：0009；转账说明：计提坏账准备；凭证类型：转账

借：资产减值损失 （借贷平衡差额）

贷：坏账准备——应收票据准备金

（期末余额）（1121，月，借,）*0.05-（期末余额）（123101，月，贷）

坏账准备——应收账款准备金

（期末余额）（1122，月，借，保安）＊0.05－（期末余额）（123102，月，贷）

4. 转账序号：0015；转账说明：结转乙产品制造费用；凭证类型：转账

借：基本生产成本——制造费用（乙产品） （借贷平衡差额）

贷：制造费用——人工费用（乙产品）

（期末余额）（510101，月，借，1101）

——折旧费用（乙产品）

（期末余额）（510102，月，借，1101）

5. 转账序号：0018；转账说明：结转丁产品制造费用；凭证类型：转账

借：基本生产成本——制造费用（丁产品） （借贷平衡差额）

贷：制造费用——人工费用（丁产品）（期末余额）（510101，月，借，1102）

——折旧费用（丁产品）（期末余额）（510102，月，借，1102）

（五）自动结转汇兑损益设置（期末调整汇率为：1 美元＝6.55 元人民币）

凭证类型：收款　汇兑损益入账科目：660302（财务费用——汇兑损益）

外币科目编号	外币科目名称	币种	是否计算汇兑损益
100202	中行存款	美元	√

（六）设置期间损益自动转入科目：4103 本年利润

注意：不能包括6901 以前年度损益调整科目。

（七）期末自动转账、签字、记账与结账（练习：反结账）

注意：（1）逐张机制凭证，逐张审核、签字和记账。

（2）期间损益分别按“收入”和“支出”两种类型进行结转。

（八）核销往来账

1. 自动核销

（1）客户与供应商往来选择“业务员”方式，截止日期：2013.01.31。

（2）个人往来核销“生产部”的往来账。

2. 手工核销

客户往来：三洋公司50 000 元。

3. 往来账龄分析

往来对象 / 分析指标	客　户	供应商
分析日期	发生日期	制单日期
截止日期	2013.01.31	2013.01.31
业务范围	所有业务	未两清业务
分析方法	实际发生额	余额
账龄区间	默认系统设置	10/20/30/50/60

（九）定义并查询多栏账

会计科目	栏目来源	展开方向	分析方式	栏目位置
应付职工薪酬	自动编制	贷方	金额	栏目后置
应交税费	自动编制	贷方	余额	栏目前置
基本生产成本	手工增加	借方	金额	栏目后置
管理费用	手工增加	借方	金额	栏目后置

（十）查询其他账表

（1）部门账：总账、明细账。

（2）项目账：总账、明细账。

（3）现金流量表：统计表、明细表。

四、实验结果

1. 工行存款余额调节表（2013 年 01 月 31 日）

元

项目	结算号	金额	项目	结算号	金额
公司账：日记账余额		186 715	银行账：对账单余额		266 715
加：银收我未收（2013. 01. 13）	转账支票 0113	80 000	加：我收银未收（2013. 01. 28）	其他结算 0128	35 000
减：银付我未付（2013. 01. 28）	转账支票 0128	15 000	减：我付银未付（2013. 01. 17）	其他结算 0117	50 000
调整后的存款余额		251 715	调整后的存款余额		251 715

2. 期末记账凭证

期末记账凭证共 50 张。其中有 8 张机制凭证，会计分录如下

（1）借：应交税费——应交增值税——转出未交增值税　30 430. 00

　　贷：应交税费——未交增值税　30 430. 00

（2）借：在建工程——人工费用(办公楼)　1 957. 50

　　　　　　　　　　　　(生产用房)　1 305. 00

　　基本生产成本——直接人工(乙产品)　3 915. 00

　　　　　　　　　　　　(丁产品)　3 045. 00

　　制造费用——人工费用(乙产品)　435. 00

　　　　　　　　　　(丁产品)　435. 00

　　管理费用——人工费用　652. 50

　　贷：应付职工薪酬——职工福利　1 350. 00

　　　　　　　　——医疗保险　2 700. 00

　　　　　　　　——养老保险　2 700. 00

——失业保险 1 350.00
——住房公积金 2 700.00
——工会经费 540.00
——职工教育经费 405.00

(3) 借：资产减值损失 5 450.00
贷：坏账准备——应收票据准备金 3 250.00
坏账准备——应收账款准备金 2 200.00

(4) 借：基本生产成本——制造费用（乙产品） 2 435.00
贷：制造费用——人工费用（乙产品） 1 435.00
——折旧费用（乙产品） 1 000.00

(5) 借：基本生产成本——制造费用（丁产品） 2 935.00
贷：制造费用——人工费用（丁产品） 1 435.00
——折旧费用（丁产品） 1 500.00

(6) 借：银行存款——中行存款 1 000.00
贷：财务费用——汇兑损益 1 000.00

(7) 借：主营业务收入 200 000.00
其他业务收入 10 000.00
投资收益 10 000.00
营业外收入 500.00
贷：本年利润 220 500.00

(8) 借：本年利润 174 658.13
贷：主营业务成本 110 000.00
营业税金及附加 4 000.00
销售费用 13 000.00
管理费用 20 652.50
财务费用 1 500.00
资产减值损失 5 225.00
营业外支出 5 000.00
所得税费用 15 280.63

3. 期末总账科目余额表

元

科目		期初余额		本期发生		期末余额	
代码	名称	借方	贷方	借方	贷方	借方	贷方
1001	库存现金	6 400		39 000	28 000	17 400	
1002	银行存款	271 100		461 500	408 785	317 715	
1012	其他货币资金	60 000			2 500	57 500	

续表

科目		期初余额		本期发生		期末余额	
代码	名称	借方	贷方	借方	贷方	借方	贷方
1101	交易性金融资产	15 000			10 000	5 000	
1121	应收票据	45 000		100 000	35 000	110 000	
1122	应收账款	90 000		134 000	90 000	134 000	
1123	预付账款	25 500				25 500	
1132	应收利息			1 000	1 000		
1221	其他应收款	10 000			4 500	5 500	
1231	坏账准备		7 250	225	5 450		12 475
1403	原材料	140 000		21 000	19 000	142 000	
1405	库存商品	490 000		70 000	110 000	450 000	
1411	周转材料	36 000			13 000	23 000	
1501	持有至到期投资	60 000		70 000	8 000	122 000	
1601	固定资产	100 000				100 000	
1602	累计折旧		50 000		4 500		54 500
1604	在建工程	186 000		110 762. 5		296 762. 5	
1605	工程物资	100 000		50 000	100 000	50 000	
1606	固定资产清理	10 000		1 500	5 500	6 000	
1701	无形资产	50 000				50 000	
1702	累计摊销				2 000		2 000
1801	长期待摊费用	41 100				41 100	
2001	短期借款		150 000	52 000			98 000
2201	应付票据		20 000		12 285		32 285
2202	应付账款		180 000	140 000			40 000
2203	预收账款		60 000				60 000
2211	应付职工薪酬		30 000	27 000	38 745		41 745
2221	应交税费		55 000	89 000	83 710. 63		49 710. 63
2241	其他应付款		25 000				25 000
2501	长期借款		20 000		20 1500		221 500
2502	应付债券		300 000				300 000
4001	实收资本		900 000		65 300		965 300
4002	资本公积		50 000	300	50 000		99 700
4101	盈余公积		37 750				37 750

续表

科目		期初余额		本期发生		期末余额	
代码	名称	借方	贷方	借方	贷方	借方	贷方
4103	本年利润			174 658.13	220 500		45 841.87
4104	利润分配		50 000				50 000
5001	基本生产成本	205 000		4 7330	70 000	182 330	
5101	制造费用			5 370	5 370		
6001	主营业务收入			200 000	200 000		
6051	其他业务收入			10 000	10 000		
6111	投资收益			10 000	10 000		
6301	营业外收入			500	500		
6401	主营业务成本			110 000	110 000		
6403	营业税金及附加			4 000	4 000		
6601	销售费用			13 000	13 000		
6602	管理费用			20 652.50	20 652.50		
6603	财务费用			2 500	2 500		
6701	资产减值损失			5 450	5 450		
6711	营业外支出			5 000	5 000		
6801	所得税费用			15 280.63	15 280.63		
合计		1 935 000.00		1 991 028.76		2 135 807.50	

4. 往来辅助账表

（1）自动核销往来账。

客户：按“票号”标准勾对了永达公司 40 000 元；

供应商：以“全额”标准勾对了光大公司 80 000 元；

个人：以“逐笔”标准勾对了生产部罗汉 4 500 元。

（2）客户往来账龄分析。

往来账龄分析

查询科目 1122 应收账款

客户 全部

客户		金额	1~30天		31~60天		61~90天		91~120天		121~365天		365天以上	
编号	名称		金额	%	金额	%	金额	%	金额	%	金额	%	金额	%
BB	三洋	50,000.00									50,000.00	100.00		
CC	永达	40,000.00											40,000.00	100.00
YY	保安	134,000.00	134,000.00	100.00										
数量总计：	——	3	1								1		1	
金额总计：	——	224,000.00	134,000.00	59.82							50,000.00	22.32	40,000.00	17.86
BB	三洋	-50,000.00									-50,000.00	100.00		
CC	永达	-40,000.00											-40,000.00	100.00
数量总计：	——	2									1		1	
金额总计：	——	-90,000.00									-50,000.00	55.56	-40,000.00	44.44

往来账龄分析

查询科目 2203 预收账款

客户 全部

客户		金额	1~30天		31~60天		61~90天		91~120天		121~365天		365天以上	
编号	名称		金额	%	金额	%	金额	%	金额	%	金额	%	金额	%
AA	华秦	-60,000.00			-60,000.00	100.00								
数量总计：	——	1			1									
金额总计：	——	-60,000.00			-60,000.00	100.00								

（3）供应商账龄分析。

往来账龄分析

查询科目 2202 应付账款

供应商 全部

供应商		余额	1~10天		11~20天		21~30天		31~50天		51~60天		61天以上	
编号	名称		金额	%	金额	%	金额	%	金额	%	金额	%	金额	%
EE	向阳	40,000.00											40,000.00	100.00
数量总计：	——	1											1	
金额总计：	——	40,000.00											40,000.00	100.00

往来账龄分析

查询科目 1123 预付账款

供应商 全部

供应商		余额	1~10天		11~20天		21~30天		31~50天		51~60天		61天以上	
编号	名称		金额	%	金额	%	金额	%	金额	%	金额	%	金额	%
DD	飞天	-25,500.00							-25,500.00	100.00				
数量总计：	——	1							1					
金额总计：	——	-25,500.00							-25,500.00	100.00				

5. 科目多栏账

多栏账

多栏 应付职工薪酬多栏账　　月份：2013.01-2013.01

2013年		凭证号数	摘要	借方	贷方	方向	余额	贷方							
月	日							工资	职工福利	医疗保险	养老保险	失业保险	住房公积金	工会经费	职工教育经费
			上年结转			贷	30,000.00								
01	10	付-0003	发放工资	27,000.00		贷	3,000.00								
01	11	转-0002	分配工资费用		27,000.00	贷	30,000.00	27,000.00							
01	31	转-0020	计提职工薪酬		11,745.00	贷	41,745.00		1,350.00	2,700.00	2,700.00	1,350.00	2,700.00	540.00	405.00
01			当前合计	27,000.00	38,745.00	贷	41,745.00	27,000.00	1,350.00	2,700.00	2,700.00	1,350.00	2,700.00	540.00	405.00
01			当前累计	27,000.00	38,745.00	贷	41,745.00	27,000.00	1,350.00	2,700.00	2,700.00	1,350.00	2,700.00	540.00	405.00

多栏账

多栏 应交税费多栏账　　　　月份：2013.01-2013.01

2013年 月	日	凭证号数	摘要	贷方 合计	应交增值税	未交增值税	应交所得税	应交城建税	其他应交款	方向	余额
			上年结转							贷	55,000.00
01	11	付-0004	交纳税金							平	
01	20	转-0004	销售产品	34,000.00	34,000.00					贷	34,000.00
01	24	付-0008	购买材料							贷	30,430.00
01	31	转-0013	本月应交税费	4,000.00				2,800.00	1,200.00	贷	34,430.00
01	31	转-0015	应交所得税	15,280.63			15,280.63			贷	49,710.63
01	31	转-0019	转出本月未交增值税	30,430.00		30,430.00				贷	49,710.63
01			当前合计	83,710.63	34,000.00	30,430.00	15,280.63	2,800.00	1,200.00	贷	49,710.63
01			当前累计	83,710.63	34,000.00	30,430.00	15,280.63	2,800.00	1,200.00	贷	49,710.63

多栏账

多栏 基本生产成本多栏账

2013年 月	日	凭证号数	摘要	借方	贷方	方向	余额	借方 直接材料	直接人工	制造费用
			上年结转			借	205,000.00			
01	05	转-0001	生产领料	19,000.00		借	224,000.00	19,000.00		
01	11	转-0002	分配工资费用	16,000.00		借	240,000.00		16,000.00	
01	31	转-0012	完工产品入库		70,000.00	借	170,000.00			
01	31	转-0020	计提职工薪酬	6,960.00		借	176,960.00		6,960.00	
01	31	转-0022	结转乙产品制造	2,435.00		借	179,395.00			2,435.00
01	31	转-0023	结转丁产品制造	2,935.00		借	182,330.00			2,935.00
01			当前合计	47,330.00	70,000.00	借	182,330.00	19,000.00	22,960.00	5,370.00
01			当前累计	47,330.00	70,000.00	借	182,330.00	19,000.00	22,960.00	5,370.00

多栏账

多栏 管理费用多栏账

2013年 月	日	凭证号数	摘要	借方	贷方	方向	余额	借方 人工费用	折旧费用	其他费用
01	11	转-0002	分配工资费用	1,500.00		借	1,500.00	1,500.00		
01	22	转-0006	计提折旧	1,000.00		借	2,500.00		1,000.00	
01	25	转-0008	无形资产摊销	2,000.00		借	4,500.00			2,000.00
01	30	付-0010	广告费与差旅费	2,500.00		借	7,000.00			2,500.00
01	30	转-0011	领用物料	13,000.00		借	20,000.00			13,000.00
01	31	转-0016	计提坏账准备	10,000.00		借	30,000.00			10,000.00
01	31	转-0017	[冲销2013.01.:	-10,000.00		借	20,000.00			-10,000.00
01	31	转-0020	计提职工薪酬	652.50		借	20,652.50	652.50		
01	31	转-0025	期间损益结转		20,652.50	平				
01			当前合计	20,652.50	20,652.50	平		2,152.50	1,000.00	17,500.00
01			当前累计	20,652.50	20,652.50	平		2,152.50	1,000.00	17,500.00

实验六　UFO 报表系统初始设置

一、实验目的

通过本次实验，了解报表系统初始设置的内容及其操作顺序；了解报表格式的组成内容，熟练利用模板和自定义两种方法新建报表的操作技能；理解关键字设置的意义；掌握报表取数公式和审核公式的基本函数格式和定义方法。

二、实验内容

★ 新建报表　★ 保存报表　★ 报表格式设计
★ 设置关键字　★ 设置报表取数账套　★ 设置报表口令
★ 定义取数公式　★ 定义审核公式

三、实验资料

（一）资产负债表

（1）保存路径：F：\ 班级姓名学号 \ 报表备份 \ 06。

（2）名称及类型：资产负债表 . rep。

（3）自定义报表格式：见实验七中的格式。

（4）定义关键字。

①“年”关键字设置在 B3 单元；“月”关键字设置在 C3 单元；“日”关键字设置在 D3 单元。

②根据情况将关键字偏移到中间。

（5）设置口令：报表打开口令：0000；格式保护口令：1111。

（6）定义取数公式。

①“年初余额”应用的主要函数：QC（会计科目，全年,,, 年,,）。

例如：应收票据 = QC（1121，全年,,, 年,,）－QC（123101，全年,,, 年,,）。

②“期末余额”应用的主要函数：QM（会计科目，月,,, 年,,）。

例如：短期借款 = QM（2001，月,,, 年,,）。

③本表取数函数：ptotal（表元块）;？表元 +？表元;？表元 -？表元。

例如：流动资产年初余额合计 = ptotal（？C6:？C16）；资产期末余额合计 = B17 + B36。

（7）审核公式。

①C37 = F37，即资产年初余额合计不等于权益年初余额合计。

②B37 = E37，即资产期末余额合计不等于权益期末余额合计。

（二）利润表

（1）保存路径：F：\ 班级姓名学号 \ 报表备份 \ 06。

（2）名称及类型：利润表 . rep。

（3）自定义报表格式：见实验七中的格式。

（4）定义关键字。

①“年”关键字设置在 A3 单元；“月”关键字设置在 B3 单元。

②根据情况对关键字进行偏移。

（5）设置口令：报表打开口令：2222；格式保护口令：3333。

（6）定义取数公式，类型主要有：

①“本期金额”应用的主要函数。

a. FS（会计科目，月，借,，年）；FS（会计科目，月，贷,，年）。

例如：“销售费用”本期金额 = FS（6601，月，借,，年）；

“营业收入”本期金额 = FS（6001，月，贷,，年）+ FS（6001，月，贷,，年）。

b. DFS（会计科目 1，会计科目 2，月，借,，年,,）。

例如：“财务费用”本期金额 = DFS（6603，4103，月，贷,,,,）- DFS（6603，4103，月，借,,,,）。

②“上期金额”应用的主要函数。

〈目标区域〉 = SELECT（区域，表页筛选条件）。

例如：“营业利润”上期金额 = SELECT（B15，年@ = 年 + 1 and 月@ = 月）；

“利润总额”上期金额 = SELECT（B19，年@ = 年 + 1 and 月@ = 月）。

③本表取数函数:？表？元？ +？表元 -？表元。

例如：“净利润”本期金额 = B19 - B20。

（7）审核公式：B21≤B19，即本期净利润不大于本期利润总额。

（三）现金流量表

（1）保存路径：F：\ 班级姓名学号 \ 报表备份 \ 06。

（2）名称及类型：现金流量表 . rep。

（3）套用报表模板。

①选择模板：工业企业、现金流量表（新）。

②修改格式：根据实验七中报表格式来修改套用的报表格式。

（4）定义关键字。

①“年”关键字设置在 A3 单元；“月”关键字设置在 B3 单元。

②根据情况对关键字进行偏移。

（5）设置口令：报表打开口令：4444；格式保护口令：5555。

（6）定义取数公式，类型主要有：

①“流入”项目应用的主要函数：XJLL（,, 借，现流项目代码,,,, 月）。

例如：“取得借款所收到的现金”本期金额 = XJLL（,, 借，16,,,, 月）。

②“流出”项目应用的主要函数：XJLL（,, 贷，现流项目代码,,,, 月）。

例如：“支付的各项税费”本期金额 = XJLL（,, 贷，06,,,, 月）。

③JE（现金流量科目，月,,,,,）。

例如：“现金及现金等价物净增加额”本期金额 = JE（1001，月,,,,,）+ JE（1002，月,,,,,）+ JE（1012，月,,,,,）+ JE（1101001，月,,,,,）。

（7）审核公式：B40 = B15 + B28 + B38 + B39，即现金流量净额等于经营活动、投资活动、筹资活动和汇率变动影响的净额合计。

四、实验结果

（1）新建了资产负债表、利润表和现金流量表三个报表。

（2）设置了资产负债表、利润表和现金流量表的格式、单元公式和审核公式。

（3）定义了报表的关键字和操作口令。

实验七　UFO 报表系统数据处理

一、实验目的

通过本次实验，了解 UFO 报表系统数据处理的内容及其顺序；掌握 UFO 报表系统编制报表和审核报表的操作方法和基本要求；熟悉表页排序、表页透视和舍位平衡的操作方法。

二、实验内容

★ 打开报表	★ 增加表页	★ 录入关键字
★ 编制报表	★ 审核报表	★ 报表舍位平衡
★ 表页排序	★ 表页透视	★ 报表汇总

三、实验资料

（一）资产负债表

（1）打开报表：F:\班级姓名学号\报表备份\06 文件夹中的资产负债表.rep。

（2）录入关键字：年：“2013”；月：“01”；日：“31”。

（3）表页重算：根据定义的取数公式自动编制第1页资产负债表。

（4）审核报表：根据定义的审核公式自动审核资产负债表。

（二）利润表

（1）打开报表：F：\ 班级姓名学号 \ 报表备份 \ 06 文件夹中的利润表.rep。

（2）录入关键字：年：“2013”；月：“01”。

（3）整表重算：根据定义的取数公式自动编制第1页利润表。

（4）审核报表：根据定义的审核公式自动审核利润表。

（三）现金流量表

（1）打开报表：F：\ 班级姓名学号 \ 报表备份 \ 06 文件夹中的现金流量表.rep。

（2）录入关键字：年：“2013”；月：“01”。

（3）表页重算：根据定义的取数公式自动编制第1页现金流量表。

（4）审核报表：根据定义的审核公式自动审核现金流量表。

（四）舍位平衡

（1）宏大公司2013年1月份产品销售收入统计表。

项目	C	D	E	F
2	产品销售收入统计表 2013年　　单位：元			
3				
4	期间	乙产品	丁产品	合计
5	上旬	105 897.54	154 666.48	260 564.02
6	中旬	124 623.25	146 756.29	271 379.54
7	下旬	115 714.63	139 921.88	255 636.51
8	合　计	346 235.42	441 344.65	787 580.07

注意：新表保存路径：F：\ 班级姓名学号 \ 报表备份 \ 07；在数据状态下录入数字。

（2）舍位平衡设置：舍位表名：舍位收入表。

舍位范围：D5：F8　　舍位位数：2

舍位公式：D8 = D5 + D6 + D7，

E8 = E5 + E6 + E7，

F8 = F5 + F6 + F7

（3）对“产品销售收入统计表”进行舍位平衡。

（五）表页排序

（1）增加表页：追加 1 张产品销售收入统计表，即第 2 页统计表。

（2）宏大公司 2013 年 2 月份的产品销售收入统计表。

项目	C	D	E	F
2	产品销售收入统计表			
3	2013 年			单位：元
4	期间	乙产品	丁产品	合计
5	上旬	125 900. 32	174 655. 22	300 555. 54
6	中旬	134 688. 53	156 742. 30	291 430. 83
7	下旬	106 765. 80	149 821. 56	256 587. 36
8	合　计	367 354. 65	481 219. 08	848 573. 73

注意：在数据状态下录入数字。

（3）表页排序关键值：F8 递减排序。

（4）排序后：2 月份的统计表变成第 1 页；1 月份的统计表变成第 2 页。

（六）透视分析

（1）透视报表：产品销售收入统计表。

（2）透视区域：D4：D8。

（3）透视列标字符串：乙产品。

（4）保存透视表：名称：乙产品透视表；路径：F：\ 班级姓名学号 \ 报表备份 \ 07。

（七）图形分析

（1）分析对象：第 1 页：产品销售收入统计表，即 2 月份的销售统计表。

（2）分析区域：C4：E7。　（3）数据组：行。

（4）操作范围：当前表页。　（5）图表名称：销售图形分析表。

（6）图表标题：销售图形分析表。　（7）*X* 轴：产品。

（8）*Y* 轴：销售额。　（9）图表格式：立体成组直方图。

（10）编辑图形：详见参考答案中的图形分析表。

（八）报表汇总

（1）在报表管理系统中，新建下列报表，保存路径：F：\ 班级姓名学号 \ 备份报表 \ 07，其格式和有关表元计算公式，如下表所示。

	A 列	B 列	C 列
1	各部门销售统计表 1		
2	部门	销售量	销售额
3	销售一部	= 60 000	= 90 000
4	销售二部	= 70 000	= 105 000

续表

	A 列	B 列	C 列
5	销售三部	=50 000	=75 000
6	销售四部	=80 000	=120 000
7	合计	=ptotal（B3：B6）	=ptotal（C3：C6）

（2）编制第1页“各部门销售统计表”。

（3）按“物理位置”汇总“所有”各部门销售统计表1的表页。

①第一次、第二次和第三次：分别都汇总到本表的最后一张表页。

②第四次：汇总到新的报表：各部门销售统计表2（另存为：路径 F：\ 班级姓名学号 \ 备份报表 \ 07）。

四、实验结果

（1）资产负债表。

	A	B	C	D	E	F
1			资产负债表			
2						会企01表
3	编制单位：宏大公司		2013 年 1 月 31 日			单位：元
4	资产	期末余额	年初余额	负债和所有者权益	期末余额	年初余额
5	流动资产：			流动负债：		
6	货币资金	392,615.00	331,400.00	短期借款	98,000.00	150,000.00
7	交易性金融资产	5,000.00	15,000.00	交易性金融负债		
8	应收票据	104,500.00	42,750.00	应付票据	32,285.00	20,000.00
9	应收账款	127,300.00	85,500.00	应付账款	40,000.00	180,000.00
10	预付款项	25,500.00	25,500.00	预收款项	60,000.00	60,000.00
11	应收利息			应付职工薪酬	41,745.00	30,000.00
12	应收股利			应交税费	49,710.63	55,000.00
13	其他应收款	5,225.00	9,500.00	应付利息		
14	存货	797,330.00	871,000.00	应付股利		
15	一年内到期的非流动资产			其他应付款	25,000.00	25,000.00
16	其他流动资产			一年内到期的非流动负债		
17	流动资产合计	1,457,470.00	1,380,650.00	其他流动负债		
18	非流动资产：			流动负债合计	346,740.63	520,000.00
19	可供出售金融资产			非流动负债：		
20	持有至到期投资	122,000.00	60,000.00	长期借款	221,500.00	20,000.00
21	长期应收款			应付债券	300,000.00	300,000.00
22	长期股权投资			长期应付款		
23	投资性房地产			专项应付款		
24	固定资产	45,500.00	50,000.00	预计负债		
25	在建工程	296,762.50	186,000.00	递延所得税负债		
26	工程物资	50,000.00	100,000.00	其他非流动负债		
27	固定资产清理	6,000.00	10,000.00	非流动负债合计	521,500.00	320,000.00
28	生产性生物资产			负债合计	868,240.63	840,000.00
29	油气资产			所有者权益：		
30	无形资产	48,000.00	50,000.00	实收资本	965,300.00	900,000.00
31	开发支出			资本公积	99,700.00	50,000.00
32	商誉			减：库存股		
33	长期待摊费用	41,100.00	41,100.00	盈余公积	37,750.00	37,750.00
34	递延所得税资产			未分配利润	95,841.87	50,000.00
35	其他非流动资产			所有者权益合计	1,198,591.87	1,037,750.00
36	非流动资产合计	609,362.50	497,100.00			
37	资产合计	2,066,832.50	1,877,750.00	负债和所有者权益合计	2,066,832.50	1,877,750.00

（2）现金流量表。

	A	B	C
1	**现金流量表**		
2			会企03表
3	编制单位：宏大公司　　2013 年 1 月		单位：元
4	**项目**	**本期金额**	**上期金额**
5	**一、经营活动产生的现金流量**		
6	销售商品、提供劳务收到的现金	125,000.00	
7	收到的税费返还		
8	收到的其他与经营活动有关的现金	10,500.00	
9	现金流入小计	135,500.00	
10	购买商品、接受劳务支付的现金	152,285.00	
11	支付给职工以及为职工支付的现金	19,500.00	
12	支付的各项税费	55,000.00	
13	支付的其他与经营活动有关的现金	10,000.00	
14	现金流出小计	236,785.00	
15	经营活动产生的现金流量净额	-101,285.00	
16	**二、投资活动产生的现金流量**		
17	收回投资所收到的现金	8,000.00	
18	取得投资收益所收到的现金	10,000.00	
19	处置固定资产、无形资产和其他长期资产所收回的现金净额	-1,000.00	
20	处置子公司及其他营业单位收到的现金净额		
21	收到的其他与投资活动有关的现金	1,000.00	
22	现金流入小计	18,000.00	
23	购建固定资产、无形资产和其他长期资产所支付的现金	57,500.00	
24	投资所支付的现金	60,000.00	
25	取得子公司及其他营业单位支付的现金净额		
26	支付的其他与投资活动有关的现金	1,000.00	
27	现金流出小计	118,500.00	
28	投资活动产生的现金流量净额	-100,500.00	
29	**三、筹资活动产生的现金流量**		
30	吸收投资所收到的现金	65,000.00	
31	借款所收到的现金	200,000.00	
32	收到的其他与筹资活动有关的现金	50,000.00	
33	现金流入小计	315,000.00	
34	偿还债务所支付的现金	50,000.00	
35	分配股利、利润或偿付利息所支付的现金	2,000.00	
36	支付的其他与筹资活动有关的现金	1,000.00	
37	现金流出小计	53,000.00	
38	筹资活动产生的现金流量净额	262,000.00	
39	**四、汇率变动对现金的影响额**	1,000.00	
40	**五、现金及现金等价物净增加额**	61,215.00	
41	加：期初现金及现金等价物余额	336,400.00	
42	**六、期末现金及现金等价物余额**	397,615.00	

(3) 利润表。

	A	B	C
1	利润表		
2			会企02表
3	编报单位：宏大公司　　2013 年 1 月		单位：元
4	项目	本期金额	上期金额
5	一、营业收入	210,000.00	
6	减：营业成本	110,000.00	
7	营业税金及附加	4,000.00	
8	销售费用	13,000.00	
9	管理费用	20,652.50	
10	财务费用	1,500.00	
11	资产减值损失	5,225.00	
12	加：公允价值变动收益		
13	投资收益	10,000.00	
14	其中：对联营企业和合营企业的投资收益		
15	二、营业利润	65,622.50	
16	加：营业外收入	500.00	
17	减：营业外支出	5,000.00	
18	其中：非流动资产处置损失		
19	三、利润总额	61,122.50	
20	减：所得税费用	15,280.63	
21	四、净利润	45,841.87	
22	五、每股收益		
23	（一）基本每股收益		
24	（二）稀释每股收益		
25	六、其他综合收益		
26	七、综合收益总额		

(4) 舍位收入平衡表。

2013 年 01 月 31 日　　单位：百元

期间	乙产品	丁产品	合计
上旬	1 058. 98	1 546. 67	2 605. 64
中旬	1 246. 22	1 467. 56	2 713. 79
下旬	1 157. 15	1 399. 22	2 556. 37
合计	3 462. 35	4 413. 45	7 875. 80

(5) 乙产品销售收入透视表。

元

	乙产品	D5	D6	D7	D8
第 1 页	乙产品	125 900. 32	134 688. 53	106 765. 80	367 354. 65
第 2 页	乙产品	105 897. 54	124 623. 25	115 714. 63	346 235. 42

（6）图形分析 2013 年 2 月份产品销售额。

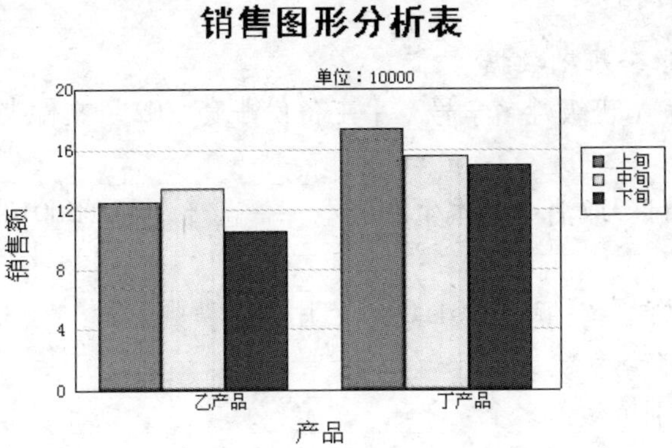

（7）销售汇总表。

	A	B	C
1	各部门销售统计表2		
2	部门	销售量	销售额
3	销售一部	480 000.00	720 000.00
4	销售二部	560 000.00	840 000.00
5	销售三部	400 000.00	600 000.00
6	销售四部	640 000.00	960 000.00
7	合计	2 080 000.00	3 120 000.00

实验八　薪资管理

一、实验目的

通过本次实验，了解薪资管理系统初始设置的主要内容及其操作顺序；掌握建立工资账套、工资类别、工资类别管理、工资项目设置的操作方法和要求；掌握工资业务的日常处理、费用分摊及其月末处理的操作方法；区别多个工资类别与单个工资类别的管理方法；熟悉各种工资数据的查询方法。

二、实验内容

★ 建立工资账套　★ 建立工资类别　★ 设置人员类别
★ 设置工资项目　★ 定义工资计算公式　★ 工资计算与汇总
★ 计算个人所得税　★ 分摊与计提工资费用　★ 机制凭证与结账

三、实验资料

（一）引入账套基础数据

（1）从“F：\ 班级姓名学号 \ 手工备份账套 \ 02”文件夹中引入实验二的备份数据。

（2）修改科目：取消“基本生产成本——直接人工（500102）”分项目核算的属性。

（3）启用薪资系统：2013.01.01　启用人：曹强。

（二）工资账套参数

（1）工资类别个数：多个。

（2）本位币种：人民币（RMB）。

（3）核算方式：计时工资制。

（4）个人所得税：代扣。

（5）扣零处理：扣零至元。

（三）工资类别

（1）正式职工：选定所有部门；　　　启用日期：2013.01.01。

（2）临时人员：选定生产部；　　　启用日期：2013.01.01。

（四）银行代发格式（即河滨市东风路招商银行）

项目名称	数据类型	长度	小数位	数据来源
单位编码	字符型	10	0	851 账套
人员编号	字符型	10	0	人员编号
账号	字符型	11	0	账号
姓名	字符型	8	0	人员姓名
金额	数字型	10	2	实发合计

注意：正式职工与临时人员的银行代发格式相同。

（五）人员信息及其档案

（1）附加信息：性别、技术职称、学历、身份证号。

（2）人员附加信息及其档案一览表。

①进入日期：2013.01.01。

②是否计税：是。

③是否中方人员：是。

④银行名称：河滨市东风路招商银行。

⑤“临时人员”附加信息及其档案一览表。

人员编码	人员姓名	部门编码	部门名称	人员类别	银行账号	性别	技术职称	学历	身份证号
0302	王刚	03	生产部	生产人员	12345678901	男	无	中专	610403830715002
0309	马阳	03	生产部	生产人员	12345678902	男	无	大专	610403810510002

⑥“正式职工”附加信息及其档案一览表。

人员编码	人员姓名	部门编码	部门名称	人员类别	银行账号	性别	技术职称	学历	身份证号
0101	王凯	01	综合部	行政人员	12345678903	男	高级经济师	大本	610403610819002
0102	钟华	01	综合部	行政人员	12345678904	女	经济师	大本	610403761225001
0201	曹强	02	财务部	财务人员	12345678905	男	高级会计师	大本	610403650423002
0202	王香	02	财务部	财务人员	12345678906	女	高级会计师	大本	610403590515002
0203	郭栋	02	财务部	财务人员	12345678907	男	会计师	大专	610403781125003
0204	曾峰	02	财务部	财务人员	12345678908	男	助理会计师	大本	610403800617002
0301	邓川	03	生产部	生产人员	12345678909	男	高级工程师	大本	610403581108001
0303	李超	03	生产部	生产人员	12345678910	男	工程师	大专	610403811026002
0304	罗汉	03	生产部	生产人员	12345678911	男	工程师	大专	610403830814003
0305	原庄	03	生产部	生产人员	12345678912	男	工程师	大本	610403791125002
0306	文亮	03	生产部	生产人员	12345678913	男	工程师	大本	610403810624001
0307	米利	03	生产部	生产人员	12345678914	女	工程师	大本	610403620512001
0308	张帅	03	生产部	生产人员	12345678915	男	助理工程师	大专	610403821025002
0310	陈晨	03	生产部	生产人员	12345678916	女	助理工程师	大专	610403780817003
0401	赵山	04	市场部	采购人员	12345678917	男	经济师	大本	610403661223001
0402	康佚	04	市场部	营销人员	12345678918	女	经济师	大本	610403690915002

（六）工资项目（注意：正式职工与临时人员的工资项目相同）

项目名称	数据类型	长度	小数位数	工资增减项
基本工资	数字型	8	2	增项
岗位工资	数字型	8	2	增项
奖金	数字型	8	2	增项
副食补贴	数字型	8	2	增项
应发合计	数字型	10	2	增项
日工资	数字型	8	2	其他
病假天数	数字型	4	1	其他
事假天数	数字型	4	1	其他
请假扣款	数字型	8	2	减项
养老保险金	数字型	8	2	减项
住房公积金	数字型	8	2	减项
代扣税	数字型	8	2	减项
扣款合计	数字型	8	2	减项
实发合计	数字型	10	2	增项
上月扣零	数字型	8	2	其他
本月扣零	数字型	8	2	其他

注意：工资项目的排列顺序

（七）工资项目计算公式

注意：两种类型的全部项目都要定义；工资项目的排列顺序。

(1) 基本工资：综合部：1 600 元；财务部：1 500 元；生产部 2 000 元；市场部：1 800 元；临时人员：800 元。

（2）岗位工资：行政人员：600；财务人员：500 元；生产人员：400 元；其他人员：300 元；临时人员：400 元。

（3）副食补贴：正式职工：150 元/月；临时人员：50 元/月。

（4）奖金：正式职工：1500 元/月；临时人员：450 元/月。

（5）应发合计 = 基本工资 + 岗位工资 + 副食补贴 + 奖金。

（6）日工资 =（基本工资 + 岗位工资）÷30。

（7）请假扣款 =（事假天数 × 日工资）+（病假天数 × 日工资 ×0.7）。

（8）养老保险金 = 基本工资 ×0.05。

（9）住房公积金 = 基本工资 ×0.08。

（10）扣款合计 = 请假扣款 + 养老保险金 + 住房公积金 + 代扣税。

（11）实发合计 = 应发合计 - 扣款合计。

（八）代扣税设置

（1）对应工资项目：应发合计。

（2）起征数额：3 500 元。

（九）分摊工资与计提职工薪酬一览表

分摊类型			工资费用（100%）	职工福利（5%）	医疗保险（10%）	养老保险（10%）	失业保险（5%）	住房公积金（10%）	工会经费（2%）	教育经费（1.5%）
综合部	行政人员	借方科目	660201	660201	660201	660201	660201	660201	660201	660201
财务部	财务人员		660201	660201	660201	660201	660201	660201	660201	660201
生产部	生产人员		500102	500102	500102	500102	500102	500102	500102	500102
市场部	采购人员 营销人员		6601	6601	6601	6601	6601	6601	6601	6601
贷方科目			221101	221102	221103	221104	221105	221106	221107	221108

注意：临时人员只分配工资费用，不计提各种薪酬。

（十）变动工资数据

（1）事假：郭栋：2 天；张帅：3 天。

（2）病假：文亮：1 天；马阳：1.5 天。

（十一）工资计算与汇总、代扣个人所得税、输出银行代发工资表

（十二）机制工资凭证（正式职工与临时人员）

（1）核算部门：所有部门。

（2）计提分配方式：分配到部门。

（3）明细到工资项目。

（4）合并科目相同的分录。

（5）逐个制单。

（6）逐个保存凭证。

（十三）月末处理

（1）记账凭证：查询（在总账和薪资系统）机制的工资凭证。

（2）结账处理：将“事假天数”、“病假天数”、“请假扣款”和“代扣税”

四个项目清空为零。

四、实验结果

（一）正式职工工资结算单

人员编号	姓名	部门	人员类别	基本工资	岗位工资	副食补助	奖金	应发合计	日工资	病假天数
0101	王凯	综合部	行政人员	1,600.00	600.00	150.00	1,500.00	3,850.00	73.33	
0102	钟华	综合部	行政人员	1,600.00	600.00	150.00	1,500.00	3,850.00	73.33	
0201	曹强	财务部	财务人员	1,500.00	500.00	150.00	1,500.00	3,650.00	66.67	
0202	王香	财务部	财务人员	1,500.00	500.00	150.00	1,500.00	3,650.00	66.67	
0203	郭栋	财务部	财务人员	1,500.00	500.00	150.00	1,500.00	3,650.00	66.67	
0204	曾峰	财务部	财务人员	1,500.00	500.00	150.00	1,500.00	3,650.00	66.67	
0301	邓川	生产部	生产人员	2,000.00	400.00	150.00	1,500.00	4,050.00	80.00	
0303	李超	生产部	生产人员	2,000.00	400.00	150.00	1,500.00	4,050.00	80.00	
0304	罗汉	生产部	生产人员	2,000.00	400.00	150.00	1,500.00	4,050.00	80.00	
0305	原庄	生产部	生产人员	2,000.00	400.00	150.00	1,500.00	4,050.00	80.00	
0306	文亮	生产部	生产人员	2,000.00	400.00	150.00	1,500.00	4,050.00	80.00	1.00
0307	米利	生产部	生产人员	2,000.00	400.00	150.00	1,500.00	4,050.00	80.00	
0308	张帅	生产部	生产人员	2,000.00	400.00	150.00	1,500.00	4,050.00	80.00	
0310	陈晨	生产部	生产人员	2,000.00	400.00	150.00	1,500.00	4,050.00	80.00	
0401	赵山	市场部	采购人员	1,800.00	300.00	150.00	1,500.00	3,750.00	70.00	
0402	康佚	市场部	营销人员	1,800.00	300.00	150.00	1,500.00	3,750.00	70.00	
				28,800.00	7,000.00	2,400.00	24,000.00	62,200.00	1,193.34	1.00

人员编号	姓名	部门	人员类别	事假天数	请假扣款	养老保险金	住房公积金	代扣税	扣款合计	实发合计	上月扣零	本月扣零
0101	王凯	综合部	行政人员			80.00	128.00	17.50	225.50	3,620.00		4.50
0102	钟华	综合部	行政人员			80.00	128.00	17.50	225.50	3,620.00		4.50
0201	曹强	财务部	财务人员			75.00	120.00	7.50	202.50	3,440.00		7.50
0202	王香	财务部	财务人员			75.00	120.00	7.50	202.50	3,440.00		7.50
0203	郭栋	财务部	财务人员	2.00	133.34	75.00	120.00	7.50	335.84	3,310.00		4.16
0204	曾峰	财务部	财务人员			75.00	120.00	7.50	202.50	3,440.00		7.50
0301	邓川	生产部	生产人员			100.00	160.00	30.00	290.00	3,760.00		
0303	李超	生产部	生产人员			100.00	160.00	30.00	290.00	3,760.00		
0304	罗汉	生产部	生产人员			100.00	160.00	30.00	290.00	3,760.00		
0305	原庄	生产部	生产人员			100.00	160.00	30.00	290.00	3,760.00		
0306	文亮	生产部	生产人员		56.00	100.00	160.00	30.00	346.00	3,700.00		4.00
0307	米利	生产部	生产人员			100.00	160.00	30.00	290.00	3,760.00		
0308	张帅	生产部	生产人员	3.00	240.00	100.00	160.00	30.00	530.00	3,520.00		
0310	陈晨	生产部	生产人员			100.00	160.00	30.00	290.00	3,760.00		
0401	赵山	市场部	采购人员			90.00	144.00	12.50	246.50	3,500.00		3.50
0402	康佚	市场部	营销人员			90.00	144.00	12.50	246.50	3,500.00		3.50
				5.00	429.34	1,440.00	2,304.00	330.00	4,503.34	57,650.00	0.00	46.66

（二）临时职工工资结算单

人员编号	姓名	部门	人员类别	基本工资	岗位工资	副食补助	奖金	应发合计	日工资	病假天数
0302	王刚	生产部	生产人员	800.00	400.00	50.00	450.00	1,700.00	40.00	
0309	马阳	生产部	生产人员	800.00	400.00	50.00	450.00	1,700.00	40.00	1.50
				1,600.00	800.00	100.00	900.00	3,400.00	80.00	1.50

人员编号	姓名	部门	人员类别	事假天数	请假扣款	养老保险金	住房公积金	代扣税	扣款合计	实发合计	上月扣零	本月扣零
0302	王刚	生产部	生产人员			40.00	64.00		104.00	1,590.00		6.00
0309	马阳	生产部	生产人员		42.00	40.00	64.00		146.00	1,550.00		4.00
				0.00	42.00	80.00	128.00	0.00	250.00	3,140.00	0.00	10.00

（三）正式职工个人所得税

序号	纳税义务...	所得期间	收入额	费用扣除...	应纳税所得额	税率	应扣税额	已扣税额
1	王凯	所得期间	3 850.00	3 500.00	350.00	5	17.50	17.50
2	钟华	1	3 850.00	3 500.00	350.00	5	17.50	17.50
3	曹强	1	3 650.00	3 500.00	150.00	5	7.50	7.50
4	王香	1	3 650.00	3 500.00	150.00	5	7.50	7.50
5	郭栋	1	3 650.00	3 500.00	150.00	5	7.50	7.50
6	曾峰	1	3 650.00	3 500.00	150.00	5	7.50	7.50
7	邓川	1	4 050.00	3 500.00	550.00	10	30.00	30.00
8	李超	1	4 050.00	3 500.00	550.00	10	30.00	30.00
9	罗汉	1	4 050.00	3 500.00	550.00	10	30.00	30.00
10	原庄	1	4 050.00	3 500.00	550.00	10	30.00	30.00
11	文亮	1	4 050.00	3 500.00	550.00	10	30.00	30.00
12	米利	1	4 050.00	3 500.00	550.00	10	30.00	30.00
13	张帅	1	4 050.00	3 500.00	550.00	10	30.00	30.00
14	陈晨	1	4 050.00	3 500.00	550.00	10	30.00	30.00
15	赵山	1	3 750.00	3 500.00	250.00	5	12.50	12.50
16	康侠	1	3 750.00	3 500.00	250.00	5	12.50	12.50
合计			62 200.00	56 000.00	6 200.00		330.00	330.00

（四）正式职工银行代发工资一览表

单位编号	人员编号	账号	姓名	金额
851账套	0101	12345678903	王凯	3620.00
851账套	0102	12345678904	钟华	3620.00
851账套	0201	12345678905	曹强	3440.00
851账套	0202	12345678906	王香	3440.00
851账套	0203	12345678907	郭栋	3310.00
851账套	0204	12345678908	曾峰	3440.00
851账套	0301	12345678909	邓川	3760.00
851账套	0303	12345678910	李超	3760.00
851账套	0304	12345678911	罗汉	3760.00
851账套	0305	12345678912	原庄	3760.00
851账套	0306	12345678913	文亮	3700.00
851账套	0307	12345678914	米利	3760.00
851账套	0308	12345678915	张帅	3520.00
851账套	0310	12345678916	陈晨	3760.00
851账套	0401	12345678917	赵山	3500.00
851账套	0402	12345678918	康侠	3500.00
合计				57,650.00

（五）机制凭证：共 9 张

1. 分摊工资费用

借：基本生产成本——直接人工　　32 400. 00

　　销售费用　　7 500. 00

　　管理费用——人工费用　　22 300. 00

贷：应付职工薪酬——工资　　62 200. 00

2. 计提职工福利

借：基本生产成本——直接人工　　1 620. 00

销售费用　375.00

管理费用——人工费用　1 115.00

贷：应付职工薪酬——职工福利　3 110.00

3. 计提医疗保险

借：基本生产成本——直接人工　3 240.00

销售费用　750.00

管理费用——人工费用　2 230.00

贷：应付职工薪酬——医疗保险　6 220.00

4. 计提养老保险

借：基本生产成本——直接人工　3 240.00

销售费用　750.00

管理费用——人工费用　2 230.00

贷：应付职工薪酬——养老保险　6 220.00

5. 计提失业保险

借：基本生产成本——直接人工　1 620.00

销售费用　375.00

管理费用——人工费用　1 115.00

贷：应付职工薪酬——失业保险　3 110.00

6. 计提住房公积金

借：基本生产成本——直接人工　3 240.00

销售费用　750.00

管理费用——人工费用　2 230.00

贷：应付职工薪酬——住房公积金　6 220.00

7. 计提工会经费

借：基本生产成本——直接人工　648.00

销售费用　150.00

管理费用——人工费用　446.00

贷：应付职工薪酬——工会经费　1 244.00

8. 计提职工教育经费

借：基本生产成本——直接人工　486.00

销售费用　112.50

管理费用——人工费用　334.50

贷：应付职工薪酬——职工教育经费　933.00

9. 分配工资费用（临时人员）

借：基本生产成本——直接人工　3 400.00

贷：应付职工薪酬——工资　3 400.00

实验九 固定资产管理

一、实验目的

通过本次实验，了解固定资产管理系统初始设置的主要内容及其操作顺序；掌握固定资产原始卡片的录入方法；熟练掌握固定资产增加、减少、变动等日常业务的处理方法和要求；理解固定资产系统自动折旧的工作原理；熟悉固定资产自动凭证的编制、对账和月末结账的操作方法。

二、实验内容

★ 建立固定资产账套 ★ 账套基础设置 ★ 录入原始卡片
★ 固定资产增减处理 ★ 固定资产变动处理 ★ 固定资产折旧处理
★ 机制固定资产凭证 ★ 查询固定资产账表 ★ 月末处理

三、实验资料

（一）总账系统账套数据

（1）从 F：\ 班级姓名学号 \ 手工备份账套 \ 02 文件夹中引入实验二的备份数据。

（2）修改科目：取消“510102 制造费用——折旧费用”分项目核算属性。

（3）删除科目：删除“1604 在建工程”三个下级科目，即 160401、160402、160403。

（4）在“总账系统”装入“固定资产”和“累计折旧”等科目的初始余额。

科目＼部门	综合部	财务部	生产部	市场部	合　计
工行存款					200 000. 00
固定资产	400 000. 00	21 000. 00	1 100 000. 00	350 000. 00	1 871 000. 00
累计折旧	—	—	—	—	286 748. 83
实收资本					1 700 000. 00
资本公积					84 251. 17

（5）启用固定资产系统：2013. 01. 01；启用人：曹强。

（二）固定资产账套初始参数

（1）主要折旧方法：平均年限法（一）。

（2）折旧分配周期：1 个月。

（3）折旧要求：当（月初已计提月份 = 可使用月份 -1）时，将剩余折价全部提足。

（4）资产类别编码方式：4 级（2112）。

（5）自动编码方式：类别编码 + 序号；卡片序号长度：3 位。

（6）对账科目：固定资产 1601；累计折旧 1602。

（7）结账要求：在对账不平的情况下允许月末结账。

（8）制单要求：业务发生后立即制单，月末结账前一定要完成制单登账业务。

（三）固定资产账套选项设置

（1）缺省入账科目：固定资产：1601；累计折旧：1602。

（2）卡片删除时限：注销 5 年后。

（四）固定资产类别一览表

类别编码	类别名称	使用年限/年	净残值率/%	计量单位	计提属性	折旧方法	卡片样式
01	机器设备		4		正常计提	平均年限法（一）	通用（二）
011	锻压机	20	4	台	正常计提	平均年限法（一）	通用（二）
012	装配机	20	4	台	正常计提	平均年限法（一）	通用（二）
02	电子设备		4		正常计提	年数总和法	通用（二）
021	计算机	5	4	台	正常计提	年数总和法	通用（二）
022	打印机	5	4	台	正常计提	年数总和法	通用（二）
03	卡车		5		正常计提	工作量法	通用（二）
031	东风卡车	10	5	辆	正常计提	工作量法	通用（二）
032	解放卡车	8	5	辆	正常计提	工作量法	通用（二）
04	轿车	10	5	辆	正常计提	双倍余额递减法	通用（二）
05	房屋建筑物		3		正常计提	平均年限法（一）	通用（二）
051	厂房	20	3	栋	正常计提	平均年限法（一）	通用（二）
052	办公楼	50	3	栋	正常计提	平均年限法（一）	通用（二）

（五）部门及其对应折旧科目

部门编码	部门名称	对应折旧科目
01	综合部	660202“管理费用——折旧费用”
02	财务部	660202“管理费用——折旧费用”
03	生产部	510102“制造费用——折旧费用”
04	市场部	6601“销售费用”

（六）增减方式的对应入账科目

增减方式	对应入账科目
增加方式：	
直接购入	100201 银行存款——工行存款
接受捐赠	4002 资本公积
在建工程转入	1604 在建工程
减少方式：	
出售	1606 固定资产清理
报废	1606 固定资产清理

（七）固定资产原始卡片一览表（注意：与总账系统对账要平衡）

类别编号	资产名称	所在部门	增加方式	使用状态	预计年限（工作量）	折旧方法	启用日期	折旧月份（工作量）	原值/元	累计折旧额
011	锻压机	生产部	购入	在用	240 月	平均年限法（一）	2008.01.15	59	200 000	47 200
012	装配机	生产部	购入	在用	240 月	平均年限法（一）	2008.01.15	59	500 000	118 000
021	计算机	财务部	购入	在用	60 月	年数总和法	2011.06.20	18	20 000	8 960
022	打印机	财务部	购入	在用	60 月	年数总和法	2011.06.20	18	1 000	448
031	东风卡车	生产部	购入	在用	（120 月）40 万千米	工作量法	2009.01.25	1.5 万千米	300 000	10 687.50
032	解放卡车	市场部	购入	在用	（96 月）50 万千米	工作量法	2009.02.03	2.0 万千米	350 000	13 300
04	轿车	综合部	购入	在用	120 月	双倍余额递减法	2011.12.25	12	250 000	50 000
051	厂房	生产部	在建	在用	240 月	平均年限法（一）	2008.01.18	59	100 000	23 845.83
052	办公楼	综合部	在建	在用	600 月	平均年限法（一）	2008.01.16	59	150 000	14 307.50
合计									1 871 000	286 748.83

（八）2013 年 1 月发生下列固定资产业务

（1）新增资产：2013 年 1 月 13 日，用“100201 工行存款”直接购入一台打印机交付给财务部使用，原值 2 000 元，净残值率为 4%，预计使用年限为 5 年（即 60 月），采用平均折旧法（一）计提折旧。

（2）本月工作量：东风卡车行驶 0.03 万千米；解放卡车行驶 0.08 万千米。

（3）计提折旧：2013 年 1 月 31 日，计提本月折旧。

（4）资产减少：2013 年 1 月 31 日，00004 号卡片，登记的打印机毁损报废。

注意：报废资产前一定要计提折旧。

（九）查询 1 月份数据

（1）卡片管理。

（2）折旧清单。

（3）机制凭证。

（十）总账系统记账结账（操作员：郭栋）

（1）在总账系统一张填制凭证：2013.01.31，结转期间费用，附件：无。

借：本年利润　　4 557.88

　贷：销售费用　　532.00

　　　管理费用——折旧费用　　4 025.88

（2）将固定资产系统1月份自动传递到总账系统的3张凭证和新增的1张凭证共4张进行审核和记账。

（3）在固定资产系统期末结账后，再对总账系统进行期末结账。

（十一）月末处理

（1）与总账系统对账。

（2）1月份结账。

（十二）2013年2月发生下列固定资产业务

（1）原值增加：2013年02月03日，厂房改造后增加原账面价值10 000元，其中，耗用“1605工程物资”9 000元；“221101应付职工薪酬——工资”1 000元。

（2）部门调拨：2013年2月20日，将财务部的计算机调拨给综合部使用。

（3）本月工作量：东风卡车行驶0.04万千米；解放卡车行驶0.06万千米。

（4）计提折旧：2013年2月28日，计提本月折旧。

（十三）查询2月数据

（1）变动单管理。

（2）卡片管理。

（3）折旧清单。

（4）机制凭证。

（十四）总账系统审核记账（操作员：郭栋）

将2013年2月自动传递到总账系统的两张记账凭证审核并记账。

（十五）月末处理

（1）与总账系统对账。

（2）2月结账（练习：反结账）。

四、实验结果

1. 2013年1月折旧清单

卡片编号	资产编号	资产名称	本月计提折旧额	累计折旧	折旧率	单位折旧	本月工作量	累计工作量
00001	011001	锻压机	800.00	48,000.00	0.0040		0.000	0.000
00002	012001	装配机	2,000.00	120,000.00	0.0040		0.000	0.000
00003	021001	计算机	426.24	9,386.24	0.0222		0.000	0.000
00004	022001	打印机	21.31	469.31	0.0222		0.000	0.000
00005	031001	东风卡车	213.75	10,901.25	0.0000	7,125.0000	0.030	1.530
00006	032001	解放卡车	532.00	13,832.00	0.0000	6,650.0000	0.080	2.080
00007	04001	轿车	3,338.33	53,338.33	0.0167		0.000	0.000
00008	051001	厂房	400.00	24,245.83	0.0040		0.000	0.000
00009	052001	办公楼	240.00	14,547.50	0.0016		0.000	0.000
合计			7,971.63	294,720.46			0.110	3.610

2. 1月份机制的固定资产凭证（共3张）

（1）资产增加。

借：固定资产（财务部）　　2 000.00

　贷：银行存款——工行存款（现流项目：13）　　2 000.00

（2）本月折旧。

借：制造费用——折旧费用　　3 413.75

　　销售费用　　532.00

　　管理费用——折旧费用　　4 025.88

　贷：累计折旧　　7 971.63

（3）资产减少（注意：修改机制凭证）。

借：累计折旧　　469.31

　　固定资产清理　　530.69

　贷：固定资产（财务部）　　1 000.00

3. 2013年2月折旧清单

卡片编号	资产编号	资产名称	本月计提折旧额	累计折旧	净值	净残值	折旧率	单位折旧	本月工作量	累计工作量
00001	011001	锻压机	800.00	48,800.00	151,200.00	8,000.00	0.0040		0.000	0.000
00002	012001	装配机	2,000.00	122,000.00	378,000.00	20,000.00	0.0040		0.000	0.000
00003	021001	计算机	426.24	9,812.48	10,187.52	800.00	0.0222		0.000	0.000
00005	031001	东风卡车	285.00	11,186.25	288,813.75	15,000.00	0.0000	7,125.0000	0.040	1.570
00006	032001	解放卡车	399.00	14,231.00	335,769.00	17,500.00	0.0000	6,650.0000	0.060	2.140
00007	04001	轿车	3,338.33	56,676.66	193,323.34	12,500.00	0.0167		0.000	0.000
00008	051001	厂房	400.00	24,645.83	85,354.17	3,300.00	0.0040		0.000	0.000
00009	052001	办公楼	240.00	14,787.50	135,212.50	4,500.00	0.0016		0.000	0.000
00010	022002	打印机	32.00	32.00	1,968.00	80.00	0.0160		0.000	0.000
合计			7,920.57	302,171.72	1,579,828.28	81,680.00			0.100	3.710

4. 2月机制的固定资产凭证（共2张）

（1）原值增加。

借：固定资产（生产部）　　10 000.00

　贷：工程物资　　9 000.00

　　　应付职工薪酬——工资　　1 000.00

（2）本月折旧。

借：制造费用——折旧费用　　3 485.00

　　销售费用　　399.00

　　管理费用——折旧费用　　4 036.57

　贷：累计折旧　　7 920.57

参 考 文 献

[1] 王新玲，房琳琳. 用友 ERP 财务管理系统实验教程［M］. 北京：清华大学出版社. 2009.

[2] 李霞，张爱侠. 会计电算化教程［M］. 北京：首都经济贸易大学出版社. 2010.

[3] 袁咏平. 会计电算化项目化教程［M］. 北京：冶金工业出版社. 2010.

[4] 张耀武，卢云峰. 会计电算化实用教程［M］. 北京：北京大学出版社. 2008.

[5] 吕永霞，刘维. 财务软件操作［M］. 大连：大连理工大学出版社. 2010.